BLACK STONE

ブラックストーン

デビッド・キャリー＆ジョン・E・モリス 著
土方奈美 訳

東洋経済新報社

最愛の両親、ロバート B. モリスと
エリザベス S. モリス、
ミリアム・キャリー・ベリーと
レオナード A. キャリーに捧げる

Original Title:
KING OF CAPITAL: The Remarkable Rise, Fall, and Rise Again of Steve Schwarzman and Blackstone
by David Carey and John E. Morris

Japanese translation published by arrangement with
David Carey and John E. Morris c/o LJK Literary Management,
LLC through The English Agency（Japan）Ltd.

ブラックストーン　目次

本文ＤＴＰ／カバーデザイン　アイランドコレクション

第1章 デビュー

「手掛けたディールよりパーティで話題を呼ぶ男」

二〇〇七年一月下旬、『ニューヨーク・タイムズ』の一面にこんな見出しが躍った。こうして時代を象徴するとは言わないまでも、少なくともその年最大の事件の幕が切って落とされた。すでに何週間も前から、このパーティへの注目は高まる一方だった。

世界最大のプライベート・エクイティ(未公開株投資)会社、ブラックストーン・グループの共同創業者であるスティーブ・シュワルツマンは、まもなく六〇歳を迎えようとしており、入念に祝宴の準備を進めていた。シュワルツマンが年末に開くド派手なパーティは、すでにマンハッタンの金持ち連中の間では有名で、ある年にはパークアベニューの超高級マンションにある自宅(二フロアにまたがり、部屋数は二四もある)を丸ごと、南仏リビエラの別荘に近い、サントロペのお気に入りスポットそっくりに飾り立てたこともあった。

六〇歳の誕生日祝いには、そのさらに上を行くつもりだった。そこでマンハッタンでも有数の高級住宅街にどっかりと横たわる、要塞のようなレンガ造りの巨大建築パークアベニュー・アーモリーをそっくり借り切った。

二月一三日の晩、建物の前には黒塗りのリムジンがずらりと並んだ。居並ぶ報道陣の前に、タキシードやイブニングドレスに身を包んだ著名人が続々と降り立つと、格納庫のような建物へと吸い込まれていった。テレビ番組でお馴染みのバーバラ・ウォルターズ、不動産王ドナルド・トランプ夫妻、故ダイアナ妃の親友としてメディアでも売れっ子のティナ・ブラウン、米カトリック界の大物であるニューヨーク大司教区のエガン枢機卿、ソニー最高経営責任者（CEO）のハワード・ストリンガーをはじめ、数百人の有名人が顔をそろえた。JPモルガン・チェースのジェイミー・ダイモン、メリルリンチのスタンレー・オニール、ゴールドマン・サックスのロイド・ブランクファイン、ベアー・スターンズのジミー・ケインなど、アメリカを代表する銀行のトップの姿もあった。

翌日の『ニューヨーク・ポスト』によると、洞窟のような建物の中には、さほど遠くない場所にあるシュワルツマンの時価三〇〇〇万ドルの自宅のリビングルームが再現されていた。「豪華なシャンデリアの上には、星のまたたく夜空を描いた巨大な天蓋がしつらえられていた」。壁に掛かる大時計や巨匠の絵画に至るまで、完璧に再現するほどのこだわりぶりだったという。

人気R&B歌手のパティ・ラベルが登場し、「ハッピーバースデー」を熱唱した。シュワルツマンの巨大な肖像画――これも自宅に飾ってあるものの複製だが――の前では、歌手のロッド・スチュワートや、コメディアンのマーチン・ショートが夜遅くまでパフォーマンスを繰り広げた。「シュワルツマン氏がこちらを会場に選んだのは、ご自宅よりアットホームな雰囲気があるからです」とショートはジョークを飛ばした。スチュワートの出演料だけで、一〇〇万ドルはしたはずだ[1]。

総額三〇〇万ドルをかけた大パーティは、新たな黄金時代の帝王が、自らのために挙行した戴冠式だった。市場は活況を呈し、ウォール街には信じられないほどの富が流れ込んでいた。中でも好調だったのがプライベート・エクイティ業界で、そこに君臨していたのがブラックストーン・グループCEOのシュワルツマンだ。

誕生日パーティが、それよりはるかに盛大なイベントのほんの余興にすぎなかったことは、すぐに明らかになった。そのイベントとは、ブラックストーンの新規株式公開（IPO）である。意図したのか偶然かは定かではないが、シュワルツマンの派手なパーティは、その五週間後の三月二二日に発表された株式公開計画への驚きや関心を大きく高めることになった。

それまでブラックストーンほどの規模と実力を持ったプライベート・エクイティ会社が、株式公開を企てた例はなかった。またそれは、すでに金融業界では周知の事実であったものを、広く世間に知らしめる行為だった。プライベート・エクイティ――企業を買収し、数年後に売却して利益を得ることを生業《なりわい》とする投資会社――が金融業界の傍流から本流のそのまた本流に変わったという事実を。ブラックストーンの影響力があまりにも大きく、その将来性もきわめて有望だったことから、中国政府が即座に株式の一〇％を買いたいと打診してきたほどだ。

六月二二日にブラックストーン株の取引が始まると、なんとかそれを手に入れようとする買い手が殺到し、株価は三一ドルから三八ドルに急騰した。その日の終値ベースで、ブラックストーンの時価総額はなんと三八〇億ドルになっていた[2]――ウォール街の投資銀行の雄、ゴールドマン・サックスの三分の一に匹敵する額だ。

株式公開によって、シュワルツマンの会社が稼ぎ出す、目もくらむような利益の実体が明らかになった。(3)その金額はあまりにも驚異的で刺激的なものであったため、ブラックストーンは主幹事会社にすら公表するのを渋った。ようやく経営陣の報酬を明らかにしたのは、株式が投資家に販売される二、三週間前のことだった。

二〇〇六年、ブラックストーンの六〇人のパートナーは二三億ドルの利益を稼いだ――一人あたりなんと三八〇〇万ドルにのぼる。シュワルツマン自身はこの年、報酬として三億九八〇〇万ドルを受け取っている。

ただし、これはあくまでも報酬だけの話だ。IPOによって、シュワルツマンとブラックストーンのパートナーは再び大金を手にした。全株式の二三・六％を外部の投資家や中国政府に売って調達した七六億ドルのうち、四六億ドルはブラックストーンのパートナーの手に渡った。シュワルツマンは持ち株のほんの一部を売って、六億八四〇〇万ドルを受け取った。残る保有株の時価は九四億ドルに達し、堂々と〝金持ちの中の金持ち〟の仲間入りを果たした。齢《よわい》八〇歳で、ほぼ引退している共同創業者のピーター・ピーターソンは一九億ドルを手に入れた。

IPOが行われたのはまさに金融革命の最中で、ブラックストーンとそのライバルたちは力ずくで世界中の企業の経営権を手に入れようとしのぎを削っていた。別名レバレッジド・バイアウト（LBO）とも呼ばれるプライベート・エクイティ業界は、一九八〇年代以来の盛り上がりを見せていた。

ブラックストーン、コールバーグ・クラビス・ロバーツ・アンド・カンパニー（KKR）、カーライル・

グループ、アポロ・グローバル・マネジメント、テキサス・パシフィック・グループ（ＴＰＧ）をはじめとする一〇社あまりのプレーヤーは、年金基金や大学基金をはじめとする大口投資家から集めた数百億ドルの資金をテコに、次第に買収の標的の格を上げていった――まずは一〇〇億ドル企業、次に二〇〇億ドル企業、そして三〇〇億ドル企業、四〇〇億ドル企業といった具合に。二〇〇七年にはプライベート・エクイティは世界中の企業買収の五件に一件を仕掛けるまでになり[4]、その野心はとどまるところを知らないようだった。ある投資会社が一〇〇〇億ドルで米ホームデポを呑みこもうとしている、という噂まであった[5]。

いまやプライベート・エクイティ会社の影響力は、経済全域に及んでいる。格安チケット会社の「オービッツ・ドットコム」でチケットを取ったり、「マダム・タッソー蠟人形館」に遊びに行ったり、「オレンジーナ」ブランドのジュースを飲んだりすれば、必ずブラックストーンにカネが落ちる。「ダンキンドーナツ」でコーヒーを飲む、「トイザらス」でテディ・ベアを買う、「シモンズ」のベッドで眠る、「シードゥー」ブランドのジェットスキーで波に乗る、ドイツの「グローエ」の凝ったデザインの蛇口をひねる、ロンドンのドラッグチェーン「ブーツ」でカミソリの替え刃を買う――そうした行為もすべて、どこかのプライベート・エクイティ会社を利することになる。ブラックストーン一社だけで、世界中で五一社の株式の一部もしくはすべてを保有している[6]。その従業員数は計五〇万人、毎年の売上高は一七一〇億ドルに達し、世界で一〇番目に大きな会社と肩を並べる。

こうした企業が、いずれもごくわずかなスタッフしか抱えず、長年メディアの取材にも応じず、投資の詳細も明らかにせずに、ひっそりと事業を続けてきたことを思えば、その影響力の大きさにはなおさら驚かされる。ゴールドマン・サックスは三万五〇〇〇人の従業員を抱え[7]、利益は四半期ごとに公表している。一方、ブラックストーンはとほうもない規模の事業会社や不動産を抱えていながら、従業員はわずか一〇

○○人にすぎず、株式を公開するまで財務状況は明らかにされていなかった。数十億ドル規模の企業の経営権を握っているプライベート・エクイティでも、申し訳程度のウェブサイトしか作っていないところもある。

注目すべきことに、ブラックストーン、KKR、カーライル、アポロ、TPGをはじめ、主要プライベート・エクイティ会社の多くでは、まだ創業者が実権を握っており、社内はもちろん、投資先企業の意思決定も実質的に牛耳っている。一九世紀の悪徳資本家時代以来、これほどの富と生産財が、これほど少数の者の手に握られたことがあっただろうか？

ウォール街におけるプライベート・エクイティの立場が、これほど強かったこともない。かつては投資会社のほうが買収資金を得るために銀行に頭を下げていたが、今では銀行のほうが彼らのもたらす莫大な手数料収入に幻惑され、世界中のブラックストーンもどきに気に入られようと懸命になっている。

二〇〇四年には、そうした状況を象徴するような出来事があった。(8) 世界有数の銀行クレディスイスファーストボストンとJPモルガン・チェースの投資部門が、アイルランドの医薬品メーカー、ワーナー・チリコットの買収合戦で、ブラックストーン、KKR、TPGを上回る価格を提示するという大失態を犯した。怒り狂ったKKR創業者のヘンリー・クラビスとTPGのジム・コールターは、銀行に猛抗議した。お得意様にたてつくとはどういう了見だ、と。ワーナー・チリコットの買収はそのまま終わったが、プライベート・エクイティ側の意向は両銀行にきっちりと伝わった。JPモルガン・チェースはすぐにワーナー・チリコットに入札したプライベート・エクイティ子会社を閉鎖し、クレディスイスはプライベート・エクイティ部門にブラックストーンやTPG、KKRなどが標的にしそうな大企業への入札を禁止した。

ブラックストーンのライバルたちが世間の注目を浴びるのは、これが初めてではなかった。KKRは一九八〇年代半ばにスーパーマーケットチェーンのセーフウェイや、トロピカーナジュースやスーツケースのサムソナイト、ブラジャーのプレイテックスで知られるベアトリス・カンパニーズを買収して以来、常に注目されてきた。一九八八年には激しい買収合戦の末に、三一三億ドルでタバコ・食品大手のRJRナビスコを買収するという大胆な企てによって、当時の企業買収ブームを象徴する存在にもなった。RJRナビスコをめぐる泥仕合の模様を描いた『野蛮な来訪者——RJRナビスコの陥落』(日本放送出版協会)はベストセラーになり、KKR共同創業者のヘンリー・クラビスの名は広く世に知られるようになった。

一方、カーライル・グループは投資家を呼び込むために、ジョージ・H・W・ブッシュ元大統領と、ジョン・メージャー元イギリス首相を雇って話題になった。シュワルツマンの誕生日パーティとIPOによってスポットライトを浴びるまで、ブラックストーンは業界における地味な超大国であり、おそらくウォール街最大の知られざるサクセスストーリーだった。

シュワルツマンとブラックストーン共同創業者のピーターソンがゲームに参戦したのはやや遅く、一九八五年のことだった。KKRなどライバルはすでに一〇年以上も前から、買収する企業そのものを唯一の担保として買収資金を借り受けるレバレッジド・バイアウトの腕を磨いていた。

それでも二〇〇七年には、シュワルツマンの会社——ブラックストーンは初めから実質的にシュワルツマンだけの会社だった——はあらゆる面でライバルを凌ぐようになっていた。[9] 運用資金は八八〇億ドルとKKRやカーライルを上回り、リターンもほとんどの同業他社を上回っていた。とほうもない規模の企業群を保有していたのに加えて、一〇〇〇億ドル相当の不動産を保有し、他の企業が運用するヘッジファンドにも五〇〇億ドルを投資していた。ライバル企業がめったに手掛けない分野である。大手投資会社では唯

一、企業買収や破産申請について顧客企業にアドバイスする、少数精鋭の投資銀行機能も持っていた。シュワルツマンとピーターソンは二二年間で、大手投資銀行に匹敵するほどの投資・アドバイザリー能力と資金力を兼ね備えた、抜群の収益力を誇る新しいタイプのウォール街の有力プレーヤーを作り上げたのだ。

その間ブラックストーンは、産業界や金融界に優れた人材を輩出してきた。アメリカ産業界で最も精力的に買収による事業拡大を進める経営者の一人、センダント・コーポレーションCEOのヘンリー・シルバーマンが一例だ。三兆二〇〇〇億ドルの運用資産を擁する大手債券投資会社ブラックロックの創業者、ローレンス（ラリー）・フィンクもそうだ。フィンクとシュワルツマンがカネの問題で仲たがいするまで、同社はブラックストーンの一部だった。

プライベート・エクイティ会社がどれほど莫大な権力と富を蓄えようとも、レバレッジド・バイアウト（略してLBOもしくはバイアウト）の正当性には常に疑問符が付けられていた。資本主義の弊害に対する怒りの矛先が、まっさきに向かうのがここだった。二〇〇六年から〇七年にかけて、ブラックストーンとそのライバルたちがかつてないほどの大型買収を次々と実現させるなか、一九八〇年代以降常にLBO業界を悩ませてきた脅威論や批判が再び高まった。

原因の一つは、イメージの問題だった。LBO業界が発展したのは、敵対的買収を仕掛け、既存の経営陣を放逐しようとする乗っ取り屋や、威嚇的な投資家が跋扈した時代だった。実際にはLBO会社（プライベート・エクイティ）は買収前に経営陣と話をまとめることを好み、敵対的買収を仕掛けることはめったになかった。だが、苦境に陥った企業を買収し、実権を握ったとたん乗っ取り屋と同じように大量の人員解雇や事業の切り売りをしたケースも少なくなかった。このためLBO会社もおいはぎのように見られるようになった。企業を襲撃し、自分たちは優良資産を売却しててっとり早く利益を得る一方、抜け殻のような会社と膨大な負債を残していくなど、屍の上で饗宴をはるような手合いというわけだ。

二〇〇〇年代のLBOブームの反動は、ヨーロッパで始まった。[10] ドイツの閣僚がプライベート・エクイティやヘッジファンドを公然とイナゴ呼ばわりし、イギリスの労働組合はこうした買収屋の取り締まりを政治家に働きかけた。

シュワルツマンの誕生日パーティのためにパークアベニュー・アーモリーに星空の天蓋がしつらえられる頃には、反動はアメリカ本土にも到達していた。アメリカの労働組合はLBOの新たな波が雇用削減につながることを恐れ、また米議会はプライベート・エクイティやヘッジファンドが生み出す莫大な利益に注目しだしていた。

「スティーブにはあの誕生日パーティの前に、そんな派手なことはやめたほうがいい、と言ったんだが」。ブラックストーンのパートナーからセンダントのトップに転身したヘンリー・シルバーマンは語る。シルバーマンにはすでに投資ファンドの経営者に対する課税を引き上げるべきだという声が上がっていること、そしてシュワルツマンのパーティがそうした政治の動きを確実に煽ることがわかっていた。

保守的な『ウォール・ストリート・ジャーナル』までが、豪勢な祝宴がもたらしうる弊害に懸念を示した。[11]「シュワルツマン氏の誕生日パーティと、それが象徴するプライベート・エクイティ会社の急増する富は、格差拡大の象徴である。労働者が報酬の伸び悩みや失業の不安にさらされるなか、荒稼ぎしている金融関係者は、社会に増大する不満の矛先になるリスクを負っている」。パーティの四カ月後、ブラックストーンのIPO直前に発表された新たな課税法案には、即座にブラックストーン税という呼び名がつけられ、『ウォール・ストリート・ジャーナル』はシュワルツマンを名指しで批判した。いわく「同氏が今年開いた六〇歳の誕生日パーティは、ゴードン・ゲッコー（訳注：映画『ウォール街』の主人公）の手合いをとっちめてやろうともくろんでいた政治家につけいる隙を与えた」と。シュワルツマンが調子に乗りすぎたせいで、業界全体が報いを受けることになったわけだ。

脅威論の原因は容易に理解できる。プライベート・エクイティ会社は、資本主義の精神を最も純粋な形で体現している。企業の価値を高めなければならない――その手段が成長なのか縮小なのか、あるいは事業をたたんで別の事業を始めることなのか、合併することなのか、現状維持なのかにかかわらず――という強迫観念にとらわれている。頭脳明晰で非情で猛烈な株主であり、そのうえ期限を切る。

プライベート・エクイティ会社の悪しき特徴とされるもの――人員削減、資産売却、現状打破にかかわること全般――は、実際には今日の企業のほとんどに見られる。LBOより他社と合併するほうが、通常失われる雇用は多い。だがLBOというのは特異なオーナーシップ（所有形態）であり、買収の数年後には再び株主が変わるのが確実であることから、不安は高まりやすい。

プライベート・エクイティ会社は常に企業にダメージを与える、という主張は完全に誤っている。それが本当なら、LBOという営みはこれまで続いてこなかったはずだ。LBOによって企業が滅びるのが確実と思われれば、買収された会社にとどまる経営者はいないだろう。だが、たいていのLBOでは経営者は残る。さらに重要なこととして、プライベート・エクイティは常に買収企業を略奪し尽くすという評価が定着すれば、買収した会社を売却することは不可能になるだろう。雇用の破壊者ならば、その最大の出資者である公的年金基金は小切手を切らなくなるはずだ。

プライベート・エクイティに対するハゲタカというイメージが誤っていることを示す、学術的な研究結果も増えている。[12] たとえばプライベート・エクイティ傘下の企業が株式を公開した場合、他の新規公開企業よりも株価のパフォーマンスは良いことがわかっている。これは「ＬＢＯは会社を骨抜きにする」という説と矛盾する。

雇用に関しても、プライベート・エクイティ傘下の企業は一般の企業とほぼ変わらない。通常、買収直後は一般企業よりやや削減数は多いが、長期的には一般企業より雇用を増やしている。理論上、多額の負債を抱えていることによって財務体質は脆弱なはずだが、過去数十年にＬＢＯを経た企業がデフォルト（債務不履行）した割合は、類似する非公開企業や公開企業のデフォルト率と大差なく、比較方法によってはむしろ低い。

ハゲタカのイメージが強いものの、プライベート・エクイティの利益の多くは、買収した不振企業を再生したり、事業を拡大することから生じている。ブラックストーンでも特に成功した投資案件の多くは、企業を成長させたケースだ。たとえば、イギリスで買収した小規模な娯楽施設運営会社マーリン・エンターテイメンツを、遊戯施設「レゴランド」や「マダム・タッソー蠟人形館」をヨーロッパとアメリカの二大陸で展開する国際プレーヤーに変貌させている。同じように、さえないドイツの瓶メーカー、ゲレスハイマーを買収し、高度な医薬品向け包材を製造する高収益企業に変えている。ベンチャー企業にも投資しており、アフリカ西部の海岸沖に新たな大型油田を発見した石油探査会社などがその例だ。いずれもハゲタカのイメージにはそぐわない事例である。

買収ファンドはてっとり早く稼ぐことしか考えていない、という見方とは裏腹に、マーリンやゲレスハイマーのＣＥＯは、四半期ごとに確実に利益をあげることに血眼になっている公開企業の傘下にあったときより、プライベート・エクイティの下でのほうが長期的な経営戦略を取ることができると証言している。

新たな企業買収ブームや、シュワルツマンの誕生日パーティをめぐる喧騒をよそに、ブラックストーンのIPOは成功を収めた[13]。だがそのころには、シュワルツマンらブラックストーンのメンバーは、市場に変調が迫っているという懸念を抱くようになっていた。ちょうどブラックストーン株の取引が始まった二〇〇七年六月二二日、その後来るべき事態の不吉な前兆が表れた。優れたトレーディングと戦闘的スタイルで知られる投資銀行ベアー・スターンズが、住宅ローン担保証券の取引で莫大な損失を出した傘下のヘッジファンドを救済する、と発表したのだ。その後の数カ月で、同じような危機が金融システム全体に広がった。秋にはプライベート・エクイティ業界に数千億ドルの低利資金を提供し、ブームを支えた融資の流れが完全に枯渇した。

クレジットカードの利用制限を超えてしまった買い物マニアと同じように、プライベート・エクイティも新たな信用供与を受けられなくなった[14]。ブラックストーンはその年の二月に、アメリカ最大のオフィスビル保有会社エクイティ・オフィス・プロパティーズ・トラストを、史上最高の三九〇億ドルという買収価格で手に入れ、七月にはヒルトン・ホテルズを二六〇億ドルで買収する契約を結んだが、その後二年半にわたって四〇億ドルを超える案件を手掛けることはなかった。

二〇〇八年の利益は大幅に落ち込み、その年末には配当を払えなかったほどだ。それはシュワルツマンも運用報酬を受け取れなかったということで、その年の収入は三五万ドルという基本給のみに甘んじた。二年前の一〇〇〇分の一以下である。IPOの売出価格が三一ドルだったブラックストーン株は、二〇〇九年初頭には三・五五ドルまで落ち込んだが、それはLBO業界全体の苦境を反映していた。

金融危機の根本的な原因を作ったのは彼らではなかったが、市場が急速にしぼむときには、その激流に呑まれてしまった。景気が減速し、企業収益が落ち込むと、相場の高騰期に買収された有名企業が債務の重みに耐えかねて倒産しはじめた。寝具や生活雑貨を扱うリネンズ・アンド・シングス、マットレスメーカーのシモンズ、リーダーズ・ダイジェストなどがその例だ。なんとか生き延びたプライベート・エクイティ傘下の企業にも、二〇一〇年代の半ばにはＬＢＯの際に借りた資金の返済期限を迎え、最後の審判を下されそうなところが多く残っている。

サブプライム・ローン（信用力の低い個人向け住宅融資）の助けを借りて身の丈以上の住宅を買ってしまった人々が、いまでは住宅の価値がローン残高を下回る状況に陥っているのと同じように、プライベート・エクイティ会社も時価総額を上回る債務を抱えた企業を抱え込んでいる。こうした企業の価値が回復するか、もしくは債務の返済条件を見直してもらうかしなければ、担保不足で融資の借り換えができなくなる。そうなると損失覚悟で売却するか、債権者に没収されることになる。

金融危機を受けて、多くの人々がプライベート・エクイティへの投資で損失を被った。ＬＢＯ業界はすでに大きな打撃を受けたが、経済が完全に復調するまでには、さらに多くの損失を被るだろう。過去の不況のときと同じように、相場のピークに拙速な投資をしたプレーヤーは投資家に見限られ、業界再編が起こるのはまちがいない。

とはいえ、金融業界のほかの業種や株式市場と比べれば、プライベート・エクイティはましな状況にある。実際、プライベート・エクイティ会社が負っていたリスクやレバレッジは、銀行や住宅ローン会社が負っていたものに比べれば、控えめなものだった。プライベート・エクイティが保有していた企業の一部は破綻したが、ほかの企業を巻き添えにしたり、公的資金による救済を必要としたり、親会社まで崩壊したりするようなことはなかった。

むしろ、金融システムが崩壊しそうになったとき、最初にお呼びがかかったのはプライベート・エクイティ会社だ。[15] 二〇〇八年の秋、リーマン・ブラザーズやメリルリンチ、ＡＩＧなどの金融機関の救済案を取りまとめようと奔走していたアメリカ財務省と連邦準備理事会（ＦＲＢ）は、カネと知恵を求めてブラックストーンやそのライバルたちに協力を求めた。イギリス財務省とイングランド銀行が、破綻寸前の大手銀行ノーザンロックの救済について検討した際にも、プライベート・エクイティ会社が呼ばれた（結局は、苦境に陥った金融機関の資本不足が大きすぎたため、大手プライベート・エクイティでも救済方法は見いだせなかったが）。

アメリカ政府は二〇〇九年にも、自動車産業の救済のために再びプライベート・エクイティ業界を頼った。オバマ大統領は政権の自動車担当として、大手投資会社クアドラングル・グループの創業者、スティーブン・ラットナーを招聘したほか、ゼネラル・モーターズ（ＧＭ）再生を支援するため、テキサス・パシフィック・グループ（ＴＰＧ）創業者のデビッド・ボンダーマンと、カーライル・グループ幹部のダニエル・エイカーソンを取締役会に送り込んだ（エイカーソンは二〇一〇年にＣＥＯに指名された）。

プライベート・エクイティ業界が危機を経験したのは、二〇〇七年から〇九年が初めてではない。一九八〇年代末に起きた同じような信用危機では瀕死の重傷を負い、二〇〇〇年代初頭のハイテクバブル崩壊時にも大打撃を被った。だが、そのたびに復活し、生き残った企業はより強大になり、より多くの資金を集め、新たな投資対象を見つけていった。

二〇〇八年から〇九年の危機を切り抜けたプライベート・エクイティにとり、回復の素地はすでに整っている。まず業界全体では五〇〇〇億ドルほどの手元資金を抱えている[16]――アメリカ政府が二〇〇九年の景気刺激策に用意した七八七〇億ドルと比べても、遜色のない金額だ。

ブラックストーンだけでも、二〇〇九年末時点で企業や不動産、債務の買収に投じる手元資金として二九〇億ドルを抱えている。売り手のほうはまだ弱っているうえ、借り入れによってこの資金はさらに数倍にも増やすことができる。市場全体で資金が不足しているこの時期に、これほどの金額を抱えている者には、膨大な収益機会がある。

二〇〇八年から〇九年にかけて、新規資金の流入は極端に細ったが、すでに三大公的年金基金が「将来的にプライベート・エクイティファンドへの投資配分を増やす」と明言していることから[17]、再び増加するのは確実だ。

ブラックストーンの物語は、プライベート・エクイティ業界の歴史そのものだ。その物語には、この業界が少数の目端の利く金融機関やベンチャーが暗躍するニッチな市場から、公的年金基金など投資業界の一流プレーヤーが数十億ドルもの資金を託すような巨大運用会社がしのぎを削る一大産業に成長するまでの軌跡が、映し出されている。二〇〇七年にブラックストーンが株式を公開して以降、KKRとアポロ・グローバル・マネジメントが後に続いた。その結果、プライベート・エクイティ業界を覆っていた秘密のベールは取り去られ、金融システムの重要な柱の一つという立場は一段と強固になっている。

ブラックストーンの歴史は、一人の起業家の一代記でもある。これみよがしな誕生日パーティによって、その傑出した才能が覆い隠されてしまった観もあるが、創業までの困難、草創期の投資の大失敗、優秀な人材の離反といった曲折を乗り越えて、シュワルツマンは一流の金融機関を作り上げた。一九八五年当時、自分にも相方であるピーターソンにもＬＢＯの経験は一切ないにもかかわらず、自分たちなら一〇億ドルの資金を調達できるといった大それた考えを抱くなど、様々な意味においてブラックストーンの成功にはシュワルツマンの人格が反映されている。

とはいえ、シュワルツマンは単に向こう見ずなだけではない。誕生日パーティで露わになった自惚れの強さとは裏腹に、シュワルツマンは創業当初から少なくとも自分と同じくらい我の強いパートナーを招き入れてきたほか、常に部下からの情報に耳を傾ける、優れた聞き手でもあった。会社が成熟した二〇〇二年には自らの後継者を採用し、大幅な権限委譲をした。

損失を出すことを死ぬほど嫌っているのは、ブラックストーンの現役および元幹部のすべてが認めるところであり、それすらも企業文化に織り込まれている。二〇〇六年から〇七年にかけてのLBOブームで、ブラックストーンが取り返しのつかない過剰投資をせずに済んだのは、そのおかげかもしれない。

シュワルツマンやヘンリー・クラビスをはじめとする業界の面々は、一流銀行とかつての企業コングロマリットの中間に位置する、まったく新しいタイプの資本主義の担い手である。企業に資本を出す点は銀行と同じだが、銀行と違って企業の経営も掌握する。世界中で事業展開する国際企業と同じように、彼らの事業も多様で、世界中に広がっている。だが通常の企業と異なり、その内容は年々変化する。個々の企業の経営は独立しており、成功するのも失敗するのもその経営者次第だ。

プライベート・エクイティ会社とシュワルツマンをはじめとするその経営者たちは、絶えず企業の買収と売却を繰り返すというまさにその営みによって、自らの規模をはるかに超える影響力を持つようになった。オーナーとなった何千という企業に自らの刻印を押しているほか、どこを買収し、どうやって再生するのかを通じて、市場に大きな影響を及ぼしている。

第2章

フーディルの奇跡とリーマンの内紛

ウォール街にとって、そのディールはまさに革命的だった。一九七八年一〇月、コールバーグ・クラビス・ロバーツという無名の会社が、三億八〇〇〇万ドルのレバレッジド・バイアウトによって産業ポンプメーカーのフーディル・インダストリーズを買収するという取引をまとめたのだ。三億八〇〇〇万ドル！しかも公開企業である。それまでも未公開企業に対する小規模なLBOはあったが、これほど大胆な取引は過去に例がなかった。

当時、リーマン・ブラザーズ・クーン・ローブで働いていた三一歳のスティーブ・シュワルツマンは、取引の仕組みがいったいどうなっているのか、知りたくてたまらなくなった。見たところ、買い手はほとんど自己資金を使っておらず、また自らの資産を担保に差し出してもいないようだった。借入金に対する唯一の担保は、買収対象の企業だけだ。どうしてそんなことができるのか？　取引の全貌を明らかにしているであろう、債券の目論見書を手に取らずにはいられなかった。

M&Aのプロであるシュワルツマンは並々ならぬ自信家で、そのうえ新規案件の獲得においては天賦の才に恵まれており、その月にパートナーに昇進したばかりだった。彼はまったく新しい何かが生まれようとしている気配――目玉が飛び出るような利益を稼ぐ方法、自らの才能を発揮する新しい舞台、新たな天職の誕生――を感じ取っていた。

「目論見書の資本構造を見て、どれほどのリターンが出るかを悟った」と後年、振り返っている。[1]「『こいつは新たな金脈だ！』と思った。LBOの仕組みを示すロゼッタストーンのようなものだった」

そう思ったのはシュワルツマンだけではなかった。「フーデイルの一件が明らかになると、だれもが目を奪われた」。法律事務所シンプソン・サッチャー&バートレットの弁護士で、初期のKKRのディールの多くを担当したリチャード（ディック）・ビーティーは振り返る。[2]「それまでは『LBOって、どれほどのものなんだ』という雰囲気だった。それが突然、たった三人の――コールバーグ、クラビス、ロバーツ――小さな会社が、公開企業を買うという。いったいどういうことだ？ってね」

フーデイルの買収で使われた金融技術は、二一世紀の最初の一〇年に起こったプライベート・エクイティブームを支えたものとまったく同じで、最初にウォール街の片隅で生み出されたのは一九五〇年代後半から六〇年代にかけてだった。レバレッジド・バイアウトという概念は、高度な金融工学の産物でもなければ、インチキでもなかった。ローンで買った家を売却した経験のある人ならだれでも、基本的な仕組みは理解できるはずだ。

一〇万ドルの現金で家を買い、その後一二万ドルで売却したとしよう。利益率は二〇%だ。一方、二万ドルの手付金だけを払い、残りの八万ドルは借りたとしよう。それを一二万ドルで売却したら、債務返済後に残る四万ドルは元手の二倍ということになる――利子コストを考慮しなければ、利益率は一〇〇％だ。

ＬＢＯも原理は同じだ。ただ、住宅を買った人は、自分の給料その他の収入からローンを返済しなければならないのに対し、ＬＢＯの場合、投資会社は出資（手付金にあたる）さえしてしまえば、借入金は買収された会社が返済する。つまり買収資金を借り入れるのはＬＢＯ会社ではなく、買収される会社なのだ。このためＬＢＯ会社が目をつけるのは、買収のために背負った借金の利子を払えるだけの収入があり、しかも企業価値が高まる見込みがある会社だ。金融の門外漢に最もわかりやすいたとえを使うとすれば、賃貸料でローンの返済も固定資産税も維持管理費も賄えるような収益物件を狙うわけだ。

そのうえ、ＬＢＯの対象となった企業は、大幅な税の軽減が受けられる。すべての企業は債務の利子は経費に計上できる。たいていの企業では、控除できる利子は利益のほんの一部にすぎないが、大量の債務を抱えた企業の場合、利子は利益を上回ることもあり、そうすると法人税はごくわずか、もしくはゼロになる。つまりレバレッジド・バイアウトという特殊なタイプの企業金融に、納税者が多大な補助金を出しているわけだ。

ジェローム・コールバーグ・ジュニア率いる新参企業がフーデイルを買収した当時、ＬＢＯを実施するために投資家から資金を集める小規模な投資会社はほかにもいくつかあった。だがフーデイルの一件は、ＬＢＯ会社がさらに上を目指し始めたことに金融業界が気づくきっかけとなった。そして、その数年後に起きた別のＬＢＯは、それがどれほど儲かるものかを広く世間に知らしめることになった。

グリーティングカードのメーカーで、猫のアニメキャラクター「ガーフィールド」の権利を持つギブソン・グリーティング・カーズは、長年ＮＢＣテレビジョン・ネットワークの親会社であるＲＣＡにとってお荷物だった。それを一九八二年一月、ＬＢＯ会社のウェスレイが買収したのだ。

買収価格は八〇〇〇万ドルだったが、実際にニクソン、フォード両政権で財務長官を務めたウィリアム・E・サイモンを共同創業者とするウェスレイとギブソンの経営陣が支払ったのはわずか一〇〇万ドルで、残りは借入金で賄った。出資額がその程度なら、会社が潰れたとしても損失はたかがしれている。一方、高値で売れれば何倍ものリターンが得られるはずだった。

一六カ月後、すでにギブソン・グリーティングの保有不動産を売却し終えていたウェスレイと経営陣は同社の株式を公開した。その時点で企業価値は二億九〇〇〇万ドルと評価された。レバレッジ（債務の同義語である）がなかったとしても、八〇〇〇万ドルの投資額がほぼ三・五倍になったことになる。実際にはLBOに占める債務の割合が極端に高かったことから、サイモンとウェスレイの共同創業者であるレイモンド・チェンバーズは、それぞれ三三万ドルの投資で六五〇〇万ドルを手に入れた――実に二〇〇倍である。この驚異的な成功は、すぐに伝説となった。何週間かが過ぎても、ウェスレイの偉業は『ニューヨーク』誌や『ニューヨーク・タイムズ』の紙面を賑わせつづけていた。(3)

サイモン自身は、この濡れ手で粟の大儲けを幸運と表現した。(4) 確かに、ギブソン・グリーティングの営業利益はLBOから株式公開までの間に五〇％増えたが、それはウェスレイの功績とは言いがたい。業績が回復したのは単に時期が良かっただけだ。一九八三年初頭、景気が長期にわたる低迷から脱却しつつあったことが業績に追い風となり、株価を押し上げたのである。ギブソンの成功物語は、企業価値のわずかな上昇を目のくらむほどの利益に変えてしまう、レバレッジの威力をまざまざと見せつけた。

リーマンのスティーブ・シュワルツマンも、ギブソンのIPOに心を奪われた一人だった。この案件に注目せずにいられなかったのには理由がある。シュワルツマンはRCAの担当バンカーとして、ギブソンをウェスレイに売却する際のアドバイザーを務め、売却価格が安すぎると進言もしていたのだ。(5) フーデイルとギブソンをめぐる取引は、シュワルツマンがLBOに尽きせぬ情熱を抱くきっかけとなった。

ギブソンの一件は、シュワルツマンの上司である、リーマン会長兼CEOのピーター・G・ピーターソンの心をも捉えた。一九七三年に副会長としてリーマンに入社したまさにその日から、ピーターソンは同社を再び商業銀行――伝統的に、自己資金を使って企業の買収や再生を行う銀行を指す――に戻すという希望を抱き続けてきた。[6] かつてリーマンは有力な商業銀行であり、一九三四年にはトランス・ワールド・エアラインズを買収したり、一九五〇年代から六〇年代にかけてはカリフォルニアのグレート・ウェスタン・フィナンシャル銀行、ハイテクと防衛技術のリットン・インダストリーズ、テレビ局チェーンを運営するLINブロードキャスティングなどのベンチャー企業に融資を実施したりしていた。だがピーターソンが入社するころには、リーマンの財政状況は悪化し、リスクを取って自己資金で企業に出資することができなくなっていた。[7]

一方、投資銀行はその呼称とは裏腹に、ほとんど投資は手掛けず、自己資金もわずかしか必要としない。商業銀行やリテール銀行が預金を引き受けたり、住宅ローンを含む様々な融資を実施するのに対し、投資銀行は主に手数料と引き換えにサービスを提供する。企業の合併・買収（M&A）に際して金融面のアドバイスを提供したり、企業が株式や債券を発行して資金調達するのを助ける。後者においては多少の自己資金が必要となる。顧客に引き受けを約束した有価証券を売却しきれないリスクがあるためだが、そうしたリスクは通常低く、短期的なものであるため、資金が長期間拘束されることはない。

投資銀行の基幹業務のうち、トレーディング（株式や債券の売買）だけは大規模な自己資金を必要とする。投資銀行は顧客に代わって株や債券を売買するだけでなく、大きなリスクをとって自己勘定でも取引をする。ウォール街の銀行のトレーディングデスクでは、日々大量の有価証券が往き来する。こうした投資の大半は流動的、すなわち簡単に売却して現金化できるものだが、相場が暴落したときに保有証券を迅速に売り切れなければ、巨額の損失を被ることもある。このため市場が冷え込んだときに持ちこたえられるように、投資銀行には緩衝材となる自己資本が必要なのだ。

商業銀行業務にも同じようにリスクがあり、しかもその投資は通常、長期間固定されるので多額の資本が必要だ。投資では莫大な見返りが得られることもあるが、先立つ資本がなければ話にならない。だがピーターソンがリーマンに入社した一九七三年当時、リーマンの自己資本は二〇〇〇万ドル以下と、大手投資銀行の中で財務体質は最も貧弱だった。(8)

それでも一九八〇年代にはリーマンの財務体質は強靱さを取り戻したため、ピーターソンとシュワルツマンは他の経営陣に商業銀行業務の再開を訴え始めた。買収ターゲットまで用意したほどだ。シカゴを本拠にスピードメーターを製造する、公開企業のスチュワート・ワーナー・コーポレーションである。(9) 二人はリーマンが同社にLBOを仕掛けるよう主張したが、ピーターソンが会長を務めるものの支配はしていない取締役会によって退けられた。一部の取締役は、リーマンが買収を再開することで、顧客から競合と見られることを懸念したのだ。

「きわめてばかばかしい話だった」とピーターソン。

「取締役会がこんな案件を却下するなんて、信じられなかった」とシュワルツマン。「リーマンの一年分の稼ぎを上回るほどの利益を生み出すというのに」――当時のリーマンの利益は年二億ドルだった。

だが二人は諦めなかった。シュワルツマンはディック・ビーティーを呼んで、リーマンのバンカーにLBOの仕組みを説明させた。ビーティーはKKRの顧問であったが、彼の所属する法律事務所はリーマンのアドバイザーでもあったからだ。「シュワルツマンを動かしていたのは、『なぜリーマンに他社と同じことができないんだ』という疑問だった」とビーティーは振り返る。[10]

周囲を見れば、ゴールドマン・サックスやメリルリンチといったライバルの投資銀行が続々と独自の商業銀行部門を立ち上げていた。だがさしあたり、ピーターソンとシュワルツマンはフーデイルとギブソン・グリーティングが火をつけたLBOブームが本格化するのを指をくわえて見ているしかなかった。自ら投資するのではなく、企業にアドバイスするというM&Aバンカーとしての役回りに甘んじていたのだ。

ウォール街に至るまでのピーターソンの経歴は異色である。典型的なバンカーとはほど遠い。リーマンに入社する前には、企業経営者のほか、ニクソン政権の閣僚も務めた。このためトレーディングフロアを歩き回るより、自らの関心分野である経済政策について議論しているほうが心地よかった。比類なき人脈を携えて一九七三年にリーマンにやってきたピーターソンには、明確な役割が与えられていた――産業界のトップを籠絡《ろうらく》するのである。当時のパートナー陣は、経営者や政治家としての長年の経歴のなかで培われたピーターソンの人脈は、リーマンにとって非常に大きな価値があると考えたのだ。

社会人となったピーターソンが、企業のトップに登りつめるまでに時間はかからなかった。[11] 父親は鉄道の影響で大きな発展を遂げたネブラスカ州カーニーで、二四時間営業のコーヒー店を営むギリシャ移民だったが、ピーターソンはノースウェスタン大学を首席で卒業すると、夜学でシカゴ大学の経営学修士号(MBA)を取得した。企業社会で若くして最初に頭角を現したのは、マーケティングの分野だった。市場調査に長けていたことから、二〇代半ばには大手広告代理店マッキャンエリクソンのシカゴ事務所の責任者に抜擢された。

最初の飛躍のきっかけとなったのは、隣人でテニス仲間だったチャールズ・パーシーとの出会いだった。

パーシーはホームムービー機材を扱うシカゴのベル&ハウェルの経営者で、彼の誘いに応じてピーターソンはマーケティング責任者として同社に入社した。一九六一年には三四歳の若さで社長に昇進した。一九六六年にはパーシーが上院議員に選出されたことを受けて、CEOの座を引き継いだ。

一九七一年初頭、シカゴで長年付き合いのあったジョージ・シュルツ（後に財務長官と国務長官を務める）の口利きで、ピーターソンはリチャード・ニクソン大統領の国際経済に関するアドバイザーに就任した。ホワイトハウスにはヘンリー・キッシンジャー（安全保障に関する有力アドバイザーで後の国務長官）をはじめ味方もいたが、ニクソン政権の内部闘争が激しく、党派主義の強い空気は、ピーターソンには気質的にも知的にも合わなかった。彼にはガツガツしたところがなかった。[12]

あるとき、ニクソンの首席補佐官であったH・R・ハルデマンがピーターソンに、大統領の執務室により近い、ホワイトハウス西館の部屋に移らないかと勧めた。[13] だがそれはドナルド・ラムズフェルド（後にジョージ・W・ブッシュ政権で国防長官に就任）という別の高官にその部屋からの退出を求めることとなり、ラムズフェルドは自らの好位置を守ろうと激しく抵抗した。ラムズフェルドをシカゴ時代から知っていたピーターソンは、彼ともめたり、そのプライドを傷つけるのが嫌だったため、ハルデマンの申し出を断った。キッシンジャーは後にピーターソンに、それは彼がワシントンにいた間に犯した最大の失敗だったと語った。

その後まもなく、ピーターソンは別の我の強い政治家に目を付けられることになった。財務長官のジョン・コナリーである。[14] 豊かな銀髪が印象的で、民主党出身のテキサス州のカリスマ知事だったコナリーは、ケネディ大統領が暗殺された際に同じ車に乗り合わせていて、自らも銃弾を受けた人物だ。経済アドバイザーというピーターソンの役割は、自らの領域を侵すものだと考えたコナリーは、ピーターソンの権限を押さえ込もうと画策した。
　スタッフとしてホワイトハウス入りした一年後、ピーターソンは商務長官に任命され、コナリーの領域から外れることになった。商務長官時代のピーターソンは、主要な交渉を一つまとめた。ソ連との交渉を進展させ、包括的な貿易協定の締結にこぎつけたのである。だが、すぐにニクソンとその側近であるハルデマンの不興を買うことになった。その一因は、『ワシントンポスト』発行人であったキャサリン・グラハム、『ニューヨーク・タイムズ』のコラムニスト、ジェームズ・レストン、ロバート・ケネディ未亡人のエステルなど、リベラル派の大物や有力メディアの人々と親しく付き合ったり、頻繁に意見交換をしていたためだ。ホワイトハウスはピーターソンの幅広い交友関係を、敵との馴れ合いと見なした。

　ニクソンは一九七二年の大統領再選後、閣僚に指名してまだ一年も経っていないピーターソンを更迭[15]した。ワシントンを去る際に開いた夕食会で、ピーターソンは印象的なジョークを残した。「ハルデマン閣下に呼ばれ、忠誠の誓いを立てるよう求められたのだが、ふくらはぎが太すぎてブーツの踵《かかと》をカチッと鳴らすことができず、不合格にされた」と。この痛烈な皮肉は『ワシントンポスト』に取り上げられ、物議を醸した。

　ピーターソンはすぐにニューヨークへと移り、より実入りのよい仕事に就くことにした。複数のウォール街の銀行から誘われた末、商業銀行としての長い伝統に惹かれてリーマンを選んだ。だが人脈を見込まれて副会長として入社したわずか二カ月後、その役割は突然、大きく変わった[16]。内部監査によって、リーマンのトレーダーが数百万ドルもの含み損をひそかに抱え込んでいることが発覚したのだ。帳簿に計上された有価証券の価値は、いまや購入価格を大幅に下回り、リーマンは破綻の瀬戸際に立たされた。

衝撃を受けた取締役会は会長のフレッド・エールマンを解任した。そして元企業経営者で、閣僚経験者でもあるピーターソンの経営手腕と名声を見込んで、新たなトップとして会社の立て直しを託した。

リーマンを潰しかけた元凶は、トレーディング部門の責任者、ルイス・グラックスマンだった。[17]恰幅の良い債券トレーダーだが激情家として知られ、ワイシャツのすそは常にズボンからはみ出し、絶えず葉巻をふかしていた。銀行部門を中心に、グラックスマンに損失の責任を取らせるべきだと主張する人々もいた。だが投資銀行部門出身で、ピーターソンが会長兼CEOに就任する直前に社長になっていたウォーレン・ヘルマンは、リーマンにはグラックスマンが必要だと考えた。リーマンが問題となった有価証券を買い込んだ理由、そしてそれが失敗した理由を知っているのは、ほかならぬ彼だからだ。「混乱を引き起こした人間こそ、それを立て直すのに最もふさわしい、というのが私の意見だった」とヘルマンは語る。[18]「だれでも一度の大失敗は許されるべき」と考えるピーターソンもそれに同意した。グラックスマンは二度目のチャンスでは成功を収め、ピーターソンの下でリーマンは復活した。一九七五年、『ビジネスウィーク』誌は表紙にピーターソンの顔を載せ、「リーマン、瀬戸際からの復活」との見出しでその偉業を称えた。[19]

　再建には成功したものの、ピーターソンにとってリーマンの猛烈な企業文化に適応するのは容易ではなかった。トレーディングや金融の本質はさておき、その専門用語への疎さには同僚たちも驚愕した。「ベーシスポイントのことを、ずっとベーシングポイントと言い続けていた」とリーマンの元幹部の一人は証言する[20]（ベーシスポイントはウォール街用語で、一〇〇分の一パーセントを意味する言葉。すなわち一〇〇ベーシスポイントは金利一パーセントに相当する。一ベーシスポイントの差は大規模なトレーディングや融資では大きな差を生む）。

　ピーターソンは様々な魅力のある人物だった。誠実で強い信念があり、その話術は皮肉っぽいウイットが利いている、というより毒舌というほうが適切だろう。カネにはさほど頓着しなかった——少なくともウォール街の常軌を逸した基準に照らせば。だが、同僚に対してはよそよそしく、尊大とすら思える態度を取ることも珍しくなかった。[21] 社内では秘書や側近はもちろん、他のパートナーに対しても、自分の身の回りの世話をするのが当然と考えていたふしがある。会合に遅れまいと大急ぎでエレベーターに向かう途中、メモ用紙に後で読むための覚え書きをしたためては、肩越しに放り投げることがよくあった。当然周囲が拾い集めてくれると期待してのことだ。

自分だけの別世界にいるように見受けられることもあった。[22] スーツの襟に、黄色いポストイットをひらひらと貼り付けたまま、会議に現れることもよくあった。チャリティパーティに出席する約束や、翌朝どこかのCEOに電話をする予定を忘れないようにと、彼の秘書が貼りつけたものだ。

浮世離れした性質は、ブラックストーンに移っても変わらなかった。長年ブラックストーンのパートナーを務めるハワード・リプソンは、ある風の強い日にピーターソンが真冬用の帽子をかぶっていたのを覚えている。そのてっぺんには「ピート、帽子を忘れないでね」というメモがくくりつけられていたという。[23] また秘書が席をはずしてしまい、自分で電話を取らなければならなくなると、ピーターソンがみじめなほどうろたえ、「パティ！　パティ！」と悲痛な叫び声をあげていたのも記憶しているという。

ピーターソンは、他人が自分の浮世離れぶりをからかうのを楽しんでいた。会議室には外交委員会から贈られた記念の額を飾っていたが、そこには「数ある偉業の中でも、たゆみなく自らのブリーフケースを探し続けたことに敬意を表する」と書かれていた。[24]

「あれは愛すべき資質だった」とリプソンは語る。「もうろくしているんだ、という人々もいたが、ピートはそれほどの歳でもなかった。彼の頭の中でいろいろなことが同時進行していることの表れだったんだろう」

一九九〇年代初頭にブラックストーンのパートナーを務め、ピーターソンを敬愛するデビッド・バッテンも同意見だ。「ピートは多分、深遠な思索にふけっていたんだ」[25]。スケールの大きな政策的課題について思いをめぐらせていた、というわけだ。リーマン時代には有力シンクタンクのブルッキングス研究所の理事も務め、政府が必要に応じて設置する諮問委員会にもたびたび呼ばれていた。その後ブラックストーン時代にも、米国の財政政策に関する論文や著書を出している。

部下には、彼の心ここにあらず、といったように見えたかもしれないが、メディア界、芸術界、政界の大物――バーバラ・ウォルターズ、デビッド・ロックフェラー、ヘンリー・キッシンジャー、マイク・ニコラス、ダイアン・ソーヤーといった面々――との人脈作りには熱心で、会話の中ではよく有名人との交友関係を自慢した。

そうした欠点はあるものの、経営者としてリーマンに一〇年にわたる繁栄をもたらした功績は、それを補ってあまりある。足の引っ張り合いの激しい同社でそれを成し遂げるのは、容易なことではなかった。一九六九年に長年圧倒的な指導力で内部対立を押さえ込んできたボビー・リーマンが亡くなると、リーマンは大混乱に陥った[26]。パートナーは互いに相手より優位に立ち、より多くのボーナスをせしめようとしのぎを削った。

あるパートナーは、別のパートナーが株を保有している鉱山会社が新たな鉱脈を発見しそうだということを察知すると、相手がその事実を知らないのを利用して株を譲らせたとされる[27]。ピーターソンを激怒させるような、顧客への背信行為もあった。ジェームズ・グランビルというシニアパートナーが自らの顧客に、他のパートナーが買収防衛策をアドバイスしている会社の敵対的買収を仕掛けるようそそのかしたのだ。[28]

食うか食われるかの競争が当たり前のウォール街の基準に照らしても、リーマンの内部対立のすさまじさは度を越えていた。ゴールドマン・サックスのパートナーで、後にクリントン政権の財務長官となったロバート・ルービンは、リーマン社長のヘルマンにこう語ったことがある。「両社のパートナーはいずれも優秀であることに変わりはないが、ゴールドマンのパートナーたちが本当の競争相手は会社の外にいることを理解しているのに対し、リーマンのパートナーらはそれが社内にいると思い込んでいる[29]」と。

リーマンの内部闘争の激しさは、社外の人々には驚きだった。「どうして君たちは、それほど憎み合っているんだい？」。当時、有数の投資銀行家であったブルース・ワッサースタインが、シュワルツマンと別のリーマンのパートナーに尋ねたことがある。[30]「僕は君たち二人とこんなに馬が合うのに」。「君がリーマンのパートナーだったら、君のことも嫌いになるさ」とシュワルツマンは答えた。

最も激しく対立していたのは、グラックスマン率いるトレーダーと、投資銀行部門のバンカーだった。[31]トレーダーはバンカーたちをピンストライプのスーツを着込んでお高くとまった連中だと考え、バンカーたちはトレーダーをガツガツした育ちの悪い輩だと考えていた。ピーターソンはそうした溝を埋めようとした。[32]

対立のカギとなっていたのは、報酬の問題だ。ピーターソンがトップになるまで、社員はボーナスや昇進がどのように決まるかをまったく知らされていなかった。上層部のパートナーがだれにどれだけの報酬を与えるかを決めており、また報酬原資の大部分は貢献度にかかわらず自分たちの取り分としていた。ピーターソンはベル＆ハウエルの実績連動型の給与システムなどを参考に、新たな報酬制度を導入した。自分のボーナスも抑え、ピア・レビュー（同僚による評価）の仕組みも取り入れた。

とはいえ、こうした能力主義的なアプローチも、ボーナスシーズンのたびに沸き起こる不満の嵐を鎮める役には立たなかった。状況をさらに悪化させていたのは、トレーディングにも投資銀行部門にもそれぞれ浮き沈みがあり、それぞれ好調だった年には利益のうち自らの取り分を増やすべきだと主張することだった。パートナーの幼稚さと強欲はピーターソンを悩ませ、リーマンに融和と秩序をもたらそうとする彼の試みは行き詰まった。

リーマンにも投資銀行部門を中心にピーターソンの味方はいたが、三〇人超のパートナーのうち常に頼りになる友人はわずかしかいなかった。最も親密だったのはヘルマンと、ケネディ、ジョンソン両政権で国務次官を務めたジョージ・ボールだった[33]。若いパートナーの中で気に入ったのは、自らと同じタイプの〝リレーションシップ・バンカー〟であるロジャー・アルトマンで、投資銀行部門の三人の共同責任者の一人に指名した[34]。一九八〇年代初頭に、投資銀行部門のＭ＆Ａ委員会のリーダーを務めていたシュワルツマンのことも気に入っていた。リーマンのＭ＆Ａ分野には他にもスタープレーヤーがおり、シュワルツマン以上に手数料を稼ぐ者も毎年数人はいたが、彼は企業のＣＥＯと付き合うのがうまく、また勘の鋭さやディールメーカーとしての手腕は突出していた。

ピーターソンはこうした資質を高く評価し、何年か経つうちに、二人はタッグを組んで顧客を口説き落とすようになった[35]――ピーターソンがＣＥＯの関心を引き、シュワルツマンが釣り上げるのである。シュワルツマンの武器は、斬新な戦略を立案する能力と取引の細部まで精通していることであり、買収資金のために新株や社債を発行する方法や、ＣＥＯが売却したがっている子会社に買い手を探し、最も高い値段で売るための方法を指南した。

「私には、企業のＣＥＯと信頼関係を構築できる賢者というイメージがあったと思う」とピーターソンは語る[36]。「私が投資銀行部門のために多数の新規顧客を獲得したということに、異を唱える者はいないだろう。だが新規取引をお膳立てするのと、それを実行に移すのは、まったく別の機能だ。後者については様々な人材を見てきたが、スティーブはまちがいなく図抜けていた。私たちの関係はきわめて相互補完的で、生産的だった」

シュワルツマンは単なるディールの仲介役ではなく、事業の再構築に深く関与することもあった。たとえば一九七〇年代には農業機材とトラックのメーカー、インターナショナル・ハーベスターの再建に携わった。きっかけはハーベスターのCEOだったアーチー・マカードルが、ゼネラル・フーズでともに取締役を務めていたピーターソンに電話をかけ、モルガン・スタンレーの代わりにリーマンにアドバイザーになってほしい、と依頼したことだった[37]。

当時のハーベスターは赤字を垂れ流し、融資も受けられず、破綻の瀬戸際にあった。ピーターソンはマカードルが事業を取捨選択するのを支援するため、シュワルツマンを派遣した。その後の数カ月にわたり、シュワルツマン率いるリーマンの部隊は戦略を練り、ハーベスターの資産売却を積極的に進め、同社が切実に必要としていた現金を調達した。

同じようにピーターソンは、一九七六年にベンディックス・コーポレーションを顧客に獲得した[38]。その直後にCEOに就任したウィリアム・アギーは、成長性の高いハイテク企業を買収する一方、成長力の劣る事業を売却することで、エンジニアリングと製造分野で幅広い事業を抱えるベンディックスを再生したいと考えていた。ピーターソンはその役割をシュワルツマンに任せた。シュワルツマンはアギーの相談役として信頼を得て、何を買収し、何を売却すべきかを指南するとともに、取引の遂行役も務めた。「ウィリアムは企業の売買にきわめて意欲的で、我々は週末も休まず毎日議論を重ねた」とシュワルツマンは振り返る。

ピーターソンとシュワルツマンは、奇妙な取り合わせだった。二一歳の年の差に加えて、一八〇センチを超える長身のピーターソンに対し、シュワルツマンは一七〇センチそこそこと小柄だった。ピーターソンのギリシャ風の浅黒い肌と並ぶと、シュワルツマンの肌の白さと赤ん坊のように澄んだ瞳の青さが際立った。他人によそよそしく、浮世離れしたピーターソンとは対照的に、シュワルツマンは快活で、地に足がついており、常に周囲の人間と積極的にかかわりながら相手を見定めようとしていた。

ピーターソンが本能的に争いごとを避けようとするのに対し、シュワルツマンは必要とあらば対立をいとわなかった。リーマンでめぐり合うまでの歩みも対照的だった。シュワルツマンの家族はフィラデルフィアで大きな日用雑貨店を営んでおり、彼自身の言葉を借りれば「どこの家にも車が二台あるような」中産階級の多い郊外の住宅地で何不自由なく育った。[39] 一方、ピーターソンは保守的なアメリカ中部の小都市の、きわめて貧しい家庭で育った。

ピーターソンは品の良い年配の政治家という役回りを好んで引き受けていたが、シュワルツマンはもっとガツガツしており、自分を売り込むのに熱心だった。その成果は一九八〇年一月に『ニューヨーク・タイムズ』の週末版である『ニューヨーク・タイムズ・マガジン』が載せたよいしょ記事によく表れている。[40] 当時シュワルツマンは、RCAが一四億ドルでCITフィナンシャル・コーポレーションを買収したり、トロピカーナ・プロダクツが四億八八〇〇万ドルでベアトリス・フーズに身売りするのを支援するなど、M&Aで輝かしい実績を挙げていた。この記事はシュワルツマンを「おそらく次世代の投資銀行業界を担う、最も有望な人材」と持ち上げ、彼の積極性や想像力、緻密さを誉めそやした。そして「シュワルツマン氏のバイタリティは周囲に伝播するため、だれもが彼と一緒に仕事をしたがる」と書いている。ピーターソンや、有力なM&A弁護士であるマーチン・リプトンも賛辞を贈った。

同紙の取材に応じたピーターソンは「通常、企業のＣＥＯはスティーブほど若い人間とは付き合いたがらないものだが、主要顧客はこぞって彼を指名してくる」と語っている。リプトンは「必要なときに必要な場所に居合わせるという、稀有な才能を持ち合わせている」と持ち上げた。（シュワルツマン自身は「私は実務家だ」「成功したいという意欲が極端に強い」などと語ったほかは、ほとんど自らについて語らなかった）。

その春にリーマンが開いた社内ピクニックでは、同僚がその記事のコピーをはめ込んだ鏡をシュワルツマンにプレゼントした[41]。記事を眺めると、その横に自分の本当の姿が映るという趣向だ。だがリーマンの社内で、だれもがシュワルツマンの虚栄心の強さをおもしろがっていたわけではない。同社ＯＢの一人は「彼を評価する人々もいたが、全員が好意を持っていたわけではない」と語っている[42]。

『ニューヨーク・タイムズ・マガジン』の記事はいささか大げさすぎたが、シュワルツマンの能力に関する評価は的を射ていたといえよう。「大変な自信家ではあったが、スティーブにはディールメーカーとして生まれ持った才能があった」。一九七〇年代半ばにリーマンの社長を務めたヘルマンは振り返る[43]。シュワルツマンと親しくはなかったが、「ある案件を与えられると、他のだれも気づかないようなチャンスを見いだす天与の才があった」と言い、その才能はラザード・フレールのフェリックス・ロハティンにも匹敵する、とまで語る。ロハティンは一九六〇年代から七〇年代にかけて最も成功した投資銀行家で、一九七五年には破綻の瀬戸際にあったニューヨーク市の債務のリストラを手掛けて高い社会的評価を得た人物だ。

同じく当時リーマンで働いていたラルフ・シュロスタインは、一九八二年一一月に鉄道会社ＣＳＸコーポレーションが保有するフロリダ州の二つの日刊紙を売却しようとした際、同社のアドバイザーとしてシュワルツマンがとった大胆かつ狡猾なアプローチを今も覚えている[44]。

最初に最も高い買値を提示したのは、ジョージア州オーガスタの小さなメディア会社モリス・コミュニケーションだった。同社の提示額は二億ドルで、コックス・コミュニケーションズの一億三五〇〇万ドル、ガネット・カンパニーの一億ドルを大幅に上回っていた。普通のバンカーであれば、コックスとガネットに提示額を引き上げるよう伝えたかもしれないが、提示額の差を考えれば、モリスの優位は揺るぎそうになかった。

CSXがその金額に不満だったわけではない。むしろ二つの新聞の営業利益がわずか六〇〇〇万ドル程度であったことを思えば、二億ドルという提示価格はとほうもなく魅力的だった。「CSXは『とっとと契約しろ!』と言っていた」と、シュワルツマンとともに売却に携わったシュロスタインは語る。だがシュワルツマンはCSXにもう少し待つよう言い聞かせた。モリスのバックに大手銀行が付いていることに目をつけていた彼は、買値を引き上げさせることができるはずだと踏んだのだ。

そこで提示価格の詳細を明らかにすることなく、二回目の入札を実施した。シュワルツマンはモリスに、コックスやガネットも積極的だという印象を与えようとした。策略はまんまと成功し、結局モリスは提示価格を一五〇〇万ドル引き上げた。

「あの一五〇〇万ドルを勝ち取ったのはスティーブだ。当のCSXを含めて、そんな大胆なことをやろうとする者はほかにだれもいなかった」とシュロスタイン。今日では企業買収がオークション(入札)になった際に最後まで競り値を公開しないシールド・ビッドは当たり前になったが、当時は非常に珍しかった。「あのやり方は我々がディールをやりながら編み出したのさ[45]」。その先駆者であることを自認するシュワルツマンは話す。

一九八〇年代初頭に米国経済が深刻な不況をようやく脱すると、リーマンの銀行部門は急成長を始め、トレーダー部門もマーケットを手玉にとりながら次第に利益を増やしていった。だがこうした繁栄は、リーマンに平和をもたらすどころか、長年くすぶっていた銀行部門とトレーダー部門の摩擦を激化させることになった。原因はトレーダーたちが、報酬制度が自分たちにとって不当だと感じていたことにある。

当初、ピーターソンはトレーダー部門の憤りがどれほど根深いものかを理解していなかった。一九八一年に社長に昇進していたグラックスマンがその役割に満足していないことを感じたピーターソン[46]は、一九八三年五月に彼を共同CEOに指名した。だが、それでグラックスマンを懐柔することはできなかった。かねてからピーターソンの下で働くことに不満を抱いていた彼は、CEOの地位を独占することを望んでいた。

六週間後、主要パートナーの支持を得たグラックスマンは反乱を起こした。「彼にはトレーディング分野に応援団がいたんだ」とピーターソンは語る。[47]しかも配下のトレーダー部門はその直前の四半期に莫大な利益を挙げていた。「だから彼は反乱を起こすタイミングが来たと考えたのだろう」。自分が身を引けば内紛が収まるかもしれないと考えたピーターソンは、不本意ではあったが、一〇月に共同CEOを辞任し、一九八三年末で会長も退任することを受け入れた。

屈辱的な幕引きではあったが、ピーターソンはやられたらやり返すというタイプではなかった。シュワルツマンをはじめとするパートナーは、全パートナーの投票にかければ勝ち目はある、と訴えた。[48]だがピーターソンは「投票で勝っても空しいし、犠牲は大きすぎると思った」と後年書いている。「そんなことになればルー（グラックスマン）は選りすぐりのトレーダーを率いて退社し、会社に深刻なダメージを与えるだろう、と」

ピーターソンの友人の中には、ピーターソンは自分だけの世界にこもって思索に没頭する性癖もあり、マキャベリズムを地で行くようなリーマンの社内政治に鈍感であったことが、失脚の一因だったと見る者もいる。[49] 理由が何であれ、ピーターソンは七月にグラックスマンから面と向かって辞任を迫られるまで、その反乱にまったく気づいていなかった——もしくはそれを否認していた——と、元同僚は口をそろえる。ピーターソン自身も自らが「世間知らず」で「他人を信用しすぎるところがある」と認める。[50]

追放されることが決まった夏、ピーターソンはしばらくロングアイランドのイースト・ハンプトンにある別荘にこもっていた。シュワルツマンをはじめとする銀行部門の人々は、激しい怒りを抱きつつも仕事を続けた。だが一九八四年春、グラックスマンの牙城であるトレーダー部門が再び途方もない損失を出し、リーマンのパートナー陣が気づいたときには、会社は一〇年前とまさに同じように破産の瀬戸際に追い込まれていた。

グラックスマンはまだCEOだったが、会社を掌握しきれなくなり、パートナー陣は会社を売却すべきか、持ちこたえられるかをめぐって議論を戦わせた。売却しなければ、会社が破綻し、自分たちの持ち株——当時でも一人あたり数百万ドルの価値はあっただろう——が紙くずになる可能性は十分あった。最終的にリーマンの取締役会を押し切ったのはシュワルツマンだった。[51] 取締役会は顧客や従業員がパニックに陥るのを防ぐため、買収に興味を示しそうな企業に打診しながらも、問題を世間に伏せておこうとした。だが驚くべきことにシュワルツマンは、取締役でもなく、取締役会の名代にも指名されていないにもかかわらず、勝手にこの問題を引き受けることにした。

一九八四年三月のある土曜日の朝、シュワルツマンは突然、近所に住む知人のピーター・A・コーエンの自宅に押しかけた。当時コーエンは、アメリカン・エキスプレス傘下の大手証券会社シェアソンのCE

〇だった。「君にリーマン・ブラザーズを買ってもらいたいんだ」。シュワルツマンは陽気にコーエンに語りかけた。それから数日以内にシェアソンは正式にリーマンに買収を打診し、一九八四年五月一一日、リーマンは三億六〇〇〇万ドルで身売りすることに合意した。

この買収によって、証券会社としてリテール営業には強くても投資銀行部門は脆弱だったシェアソンは、実入りがよく金融業界での地位も高いこの領域に地歩を築くことができた。一方、リーマンのパートナー陣も破滅的な損失を免れた(何年も後、リーマンは分離され、再び独立した公開企業となった)。

こうして不安に駆られていたリーマンの銀行部門やトレーダー部門の社員は救済されることになったが、それには条件があった。シェアソンはほとんどのリーマンのパートナー陣に「非競争契約」に署名することを求めたのだ。[52] リーマンを退社しても、三年間はウォール街の他の銀行で働くことを禁じる契約だ。実質的に手錠をかけるわけだ。結局のところシェアソンが買収したのはリーマンの人材であり、パートナーを会社に縛りつけておかなければ、抜け殻だけが残るリスクがあった。

だが、シュワルツマンにはシェアソンにとどまる気は毛頭なかった。彼はピーターソンの新事業に加わりたいと考えていたのだ。[53] 当時ピーターソンは、知り合ったばかりのベンチャー・キャピタリスト、エリ・ジェイコブスと組んで投資会社を立ち上げる計画を温めており、二人はシュワルツマンを三人目のパートナーに迎え入れたがっていた。シュワルツマンから見れば、自分はシェアソンによるリーマン買収をお膳立てしたのであり、コーエンには貸しがある、と思っていた。このため彼はコーエンに、自分を非競争契約の例外としてくれないか、と持ちかけた。コーエンは了承した。[54]

「シュワルツマンの要求を聞き、他のリーマンのパートナーたちは激怒した」と、かつてのシニアパートナーは語る。[55]「なぜスティーブ・シュワルツマンだけが特別扱いなんだ、とね」。パートナーたちが反乱を起こせば合併がご破算になりかねないことから、コーエンは態度を変え、結局シュワルツマンにも非競争契約に署名させた（シュワルツマンを知る人物に「なぜ彼はコーエンが自分を特別扱いすると思ったのだろう」と尋ねたところ、「それは彼がスティーブ・シュワルツマンだからさ」という答えが返ってきた）[56]。

シュワルツマンはシェアソンに手錠をかけられたことに心底憤り、不当な扱いを受けたと感じた。元同僚によると、リーマンがシェアソンに吸収されてからの数カ月、オフィスには顔を出したものの、ひたすら不平をこぼし、不機嫌な態度を取りつづけたという。[57] ピーターソンのほうもシュワルツマンに合流してほしがっていた。すでにジェイコブスとは仲たがいしたことから、以前にも増してシュワルツマンの助けを必要としていたのだ。今ではピーターソンは、もともと一番パートナーにしたかったのはジェイコブスではなかったと語る。「スティーブと私はきわめて相互補完的だった」[58]。ずっとスティーブと組みたかったが、なかなかそうできなかった」。まずシェアソンを脱出させなければならない。

最終的にピーターソンと顧問弁護士のディック・ビーティーは――リーマンとKKRの代理人を務めた人物である――コーエンの代理人とリンクスクラブで会合を持った。[59] マンハッタンのアッパー・イーストサイドにあるパワーエリートの隠れ家である。コーエンがこれ以上リーマンの銀行部門の人材を失いたくないと考えていたため、この取引は高くついた。「非常に厳しい交渉だった」[60]とピーターソンは語る。「彼らは先例を作ることを恐れていたんだ」

シェアソンは長々としたリーマンの法人顧客リストを作成した。そこにはピーターソンとシュワルツマンが担当していた企業も、そうでないところも含まれていた。そして今後三年間、ピーターソンらの新会社がリスト上の会社から収入を得た場合には、無条件にその半額を提供するよう要求した。[61] 独立して会社を作ってもいいが、当面はシェアソンに年貢を納めろ、というわけだ。これは新会社にとって非常に厳しく、また負担の重い契約だった。というのもM&Aアドバイザー業務は、他の事業が立ち上がるまで唯一の収入源になるはずだったからだ。だが法的にはシュワルツマンに反論の余地がなかったため、二人は要求を呑んだ。

シュワルツマンはコーエンに裏切られたと感じた。友人や同僚は、今日に至るまで彼はコーエンへの深い恨みを抱きつづけている、と証言する。[62]まずはいったん例外扱いを認めると言っておきながら、非競争契約に署名させたこと、そして放出する条件としてこれほど厳しい対価を求めたことに対して、である。「スティーブは絶対に忘れない」とある友人は語る。[63]「不当な扱いを受けたと感じたら、絶対に仕返ししようとする」

この件については、ピーターソンも忘れてはいない。「約束を破ったような連中に、手数料収入の半分を差し出すなんて、実にひどい話に思えた。だが他にスティーブが退社する方法はなかった」[64]

ようやくリーマンの混乱を乗り切ったというのに、今度はシェアソンの厳しい条件下で働かなければならなくなった。とはいえ、二人はようやくM&Aアドバイザーとして独立し、長年胸に秘めていた野心を実行に移す自由を得たのだ。そう、LBOである。

第3章 ドレクセルの一〇年

ピーターソンとシュワルツマンがそれぞれリーマンやシェアソンから解放された一九八五年ごろまでに、LBO業界は急激な発展を遂げ、投資ファンドと彼らの手掛けるディールの規模は飛躍的に膨らんでいた。KKRとそのライバルたちは、産業界というステージの端役から主役に躍り出ていた。

LBOを活性化させている要因はいくつかあった。一九六〇年代に相互に関連性の低い多様な事業を買い漁って傘下に収めた産業コングロマリット（複合企業）は、持ち株会社となって株式を公開していたが、いまや投資家の支持を失い、事業の切り売りを始めていた。[1] 時期を同じくして、コアビジネスという概念が重視されるようになり、企業の取締役会やCEOは必要不可欠な事業とそうでないものを選別するようになった。必要ではないと判断された事業はたいてい売却された。こうした流れが相まって、投資会社の標的が不足することはなかった。

だがＬＢＯ業界に最も大きな影響を与えたのは、新たな資金調達の道が開けたことだった。その立役者はジャンク債とドレクセル・バーナム・ランベールである。新興投資銀行であったドレクセルは、自らジャンク債を生みだし、それを企業買収の資金源として売り込んだ。その結果、間もなく投資会社はかつては想像もできなかったような資金を調達できるようになった。

ドレクセルがジャンク債を売りまくったことは、乗っ取り屋を勢いづかせることにもなった。彼らは新しいタイプの企業買収者だった。口うるさく、弱い者いじめのような戦術を駆使して不振の子会社を売却させたほか、買収した企業そのものを投資会社に売却することも珍しくなかった。五年も経つうちに、ドレクセルのイノベーションはＬＢＯ業界に革命を起こし、アメリカ産業界の秩序を塗り替えた。

ほんの一〇年前まで、ＬＢＯは家内工業のようなもので、業界には新旧とりまぜても小さな会社がいくつかあるだけだった。どの会社も年に二つか三つほどディールをまとめるぐらいで、その規模は最大でも三〇〇〇万ドルくらいだった。主要な企業を挙げれば、ギボンズ・グリーン・ヴァンアメロンゲン、Ｅ・Ｍ・ウォーバーグ・ピンカス（主にベンチャー企業に投資していた）、ＡＥＡインベスターズ、トーマス・Ｈ・リー・カンパニー（ファースト・ナショナル・バンク・オブ・ボストン出身の融資のプロが創業）、カール・マルクス・アンド・カンパニー、ダイソン・キスナー・モランなどだが、その数は多くはない。だがカネのにおいは常に新たな資本を呼び込むものであり、すぐに新たな参入者が続々と表れた。

最も成功していたのは、一九七六年創業のＫＫＲだ[2]。当時同社を牛耳っていたのは、メガネをかけた冷静そのもののジェリー・コールバーグだ。企業買収の仲介より、株や債券トレーディングを強みとしていた投資銀行ベアー・スターンズでコーポレート・ファイナンス担当ディレクターとして働いていた彼が、余技としてＬＢＯに手を出したのは一九六四年のことだった。

一九六九年には、テキサス州ヒューストンの石油長者の息子であるジョージ・ロバーツを採用し、その後もう一人若手社員として、ロバーツのいとこで友人でもある、オクラホマ州タルサ出身のヘンリー・クラビスを加えた。優秀な石油技術者を父に持つクラビスは、才気あふれる若者だった。背は低く、ゴルフの腕前はシングルだったが、やんちゃすぎる一面もあった。三〇歳の誕生日には、パークアベニューの自宅マンションの中で、プレゼントとしてもらったばかりのホンダのバイクを乗り回したという逸話もある。[3]一九七六年、ベアー・スターンズＣＥＯで、生粋のトレーダーとしてＬＢＯをバカげた投資だと考えていたサリム・ルイスとの大喧嘩の末、当時五〇歳のコールバーグと、三二歳のクラビス、三三歳のロバーツはベアー・スターンズを退社した。[4]

一九七六年に三人が最初に立ち上げたファンドは、わずか二五〇〇万ドルの規模だったが、すぐに五億ドルの利益を稼ぎ出し、実力を証明してみせた。[5]この成功によって投資家はＫＫＲに魅了され、一九八〇年の二度目の資金募集では三億五七〇〇万ドルが集まった。[6]発足から一〇年の間に、ＫＫＲは五つのファンドを立ち上げ、総額二四億ドル以上を集めた。

リーマンの経営会議が、自己資金で企業に投資すべきだというピーターソンとシュワルツマンの主張を退けたのとは対照的に、他の投資銀行は何のためらいもなく一九八〇年代初頭までには独自のＬＢＯ部門を立ち上げていた。ＫＫＲが画期的なフーディルのディールを発表した二年後、ファースト・ボストンのＬＢＯチームはそれをさらに上回る四億四五〇〇万ドルで、ビニール床材メーカーのコングレウムを非公開化するという取引をまとめた。

まもなくモルガン・スタンレー、ソロモン・ブラザーズ、メリルリンチも追随し、自己資金を元手にＬＢＯを手掛けるようになった。ゴールドマン・サックスも動き出した。最初の案件は一九八二年のトリニティ・バッグ・アンド・ペーパーの買収だったが、わずか一二〇〇万ドルという小規模な案件にもかかわらず、ゴールドマンのパートナーたちは哀れなほど気をもんでいた。「ゴールドマンが二〇〇万ドルの自己資金を投じるというので、幹部はだれもがこの案件で頭がいっぱいだった」。当時ゴールドマンに在籍し、現在は自らの投資会社を率いるスティーブン・クリンスキーは振り返る。[7]「『やばい、これは絶対に失敗できないぞ!』ってね」

KKRに次ぐ二番手は、まちがいなく一九七八年創業のフォーストマン・リトル&カンパニーだった。規模はKKRの半分しかなかったが、会社としてはもちろん、創業者同士のライバル意識も強烈だった。[8]コネチカット州グリニッチ育ちのテッド・フォーストマンは有力な繊維商の孫で、金融業界と法曹界の二流どころで働いていたが、友人の勧めで三九歳で独立した。[9]一九八〇年代初頭には、飲料メーカーのドクターペッパーや、野球カードやガムを扱うトップスのLBOで大成功を収め、その才能を世に示した。[10]KKRより資金量では劣っていたが、収益力では上回り、クラビスと同じようにフォーストマンもウォール街の寵児として、その一挙手一投足がメディアの注目を集めることになった。

だがLBO業界における不動のリーダーとしてのKKRの地位は揺るがなかった。フーデイルの案件は、業界の爆発的成長のきっかけとなったビッグバンと目されるようになった。一年ごとに律儀に資金を集め、それによってディールの規模を拡大していった結果、一九八〇年代半ばまでにKKRはLBO業界の完全な支配者となっていた——まるで一九六〇年代から七〇年代にかけての、コンピューター業界におけるIBMのように。

LBOの勃興期、標的の多くは同族経営の会社だった。株の売却を望むのは、その中の特定の世代であったり、特定の一派であったりした。LBO会社は一族の他のメンバーと協力し、彼らを経営陣に残しつつ、経営の支配権を獲得した。だが投資会社の規模と資金量が拡大すると、次第にフーデイルのような公開企業や、コングロマリットの主要な子会社など、大きな企業に狙いを定めるようになった。

コングロマリットは一九六〇年代の全盛期には株式投資家の寵愛を受け、多様な事業を買い漁った。目指していたのは成長であり、それ以外に関心はなかった。当時を代表する企業の一つが、リング・テムコ・ボートである。テキサス州で電気工事請負会社を経営していたジミー・リングが興した会社で、最終的には製鋼業のジョーンズ・アンド・ローリン、航空機メーカーのブラニフ・インターナショナル・エアラインズ、ゴルフ用品のウィルソン・アンド・カンパニーなどを擁する巨大帝国となった。

ハロルド・ジェニーンが興した国際電話・通信会社だったITTコーポレーションは、買収マシンに変貌を遂げ、シェラトンホテルチェーンをはじめ、「ワンダーブレッド」を製造するパンメーカー、保険会社のハートフォード、レンタカーのエイビス、さらにはスプリンクラーや葉巻、競技場整備会社までを買い集めた。

ラジオとテレビのメーカーで、テレビ放送網のNBCを擁していたRCAコーポレーションでは、CEOのロバート・サーノフがレンタカーのハーツ、冷凍食品のバンケット、出版社のランダムハウスを傘下に収めた。リットン・インダストリーズ、テクストロン、テレダイン、ガルフ・アンド・ウェスタンインダストリーズなど、大手コングロマリットの保有企業は多種多様だったが、その行動規範は同じだった。買収、買収、買収である。

規模と多様性の追求が究極の目的となった。同業他社やサプライヤーを買収しながら成長する企業の行動原理が「規模の経済」であったのとは違い、コングロマリットのそれは「多角化」だった。一つの業界が不振になったり、景気循環の底にあっても、他の業界で補えるというわけだ。

だが本質的には、コングロマリットは数字をもてあそんでいたにすぎない。一九六〇年代には、コングロマリットの株価収益率（ＰＥＲ）は四〇倍に達することも珍しくなかった[11]——公開企業のＰＥＲとしては、歴史的に異常な高さである。この過剰評価された株と、合併に伴う数字上のからくりによって、コングロマリットは当時投資家が指標としていたＰＥＲを引き上げたのだ。

からくりの仕掛けはこうだ。年間の純利益が一億ドルのコングロマリットのＰＥＲが四〇倍だったとする。つまり時価総額は四〇億ドルだ。規模や魅力の劣る企業の場合、通常ＰＥＲはずっと低い。コングロマリットが過剰評価された株を使って、たとえば純利益五〇〇〇万ドル、ＰＥＲが二〇倍の会社を買収するとしよう。買収資金を賄うため一〇億ドル分（五〇〇〇万ドル×二〇）の新株を発行した場合、合併後の純利益は五〇％増えるのに対し、発行済み株数は二五％しか増えない（四〇億ドル＋一〇億ドル）。結果として、一株あたりの利益（ＥＰＳ）は二〇％増えるわけだ。一方、ＰＥＲが四〇倍の企業を買収すれば、合併後のＥＰＳは上昇しない。

株式投資家はＥＰＳが上昇する企業を好むため、こうした買収によって買い手企業の株価は上昇する。コングロマリットの四〇倍というＰＥＲが変わらないとすれば、時価総額は五〇億ドルではなく、六〇億ドルになるはずだ（純利益一億五〇〇〇万ドル×四〇）。通常、コングロマリットは買収資金の一部を借入金で賄っていたため、新株の発行数を抑えることができ、ＥＰＳの増加幅はさらに大きかった。

こうした巧妙なからくりは、高ＰＥＲが当たり前の上昇相場ではすばらしい成功を収めた。だが一九六〇年代には、ほころびが出始めた[12]。株式市場が弱気相場に転換し、数字のからくりもメッキが剥げ、コングロマリットモデルへの投資家の熱も冷めた。投資家はコングロマリット全体の利益が、個々の部門ほど成長していないことや、ＥＰＳの上昇が究極的には幻にすぎないことに気づいてしまった。そのうえこれほど膨大で、関連性の低い企業群の経営は、きわめて有能な経営者の手にもあまるものだった。この結果、放置されたり、経営が行き詰まる子会社が続出した。

投資家は集中と選択、効率性といった要素を重視するようになった。市場からのプレッシャーが高まる中、信頼感を失ったコングロマリットは一九七〇年代から八〇年代にかけて解体が進んでいった。

放出された子会社の多くを拾い集めたのがＬＢＯ会社だった。そうしたディールの当たり年となったのは、金利が急騰し、景気が壁に突き当たり、株価が急落して多くの企業が苦境に陥った一九八一年だ。(13)ＫＫＲはパッケージ製品大手のオーウェンズ・イリノイからカップメーカーのリリー・チューリップを買収。さらに航空機からテレビから印刷機までありとあらゆる事業を擁していたロックウェル・インターナショナルから電気系統部品のＰＴコンポーネンツを買い取った。その年の暮れ、フォーストマン・リトルはベアトリス・フーズの飲料部門を買収する契約を結び、ウェスレイはＲＣＡからギブソン・グリーティングを買収することで合意した。

八〇年代が終わりに近づくなか、膨大な資金を手にしたＬＢＯ会社は、買収後に解体することを視野に、コングロマリットそのものに狙いを定めるようになった。一九八六年、ＫＫＲがベアトリス・フーズを買収したのがその例だ。当時ベアトリスは乳製品と加工食品メーカーというルーツから逸脱し、ブラジャーメーカーのプレイテックスから、かつてＩＴＴが保有していたレンタカーのエイビスまでを抱え込んでいた。

ＬＢＯ業界の成長が加速したのは、そこに流れ込む資金量——出資と融資の両面において——がとほうもなく拡大したためだ。

一九七〇年代後半から八〇年代初頭にかけて、ＫＫＲ、フォーストマン・リトルをはじめとする投資会社が莫大な利益をはじき出すなか[14]、保険会社などの機関投資家は従来株式や債券に投じていた運用資産の一部を、新興のLBOファンドに振り向けるようになった。運用資産に投資ファンドや不動産を組み入れて多様化を進めれば、長期的にはリスクを低減し、リターンを拡大できると踏んだのだ。機関投資家が投資ファンドに提供した資金は、ファンドが買収する企業の株主資本に充当された。

LBOでは、買収資金のうち投資会社が出資する株主資本が占める割合はほんの一部だった――当時の標準的なケースでは、全体の五～一五％にすぎなかった。残りは負債で、銀行からの融資とメザニン債と呼ばれるものを組み合わせていた。銀行の融資は優先債権、すなわち会社に何か起きたら最初に弁済されるものだった。メザニン債は銀行融資に劣後し、銀行が債権を回収した後に残った資産がある場合だけに弁済されるため、リスクが高く、それゆえに利子も非常に高かった。

一九八〇年代半ばまで、LBOの対象となった企業のような、多額の債務を抱える企業の劣後債を進んで購入するような投資家は少なかった。メザニン債の買い手は、アメリカのプルデンシャル・インシュアランス、メトロポリタン・ライフ・インシュアランス、オールステート・インシュアランスといったひとにぎりの大手保険会社ぐらいで、投資会社にとっては最も調達の難しいタイプの資金だった。

保険会社側の提示する条件はきわめて厳しかった。メザニン債に年率一九％もの利子を要求したうえに、まとまった量の投資先の株式を求めた。投資がうまくいった際に、その恩恵に預かろうというわけだ。一九八一年、プルデンシャル・インシュアランスが二件の取引に際して提示した条件があまりにも不当だと感じたヘンリー・クラビスが異議を唱えると[15]、プルデンシャルの幹部は「ほかにカネを出すところがあるのか」と言い放った。当時としては、その言い分はまちがっていなかった。

だが一九八二年から八三年にかけて、金融業界を取り巻く状況は変わり始めた。アメリカ経済は七〇年代のトラウマ――一九七三年のオイルショックとそれに続く深刻な景気後退、株式市場の停滞と二ケタのインフレ――から回復した。連邦準備理事会（ＦＲＢ）が短期政策金利を二〇％に引き上げた結果、八〇年代初頭に再び景気が後退したことで、インフレはついに終息した。荒療治は奏功し、一九八二年後半にはインフレは収まり、金利は下がり始めた。それによって経済は息を吹き返し、企業業績も回復。それに続く強気相場はその後八〇年代を通じて続いた。この時期、低金利と企業価値の上昇は投資会社に追い風となった。「当時、カネを稼ぐのはいともたやすかった」。ファースト・ボストンのＬＢＯ部門にいたダニエル・オコーネルは語る。[16]

ＬＢＯでの買収資金のうち、負債の部分については、中東オイルダラーで潤ったアメリカの銀行や、アメリカのＭ＆Ａブームに一枚噛みたいという日本の銀行から、とほうもない規模の融資が流れ込みはじめた。同じころ、二流の投資銀行のビバリーヒルズ支店から、まったく新しい資金調達手段が生まれた。マイケル・ミルケンという若いバンカーが生み出した新手の金融商品の正式名称は「ハイイールド債」だったが、ちまたでは「ジャンク債」もしくは単に「ジャンク」と呼ばれていた。

ミルケンがジャンク債を生み出すまで、社債を発行できるのは優良企業に限られていた。一〇年、二〇年、あるいは五〇年かけて確実に債務を分割払いすると投資家が信頼できるような会社である。だがミルケンは、世の中には融資を必要としているにもかかわらず、通常の社債市場では相手にされないような新興企業や多額の債務を抱えた企業が多数存在すること、そしてリスクの高さを相殺するほど高い利子が得られるのであれば、そうした企業に資金を提供することをいとわない投資家もいることに気がついた。きわだって仕事熱心なことで知られるミルケンは、カリフォルニア時間の午前四時半、すなわちニューヨークで場が開く一時間半前には仕事を開始し、一日一六時間は働いた。[17]

ミルケンはドレクセルの新たな収益源を段階的に作り上げていった。一九七四年にはいわゆる斜陽企業、すなわちかつては成功していたが、苦境に陥った企業の既発社債を専門に扱う、小さな部隊を立ち上げた。一九七七年には、この部隊はお堅い一流の投資銀行が見向きもしないような企業の新規社債を発行し、資金調達を支援しはじめた。そうした中でミルケンの部隊は、テッド・ターナー率いる（後のCNNを含めた）地上波テレビとケーブルテレビの会社や、新興の長距離電話会社MCIコミュニケーションズといった、数多くの進取の気性に富む急成長企業に資金を供給した。

一九八三年に四七億ドルのジャンク債を売るという快挙を成し遂げると、[18] ドレクセルはより収益率の高い、M&Aアドバイザー業務と資金調達業務に参入するチャンスが到来した、と判断した。企業に成長資金を供給するだけでなく、LBOその他の企業買収の支援に回ろうというわけだ。そのころまでにドレクセルは、顧客企業の社債を保険会社や貯蓄貸付組合といった投資家に販売する技を磨き上げていた。リスク許容度の高い投資家と、資金需要が旺盛で、リスクは高いがリターンも高い企業とを結びつけることで、膨大な資金源を手に入れたのだ。ドレクセルの顧客である債券投資家に対するミルケンの影響力は絶大で、銀行やプルデンシャルが逆立ちしてもできないほどのスピードで巨額の資金を集めることができた。

KKRは、ドレクセルのこの新たな企てに最初に乗った顧客の一つだ。[19] メガネ、玩具、ギフト商品などを扱うコールナショナルを、三億三〇〇〇万ドルで買収する案件に手を貸すというミルケンの申し出を受け入れたのである。ドレクセルの発行する債券も高利ではあったが、プルデンシャルの条件よりは有利で、KKRはまもなく保険会社に頼るのを一切やめ、ドレクセルのジャンク債のもたらす一見無尽蔵な資金に頼ることにした。クラビスは多額の資金を瞬く間に調達するドレクセルの能力を「これまで出会ったなかで最高にイカした代物」と表現した。[20] 大型案件から保険会社のメザニン債が姿を消し、ドレクセルの割安なジャンク債が取って代わるまでに、さして時間はかからなかった。

一九八〇年代の最盛期には、ミルケンの部隊は毎年二〇〇億ドル以上のジャンク債を引き受け、ジャンク債市場の実に六割を押さえていた。[21]彼らがLBOや企業買収の世界に持ち込んだジャンク債の威力は、M&A市場のあり方を根本から変えてしまった。

同じ時期、好景気と上昇を続ける株式市場は、LBOファンドに投資する人々に目もくらむような利益をもたらしていた。KKRが最初に設立した五つのファンドに出資した投資家は、毎年少なくとも二五%のリターンを得ており、リターンが四〇%近くに達したファンドもあった。[22]一九八四年に設立したファンドの投資家は元手の六倍を手に入れ、八六年のファンドに至ってはなんと元手の一三倍のリターンを手にした。KKRの手数料と利益の取り分を差し引いた後で、である。

年金基金をはじめとする機関投資家にとり、LBO投資の魅力は抗いがたく、KKRが一九八七年に再び資金を募集した際には、それまでの最大のファンドの六倍に相当する六一億ドルが集まった。このバイイングパワーを、借り入れによってさらに数倍に膨らませるのである。

ドレクセルのバックアップを得て、KKRはコールナショナルを皮切りに、一九八六年から八七年にかけて五つのLBOを実施した。いずれも今日の基準に照らしても大規模な案件で、対象となったのはベアトリス・フーズ（八七億ドル）、大手スーパーマーケットのセーフウェイ・ストアーズ（四八億ドル）、ガラスメーカーのオーウェンズ・イリノイ（四七億ドル）、建設と鉱山会社のジム・ウォルター・コーポレーション（三三億ドル）などだ。

ドレクセルの後ろ盾と一九八七年の独自の資金調達によって、手掛ける買収案件の規模が膨らんだことから、KKRは世間の注目を集めるようになった。ファンドの自己資本一ドルあたり、八〜一〇ドルの借り入れをすることで、いまやKKRは五〇〇億ドルから六〇〇億ドルの企業を買い集めることができる力を手に入れたのだ。

メディアはクラビスをキング・ヘンリーと命名し、彼はLBO業界を象徴する存在と目されるようになった（メディア嫌いのいとこのロバーツは、ニューヨークのメディアや社会の視線を避けるため、カリフォルニア州メンロパークを拠点に定めた。ジェリー・コールバーグはかつての子飼いの部下たちと経営方針や権限をめぐって衝突し、一九八七年にKKRを去っている）[23]。

KKRが一九八八年に、史上最大のLBOとなるRJRナビスコの買収を仕掛けた際も、資金源は主にドレクセルだった。要するに、KKRの手掛ける案件と同様に、クラビスの権力と名声も、ドレクセルが提供する何十億ドルもの資金によってかさ上げされていたのだ。

＊＊＊

ミルケンに頼り、その恩恵を享受していたのはLBOのスペシャリストたちだけではない。LBO会社の急成長を支えていたのとちょうど同じころ、ドレクセルは礼儀知らずで好戦的な新手のプレーヤーの台頭を支援していた。新たな侵入者に懐疑的だった産業界やメディアは、「乗っ取り屋」「海賊」「破壊者」など、否定的な呼称をいくつも生み出した。中でも一番有名なのが「野蛮人」だろう。

飢えたオオカミが群れから取り残された羊を狙うように、乗っ取り屋は経営不振の会社に目をつけ、LBOのスキームを使って買収した。投資会社と同じように、乗っ取り屋も常に株価が過小評価されていると思われる企業を探していた。株価に織り込まれていない優良な資産があるか、もしくは経営が効率的ではないためだ。

乗っ取り屋も投資会社も、潜在的な価値がある会社、すなわち買収後に会社を分割すれば、様々な部門に埋もれていた価値を実現できるような会社を探していたという点では同じだった。だが表立っては認めなかったものの、たいていの乗っ取り屋は標的とする企業の経営を支配することに興味はなかった。そして投資会社が通常、標的とする企業の経営陣の協力を求めようとするのに対し、乗っ取り屋は経営陣をなじり、最終的には追い出すことに全力を挙げた。

狙う側も狙われる側も、相手の欠点ばかりを言い募ったが、それぞれの言い分には多少の真実もあった。[24] 企業の大物経営者の多くは実際のところ、乗っ取り屋が描く陳腐なイメージにぴったり当てはまった。一九八〇年代は専制君主的なCEOの全盛期で、彼らは取締役会を取り巻きで固め、プライベートジェットを一機（あるいは二～三機）保有し、利益の改善にはひとつも役に立たないような派手なスポーツイベントや出張に何百万ドルもつぎ込んだ。株主の利益を守る、というのはこうしたCEOの優先項目リストには含まれていなかった。このため乗っ取り屋にとって、今のCEOは株主より自分の利益を優先する強欲で贅沢な人間で、自分たちはその魔手から企業を解放する勇ましい改革者である、と主張するのは難しいことではなかった。

一方、企業側から見れば、乗っ取り屋は自らの利益のためだけに会社を略奪し、経営陣を放逐しようとする欲深い収奪者だった。

そうした乗っ取り屋の役回りを、最も見事に演じたのはカール・アイカーンだ。ニューヨークを拠点とする投機家のアイカーンは、痩身で辛辣なウイットが持ち味で、典型的な乗っ取り屋の戦術を駆使した。株を買い占めると、即座に株価を上げるような対策や、自分を取締役に加えることを要求した。[25] 会社側がそれを拒否すると、委任状闘争や買収を仕掛けると脅したり、取締役会に経営陣の考え方や能力を酷評する手紙を書いて世間に公表したりした。

こうした動きはたいてい株価の上昇を誘発した。買収提案が浮上したり、会社自身が資産売却によって株価を改善しようと動くことをトレーダーが期待するからだ。ときにはこうした戦術に刺激され、アイカーンが目をつけた企業に他の会社が買収提案をすることもあった。いずれにしても、アイカーンは標的企業の経営に関与することなく、利益を手にすることができた。標的となった会社自体がアイカーンを厄介払いするために、市場価格より高値で株を買い取ることもあった。[26] こうした行為は「グリーンメール（買戻し工作）」と呼ばれ、社会の批判を浴びた。

アイカーンのライバルも、役者ぞろいだった。テキサス州の冷酷な石油商T・ブーン・ピケンズは、ガルフ・オイル、フィリップス・ペトロレアム、そしてユノカルに攻撃を仕掛けた。ニューヨークの食料品販売店の息子であるネルソン・ペルツは、自動販売機会社トライアングル・インダストリーズと、ナショナル・カンの買収で知られる。イギリス系フランス人の投資家ジェームズ・ゴールドスミスは、グッドイヤー・タイヤ、ラバー・カンパニー、ブリティッシュ・アメリカン・タバコなど大西洋の両側で暗躍し、また結婚や愛人関係のゴシップでも新聞を賑わせた。フィラデルフィア出身の実業家ロナルド・ペレルマンは一九八五年の化粧品会社レブロンの買収合戦の勝者として名をあげた。

こうした面々が、割安だと感じた企業にLBOを仕掛けるのを、ミルケンは資金面で支えた。乗っ取り屋は経営がうまくいっていない会社を立て直すと、常に声高に言っていたが、実際に経営を改善する能力を持ち合わせていることはまれだった。ペルツはナショナル・カンの経営に優れた手腕を発揮したが、[27] アイカーンは一九八六年に経営権を掌握したトランスワールド・エアラインズを墜落させてしまった（アイカーンとペルツは二〇一〇年代に入っても乗っ取り屋稼業に精を出している）。

投資会社が通常、買収に際しては現経営陣の協力を求めたのとは対照的に、乗っ取り屋は敵対的買収を仕掛け、経営陣の頭越しに株主に直接支持を求めるのを好んだ。こうした手口は、特段目新しいものではない[28]。一九六〇年代から七〇年代にかけても、コングロマリットであるLTVのジミー・リング、ユナイテッド・テクノロジーズCEOのハリー・グレイをはじめとする買収に意欲的な企業家は、買収を拒む標的企業を傘下に収めるため、繰り返し同じような手法を使った。だが彼らと乗っ取り屋はまったく別物である。というのも、その目的は一大企業帝国を作ることではなく、単に現状を揺さぶることだけだからだ。

ミルケンは資金協力者として、こうした新興企業の熱烈な支持を集めていたが、彼らとの密接な関係によって企業のCEOからは白眼視されていた。M&A業界を代表する弁護士であるマーチン・リプトンは〝壊し屋とジャンク債が結託した買収〟を邪悪だと痛烈に批判し[29]、リプトンの事務所はミルケン率いる略奪者たちに対抗するための法的措置――シャーク《サメ》・リペラント《よけ》やポイズン・ピル（毒薬条項）など――を次々と考案した。ファースト・ボストンをはじめ、一部の銀行は企業に買収防衛策のアドバイスや資金協力をする一方、場合によっては乗っ取り屋を支援するなど、両面的な立場を取ろうとした。だが乗っ取り屋の勢力が拡大し、その標的が広がると、ウォール街の銀行はどちらかの立場を選択せざるをえなくなった。ゴールドマン・サックスは得意客である一流企業に対し、絶対に敵対的買収に手を貸すようなマネはしない、と約束した。

投資会社は資金調達手段こそ乗っ取り屋と同じではあったが、その手法はまったく違った。まず、投資会社は企業の経営権を握ることを目的としていた。投資会社の出資者は、株のトレーディングのためではなく、企業を買収するために資金を拠出しているからだ。また乗っ取り屋とは違い、買収対象企業の現経営陣の意に反して敵対的買収を進めることはまずなかった。ＬＢＯ業界において、全面戦争はタブーにほかならなかった。

ＫＫＲは経営陣との友好的な協力関係の構築を目指している、と言い、それを経営陣とのパートナーシップと名づけた(30)。そして一度ならず、敵対的買収の標的となった企業の経営陣に味方する「ホワイトナイト（白馬の騎士）」の役割を演じたこともある。最も有名なのは一九八六年のセーフウェイのＬＢＯだ。

実際、投資会社は通常、出資者による監視を受けていた。年金基金や企業年金基金は出資する投資会社に対し、友好的買収しかしないことを要求したからだ。だがこうした日和見主義もＬＢＯ業界のイメージアップにはつながらず、彼らは産業界の現状を揺さぶる破壊的勢力の一派と見なされていた。「我々は紛争に巻き込まれ、乗っ取り屋のように見られてしまった」。ＫＫＲの長年の顧問弁護士であるディック・ビーティーは振り返る(31)。

確かに投資会社も一方的な買収提案を発表するなど、敵対的買収に近いことをやったケースもいくつかあった。対象企業の経営陣をないがしろにすることはなかったが、こうした動きによって世間の注目が集まり、経営陣は株価を引き上げるための対策を講じなければならなくなった。ＫＫＲはウォール街でベアハグ（クマのような手荒な抱擁）と呼ばれるこの手法をたびたび使った(32)。その中にはクローガー・カンパニー、ベアトリス・フーズ、オーウェンズ・イリノイなどが含まれ、ベアトリスとオーウェンズは最終的に買収に合意した。世間一般から見れば、また対応を迫られた企業経営者や取締役会にとっては、こうした手法と、株主に直接アピールする正真正銘の敵対的買収との違いはきわめてわかりにくいものだった。

そのうえ、投資会社はアイカーンやペレルマンの手合いと同じように、買収した企業の水膨れしたコストに大ナタを振るうのを躊躇しなかった。両者はアメリカ企業にはムダがあふれている、という認識で一致していた（KKRに買収された一年後の一九八八年、オーウェンズ・イリノイの会長は『フォーチュン』誌の取材にこう語った。「もはや当社には秘書の秘書は存在しない。それどころか秘書自体が存在しない」[33]）。投資会社と乗っ取り屋のいずれもがミルケンと共生関係にあったことから、両者が世間から同類と見られることは必然でもあった。正確か否かはともかく、LBO業界はアメリカ産業界にとって有害な勢力である、というイメージはすっかり定着してしまった。

産業界と労働組合から突き上げを食らったアメリカ議会は、敵対的買収とジャンク債を封じ込めるための方法を検討しはじめた。一九八七年から八九年にかけて開かれた一連の公聴会では、LBO企業の幹部や産業界の大物などが連邦議会に続々と招集され、企業買収の増加を擁護したり、非難したりした[34]。買収の脅威を封じ込めるため、ジャンク債の利子を税控除の対象となる経費として認めないことにする案も真剣に検討された。一九八八年に民主党の副大統領候補として大統領選を戦った（結果は落選）ロイド・ベンツェン上院議員は、この年のヘンリー・クラビスとジョージ・ロバーツとの面談で、KKR側が準備したLBO業界に関する調査レポートをゴミ箱にぶちこんだとされる[35]。連邦議会は最終的に買収を抑制するための対策を何も講じなかったが、一部の州は対策を実施した。

買収を望まない企業を追い詰めることやその戦術の是非に加えて、ジャンク債が問題視された原因はもう一つあった。ドレクセルやLBO会社はあまりにも多くの企業に、あまりにも多額の債務を背負わせており、景気後退が始まればそうした企業が大きなリスクにさらされる、という懸念である。

テッド・フォーストマンは自らLBOを通じて富と名声を獲得したにもかかわらず、ジャンク債による資金調達を批判する急先鋒となった[36]。気性の激しいフォーストマンのクラビスに対する嫌悪感は、一九八〇年代の末ごろには憎悪といえるほどになっていた。新聞のインタビューや論説面への寄稿では、ジャンク債に過剰なまでに依存する風潮について、ＬＢＯ産業を危険にさらし、経済全体を不安定化させると声高に批判した。かつては金融の基本ルールを順守するまっとうな業界であったものが、今やおかしなカネや偽金を使ってあぶく銭を稼ごうとするイカサマ商売に血道を挙げるようになった。ジャンク債市場が大量の信用を供与したことで、買収の相場が常軌を逸した水準に高騰し、標的となった企業は返済できないほどの債務を負わされるようになった——。フォーストマンはクラビスやドレクセルを名指しで批判こそしなかったが、怒りの矛先がだれに向けられているかは明らかだった。

フォーストマンがドレクセルに怒りを感じていた理由は明白だ。フォーストマン・リトルはジャンク債市場に頼っていなかったからだ。フォーストマンは出資金を募るのと並行して融資も募っており、実質的に自己完結していた。これは買収のスキームを考えるうえでの自由度を高める効果もあったが、資金量ではドレクセルというジャンク債製造機がライバルに供給する額にとても太刀打ちできなかった。フォーストマンの会社は、ドレクセルの事業のスケールに圧倒されてしまったのだ。いまやフォーストマンとＫＫＲの競争は雌雄を決した。フォーストマンは内輪の席では、クラビス（あのつまらんろくでなし）はＬＢＯ業界を破滅へと導いている、とぶちまけた[37]。一方のクラビスも「フォーストマンは（かつてＫＫＲにさらわれた）エイビス・コンプレックスから抜けられないのさ」と小ばかにしていたとされる[38]。

第4章 どぶ板営業

一九八五年一〇月一日、リンクスクラブでシュワルツマンをシェアソンから解放する契約が結ばれた数週間後、ピーターソンとシュワルツマンは正式にブラックストーン・グループを発足させた。ピーターソンが会長、シュワルツマンがCEOである。シュワルツマンが考案した社名は、二人の民族的ルーツを映していた。ドイツ語とイディッシュ語で「黒」を意味する「シュワルツ」を英訳した「ブラック」、ギリシャ語で「石」を意味する「ピーター」を英訳した「ストーン」を組み合わせたのである。(1)

オフィスはグランドセントラル駅のすぐ北にある、パークアベニュー沿いの高層ビル「シーグラムビル」の三四階に構えた——近代建築の巨匠と呼ばれるミース・ファン・デル・ローエとフィリップ・ジョンソンが設計した建物である。オフィス内部はきわめて質素で、わずか二八五平方メートルのスペースにデスクが二つ、そして中古の会議テーブルが一つ置いてあるだけだった。(2) 二人以外の従業員はたった一人、ピーターソンの秘書がいるだけだった。

資金力も負けず劣らず貧相だった。二人が折半出資した四〇万ドルのみで、それで収入が入ってくるまで様々な経費を賄うことになっていた。[3] 退職金と保有していたリーマン株のシェアソンへの売却益で、一三〇〇万ドル以上を手にしていたピーターソンにとり、二〇万ドルの出資など、どうということはなかった。[4] それはリーマン株の売却で六五〇万ドルという大金を得ていたシュワルツマンにとっても同じだった。[5] だが出資額が比較的わずかであったにもかかわらず、二人はそれ以上は絶対に投じるつもりはなかった。ブラックストーンの内部でカネが回りはじめる前に資金が底を尽いてしまったら、それは会社の前途が暗いことを意味すると考えていたからだ。[6]

投資に対するこうした慎重なアプローチは、その後ブラックストーンの顕著な特徴となった。それは同社が野心的なライバル企業のように、分不相応な派手なギャンブルに手を出し、破綻するという運命を辿らなかった一因でもある。

シュワルツマンとピーターソンは毎朝、六五番街とパークアベニューの角にあったメイフェアホテル（現レストラン「ダニエル」）のレストランで朝食をともにしながら、M&Aアドバイザリー（助言業務）とLBOという会社の両輪について戦略を練った。

二人は投資銀行や証券会社のビジネスモデルをまねるつもりは毛頭なかった。それには顧客との契約を履行したり、市場で損失を被ったときに持ちこたえるための強固な資金基盤が必要となる。「収益率が低いのに、多額の資金が固定されるような事業はやりたくなかった」とシュワルツマンは語る。「我々がやりたかったのは、従業員一人あたりの取扱額がきわめて大きな事業か、収益率のきわめて大きな事業だ」。M&Aアドバイザリーは、究極の高収益事業だ――極端に少ない頭数で、莫大な手数料が稼げる。投資ファンドの運営も、比較的少人数のチームが多額の資金を動かし、その金額に比例した多額の管理報酬に加えて、成功報酬として利益の一部も受け取れることから魅力的だった。

二人は、手数料収入の得られる他の事業も追加したいと考えた。明確な候補が念頭にあったわけではないが、金融において自分たちとは異なる強みを持つ、同じような起業家タイプの人材と手を組めば、互いに恩恵を享受できると考えたのだ。だが一流の人材を獲得する資金はなく、まったく新しい会社を立ち上げるというリスクも取りたくなかった。またブラックストーンの株は譲りたくなかった。リーマン時代の内輪もめの記憶はまだ生々しく、自分たちの会社の支配権は一〇〇％握っておきたいと思っていた。

最終的に二人が導き出した結論は、新規事業についてはブラックストーンの傘の下に合弁企業――彼らの呼称では「グループ企業」――を立ち上げるというものだった。優秀な人材を獲得するため、合弁企業の持ち株を気前よく分け与えることにした。その後この仕組みは、二つのきわめて優れたグループ企業を生みだすことになった。一つはジョン・シュライバーの立ち上げた不動産投資事業であり、もう一つは債券投資事業だ。後者は後にブラックロックとしてスピンオフし、今では世界有数の上場投資ファンドになっている。トップは今も同事業を立ち上げたローレンス・フィンクが務めている。

こうした長期的なビジョンはともかく、まずは目先の家賃を賄うためにM&Aの仕事を探さなければならなかった。LBOを手掛けるための資金を集めるには時間がかかり、そこから利益をあげるにはさらに何年もかかることが予想された。その間、すぐにカネが入る仕事が必要だった。

M&A事業における二人の戦法は、リーマン時代と同じだった。アメリカ中の経営者に顔の利く五九歳のピーターソンがまず企業側と渡りをつけ、当時三八歳のシュワルツマンがディールの契約を取り付けるのだ。継続的に取引を得るため、ピーターソンとシュワルツマンは企業の経営陣と親しくなろうとした。

当時、敵対的買収が猛威を振るうなか、金融界は二分されており、ピーターソンとシュワルツマンは自分たちもどちらか一方を選ばなければならないと判断した。一九八五年の時点で乗っ取り屋とドレクセルに対する反発はまだピークには達していなかったが、ブラックストーンの二人にとり、企業の支配権をめぐる戦いにおいて自分たちがどちらの側に付くべきかは明白だった。創業当初から、ブラックストーンは企業経営者の味方であることを明確にしていた。「ドレクセルは産業界や金融界のエスタブリッシュメントから、非常に否定的に見られていた。呼ばれもしないのにパーティに押し掛け、しかも居座るようなことをしていたからだ」とシュワルツマンは振り返る。「我々は自分たちの行動にリーマン時代との一貫性を持たせたかった。それに片方で企業にアドバイザリー・サービスを提供しながら、翌日には掌を返して攻撃するようなまねができるはずはなかった」産業界のエスタブリッシュメントから信頼を得たかった、

だがリーマンの威信をバックに営業するのと、無名の企業を売り込むのでは、まったく事情が違うことをすぐに思い知らされた。

何カ月もの間、アドバイザリー契約は一つも獲得できなかった。一九八六年初頭に初めてスクイブ・ビーチ・ナット・コーポレーションとのプロジェクトを獲得したころには、当初の四〇万ドルの資金は、二一万三〇〇〇ドルまで目減りしていた。スクイブ・ビーチ・ナットの仕事の報酬は、五万ドルだった。リーマン時代に得ていた手数料と比べればはした金だが、彼らには恵みの雨だった。その後まもなく、ブラックストーンはさらに二つの、そして多少実入りの良い案件を獲得した。広告代理店のバッカー&スピールボーゲル、そしてアームコ・スチール・コーポレーションである。「世の中から忘れられているような企業から収入が入り、ようやく失ったカネを取り戻し始めた」とシュワルツマンは語る。

一九八六年四月以降、ブラックストーンのM&A業務には明らかに勢いが出てきた。ただ収入は増加し

たとはいえ、独立系M&A会社に対する産業界の偏見には悩まされ続けた。かつて新聞子会社を売却した際、シュワルツマンの機転によって一五〇〇万ドルの追加利益を確保したCSXですら、ブラックストーンを使うことに多少の不安を感じていた。

CSXはブラックストーンに最初の大型M&A案件をもたらした。輸送会社のシーランド・コーポレーションへの買収提案をまとめるという仕事だ。シーランドは乗っ取り屋から敵対的買収を仕掛けられ、友好的な買収者を探していたのだ。だが投資家にとって非常に重要な意味を持つ、買収の公平性を証明する「フェアネス・オピニオン」を作成する段階になると、CSX会長のヘイズ・ワトキンスはブラックストーンの代わりに、一流投資銀行のソロモン・ブラザーズに依頼した。

顧客がライバル企業に助けを求めたことに傷ついたシュワルツマンは、ワトキンスに理由を尋ねた。自分のフェアネス・オピニオンがリーマンのレターヘッドの下に印刷されていたときには快く受け入れてくれたのに、なぜブラックストーンのオピニオンは受け入れてくれないのか、と。ワトキンスは「そんなことは思いもよらなかった」と答えた。結局シュワルツマンは、ソロモンとブラックストーンの二社にフェアネス・オピニオンを依頼するようワトキンスを説得した。ブラックストーンが単独で取引を仕切ることはできなかったが、少なくとも格上のソロモンと同じ額の報酬は確保したのだ。

M&Aのプロとして営業をするのと同時に、二人はLBOファンドを立ち上げるための資金集めにも奔走していた。すでにLBO業界は目立たない存在ではなくなっており、二人と同じリーマン出身のウォーレン・ヘルマンをはじめ、多くの人材がこの投資業界の新たな主戦場に集まりはじめていた。その魅力は明白だった。業界の先頭を走るKKRは、ロサンゼルスのテレビ局ゴールデンウエストの売却によって、投資額の四倍にあたる二億三五〇〇万ドルを手に入れたばかりだった。[7] ほどなくして、KKRは二七件目のLBOとして、マイアミのストーラー・コミュニケーションズを過去最高の二四億ドルで買収した。

だがリーマン時代より難しくなったM&Aの契約獲得ともまた比較にならないほど、LBOの資金集めは困難を極めた。リーマン時代に威力を発揮した二人の組み合わせや、それぞれのバンカーとしての実績や名声など、もはや何の役にも立たなかった。

二人は一〇億ドルの投資ファンドを立ち上げる、というきわめて野心的な目標を立てていた。当時業界最大手だったKKRも、運用資金は二〇億ドルをわずかに下回っていた。[8] もしブラックストーンが目標を達成できれば、新規ファンドとしては最大の規模になり、資金量でもKKRとフォーストマン・リトルに次ぐ三番手となる。シュワルツマンも目標額にやや虚勢を張った部分があったことは認めるが、そこには戦略的な狙いもあった。機関投資家の多くには、特定のファンドの資金量の一〇%以上を出資してはならない、といった縛りがあった。ファンドの規模を大きく見せることで、投資家からより多くの資金を引き出せるかもしれない、とシュワルツマンは踏んだのだ。

さらに資金量の大きいファンドは、パートナーシップ《投資組合》のゼネラル・パートナー《無限責任》となるブラックストーンに巨額の手数料収入をもたらすはずだった。保険会社、年金基金をはじめとする投資家から集めた資金を投資し、運用状況を監視する対価として、ブラックストーンは毎年一・五%の管理報酬を受け取ることになっていた。ファンドが目標の一〇億ドルに達すれば、年間一五〇〇万ドルを荒稼ぎすることになる（投資ファンドというパートナーシップのリミテッド《有限責任》・パートナーとなる投資家は、最初に約束した金額すべてを拠出するわけではない。ゼネラル・パートナーが「キャピタルコール」と呼ばれる払込要求をしたときに、資金を提供すると約束するだけである。ただ、実際に毎年どれだけの金額が投資に使われたかにかかわらず、ゼネラル・パートナーは毎年必ずファンド総額の一・五％の管理報酬を全額受け取る。管理報酬が大幅に減額されるのは、ファンドが創設から五〜六年後に手じまいを始めた後である）。

だが管理報酬以上の莫大な収益源になるとみられていたのは「キャリード・インタレスト」と呼ばれる成功報酬だった。業界の慣行として、プライベート・エクイティ会社は投資先を売却した際の利益の二〇％を得ることになっていた。ブラックストーンが実際に一〇億ドルを調達し、そこから五年間、毎年二億五〇〇〇万ドルずつ利益が上がったとしよう（利回りは二五％だ）――それほどありえない数字ではない。その場合、ブラックストーンは毎年五〇〇〇万ドル、五年で二億五〇〇〇万ドルの成功報酬を手にすることになる。

それに加えて、ブラックストーンが企業を買収した場合、事前調査に要した費用や、銀行や法律事務所に支払った費用は買収された側がすべて返還することになっていた。さらにブラックストーンに買収されるという栄誉に浴するために、アドバイザー報酬も支払うのだ。

これ以上実入りのよい商売など考えづらい。こうした報酬体系によって、ファンドの規模が大きければ、運用会社は出資者のためにまったく利益をあげなくても、何百万ドルも稼げることになった。大規模ファンドの場合、管理報酬だけで数百万ドルになった。投資に成功し、二〇％の成功報酬を受け取れれば、運用会社の儲けはさらに膨らむはずだった。

ギボンズ・グリーン・ヴァンアメロンゲンといった中規模なプライベート・エクイティのパートナーたちは、好調な年には二〇〇万ドルほど稼ぐこともあった[9]。だが業界の主役であるヘンリー・クラビスやジョージ・ロバーツは、一九八五年にはそれぞれ二五〇〇万ドル以上の報酬を手にした。これは当時、ウォール街の一流投資銀行のCEOが稼いでいた額の数倍であり、ピーターソンがリーマンCEO時代に稼いでいた金額とは比較にならなかった。

だが、まず運用資金を手に入れるという作業は、ピーターソンとシュワルツマンにとって苦闘以外の何物でもなかった。LBOへの関心は高かったが、年金基金の運用責任者の多くは投資するにはリスクが高すぎると見ていた。LBOファンドに投資する勇気を持ち合わせた数少ない投資家も、KKR、フォーストマン・リトル、クレイトン・ダビリアー&ライスといった実績あるファンドを選ぶ傾向があった。ピーターソンのようなウォール街の大物ですら、そうした偏見を覆すことはできなかった。

「年金基金の運用責任者にはたいていアドバイザーが付いていて、彼らが最初に聞くのは『オタクの実績はどんなものか』ということだった」とピーターソンは振り返る。(10)「もちろん、我々に実績などない。信用してくれ、と言うしかない。人生で最も難しい仕事の一つだった」

会社を立ち上げた直後、二人は事業計画を二ページの手紙にまとめ、企業経営者やリーマン時代の顧客などに数百通を発送した。そして返事を待った。待てども待てども、返事は来なかった。「ピートと私は出資の希望が殺到するだろうと思っていた。もちろん、そんなことにはならなかった」とシュワルツマンは語る。(11)「『すばらしい!』といった手紙が何通か来ただけさ」

二人の資金集めの出張の多くは、徒労に終わった。交渉相手の多くは横柄で、無礼な態度を取ることも珍しくなかった。出張の手配を仕切っていたのはシュワルツマンで、あるときにはデルタ航空の年金基金に売り込むため、猛暑の中ピーターソンをアトランタに連れて行った。タクシーの運転手は道に迷い、二人は最後の八〇〇メートルを歩くことになった。スーツケースに大きなアタッシュケース、ガーメントバッグを担いだピーターソンは、デルタに着くころには汗だくになっていた。

出迎えた年金基金の担当者二人は、ピーターソンらを地下の部屋に案内した。そしてコーヒーを出すと、コーヒーファンドに出資してくれないか、と持ちかけた。そして長時間にわたるプレゼンテーションの末、ピーターソンとシュワルツマンが出資の意向を尋ねると、自分たちとしてはLBOファンドには投資するつもりはない、という答えが返ってきた。「やつらは、我々が有名人だから会いたかっただけだ、と言うんだ。帰り道は行きよりさらに暑くてね。もうピートに殺されるかと思ったよ」とシュワルツマンは語る。

ボストンへの出張はさらに腹立たしいものだった。ある金曜の午後四時に、シュワルツマンがマサチューセッツ工科大学（MIT）の大学基金の担当者との面会の約束を取り付けたため、二人はボストンに飛んだ。だがMITに着くと、受付嬢から面会の予定は聞いておらず、しかも週末を控えてもうだれもオフィスには残っていない、と聞かされた。二人は悪態をつきながら建物を後にした。

傷口に塩を擦り込むかのように、建物を出ると、滝のような雨が降っていた。傘も持っていなかった二人は、タクシーを呼ぶために電話を借りようと基金の事務所に戻ったが、すでに鍵がしまっていた。二人は道を渡り、激しい雨の中タクシーを拾おうとしたが、まったくつかまらなかった。とうとう常に交渉役の役回りを演じてきたシュワルツマンが赤信号で止まったタクシーの窓を叩き、乗客と交渉した。自分たちを空港まで運んでくれれば、二〇ドル渡す、と。この日、二人がまとめた交渉はこれだけだった。

何カ月もかけてアメリカ中をまわったにもかかわらず、唯一の成果はニューヨーク・ライフ・インシュアランス・カンパニーからの二五〇〇万ドルの出資の約束だけだった。当初、二人がブラックストーンの出資に興味を示すと見ていた一八の金融機関からは拒絶されていた。資金集めを始めて一年後の一九八六年の冬には「もうほとんど打つ手なしの状態だった」とシュワルツマンは語る。

出資してくれそうな相手がほとんど残っていなかったことから、二人は賭けに出ることにした。プルデンシャル・インシュアランスにアプローチすることにしたのだ。プルデンシャルはKKRと関係が深かったため、大して期待はしていなかった。「彼らが創業したばかりの会社に出資する可能性は低そうだった」とシュワルツマンは語る。だがピーターソンはプルデンシャルの最高投資責任者（CIO）であったガーネット・キースとともに仕事をしたことがあり、(12)キースのかつての上司で相談役でもあるレイモンド・チャールズとは親友だった。そこでピーターソンはニュージャージー州ニューアークのプルデンシャル本社での昼食の約束を取り付けた。

その時点で、すでに二五～三〇のLBO案件に資金を提供してきたキースは、少なくともピーターソンとシュワルツマン以上にその仕組みを熟知していた。チャールズの指揮の下、一九六〇年代から七〇年代にかけてのプルデンシャルは、ブートストラップと呼ばれる買収案件の最大の資金供給者だった。ブートストラップは主に同族経営の中小企業を対象とする買収で、買収者は資金の大半を借入金で賄っていた。いわばLBOの走りである。キース自身も初期のKKRの案件の多くを、資金的に支えてきた。有名になったフーデイルのLBOでは、資金全体の三分の一近くをプルデンシャルが用立てたほどだ。

昼食会でのキースはきわめてものわかりが良かった。ツナサンドをかじりながら、ピーターソンを見つめてこう言った。「この件については、よく考えたんだ、ピート。僕らは一緒に働いてきたからね。君たちのファンドに一億ドル出して、最大の出資者になりたいんだ」。実は、キースはプルデンシャルとKKRとの関係が深くなりすぎたため、他の会社とも関係を築きたいと思い始めていたのだ。それに加えて「レイ・チャールズがピートのことを非常に尊敬していたので、私もそれに感化された」とキースは説明する。

一年以上にわたって拒絶され、侮辱され、ブラックストーンは成功するのかと疑問視されつづけた末に、ようやくピーターソンとシュワルツマンに運が巡ってきたのだ。キースの申し出に二人は驚愕した。「あの昼食会はブラックストーン誕生以来、最良の出来事だった」とピーターソンは語る。

だが最大の出資者として、プルデンシャルは厳しい条件を突き付けてきた。当時、プライベート・エクイティ会社は案件ごとに二〇％の成功報酬を得ていた。だがその場合、出資者は大型案件――たとえばファンドの総資産の三分の一を占めるような――が一つ失敗すれば、他の案件が成功しても損失を被るリスクがあったのに対し、運用会社はうまくいった案件の成功報酬を得られることになる。つまりどう転んでも、運用会社だけは損をしない契約なのだ。

プルデンシャルの条件は、自らをはじめとする投資家が、拠出を約束した金額に対して複利で年率九％のリターンを確保するまでは、ブラックストーンは一銭たりとも成功報酬を得られないことにする、というものだった。[13] ハードル・レートという概念――ファンドの運営会社が成功報酬を得るために達成しなければならない収益率――は、その後投資ファンドのパートナーシップを組成する際の契約に必ず盛り込まれるようになった。

さらにプルデンシャルは、ブラックストーンがM&Aアドバイザリー事業から得た純利益の二五％を、ファンドの活動との関連性の有無にかかわらず、ファンドの出資者に分配することも求めた。当時ブラックストーンは、シュワルツマンがシェアソンを退職する際に結んだ契約に基づき、利益の大半をシェアソンに献上していたが、それも翌年には終わることになっていた。

とはいえこうした負担も、プルデンシャルの支援を得ることでブラックストーンが得られた信用力に比べれば、ものの数には入らなかった。プルデンシャルの名前があれば、アメリカはもちろん海外の一流金融機関もブラックストーンに門戸を開いてくれる。ピーターソンとシュワルツマンはキースの支援をテコに、すぐにさらなる出資の獲得に動いた。特にそれが役立ったのは、プルデンシャルの存在感が大きく、また元閣僚というピーターソンの立場が重視された日本だ。[14] ピーターソンは一九八七年四月に東京で、日米の第一線の政治家や経済人を集めた会合で講演することになっていたため、彼とシュワルツマンはその機会を資金獲得に活かすことにした。

ブラックストーンは資金集めの協力者として、東京に拠点のあったファースト・ボストンとバンカーズ・トラストと契約し、日本の証券会社との面談を設定させた。シュワルツマンは野村、大和、日興といった大手証券会社がウォール街で事業を展開することを切望しているのを知っており、ブラックストーンの出自がウォール街であるという事実を売り物に出資を取り付けたいと考えていた。

シュワルツマンの予感は的中した。東京での日興證券副社長の神崎泰雄との顔合わせは上首尾に終わった。神崎は日興が出資交渉に前向きであることを伝え、二人に他の日本の証券会社とは交渉しないよう求めた。だがその時点でピーターソンとシュワルツマンは知らなかったが、ファースト・ボストンは翌朝、日興の最大のライバルである野村證券との会合を設定していた。二人は途方に暮れた。会合を直前にキャンセルするのは野村に対して失礼だが、かといって日興との約束を破りたくはなかった。

そこで二人は野村證券本社前に到着すると、車の中から神崎に電話をかけ、この厄介な状況にどう対処すべきか尋ねた。いくら投資してほしいのか、と神崎は聞き返した。ピーターソンは通話口を押さえたまま隣のシュワルツマンと相談し、一億ドルに決めた。「わかった」と神崎は言い切った。「交渉成立だ」。そして日本のビジネスマナーにのっとり、野村との面談を予定どおりこなすよう勧めた。

日興はブラックストーンから望みどおりのものを得た——ニューヨークに駐在する少人数の部隊が、ウォール街に溶け込むのを助けるという約束である。一方、ブラックストーンにとっても、この予想外の出資話には当初考えていた以上の価値があった。というのも当時日興證券は、日本の四大企業グループの一つである三菱グループの一員だったからだ。グループ内の企業は株式持ち合いや取引関係、共通の価値観で結び付いている。三菱グループの他の企業との会合に出席したシュワルツマンとピーターソンは、温かく迎えられた。同グループに属する三菱信託銀行、東京海上火災保険なども新たなファンドへの出資を決めた。

各社との会合に出席した時点で、ピーターソンとシュワルツマンは三菱グループの企業同士の関係がどれほど密なものかを理解していなかった。「自分たちのプレゼン能力の高さを自画自賛したものさ」とシュワルツマンは語る。(15)「でも後になって、代わりにサルを送りこんだところで問題はなかったことに気が付いた。実際のところ、彼らが信用したのは最初に投資した日興證券だったのだから」。ライバルの三井グループに属する三井信託銀行までが二五〇〇万ドルの出資を約束した。シュワルツマンとピーターソンは一億七五〇〇万ドルの資金を獲得し、帰途に就いた。

帰国後も連戦連勝が続いた。六月、ピーターソンはワシントンポスト社主のキャサリン・グラハムの誕生日パーティで、旧友であるゼネラル・エレクトリック（GE）会長兼CEO、ジャック・ウェルチと再会した。(16)

「いったい何をしてたんだ？」とウェルチは尋ねた。「君とスティーブが新会社を立ち上げたと聞いたが、全然連絡をよこさないじゃないか」「何だって、ジャック！　GEには何度も何度も連絡したが、君は興味を持っていないと言われたんだ」とピーターソン。「直接、僕に電話をくれればよかったのに」とウェルチは答えた。翌朝その言葉どおりにしたピーターソンは、三五〇〇万ドルを獲得した。

さらに大きな意味があったのは、ゼネラル・モーターズ（GM）の年金基金が一億ドルを拠出したことだ。(17) GEと同じように、GMもブラックストーンの打診を幾度か断っていたが、ファースト・ボストンのバンカーが教会の人脈を通じてブラックストーンをGMにつないだ結果、すぐに一億ドルの拠出が決まった。

GMのお墨付きを得たことで、他の年金基金から比較的小規模な拠出――一〇〇〇万〜二五〇〇万ドル――が続々と集まった。

こうしてブラックストーンは、当時の投資業界における三大資金源のすべて――保険業界、年金基金、日本の金融機関――からまとまった金額を獲得したのだ。

一九八七年初秋には、ブラックストーンのLBOファンドは六億ドル以上の資金を集めていた。当初目標に掲げた一〇億ドルには遠く及ばなかったが、ピーターソンとシュワルツマンは可能なうちに出資額を確定してしまおうと思い始めていた。というのも、危うい空気が漂い始めていたためだ――どれほど危ういものであるかは定かではなかったが。一〇月の第二週には、株式市場は神経質になっていた。インフレ率は上昇しはじめ、金利引き上げが噂されるようになっていた。それは景気を減速させ、LBOのような借入金に依存する業界には逆風となる。

「私は極端に神経質になっていて、もう募集を締め切ろうと全員に言いまわった」とシュワルツマンは語る。彼が電話をかけまくった末、一九八七年一〇月一五日木曜日にブラックストーンは六億三五〇〇万ドル前後でファンドの募集を締め切り、金曜日に残っていた事務手続きを済ませた。

その翌週の月曜日、アメリカの株式市場は二三％暴落した。後にブラックマンデーと呼ばれるようになったこの日、一日としての下げ幅は大恐慌の引き金となった一九二九年の大暴落すら上回り、一九一四年以来最大となった。もしブラックストーンが暴落前に契約を固めていなければ、まちがいなく多くの投資家が出資を撤回していたはずだ。だが結果的には、初めて資金を募集するLBOファンドとして過去最大の金額を集めたと胸を張ることができた。

ピーターソンとシュワルツマンは、もはや当てにならないM&A収入に頼る必要はなくなった。ブラックストーンは少なくとも六年間、毎年管理報酬としてファンドの総資産の一・五%を得られる見通しになった。それによってさしあたって存続できることになっただけでなく、ついに人員を拡充し、正真正銘の事業体としての体裁を整えられることになったのだ。

二年間にわたる苦闘を経て、ついにブラックストーンは船出したのだ。

「我々はかろうじて暴落前にすべりこんだ」とシュワルツマンは語る。「ブラックストーンの歴史上、おそらく最も幸運な出来事だろう」

第5章 万事順調

ピーターソンとシュワルツマンの会社は、一九八七年の株価大暴落をうまく乗り切った。またファンドの資金集めを終えたことから、資金繰りの悩みからも解放された。だが、それに続く時期は、ブラックストーンのみならずＬＢＯ業界全体にとって困難なものだった。資本市場が掌を返したように冷淡になったことに加え、ディールの失敗によって、ブラックストーンと同じような新興企業はもちろん、実績のある大手ＬＢＯ会社のなかにも危うくなるところが出てきた。

そうした状況のなかで、ブラックストーンは足場固めに邁進した。とはいえ創業初期の同社は人の出入りが激しいことで有名だった。他人に厳しく、気まぐれなシュワルツマンの性格がその一因であったことは否めない。また投資先や採用する人材について、選択を誤ったケースもいくつかあった。それでも失敗よりは、うまくいったことのほうが多かった。

六億三五〇〇万ドルもの軍資金を確保したことから、ブラックストーンはすぐに業容の拡大に乗り出した。オフィスはすぐに新しい社員やキャビネットであふれかえるようになった。そこで一九八八年秋に、最初のオフィスが入っていたシーグラムビルとは五二番街を挟んで向かい側にある、パークアベニュー三四五番地の無味乾燥なクリーム色の高層ビルに移転した。今度は最初のオフィスの二〇倍に相当する、約五九五〇平方メートルものスペースを一〇年リースで借りたのだ。(1) がらんとした広大なスペースを眺めながら、シュワルツマンはその時点のニーズを大幅に上回る面積を契約した自分は、もしかすると頭がおかしいのかもしれない、と思った。

さらに二人は、申し分のない経歴を持つ三人の幹部を立て続けに採用した。一人目はリーマン出身の当時四二歳のロジャー・アルトマンで、副会長として入社した。ピーターソンとシュワルツマンは一九八六年と八七年にもアルトマンを誘っていたが、元同僚である彼はブラックストーンが最初のファンドの資金集めを完了し、財務的に安定するまで首を縦に振らなかった。(2) アルトマンの腰の引けた態度に二人はいらだったが、バンカーとして優れた人脈を持つ彼がM&Aの仕事を大量に獲得してくるのはまちがいなかった。(3)

ウォール街の中でも、締まった体つきに豊かな髪、人当たりのよい物腰を備えたアルトマンほど、顧客企業から大口取引をモノにする才能に恵まれた者はいなかった。国家政策に関心が強いことからもピーターソンとはウマが合ったが、アルトマンは筋金入りの民主党員だった。一九六八年の大統領候補指名選挙に出馬したロバート・F・ケネディの陣営で働いたほか、一九七七年から八一年にかけてはジミー・カーター政権下の財務省で働くため、リーマンを一時的に離れていた。

一九八八年二月にはローレンス・フィンクを獲得した。当時三五歳のフィンクは、モーゲージ担保証券

（MBS）――まとまった数の住宅ローンを担保として発行された債券――を生みだし、ファースト・ボストンの抵当証券部門を優良事業に育てあげるのに貢献した。住宅ローンから債券を生みだすプロセスは「証券化」と呼ばれるが、それは住宅ローンという事業を根本的に変え、債券市場に膨大な新分野を付け加えることになった。

その翌月には、レーガン政権で予算管理局長を務めた四一歳のデビッド・ストックマンが入社した。ミシガン州選出の下院議員を二期務めた後、レーガン政権で最初の予算管理局長となったストックマンは、新政権が推し進めていたサプライサイド経済政策の中心人物だった。サプライサイド経済学とは、減税をすれば経済活動が活性化し、結果的に税率を引き下げても税収は増えるとする理論だ。危なっかしい若手実力者といった雰囲気のストックマンは、コンピューター並みの頭脳と闘争的なスタイルを武器に、自分に異を唱える民主党議員を徹底的にやりこめた。

だが間もなく、身内の共和党の人々の逆鱗に触れることになった。『アトランティック』誌の記者に、サプライサイド経済学などというのは、高所得層の税率を引き下げるための方便にすぎない、と言ってしまったのだ。様々な問題発言の中でも、きわめつきはサプライサイド経済学者を「世間知らず」と評したことだ。一九八一年にこの記事が出ると大騒ぎになり、レーガンはストックマンを昼食に呼んでこう尋ねたとされる。「君は私の顔に泥を塗った。なぜだ？」。この会合を「お仕置き小屋に連行された」と評したストックマンの発言は有名だ[4]。

大統領自身はストックマンを許したが、この舌禍事件によって政権内でのストックマンの立場は弱くなり、一九八五年には政府を離れ、ソロモン・ブラザーズで投資銀行家として新たなキャリアを踏み出した。ストックマンを最初にブラックストーンに誘ったのはピーターソンで、二人は政界人脈を通じて親交があり、財政赤字への強い懸念を持っていることも共通していた。[5] ピーターソンとシュワルツマンは、ストックマンが顧客企業に対して、大局的な戦略立案や経済問題や貿易問題に関するアドバイザーとなることを期待したが、フタを開けると彼はブラックストーンを代表するLBOのディールメーカーとなった。

薄くなりはじめた髪に時代後れの縁なしメガネをかけたフィンクは、長身で人を惹きつけるところがあったが、ウォール街ではツキに見放された男と見られていた。先見性があり、セールスマンとしても優秀だったフィンクは、モーゲージ担保証券の市場を創造するうえで、ソロモン・ブラザーズのルイス・ラニエリに次ぐ役割を果たした人物と目されていた。だが一九八八年初頭には、担当部門が一億ドルの損失を出した責任を取り、ファースト・ボストンでの職を失おうとしていた。[6]

シュワルツマンとピーターソンは当初から、関連会社としてLBO以外の投資事業を立ち上げたいと考えており、債券投資に特化した新会社を率いるのにフィンク以上の適任者はいないと見ていた。二人は、巨大な損失が出た原因はコンピューター・ソフトウェアの欠陥とデータ入力のミスにある、というフィンクの説明を受け入れた。[7] またシュワルツマンは、ファースト・ボストンのM&Aチームの共同責任者で、親しいテニス仲間であったブルース・ワッサースタインと交わした会話にも意を強くした。「ブルースは、ラリーがファースト・ボストン随一の人材だと太鼓判を押してくれた」

ピーターソンとシュワルツマンはフィンクに対し、モーゲージ証券をはじめとする利付債取引に特化したブラックストーン・フィナンシャル・マネジメント（BFM）を立ち上げるため、五〇〇〇万ドルの融資枠を設定すると申し出た。[8] 元手を提供する見返りとして、ブラックストーン側が新会社の株式の五〇％を持ち、フィンクら新会社の経営陣が残りの五〇％を取ることになった。フィンクのチームには、元リーマンのパートナーで、ロジャー・アルトマンの友人であるラルフ・シュロスタインも含まれていた。その後、B

FMのスタッフが増加し、彼らに自社株を分け与える必要があったことから、ブラックストーン側の持分は約四〇％に減少した。フィンク自身も、親会社であるブラックストーンの株式の二・五％を受け取った。

こうしたフィンクとの取り決めは、ブラックストーンという会社を作り上げるうえでの、ピーターソンとシュワルツマンの考え方をよく表している。最高の人材を獲得したいとは考えていたが、まとまった量のブラックストーンの持ち株を譲り渡すつもりはなかったのだ。リーマンでの内部対立の経験から、二人は会社の支配権をがっちり握っておくことの必要性を痛感していた。ここは彼らの領土なのだ。アルトマンがもっと早く合流していれば、より多くの株を受け取っていたかもしれないが、結局は約四％という控えめな割合しか与えられなかった。[9] ストックマンの持分はさらに少なかった。

一九八八年春までにブラックストーンのファンドは、最初の締め切り後に契約した投資家からの資金を受け入れ、さらに二億ドル膨らんでいた。この結果、資金総額は約八億五〇〇〇万ドルとなり、いまやアメリカ中で投資先を探しはじめた。[10] このころLBO業界は、ドレクセルのジャンク債と、産業界に定期的に訪れる合従連衡ブームが相まって、激動の時期を迎えていた。一九八八年上半期だけでも、アメリカ国内では一六〇〇件を超える合併があり、買収総額は九〇〇億ドルに達した。これは五年前の三倍であり、一九八七年のブームに匹敵する水準だった。[11] 一九八七年一〇月のブラックマンデー後にM&Aが停滞したことなど、早くも忘れ去られようとしていた。

だがこの時点のブラックストーンは、急激に新規参入の増え始めたLBO業界における中堅プレーヤーにすぎなかった。ウォール街を代表するモルガン・スタンレーは一一億ドルの資金を集め、八八年末にはメリルリンチが一五億ドルのファンドをまとめた。さらにブラックストーンと同じように、M&AとLBOの両方を手掛ける小規模ファンドが二つ、華々しく登場した。[12]

一つ目は、ファースト・ボストンのM&A部門のスーパースター、ブルース・ワッサースタインとジョセフ・ペレラが設立したものだ。一九八八年二月に二人がファースト・ボストンを退社し、ワッサースタイン・ペレラ・アンド・カンパニーを設立した際にはウォール街に激震が走った。二人はファースト・ボストンM&A部門のエリートを根こそぎ連れ去った。一〇億ドルのLBOファンドを立ち上げるという目標に対し、二人の名声によって瞬く間に五億ドルが集まった。

よれよれの服装に太鼓腹という風貌だが、チェスの天才顔負けの戦略家であるワッサースタインこそ、優雅なM&A事業を、知的で危険なスポーツに変えた人物だ[13]。最初に注目を浴びたのは一九八一年、石油会社コノコをめぐる九〇億ドルの買収合戦を制したときだ。ワッサースタインの顧客であったデュポンは、提示価格が低かったにもかかわらず、モービル石油や酒類大手シーグラムを押さえて勝者となった。(このときワッサースタインが使った巧妙な戦術は先取り二段階オファーと呼ばれ、その後証券取引委員会によって禁止された)。

コノコ買収に続き、一九八〇年代半ばにはいくつもの大型買収に携わった。そこには一九八四年、激戦の末に決まったテキサコによる一〇八億ドルでのゲッティ・オイルの買収、一九八五年のキャピタル・シティーズ・コミュニケーションズによる三五億ドルでのABCテレビジョン・ネットワークの買収などが含まれている。弱気になっている顧客をたきつけて高い買収価格を提示させることで有名で、釣り上げ屋のブルースというありがたくない異名がついたほどだ。

四七歳のペレラは、背丈も腹回りも服の趣味もワッサースタインとは正反対の人間で、ピーターソンやアルトマンに似たタイプの、伝統的なリレーションシップ・バンカーだった。

ワッサースタイン・ペレラはすぐに日本最大の証券会社、野村證券の出資を獲得した。野村は一九八八年七月、一億ドルでワッサースタイン・ペレラの株式の二〇％を取得した。[14] その資金のほぼすべてが同社の投資ファンドに投じられた。[15] 野村は「国際的なM＆A市場で有力プレーヤーとなるのが確実な企業に、初期段階で出資する機会に恵まれて光栄だ」とするプレスリリースを発表した。

設立からわずか四カ月で三〇〇〇万ドルのM＆A手数料を荒稼ぎしたワッサースタイン・ペレラは、確かに野村が期待するとおりの存在になりそうだった。こうした手数料収入や野村の出資のおかげで、ピーターソンとシュワルツマンが創業から二年間経験したようなその日暮らしの苦しみは味わわずに済みそうだった。

もう一社、メディアを賑わせたニューフェースは、ワッサースタイン・ペレラと同じ月に誕生したロデスター・グループだ。設立したのはメリルリンチのM＆A責任者兼副会長として、同社で最も高給を食《は》んでいたケン・ミラーである。[16] ミラーはワッサースタインとペレラほど有名ではなかったが、メリルをM＆A市場の有力プレーヤーに育て上げたほか、トラックメーカーのフルハーフ・コーポレーションやドラッグストアチェーンのジャック・エカード・コーポレーションの案件などを含む、メリルが主導した有名なLBOの立役者として高い評価を得ていた。

野村證券がワッサースタイン・ペレラへの出資を発表した翌日、ロデスターも同じような契約を発表した。日本の証券業界四位だった山一證券が、ミラーが組成しようとしていた五億ドルのLBOファンドに一億ドル出資することに加え、金額は公表しなかったがロデスター自体にも出資し、全株式の四分の一を取得することになったのだ。

ブラックストーンはこうした華々しいライバルたちと、投資家や人材、案件を奪い合うことになった。だがこうした新興企業など、KKRに比べれば取るに足らない存在だった。KKRは六一億ドルの軍資金を調達したばかりで——当然、ＬＢＯファンドとしては史上最大の規模だ——それまでにＬＢＯ業界が蓄積した自己資本の総額一五〇億〜二〇〇億ドルのうち、約三分の一を占めていた。[17]

ＫＫＲは創業者たちですら一〇年前には想像もしなかったような莫大な利益をあげており、対抗するのは容易ではなかった。一九八八年五月、ヘンリー・クラビスをはじめとするＫＫＲのパートナーたちは、たった一つの投資案件で一億三〇〇〇万ドルもの利益を得た。[18] わずか三年前に買収した放送事業者ストーラー・コミュニケーションズを、三〇億ドル以上で売却したのである。

ＫＫＲは有名企業を対象とする、とほうもない規模の案件を次々とまとめていった——一九八六年に四八億ドルで買収したスーパーマーケットチェーンのセーフウェイや、同じ年に八七億ドルで買収したベアトリス・フーズなどである。一九八八年末には史上最大のＬＢＯを成立させ、市場の支配者であることを証明してみせた。タバコ・食品大手ＲＪＲナビスコを三一三億ドルで買収して非公開化するというこの案件は、時代を象徴するものとなり、プライベート・エクイティ会社に対する海賊というイメージをさらに強めた。三一三億ドルという買収額の記録は、その後一八年にわたって破られることはなかった。

だがＫＫＲとは異なり、ブラックストーンはＭ＆Ａ事業も手掛けており、一九八八年にはいくつか優れた実績を挙げていた。この年の前半にはわずか二つの案件で一五〇〇万ドルもの収入を得た。[19] 一つはソニーが二〇億ドルを投じてＣＢＳレコードを買収する際の交渉を引き受けたもので、これはピーターソンの旧友であるソニー創業者の盛田昭夫、そしてシュワルツマンの知人であるソニー・アメリカの幹部経由でもたらされた案件だった。もう一つはファイアストン・タイヤ＆ラバーが二六億ドルで日本のブリヂストンに身売りした際の交渉で、これはシュワルツマンが主導したものだった。ピーターソンとシュワルツマンのもくろみどおり、Ｍ＆Ａ事業は企業経営者とのパイプ作りに役立ち、それが最終的にＬＢＯのチャンスをもたらすことになった。

ブラックストーン初のＬＢＯ案件はこうして生まれた。ＫＫＲの大規模案件と比べれば、ちっぽけなものだったが——わずか六億四〇〇〇万ドルであった——、新興企業であるブラックストーンにとってはイメージ的にも、財政的にも大きなプラスとなった。

そのディールは、アルトマンがＵＳスチールの親会社、ＵＳＸコーポレーションの幹部ドナルド・ホフマンに電話を掛けたことから始まった。[20]ＵＳＸは乗っ取り屋として恐れられたカール・アイカーンとの、企業生命をかけた戦いの最中にあった。アイカーンは一九八六年にＵＳＸ株の一〇％を買い占め、八〇億ドルで敵対的買収を仕掛けてきた。ＵＳスチールでは三カ月にわたって労働者のストが続いており、鉄鋼生産は停止し、株価は急落していた。

翌八七年を通じてアイカーンはＵＳＸに対し、資産売却を進め、株価引き上げのための措置を取るよう圧力をかけた。窮地を脱し、またアイカーンを追い払う狙いから、ＵＳＸは最終的に一五億ドル規模の資産を売却し、その資金を元手に自社株買いを実施すると発表した（自社株買いには一株利益を増やす効果があるため、株価引き上げのために実施する企業は多い）。売却候補の中には、鉄道・貨物船事業を手掛ける輸送子会社が含まれていた。アイカーンはその計画を了承した。

アルトマン、ピーターソン、シュワルツマンはＵＳＸの幹部と会うためピッツバーグに飛び、ホフマンが責任者を務める輸送子会社を買収する可能性を探った。[21]ＵＳＸ側はホフマンのほか、会長兼ＣＥＯのデビッド・ロデリック、ＵＳスチール社長のチャールズ・コリーが出席した。ＵＳＸは事業売却によって五億ドルを調達したいと考えていたが、二つの相反する目標を抱えていたため、取引をまとめるのは容易ではなかった。まずＵＳＸは輸送子会社の債務を自らの帳簿上から消すため、株式の五〇％以上を売却したいと考えていた。その一方、子会社への支配力を失うことも避けたかった。輸送子会社から見れば、預かる貨物の半分以上は他の荷主のものだったが、USスチールは輸送を完全にその子会社に頼っていた。中西部のUSスチールの製鉄所が使う原材料はすべて子会社が運び込み、完成品の九〇%も子会社の路線を通って顧客へと運ばれていた。ロデリックとしては、鉄道事業が非友好的な相手の手に落ちるようなことは認めるわけにはいかなかった。

「『これは我々のライフラインなんだ。鉄道事業がうまくいかなくなったり、この事業への追加投資に否定的だったり、運賃を値上げするような投資会社に売却してしまったら、我々は破産しかねない』というのが彼らの言い分だった」とシュワルツマンは語る。そこでブラックストーンのパートナー三人は、まずUSX側の不安に焦点を当て、どうやってそれを解消するかを考えた。「最初の会合のテーマは価格ではなかった」とピーターソン。「焦点は経営権だった。我々は想定される主な実務的課題について検討した――設備を維持するのにかかる費用、運賃の決め方、USXか我々のいずれか一方が持ち株を売却したくなったときの対応法などだ」

ただ、そうした姿勢だけでブラックストーンが取引を獲得できたわけではない、とロデリックは語る。「経営権は我々にとってきわめて重要な問題だったが、価格も同じくらい重要だった」。それでもアルトマン、ピーターソン、シュワルツマンが見せたUSX側の事情への配慮は、経営陣に安心感を与えた。「彼らは我々の問題を非常によく理解してくれた。他にも五～六社の買収候補と面談したが、ブラックストーンが圧倒的に優れていた」とホフマンは語る。

ブラックストーンのメンバーのだれもが取引に意欲的だったわけではない。デビッド・ストックマンは猛反対していた。パートナー陣は取引をすべきか、悩み抜いた。(22)

最大の懸念材料は、鉄鋼市場が深刻な不況に陥った場合、業績がどうなるかだった――市況産業の鉄鋼業においては十分起こりうることであり、それは輸送子会社の売上や利益に悲惨な影響を及ぼす可能性があった。[23] USX側がブラックストーンに提供したデータを精査する役割は、アルトマンがシェアソンから引き抜いた二九歳の俊英、ジェームズ・モスマンに委ねられた。数字と格闘した結果、モスマンは買収を強力に支持するようになり、スタッフミーティングで熱弁を振るった。

「ジェームズは『絶対にこれはやるべきだ。すごい利益が稼げる』と強く主張した」。モスマンの分析を手伝った若手スタッフ、ハワード・リプソンは語る。鉄鋼業の市況変化の激しさは有名だが、鉄鋼を輸送する事業はそれよりはるかに安定している、とモスマンは説いた。「僕らは、鉄鋼会社の激しい業績変動の原因は、生産量の増減によって鉄鋼相場が大きく変化することだと説明したんだ。ただ、鉄道事業の業績を左右するのは、相場ではなく生産量であり、その変動は相場ほど激しくはない」

モスマンは、鉄鋼の生産量が過去二〇年で最低の水準に二年間とどまる、という最悪のケースを想定した。それでも鉄道・貨物船会社は経費を賄い、利益をあげられることがわかった。「ジェームズの分析は完璧だった」とシュワルツマンは語る。

だがブラックストーンのパートナー陣を説得するのと、銀行に買収資金の融資を認めさせるのは、また違う話だった。ブラックストーンは買収資金として、五億ドルの融資もしくは債券発行を必要としていた。だが同社にはLBOの実績はなく、また銀行は好不況の激しい鉄鋼会社に対するLBOに融資するという計画に不安を抱いた。モスマンの分析にも納得しなかった。「循環型のビジネスには近づくな、というのが彼らの考え方だった」とリプソンは語る。[24]

シュワルツマンはLBOに資金を提供したことのあるニューヨークの大手銀行のすべてに協力を打診し

た[25]。マニュファクチャラーズ・ハノーバー、シティバンク、バンカーズ・トラスト、チェース・マンハッタン、そしてJPモルガンである。JPモルガン以外は皆、即座に拒否した。誉れ高いモルガングループは、J・ピエポント・モルガンが大実業家のアンドリュー・カーネギーからUSスチールの前身となる会社を買収した二〇世紀初頭から、USスチールの主要取引銀行だった。JPモルガンはUSXとの取引に資金を提供するとは言ったが、必ず融資すると誓約することには同意せず、また融資にあたって様々な条件を付けた。「JPモルガンのネームバリューは欲しかった」とシュワルツマンは語るが、いくらJPモルガンの評判が高くても、それだけでディールは成立しなかった。

だが、六番目に交渉した銀行はずっと良い条件を出した。ケミカルバンクである。同行の経営陣はブラックストーンの創業者たちと同じように、長年LBO事業に進出することを望んでいた。だが大型融資の世界では常に二流の存在だった。融資実績はお粗末で、コミカルバンクという不名誉な渾名がつくのもうなずけた。ケミカルがそうした評価を払拭するのは、ウォルター・シプリーとその後継者のビル・ハリソンがCEOに就任した一九八〇年代後半である。二人はケミカルで新たに商業融資部門の責任者に就任した、三〇歳を超えたばかりのジェームズ・リーに、融資事業を活性化し、LBOに進出するために大幅な権限を与えた。

ケミカル単独では大型LBOの資金を供給するには力不足だったが、リーは自らが結んだ融資契約に協力してくれる銀行を集め、そうした制約を乗り越えた。親交のあったオーストラリア、日本、カナダの銀行の融資担当者をまわり、ケミカルを信頼し、新たな融資機会が浮上した際には迅速に資金を出してくれる銀行団を組織したのだ。

一九八四年にはシンジケート（協調融資）団が整った。リーは危険なLBO分野に参入する前の小手調べに、安全性の高い企業向け融資をいくつか手掛けた。ＵＳＸの鉄道・貨物船事業の案件が浮上するまでにも、小規模なＬＢＯ向けにシンジケートローンを何件か実施していた。

何とか案件をモノにしようと、リーはブラックストーンに提示した総額五億一五〇〇万ドルの融資プランに、数々の魅力的な条件を付加した。最も重要な点は、ブラックストーンが必要とする融資を全額、しかもＪＰモルガンより低い金利で実施すると確約したことだ。対照的に、モルガンは必要な資金を調達するために全力を尽くすとしただけで、拘束力のある契約は結ぼうとしなかった。

さらにケミカルの提案を魅力的にするため、買収後の会社の利益がストライキ以前の水準に戻った場合、金利を〇・五％引き下げることにも合意した。事業が困難な状況に陥った場合の予備資金として、二五〇〇万ドルの「リボルビング・クレジット・ファシリティ（クレジットライン）」を設定することも申し出た。これは今ではＬＢＯのファイナンス契約に標準的に盛り込まれるようになった。クレジットラインとは、返済額と期限が決まっている通常の融資とは異なり、会社が必要に応じて資金を引き出し、能力に応じて返済するものだ。

「ブラックストーンとの交渉に行ったときには、自分なら彼らの要求に応えられるという自信があった」とリーは語る。「ケミカルがどの案件にいくら掛けるかは、私自身が決めていたからだ」

ケミカルより権威のあるＪＰモルガンの後ろ盾を得ることにまだ未練のあったシュワルツマンは、再びモルガンにケミカルと同じ条件で融資するよう求めた。だがモルガンは応じなかった。

「スティーブは、ＪＰモルガンは一流だが、ケミカルは違うと思っているとはっきり言ったよ。でも僕らの提案のほうがはるかによくできていて、クリエイティブだと言ってくれた」とリーは話す。結局ケミカルが勝者となった。

一九八九年六月二一日に発表された買収は、一二月に正式にまとまった。同月、ブラックストーンとUSXはトランスター・ホールディングスという新たな持ち株会社を設立し、USXの鉄道・貨物船事業を移管した。有名な一九八二年のギブソン・グリーティングのLBOと同様に、トランスターの買収費用のうち、株主資本の占める割合はごくわずかだった。トランスター株の五一%を保有することになったブラックストーンは、買収総額のわずか二%に相当する一三四〇万ドルしか出さなかった。鉄道子会社の株主資本の大半は、ケミカルが新たに提供した負債に置き換わったため、USXは五億ドル以上の現金を手にすることができた(USXはトランスターの社債を受け取る形で一億二五〇〇万ドルを貸した——業界でセラー・ペーパーと呼ばれる借用証書のようなものだ。実質的にブラックストーンの買収資金調達の負担を軽くするために、USXがトランスターに資金を貸し付けることに等しい)。ロデリック、そしてUSXは求めていたものを手に入れた。持ち株比率は四九%にとどまるが、予算や資金調達、戦略にかかわる意思決定に、ブラックストーンと対等に参画できることになったのだ。

この取引は典型的なレバレッジド・バイアウトとは言いがたいものだった。より正確に言えば「レバレッジド・リキャピタリゼーション(借入金を使った資本の組み換え)」である。バランスシートの右側の負債の部分を増やす一方、資本を圧縮するのである。ただ、どう呼ぶかはともかく、この取引がピーターソンとシュワルツマンがすでに三年も訴え続けてきた企業に友好的なアプローチを世間にアピールするのに役立ったのはまちがいない。「我々は企業とのパートナーシップという考え方を具体的に示したかった。この買収をその例にしようと思った」とピーターソンは語る。[26]「我々がまっとうな人間であり、本当のパートナーとして相手を思い遣る、友好的な取引をする会社だというシグナルを発信する効果があった」

ブラックストーンは望んでいたものをすべて手に入れた。業績が回復途上にある優良企業を、年間キャッシュフローの四倍という極端に低い価格で取得したのである。[27] それは鉄道会社全般に対する市場のバリュエーション（株価評価）の二分の一から三分の一ほどの水準だった。

ＬＢＯ投資家にとって、あらゆる取引のベースとなるのはキャッシュフローである。買収する企業がどれほどの債務を背負えるのか、ひいては買い手がどれだけの買収価格を提示できるかは、それによって決まる。純利益（企業会計基準から導き出される最終利益）には、利子コストや税金のほか、固定資産の減価償却といった現金支出を伴わない経費などが勘案されている。ディールメーカーにとっては、売上から営業経費を支払った後に残るキャッシュフローこそが意味ある数字だ。ＬＢＯの資金計画は、すべてそれに基づいて立てられる。

プライベート・エクイティ会社が利益を出す方法の一つは、キャッシュフローを債務の弁済に使うことである。初期のＬＢＯでは、五～七年以内に債務返済を完了することを念頭に買収計画が建てられた。そうすることで、最終的に企業を売却した際には、返済すべき債務は一切残っていないことになり、売却で得た金額はすべてプライベート・エクイティのものになる。

利益を出す二つめの方法は、売上の拡大、経費の削減、もしくはその両方によってキャッシュフローそのものを改善し、売却するまでに会社の価値を高めることである。

キャッシュフローを使って利益を得る方法はもう一つある。この場合、買収した会社は即座に売却しない。債務の大部分を返済した段階で、会社がキャッシュフローを担保に新たに借り入れを起こし、それを原資にオーナー企業に特別配当を支払うのである。これは「配当リキャピタリゼーション（配当による資本の組み換え）」と呼ばれる。

トランスターのケースでは、ブラックストーンはこの三つの方法を組み合わせ、並外れた利益を得た。

モスマンが予測したとおり、一九八九年のトランスターのキャッシュフローは一億六〇〇〇万ドル近くに達し、同年末までに八〇〇〇万ドルの負債を返済することができた。(28) 一九九一年三月までに、トランスターは当初の債務のうち二億ドルの返済を終えていた。

スピンオフした時点より大幅に債務が減少したことに加え、トランスターのキャッシュフローが増加しつつあったことから、同社は新たに借り入れを起こし、ブラックストーンとUSXに総額一億二五〇〇万ドルの配当を支払った。買収が成立してわずか二年強で、ブラックストーンは一三四〇万ドルの投下資金の四倍近い利益を手に入れたのだ。

二〇〇三年にトランスターの後継企業の残っていた持ち株をすべてカナダ国有鉄道に売却するまでに、ブラックストーンとその投資ファンドへの出資者は初期投資の二五倍のリターンを得た。一五年にわたる投資期間の平均リターンは、年率一三〇%という驚異的な水準に達した。

まさに濡れ手で粟の大儲けという表現がぴったりで、実際そのとおりだった。ギブソン・グリーティングと同じように、トランスターも投資会社が適切なタイミングで買収し、極限までレバレッジをかけ、キャッシュフローの最後の一滴までを利益に変えた最たる例だ。ほどなくして買収相場の上昇や景気不振によってLBOを取り巻く環境は一変し、プライベート・エクイティも金融テクニックより、企業の業績を根本的に改善することに注力しなければならなくなった。

とはいえトランスターのLBOが無益だったわけではない。ブラックストーンに投資した年金基金をはじめとする金融機関は莫大な利益を得た。この取引はUSXにも大きな恩恵をもたらした。リストラを進めて株価を引き上げるため、鉄道などの事業売却を進めたにもかかわらず、トランスターへの影響力を維持できたのだ。トランスター自体にとっても、LBOは必ずしも会社を強くするのに役立ったとはいえないが、弱くすることもなかった。

トランスターの成功は、ピーターソンとシュワルツマンがＬＢＯにおいても傑出したプレーヤーになりうることをウォール街に知らしめた。この案件は、別の理由からも非常に重要なものだった。これをきっかけに、ブラックストーンとケミカルバンクのジミー・リーとの間に、それぞれにとって計り知れない意味を持つ関係が結ばれたからだ。

髪をジェルでオールバックになでつけたチャーリー・シーンを彷彿とさせる、社交的でエネルギッシュなリーは、安っぽいサスペンダーを粋に着こなすので有名だったが、瞬く間にレバレッジド・ファイナンスの世界の中心人物となり、ヘンリー・クラビス、テッド・フォーストマンといったＬＢＯ業界の有名人にも重用されるバンカーの中のバンカーとなった。

ドレクセル・バーナムのマイケル・ミルケンが一九八〇年代にジャンク債市場を立ち上げ、乗っ取り屋やプライベート・エクイティが資本市場から広く資金を調達する道を開いたのと同じように、リーはシンジケートローン（協調融資）という仕組みを編み出すことで銀行融資の世界を一変させた。シンジケートローンによって多数の金融機関の間でリスクが分散されるため、全体としてより大きな融資ができるようになった。ケミカルの名前はその後めまぐるしく変わったが（一九九六年にチェースを買収してチェース・マンハッタンとなり、その後二〇〇〇年にＪＰモルガンを買収してＪＰモルガン・チェースと名称を変更した）、ジミーは一九九〇年代と二〇〇〇年代のＬＢＯ業界の爆発的な成長において、一九八〇年代のミルケンとまさに同じような決定的な役割を果たした。

大手プライベート・エクイティのすべてと大型案件を手掛けたが、最も親密な関係にあったのはブラックストーンだ。トランスターを皮切りに、その後一五年にわたってリーはブラックストーンのお抱えバンカーのような存在となり、数々の大型案件の融資を引き受けた。またブラックストーンが手を挙げた案件で、他の投資会社と組むことは一切なかった。ケミカル（JPモルガン・チェース）とブラックストーンはまさに持ちつ持たれつの関係にあり、それはそれぞれが業界のトップに上り詰める原動力となった。

「今日のJPモルガン・チェースを作ったのはブラックストーンであり、その逆もまたしかりだ。互いに相手がいなければ、今日の地位にはいなかっただろう」。別の銀行で働くリーのライバルはこう表現する。(29)

　トランスターの案件は、ブラックストーンが乗っ取り屋との戦いにおいて企業経営者側に付こうとする姿勢、またアメリカ企業の抱える財政的、戦略的要請に、非常に親身に寄り添う企業であるというイメージを打ち出すのにも役立った。ピーターソンの言葉を借りれば「企業が直面する問題を解決してくれる存在」という評価を確立するきっかけとなったのである。(30)

「あらゆる意味で、トランスターは我々の初めてのLBOとして完璧な案件だった」とリプソンは語る。(31)

「すぐにすばらしい結果が出たし、また我々が企業にとって敵ではなく、友人であることを明確にする効果があった。企業とのパートナーシップというのが我々の売り文句になったんだ」。ライバルのプライベート・エクイティは通常、買収先の経営を完全に支配しようとしたのに対し、ブラックストーンは柔軟だった。シュワルツマンとピーターソンのもくろみどおり、交渉相手と経営権を進んで分け合い、場合によっては従属的な立場でも構わないとする姿勢は、多くのディールを呼び込むことになった。一九八七年に組成したファンドを元手に手掛けた十数件の買収のうち、七件ではトランスターと同じように相手先との合弁企業を設立した。

　シュワルツマンの考えでは、合弁方式は他のプライベート・エクイティ会社との差別化の手段として有効であっただけでなく、買収が成功する確率を高める効果もあった。事業に精通した企業――通常は新会社の主要な顧客もしくはサプライヤーであり、新会社の成功を切に望んでいる企業――を共同オーナーとすることで、自分たちと同じように金融には詳しくても、企業経営や多数の従業員を抱えることには不慣れなライバルのプライベート・エクイティと比べて、優位に立つことができるはずだ。一九八〇年代後半の株価上昇に伴い、会社全体を買収する費用が膨らんでいたことから、シュワルツマンは「相場上昇のなか、手堅くディールをこなしていくには独自の強みが必要だ」と考えていた(32)。

「相手企業とのパートナーシップという戦略に行き着いたのは、まさにこのためだ。他社と協力しながらコスト削減や売上拡大によって劇的に経営効率を改善することなしに、どうすれば企業買収で利益をあげることができるのか。私には皆目見当がつかなかった」

合弁という手法は、もともと慎重なシュワルツマンの性格にもよく合っていた。なかには経営がうまくいかなかった場合に備えて保険をかけるために、利益を最大化するチャンスを犠牲にしたケースもある。具体的には、数年後にあらかじめ決めた価格もしくは株価評価で、持分を合弁相手に売却する権利を確保したのだ。

安全と利益をトレードオフさせるようなやり方に、同業者は面喰らった。彼らの思考パターンからすれば、うまくいかなかった場合に備えて経営権や利益を犠牲にするなどというのは、臆病以外の何物でもなかった。「ブラックストーンの合弁というやり方は、まるでナンセンスだと思っていた(33)。自分の足では立てない、と言っているようなものだった。助けが必要だから、それを得るために多くの譲歩をしているようだった」とある同業者は語る。

うまくいかなかった場合を想定するというシュワルツマンの姿勢は、変化の激しい市場環境へのごくまっとうな対応という言葉では片づけられないものだった。[34]「あれはほとんど生理的反応に近い、強迫観念のようなものだった」と元同僚は語る。元パートナーは「カネを稼ぐにはリスクを取らなければならない、という投資の基本的なルールが、スティーブにはどうにも受け入れ難かった」と言う。「世界一流の投資家で、あれほどリスクを避けようとする人間は本当に珍しい」

それはシュワルツマン自身も認めるところだ。[35]「ブラックストーンは他のプライベート・エクイティ会社よりリスクを嫌うところがあり、それはやや直感的なものだ。私は失敗が嫌いだ。そして損失を出すことは失敗にほかならない。こうした私個人の考え方が、会社の戦略になった」

その後二〇年間にブラックストーンが行った合弁企業型の買収には、成功したものもあれば、失敗したものもある。それでもこの戦略は、ホームラン的な案件をいくつか獲得する原動力となり、初期のブラックストーンの成功にはきわめて大きな役割を果たした。そこには遊園地を運営するシックス・フラッグス、鉄道会社の買収としては二件目となったシカゴ・アンド・ノースウェスタン・レイルロードの案件が含まれている。

シュワルツマンの慎重さは、有望な案件を逸する原因となるなど、ブラックストーンに不利に働いたこともあった。それでも同社が、一九九〇年代にいくつかのむこう見ずな（そして愚かな）ライバルに甚大な被害を与え、破綻に導いたような大失敗を犯さずに済んだのは、そのおかげでもある。それを生理的反応と呼ぶか、恐怖症、または慎重さと呼ぶかは別として、シュワルツマンの直感はブラックストーンの成功に決定的な役割を果たすことになった。

第6章

混乱

トランスターの大勝利の後、しばらくは万事順調だったが、それも長くは続かなかった。一九八九年には、二つの浅はかな投資案件がすぐに行き詰まり、ブラックストーンは早くも投資先の選び方を見直さざるをえなくなった。またこの失敗から、厳しい暗黙のルールが生まれた。ひどい失敗を犯したら――たとえ一度だけでも――即座にクビ、というものだ。全社員が対象であり、パートナーでさえも例外ではなかった。

最初の失敗は、三〇以上の雑多な企業を寄せ集めた、きわめて厄介な大企業ウィッキーズをめぐるものだった。ブラックストーンは一九八八年一二月、ライバルのM&A兼プライベート・エクイティ、ワッサースタイン・ペレラと組んで、二六億ドルで同社を買収して非公開化した。ウィッキーズのようなコングロマリットはかつて株式市場の寵児だったが、いまや凋落し、事業の切り売りを余儀なくされていた。ブラックストーンでこの案件の指揮官となったデビッド・ストックマンは、ウィッキーズは現体制を維持するより、バラバラにしたほうが企業価値は高まると判断した。

ストックマンは、年金制度の保険数理の詳細、消費者の好む車種など、自分の主張の裏付けになりそうなありとあらゆる分析データを持ち出し、ディールの正当性を強硬に主張した。(1) 手書きで膨大なスプレッドシートを作成しては部下にファクスで送りつけ、自分の代わりにパソコンに入力させることで有名だった。ストックマンと仕事をしたことのある銀行関係者は、交渉の最中に数え切れないほどの枚数のファックスが送られてきて閉口したことがある、と証言する。

ストックマンはウィッキーズの再生法を見いだした(少なくとも、彼はそう思っていた)。会社を解体し、余分な事業を削ぎ落とし、生地や絨毯、壁紙を製造するコリンズ&アイクマンのみに絞り込むというものだ。トランスターと同じ月に成立したこのLBOに、ブラックストーンとワッサースタイン・ペレラはそれぞれ一億二二〇〇万ドルを注ぎ込んだ――その後七年、ブラックストーンがそれを超えるディールを手掛けることはなかった。

事業はのっけからつまずいた。一九八九年初頭に景気が失速したためだ。トラブルの兆しが最初に顕在化したのはその年の春、ウィッキーズがカリフォルニア最大のホームセンターチェーン、ビルダーズ・エンポリアムを売りに出したときだ。(2) 元社員によると、ブラックストーンはこの売却で二億五〇〇〇万ドルを得るつもりだったという。「だが結局、五〇〇〇万ドルほどで売却せざるをえなくなった」。自動車販売が減速したことから、ウィッキーズの自動車用繊維事業も打撃を受けた。

また、事業再生のプロで、コストカッターとして有名なウィッキーズ元CEOのサンディ・シゴロフが、ウィッキーズの管理職を根絶やしにしていたことも判明した。「シゴロフが経営のうまくいっていない会社の管理職をばっさり切っていることは知っていたが、ウィッキーズの経営はうまくいっていたんだ」とシュワルツマンは語る。[3]「だがシゴロフはお構いなしに大量の人材を解雇していたため、必要な仕事をする人手がなかった」。コリンズ&アイクマンは最初からトラブル続きだった。

だがコリンズ&アイクマン以上に厄介で損害が大きかったのは、ブラックストーンの三番目の投資案件だった。三億三〇〇〇万ドルを投じた、オクラホマ州タルサの鉄鋼流通会社エッジコム・メタル・カンパニーのLBOである。数カ月も経たないうちに、エッジコムによってブラックストーンは投資家からの信頼を完全に失いそうになった。

エッジコム買収は、ブラックストーンがドレクセルから引き抜いたM&Aの俊英、三一歳のスティーブン・ウィノグラッドの発案だった。ウィノグラッドはドレクセル勤務時代の一九八六年に、エッジコムでの一億五〇〇〇万ドルのマネジメント・バイアウト(MBO、経営陣による買収)と、その年の再上場に携わった経験があった。この結果、エッジコムCEOのマイケル・シャーフのほか、テキサス州の資産家一族バス家など、買収に携わった投資家は大儲けをした。

ウィノグラッドはパークアベニュー三四五番地に移ってきた当初から、再上場以降株価の低迷しているエッジコムを再び買収するという案を熱心に提唱した。シュワルツマンは即座に賛成した。五月、ブラックストーンはエッジコム株を一九八六年のIPO価格より二ドル高い一株八ドルで買収し、総額三億三〇〇〇万ドルで同社を非公開化する契約をまとめた。トランスターと同様に、エッジコムのLBOも極限までレバレッジを高めており、株式の六五%を手に入れるためにブラックストーンが支払った金額はわずか二三〇〇万ドルだった。買収は六月に完了した。

デビッド・ストックマンはこの案件に反対した。一年前にブラックストーンに入社して以来、ストックマンはあらゆることに異を唱え、否定的な見方をする役回りを引き受けており、ウィノグラッドの案件も猛烈に批判した。ストックマンの主張は、ブラックストーン本社で多くの支持を得ることはなかった。「特に創業初期のストックマンは、他人のディールを常にけなすところがあった」と元パートナーは語る。[4]「正しかろうと誤っていようと、デビッドは自分が正しいと信じて疑わなかった」と別の元パートナーは言う。[5]ストックマンのカサンドラ的行動は、他のパートナーとの不和の原因になったばかりでなく、明らかに誤っていることも多かったため、次第に控えめになっていった。

とはいえ、エッジコムの場合、ストックマンは正しかった。エッジコムの事業は粗鋼を仕入れ、圧延・成形し、利幅を上乗せして自動車工場や航空機メーカーなどに販売するというものだった。利益率は鉄鋼価格と直接連動しており、事業環境が急激に変化した場合、エッジコムは仕入れ価格を下回る価格で販売せざるをえない状況になり、キャッシュフローが干上がる、というのがストックマンの主張だった。[6]

「二人を私のオフィスに呼んでみた」とシュワルツマンは語る。「ウィノグラッドはエッジコムの利益には反復性があり、事業拡大の見込みは大きい、と主張した。一方のストックマンは、これは危険なディールで、価格に見合う価値がない、と訴えた。私には両者の言い分がわかったが、ウィノグラッドに軍配をあげた。結果的には最悪の判断だったが」

実際、一九八九年六月にブラックストーンが契約を結んだ直後、まさにストックマンが予想したとおり、ウィッキーズの切り売り戦略を頓挫させたのと同じ景気後退がエッジコムを襲った。エッジコムには仕入れ価格を下回る在庫品が積みあがった。経営環境があまりにも急激に悪化したため、エッジコムは同年夏に予定されていた最初の利払いにも苦労するありさまだった。ブラックストーンにとってはまさに屈辱的な状況だった。スタートを切ったばかりの買収先が、早くも破産に向かって突き進んでいるのだから。

シュワルツマンはすぐにこのディールの状況打開に全精力を傾けるようになった。ブラックストーンのファンドに出資する企業を説得し、エッジコムを存続させるために一六〇〇万ドルの追加出資を引き出した。さらに債権者への支払いが一セントたりとも滞らないように、ひたすら努力した。万一エッジコムがデフォルト（債務不履行）するようなことがあれば、信用市場におけるブラックストーンの評判にぬぐいがたいシミを残すことになる。シュワルツマンはそのリスクに震え上がり、全社員に自らの懸念を明確に伝えた。

一九九〇年七月、シュワルツマンは破産しかかったエッジコムを、当初の買収価格を大幅に下回る価格で、当時世界最大の鉄鋼メーカーだったフランスのユーセノール・サシロールのアメリカ子会社に売却する交渉をまとめた。エッジコムの優先債権者は返済を受けられたが、ブラックストーンが出資を回収することはできなかった。ブラックストーンのファンドの出資者は、この案件に投じた三八九〇万ドルのうち、実に三二五〇万ドルを失った。

当時の状況を考えれば、シュワルツマンがファンドのリミテッド・パートナーの資金の六分の一でも回収したこと自体、神業に近かった、と元パートナーは振り返る。(7)「あれこそスティーブの真骨頂だった。彼がどれほど優秀か、あれでわかった。問題を把握し、会社を救うため粘り強く努力したんだ」

だがファンドの出資者は、それほど寛容ではなかった。プレジデンシャル・インシュアランスCEOのシャーリー・ジョーダンは電話越しにシュワルツマンを「大バカ者」とののしり、「君らなどに一セントたりとも出すんじゃなかった！」とまくしたてた。(8)シュワルツマンは「普段は大バカ者ではないかもしれませんが、本件に関してはおっしゃるとおりです」と答えたという。ほかのリミテッド・パートナーも、言い回しこそ多少穏当ではあったが、同じような見方を伝えた。

社外に対しては責任を引き受けたシュワルツマンだったが、社内では責任はウィノグラッドにあるとして、厳しく糾弾した。[9] ウィノグラッドの誤った判断をはじめとする様々な失敗を責めたて、罵詈雑言を浴びせた後に解雇を通告した。この酷い処罰は一般社員の不安を煽り、ブラックストーンは非常に働きづらく、不安定な職場だという噂が広がった。法律文書の単語を一つ綴りまちがえるといった些細なミスから、[10] 十分な仕事を獲得してこないといった不手際まで、あらゆることがシュワルツマンの逆鱗に触れるリスクがあった。ウィノグラッドの身に起きたことは、何にも増して損失を出すことは致命的であるというメッセージを社内に浸透させた。

創業当初は「LBO事業に関しては、一つひとつの案件が生きるか、死ぬかといった雰囲気があった」とブラックストーンで一八年過ごした元パートナーのハワード・リプソンは語る。[11]

シュワルツマンがコリンズ&アイクマンとエッジコムの問題に苦闘していた一九八九年、ブラックストーンは三つ目の大失敗を犯した。折悪しく株取引に手を出し、自己資金が大きく目減りしたのだ。

この新事業は一九八八年一二月、最初のファンドに出資してくれた日興證券から、再び一億ドルの資金を調達したことをきっかけに、華々しく船出した。今回の日興の資金は、投資ファンドではなく、ブラックストーン本体に投じられた。半年前にワッサースタイン・ペレラが野村證券と合意したケースと同じように、日興證券は株式の二〇%と引き換えに一億ドルを出資したのだ。だがシュワルツマンは相手先から、テニス仲間で良きライバルのワッサースタインよりさらに有利な条件を引き出した。

「ブルースが野村と契約をまとめた後、日興證券に足を運び、『私もあと一億ドル欲しい』と言ったんだ。それもブラックストーンのM&Aアドバイザリー部門と合弁会社を設立するという形でね」とシュワルツマンは語る。[12] シュワルツマンは日興をはじめとする日本の証券会社が、どれほどM&A事業に参入したがっているか、またその最良の手段は業界で顔の利くアメリカ企業と組むことだというのを見抜いていた。

日興は当初は抵抗したものの、最終的にはシュワルツマンの条件を呑んだ。野村とワッサースタイン・ペレラの先例にならってブラックストーン本体（およびその全事業）の株式の二〇％を得るのではなく、[13]ブラックストーンのM＆Aアドバイザリー事業の利益の二〇％を七年間にわたって受け取ることにしたのだ。さらに日興は、ブラックストーンが出資した一億ドルを運用して得た利益の二〇％も受け取ることになった。契約満了時の一九九五年の段階でブラックストーンか日興のいずれかが出資を打ち切りたいと思った場合には、ブラックストーンは一億ドルを未払い利益とともに返還することになっていた。

日興にとり、この契約は非常に魅力的なものだった。企業合併は一九八七年の一時的な落ち込みの後、見事に回復しており、一九八八年にはM＆A事業は二九〇〇万ドルの手数料収入をもたらすブラックストーンの収益柱となっていた。[14]日本の企業や銀行はアメリカの企業や不動産を買い漁っており、ブラックストーンはピーターソンの日本企業人脈を生かし、実入りの良い契約をいくつも獲得していた。そこにはその年最大の案件二つが含まれている。ソニーによるCBSレコードの買収と、ブリヂストンによるファイアストンの買収だ。日興はピーターソンの日本経営者との人脈をテコに、国際的な買収市場でのシェア拡大をもくろんでいた。

ブラックストーンは新たに獲得した日興の資金を、トップクラスの人材採用など事業拡大の原資に充てたり、不時の際の予備資金としておくこともできたはずだ。だがシュワルツマンは採用を増やすつもりはなく、またより短いタイムスパンで物事を考えていた。

一九八九年初頭、日興がブラックストーンに資金を送ってからほどなくして、シュワルツマンは日興はもちろん、ブラックストーンとそのパートナーにも多額の配当をもたらす運用方法を思いついた（その時点で、重い負担だったシェアソンへの利益配分契約は終了していた。このためブラックストーンのM&A手数料収入は、日興とブラックストーンの出資者だけのものだった。さらに日興への配分は、M&A収入からファンド出資者への配当を含む経費を差し引いた金額から支払われることになっていた）。

シュワルツマンは日興の資金の半分を、買収対象企業の株を使ったアービトラージ（裁定取引）に投じることにした。裁定取引とは、発表されたもののまだ完了していない買収や合併案件について、その可能性やタイミングを読むことだ。通常、買収の対象となった銘柄は提示価格を下回る価格で取引される。取引が実現しないリスクのほか、実現しても株主がしばらくの間は利益を確定できないリスクを織り込んでいる。取引がうまくいかなければ株価は暴落する可能性はあるが、大手証券会社の多くは買収企業株の裁定取引に数千万ドルを投じ、買収ブームが盛り上がった一九八〇年代には多額の利益を稼いでいた。

八九年三月、シュワルツマンはベテラン・アービトラージャーのブライアン・マクベイを部下とともにドレクセルから引き抜いた。マクベイの経歴には傷があった[15]。スミス・バーニー・ハリス・アップハムは、一九八七年一〇月のブラックマンデーで多額の損失を出したマクベイとそのチームを解雇していたのだ。それでも全体としてみれば、マクベイの実績はきわだっていた。一九八三年二月から一九八七年九月まではスミス・バーニーで、そして一九八八年五月から一九八九年三月まではドレクセルで、マクベイ率いるアービトラージ・ファンドは平均して年率三九％のリターンをあげていた。

ブラックストーンはマクベイと合弁会社を立ち上げた。ラリー・フィンクと債券投資のグループ会社を立ち上げたのと同じような仕組みだ。マクベイと部下たちは、新会社ブラックストーン・キャピタル・アービトラージの株式の五〇％を割り当てられ、日興の出資のうち五〇〇〇万ドルの運用を任された。

アービトラージに参戦するタイミングとしては最悪だった。景気はちょうど減速をはじめ、企業買収にはブレーキがかかった。一九八九年一〇月までに、LBOをはじめとする企業買収はほとんど停止してしまった。M&Aブームへの弔鐘となったのは、同月にユナイテッド航空の親会社UALで計画されていた、六八億ドルのエンプロイー・バイアウト（EBO、従業員による買収）が頓挫したことだ。UAL株が二九四ドルの高値から一三〇ドルに急落したことで、同社株を大量に買い集めていたマクベイのグループは多額の損失を被った。他の保有銘柄もそろって暴落した。アービトラージ会社の損失は運用額の八％にも上った。

シュワルツマンの対応は迅速かつ手厳しいものだった。[16] マクベイがブラックストーン・グループ入りしたわずか一〇カ月後、彼のチームは解雇され、ブラックストーン・キャピタル・アービトラージは廃業となった。五〇〇〇万ドルの元手のうち、残った四六〇〇万ドルはきわめつきの安全資産――譲渡性預金（CD）に振り向けられた。

その年の一〇月、アービトラージで莫大な損失を被ったのはブラックストーンだけではない。トレーダーを解雇したり、アービトラージ部門を廃業したのも同社だけではない。買収市場が完全に干上がった一九八九年冬には、ウォール街の一流アービトラージャーですら失業した。だが会社を追われる際に、マクベイほど激しく罵倒された者はいなかったと見てまちがいないだろう。[17] シュワルツマンから見れば、マクベイはウィノグラッドと同じように回避可能なヘマを犯し、ブラックストーンに莫大な損失を負わせたのだ。シュワルツマンの世界観において、それ以上の罪はなかった。

ウィノグラッドとマクベイは、一九八九年から九一年にかけて採用され、クビになったパートナーや一般社員のごく一部にすぎない。[18] ブラックストーンがファースト・ボストン、シェアソン、モルガン・スタンレーから引き抜いた名うてのインベストメント・バンカーは、景気が冷え込む中で満足に仕事をとってこないという理由で、軒並み一年も経たずに解雇された。

犠牲者の中で最も有名なのがリチャード・ラビッチだ。ニューヨーク都市交通局の会長だった一九八〇年代半ばに、見捨てられたも同然だったニューヨークの地下鉄システムを復活させたことで有名な経営者（公務員）である。一九七〇年代にニューヨーク市を破産の危機から救ったラザール銀行のフェリックス・ロハティンと同じように、ラビッチも非の打ちどころのない実績を誇るニューヨークの伝説的経営者だった（二〇〇九年には政治家以外が就くことがきわめて珍しい、ニューヨーク州副知事に任命されている）。

だがラビッチの才能も、ディール至上主義で極度のプレッシャーに満ちたブラックストーンには合わなかったようだ。「傑出した経営者だったが、ディールの才能はなかった」と元パートナーは語る。[19]

解雇された者がみな、「即刻クビ！」と言い渡されたわけではない。失敗した者のなかには、ひっそりと辞職に追い込まれた者もいれば、自分から辞めた者もいた。正式な解雇通告を受ける前に、ピーターソンとシュワルツマンが君臨していた三一階から、貧相な三〇階に追いやられた者もいる。三〇階への移動には、非常に象徴的な意味があった。周囲をぐるりとパートナーの個室に囲まれた三一階こそ、権力と活気の中心だった。閑散とした三〇階には経理や人事部門、そして書類の保管庫しかなかった。何人かが三〇階送りになったことを受け、このフロアは会社を去る者が待機する出発ロビー、もしくは死刑囚の監房のように見られるようになった。一般社員は冗談まじりにアロハ部屋と呼んでいた。[20]

「スティーブはとにかく厳しいトップだった」。旅行・不動産コングロマリット、センダント・コーポレーション元CEOで、大富豪投資家でもあるヘンリー・シルバーマンは語る。[21] 彼は一九九〇年から九二年までブラックストーンのパートナーだった。「あるとき部下と会議室でディールを検討していたらスティーブが入ってきて、『忘れるなよ、オレは損をするのが嫌いなんだ！』と言うんだ。彼がそういうのを聞いたのは一度や二度ではない。自分が損失を気にしない奇特な人種ではないのだと、周囲に言いまわらずにはいられないんだ」

ウィノグラッドの突然の解雇によって全社に明確な警告が発せられたことに加えて、エッジコムの失敗はもう一つ、それも有意義な副産物をもたらした。[22] 今度深刻な失敗をすればブラックストーンに決定的な傷がつくどころか、会社自体が潰れるかもしれないと考えたシュワルツマンは、投資案件の評価方法に明確なルールを設けることにした。それ以降、案件を提案するパートナーは、調査を尽くした十分説得力のある提案書を作成し、全パートナーと共有することを義務付けられた。依然として最終決定者はシュワルツマンだが、彼が決断を下す前に、あらゆる案件のあらゆるリスクが徹底的に検討されることになった。

「みんなが私のデスクにやってきてディールを売り込んだり、廊下で耳打ちしてくるのはうんざりだった。あらゆる投資案件が全パートナーによって複数回の審査を受けるようになった」とシュワルツマンは語る。「提案の欠点を探したり、リスクを指摘するのがパートナーの仕事になった。それに対してだれかがムッとしたり、自己弁護をする必要はない。個人攻撃ではないのだからね。自分のディールが批判されているのではなく、会社のディールが批判されているのだということ、このプロセスは会社を守るためのものだということを全員が理解する必要があった。エッジコムの問題がなかったら、今でもみんなが私のオフィスの前に行列していただろう」

新しいプロセスが導入された後も、ブラックストーンの投資ミスがなくなったわけではないが、シュワルツマンはミスの発生率は抑えることができたと考えている。また正式な検討プロセスができたことで、投資判断はパートナーの共同責任になった。つまり、たとえディールがうまくいかなくても、個々のパートナーが責任を負わされること——そしてシュワルツマンの怒りを買うこと——はなくなった。

第7章

スティーブ・シュワルツマン・ショー

ブラックストーンの誕生から丸四年も経たない一九八九年の段階で、社内における絶対的リーダーとしてのシュワルツマンの地位は盤石になっていた。ブラックストーンの立ち上げにおいて、まちがいなくシュワルツマン以上の貢献をしたピーターソンは、顧客を接待し、ディールのきっかけをつかむ役回りに徹した。実際、創業初期のブラックストーンで最も利益をあげた案件のいくつかは、ピーターソンの企業経営者との人脈がもたらしたものであり、M&A事業でも多くの収入を確保していた。

新会社が投資の失敗と信用市場の減速によって試練に直面していた一九八九年、ピーターソンはまたしてもソニーの盛田昭夫とのパイプをテコに、最高のM&A契約をモノにした。五〇億ドルでコロンビア・ピクチャーズ・エンターテイメントを買収するソニーのアドバイザーとして、九九〇万ドルの業務報酬を獲得したのだ。

とはいえ、採用、解雇、二人の創業者が描いた事業計画の執行、LBO案件の選別やエッジコムの敗戦処理といった、日々の細々とした業務の大半をこなしたのはシュワルツマンだった。

一九八〇年代が終わるころには、ピーターソンは大局的なテーマに関する評論家兼作家として、二足のわらじを履いていた。こうした変化は、シュワルツマンともども当初から予定していたものだという。「創業初期には資金調達、顧客や人材の獲得などにおいて猛烈に働いた。だがCEOとして事業を回していたのはスティーブだ。私はすでにベル&ハウエルとリーマンでCEOを務めた経験があり、スティーブならやれるという確信があった。主要な経営判断においてはスティーブと同等の権限があったし、事業について不安に感じることがあれば直接彼にそう伝えた。後からとやかく言うのは嫌だったからね」[1]

『ニューヨーク・タイムズ』や『ニューヨーク・レビュー・オブ・ブックス』への寄稿、そしてナショナルマガジン賞を受賞した『アトランティック』誌一九八七年一〇月号の記事[2]などをはじめ、ピーターソンは連邦政府の浪費ぶりと、海外投資家への国債販売への依存を激しく批判するようになった。主張の要旨は、連邦政府の債務拡大は確実にアメリカの国際競争力の低下につながる、というものだった。

メディアはピーターソンの政治的主張と経済人としての活動の矛盾を見逃さなかった。『ニューズデイ』紙のコラムニスト、アラン・スローンは「ピーターソン氏とストックマン氏が政府の債務拡大や企業の過剰な借り入れを批判しているのと、エッジコムは過剰債務が原因で躓いたという事実はつじつまが合わない」と指摘した。[3]『バロンズ』誌のある記事はピーターソンをキャデラックに乗ったカサンドラと揶揄し、「評論家の多くに言えることだが、ピーターソン氏の忠告は本人の行動と噛み合わないこともある」と述べた[4]（ピーターソン自身は政府の債務はLBOの債務とは違う、と説明する。政府の債務は簿外債務であり、架空の信託ファンドを経由するような形で行われている。さらにそれを支払うはずの国民は、債務の規模や影響をまったく理解していない。一方、LBOの債務はデータやリスクとリターンの分析能力の高い、金融知識の豊富な当事者の間で行われている、というのがその理由だ)。

ブラックストーンでの仕事中に、ピーターソンの意識がこうした社会的問題に飛んでしまうことも珍しくなかった。投資委員会や経営委員会の会議中に、次の講演や書籍のためのメモを黄色いレポート用紙に猛烈に書きなぐっている姿も見られた。(5) それでも彼の頭脳は、同時に二つ以上の難しい問題を処理することもできた。一九八九年から九六年までブラックストーンに籍を置き、その後ライバルのカーライル・グループに移ったジョナサン・コルビーは、ピーターソンとの最初の面接をその例に挙げる。当初、ピーターソンのオフィスで始まった面接は、その後ピーターソンが講演することになっていたイベント会場に向かう車の中に移った。「ピーターソンは私が話をする間中、ずっとスピーチの原稿をレポート用紙に書いていた」とコルビーは語る。その晩、コルビーはブラックストーンの本社でシュワルツマンと会った。「スティーブから『ピートとの面接はどうだった?』と聞かれたので、『僕の話など一言も聞いていなかったと思う』と答えたんだ。するとスティーブがピートの自宅に電話をかけ、僕の話した内容を尋ねたんだ。ピートはすべて覚えていたよ。それも一語一句完璧にね」

ピーターソンが中間管理職や一般社員との無駄話に時間を割くようなことはほとんどなかった。(6) シュワルツマンとはほぼ毎日、言葉を交わす機会のあったある社員は、ピーターソンは近寄りがたく、一度たりともきちんと話をしたことがないと語る。ピーターソンが有名人と並んでエレベーターまで歩いて行く姿を覚えている元社員は多い。そこには、たびたび一緒に昼食をとりにきたヘンリー・キッシンジャーなどが含まれている。対照的にシュワルツマンが、自ら主催する派手なクリスマスパーティにサンタクロースの扮装で現れ、男性社員にはエルメスのネクタイ、女性社員にはエルメスのスカーフを配って歩く姿を覚えている者も多い。

あるときには、パーティのためにヘリポート付きの船をチャーターし、マンハッタン沖をクルーズしたこともある。当時二〇代だった元社員は、ピーターソンは三〇歳以下の人々と話すのを明らかに嫌がっている様子だった、と語る。「ピートが若手社員と話したくないから、さっさと逃げ出せるようにヘリポート付きの船を借りたんだと、みんなで冗談を言っていた」

そうした事情はあるにせよ、ピーターソンの価値観は常に会社のあり方を決定づける要因でありつづけた、と古参社員は語る。「ピーターソンは投資委員会や経営委員会での活動によって、九〇年代を通じて会社に日々影響力を及ぼしつづけた」とパートナーのローレンス・ガフィーは語る。(7) ガフィーはピーターソンを「会社にとっての羅針盤だった」と評する。

だが会社の取り組むべき課題を決めるのはシュワルツマンであり、彼をお高くとまっているとか、社員と距離を置いていると見る者は一人もいなかった。経営者としてのシュワルツマンは、徹底した管理主義者だった。

シュワルツマンの野心家ぶりは、フィラデルフィア郊外のペンシルベニア州ハンチントン・バレーで過ごした子ども時代から顕著だった。二〇〇八年の雑誌記事には、それを窺わせるエピソードが紹介されている。(8) シュワルツマンは記事の中で、ティーンエイジャーだったころ、父親に家業の家庭用品とリネン類を販売する店を、チェーン展開すべきだと訴えたと語っている。父親は事業は今のままで順調で、変えるつもりはない、と反論した。だが若きシュワルツマンは納得せず、父親を突き上げつづけた。

「全国展開できる業種だと思ったんだ。その後ベッド・バス＆ビヨンドがどれほど成長したかを思えば、あながちまちがってはいなかった」とシュワルツマンは語る。(9) 「だが父はそんなことにはまったく興味がなかった。非常に聡明な男だったが、野心がなかったんだ」

学生生活においては、シュワルツマンの競争心は主にスポーツで発揮された。「ヤツは本当に飛ぶように走ったよ!」。ハンチントン中学校で短距離選手としてシュワルツマンと競い合い、今も友人であるボビー・ブライアントは話す。[10]「中学時代のスティーブの一〇〇ヤード走の自己ベストは、アメリカの中学生の最高記録と〇・二秒しか違わなかった。僕らのリレーチームのアンカーだった。背は低かったが、ジャンプしてバスケットゴールの縁をつかむこともできたんだ」

アビントン高校時代のシュワルツマンは学業成績も優秀で、一九六五年にはイェール大学に合格し、社会科学を専攻した。イェール大学時代のクラスメートで、現在は投資銀行ラザールの副会長を務めるジェフリー・ローゼンは、大学時代のシュワルツマンの成績は立派で、AとBしかなかったと話す。[11]「競争心の旺盛な熱心なスポーツ選手だった。住んでいたダベンポートカレッジの広大な屋内コートで、よくタッチフットボールやサッカーをしていた」

相当の色男でもあった。当時のイェール大が男子校であったことを思えば、なかなかの偉業である。シュワルツマンはダベンポートカレッジの学長で、著名な物理学者であったホレス・タフトと、その妻でバレエ好きのメリー・ジェーンと親しくなった。シュワルツマンにダンス熱を芽生えさせたのは、メリー・ジェーンだ。大学三年のときには、シュワルツマンは「ダベンポート・ダンス・ソサエティ」というダンスサークルを立ち上げ、メンバー向けにジョージ・バランシン率いるニューヨーク・シティ・バレエ団のリンカーンセンターでの舞台稽古を見学する機会まで設けている。三年生の終わりにはダンス・フェスティバルを主催し、近隣の女子大の生徒たちがパフォーマンスを披露した。ローゼンはシュワルツマンがダンスサークルを立ち上げた動機の一つは、女子学生と会うためだと考えていたが、いずれにせよイベントは大成功を収めた。

イェール大学の四年生が組織する、エリートだけの秘密結社「スカル&ボーンズ」からも声がかかった。出身者にはブッシュ大統領親子も含まれている（ジョージ・W・ブッシュはシュワルツマンが加わる前年の一九六八年にスカル&ボーンズ入りしている。二人は顔見知りだったが、親しくはなかったとシュワルツマンは語る）。

大学を卒業し、親からの援助もなくなった一九六九年六月、シュワルツマンはウォール街で運だめしをすることにした[12]。大学の入学審査事務局のスタッフからの紹介で、投資銀行のドナルドソン・ラフキン&ジェンレット（DLJ）に職を得た。だがこの駆け出しバンカーの生活には華やかさのかけらもなかった。ごく普通の庶民として倹約するため、うらぶれた地区の小さなアパートを月契約で借りた。最初の物件は、ローワー・イースト・サイドのエレベーターのない四階建てのアパートで、隣には一九七〇年代に人気テレビシリーズ「コジャック」の第一シリーズが撮影された警察署があった。帰宅して電気を点けると、驚いたゴキブリが走りまわった。二番目に借りたのは、二番街と四九丁目の交差点に立つアパートで、一階にはブラインド会社が入居していた。部屋が一つとわずかばかりのスペースだけで、台所はなく、廊下の端に共同のトイレとシャワーがあった。

名門イェールでの大学時代と比べると、住環境はもちろん、DLJで与えられた仕事もみじめなものだった。シュワルツマンのエネルギーや聡明さも、金融に関する知識のなさを補うには力不足だった。イェールで心理学、社会学、人類学を勉強した彼にとり、ビジネスは未知の分野だった。「DLJでは個室と秘書をあてがわれたが、民間企業、それもDLJのようなテンポのはやい企業や証券業界で働く準備などまったくできていなかった。会計知識はゼロで、普通株が何かってことすら知らなかったんだ」

シュワルツマンはDLJ時代を「ひどくつらい経験」と語る。それでも才能の萌芽は感じさせたようで、退社時にはDLJのシニアパートナーのウィリアム（ビル）・ドナルドソンと昼食をともにする機会を与えられている。「なぜ自分にランチをごちそうしてくれたのか、私の採用を決めたのが彼だったということ以外に、まったく理由がわからない」とシュワルツマンは話す。「彼に直接、なぜ私を採用したのかと聞いたんだ。というのも私から見れば、私は会社になんの付加価値ももたらしていなかったからね」。シュワルツマンによると、ドナルドソンはこう答えたという。「私は自分の直感に基づいてだれに賭けるかを決めるんだが、直感で君はいつかDLJの社長になると思ったんだよ」（ドナルドソンには昼食自体の記憶も、そんな発言をした覚えもないが、シュワルツマンは仕事熱心で有望な若者だったと語る[13]）

シュワルツマンはハーバード・ビジネススクール（経営大学院）に合格し、一九七二年にMBA（経営学修士号）を取得した。卒業すると、リーマン・ブラザーズとモルガン・スタンレーから仕事のオファーを受けた。当時のウォール街は、まだ民族的に分断されていた。WASPの会社であるモルガン・スタンレーとファースト・ボストン、カトリック信者の多いメリルリンチ、そしてユダヤ系の名門であるリーマン、ゴールドマン、そしてソロモン・ブラザーズである。

こうした垣根は一九七〇年代の後半には崩れはじめるが、シュワルツマンはモルガン・スタンレーからオファーを受けたユダヤ人は自分でわずか三人目だと話す。モルガンの社長ロバート・H・B・ボールドウィンはシュワルツマンにオファーを出す際、「君の性格を会社に合うように変えること」という条件を付けた[14]。シュワルツマンはその気はないと答え、リーマンを選んだ。ブラックストーンの立役者となったスティーブ・シュワルツマンには、若かりし日の活力や才能がそのまま残っていた。とはいえ、彼には自己矛盾するような資質もあった。

ブラックストーンの創業当初、シュワルツマンは疲れを知らずに働いた。一日一四時間働く彼の頭の中は、創業間もない会社をどうやって強くするかでいっぱいだった。部下や取引先のバンカーには昼夜を問わず、意見を求める電話がかかってきた。「スティーブは土曜の朝によく電話をしてきて、これについてどう思う、あれについてはどうかと質問を浴びせてきた。私のほうから電話をすることもあった」とケミカルバンクの融資責任者だったジミー・リーは振り返る。[15]「彼は彼の事業を、私は私の事業を立ち上げようとしていた。我々は互いに強め合っていたんだ」

一九八九年から二〇〇四年までブラックストーンで働いていた元パートナーのブレット・パールマンは若手社員だったころ、自分が前の晩に提出した書類に関して、シュワルツマンが朝の五時半にボイスメールを残していたことを覚えている。[16]そうしたボイスメールは、シュワルツマンの仕事への没頭ぶりと、仕事への厳しさを雄弁に物語っていた。「スティーブは他人以上に自分に対して厳しかった」とパールマンは語る。

一方、こうした向上心や意欲が、ある欠点を生む原因となったと見る者は多い。カネが成功の指標となるウォール街では、デイトナ・カーレースの排ガスよろしく、欲望はあふれている。そんな基準に照らしても、シュワルツマンは強欲と見られていた。「一緒に働いていたときのスティーブは、とにかく欲が深かった」と元パートナーは語る。[17]「だが彼はそれを隠そうともしなかった。いつも率直で、彼の言葉に偽りはなかった。欲深な人々はたいてい不正直で、それを隠そうとする。相手と抱擁を交わしながら、こっそりポケットの中を探るようなものさ。だがスティーブは面と向かって『お前の財布をいただくぞ』と言うタイプだった」。[18]あるバンカーは、ブラックストーンのパートナーにシュワルツマンの運動神経について聞いたことがある。「『スティーブはバスケットがうまくて、ジャンプ力がすごいらしいね』と聞いたんだ。すると相手は言ったよ。『そうだな。ゴールにカネの詰まったカバンでも置いておけばね』って」

金持ちになるにつれて、シュワルツマンの金満ぶりは他の金融マンにとってさえ目に余るようになった。あるプライベート・エクイティ会社のトップは一九九〇年代に、カリブ海のセントバーツで白い砂浜を子どもと一緒に歩いていたときのことを覚えている。[19] 突然巨大なヨットが現れ、いかりを下ろした。そして二人の乗務員がそれぞれジェットスキーに乗って、大きな荷物をビーチに運んできた。荷物の中からは折りたたみ式のテーブルに椅子、特大のビーチパラソル、食器、ワインクーラーにおしゃれな食事が現れた。セッティングを終えると、乗務員は再びジェットスキーに乗り込んでヨットへ向かうと、今度はすらりとした目を見張るような美女と、背の低い男を運んできた。こんなふざけたことをするのはどこのどいつだ、と顔を見ると、シュワルツマンと妻だったという。「私が汗だくになって子どもと遊んでいるところに、シュワルツマンがヨットで登場して優雅にランチを楽しむというんだからね。自分が貧しいというつもりはないが、あのときばかりは革命を起こしたいと思ったよ」

優しい面もあった。エッジコムの大失敗をめぐって、スティーブン・ウィノグラッドをブラックストーンから追い出した張本人が、ハワード・リプソン、デビッド・ブリッツァー、ジェームズ・モスマンといった若手社員とは温かい関係を築き、彼らの才能を開花させた。部下の結婚記念日や誕生日もきちんと覚えていた。[20]「個人的に辛いことがあると、きまってスティーブが電話をくれた。彼は本当にそういう心遣いがうまいんだ」とリプソンは語る。

情け深いところもある。友人で元リーマンのパートナーだったスティーブン・フェンスターが末期の膵臓がんに倒れた際には、最高の治療を受けられるように取り計らった。[21] フェンスターが亡くなると、もう一人のリーマン出身者であるアラン・カプランと一緒に、ハーバード・ビジネススクールにフェンスターの名を冠した教授職を設けるための基金を設立した。

尊大な態度を取ることもなかった。たとえば積極的に若手アナリストや部下とかかわり、彼らの意見を求めた。元パートナーのブレット・パールマンはブラックストーンでの新人時代を振り返り、投資委員会の前の晩にはよくシュワルツマンから議題となる案件について意見を聞かれた、と語る。[22]「若手社員に対して、いつもそうしていた。自分とは違ったモノの見方を知ることの必要性をわきまえていたんだ」

一九九〇年代初頭に初めてシュワルツマンと出会ったある投資家は、野心家ぞろいのLBO業界の中でも、シュワルツマンは早くから際立っていた、と語る。「コイツはなんて生き生きしているんだろう、と思ったよ。なんてこった、体中からエネルギーがあふれていて、他人とは違ったモノの見方や意見を持っている、とね」。年金基金をはじめとする機関投資家にアドバイスをするハミルトン・レーンのマリオ・ジャンニーニは振り返る。[23]「こいつはいったい何者だ？と思った。自信と謙虚さが奇妙に同居していて、当時のLBO業界にそういう人間は少なかった。めったにお目にかからないような自分を卑下するような語り口で、拍子抜けするほどだった。それでも彼の話を聞いていると、どれだけ優秀かがよくわかった」

あるプライベート・エクイティ会社のトップは、シュワルツマンの口にはフィ、ル、タ、ー、がかかっていない、と評する。[24]情熱的でおおらかだが、ときとしてあまりにもずうずうしく、異常なほど無神経なこともある。このため彼の態度は状況次第で、魅力的でもあり、不愉快でもあった。「スティーブにはわんぱくな子どものような魅力があった」とこの人物は語る。シュワルツマンと親しい友人やパートナーですら、ときおりその口から飛び出す不用意な発言に目を丸くすることも少なくなかった。

社内ではシュワルツマンがボスであることに疑問の余地はなかったが、上から意見を押し付けるようなところはなかった。「スティーブはルールを決めて『こうすべきだ』と言うタイプではない」と元パートナーのサイモン・ロナガンは語る。[25]社内を支配するつもりはなく、判断を下す前に様々な意見を聞きたがった。

とはいえ、傲慢さがうっかり表に出ることも多かった。一九九〇年代には『ウォール・ストリート・ジャーナル』の記者との取材で、ブラックストーンが成功したのは「金融に関する事柄を、バカでもわかるように説明できる自分の才能」のおかげだと言い切った(26)。また相手のいないところで、同業者をはじめ他人の悪口を言う傾向もあった。自慢せずにはいられない性分——スカル&ボーンズに初めて入会を許されたユダヤ人であったことや、企業の入札で初めて参加者の提示額を明らかにしないシールド・ビッドを考案したバンカーであることなど——は、周囲の不興を買った。

バンカーとして、また経営者として優秀であったにもかかわらず、CEOになって何年経っても奇妙に鈍感で不用意な発言をすることがあった。二〇〇八年春にフロリダで開いたブラックストーンの出資者向けの年次総会では、計画していた住宅ローン会社PHHモーゲージのLBOが不首尾に終わった原因を説明している際に、大変な失言をした(27)。「サブプライム危機の最中に住宅ローン会社を買おうとするのは、原子爆弾が投下された長崎でそば屋を開くようなものです。後にはそばどころか、人間さえ残らない。この案件で我々の身に起きたのは、まさにそのようなことです」。原爆を揶揄するような発言はすぐにメディアに漏れ伝わった。カーライルやテキサス・パシフィック・グループ(TPG)の後を追って、アジアでの活動を広げようとしていたブラックストーンにとっては最悪のタイミングだった。その場に居合わせたある出資者は「シュワルツマンは思いつきで不用意な発言をすることが多い」と語る(28)。

ブラックストーンが成長し、株式を公開するなかで、周囲からどう見られているかに関するシュワルツマンの鈍感さは、会社にとって深刻な弱点となった。

第8章

一時代の終焉、そしてイメージ問題の始まり

一九八八年に盛り上がった合併ブームは、八九年初頭にはさらに過熱し、ブラックストーンのM&A部門を大いに潤した。その年には総額八〇億ドルの買収案件をアドバイスし、ソニー、ペプシコ、フランスのコンピューター・メーカーのブル、バリティ・コープなどの顧客企業から巨額の報酬を稼いだ。さらにブラックストーンはタブロイド紙『ナショナル・エンクワイアラー』の買い手探しも任された。

もう一つ、巨額の手数料収入を稼いでいたのが、創業からわずか数カ月で黒字化した、ラリー・フィンク率いる債券投資会社ブラックストーン・フィナンシャル・マネジメントである。(1) フィンクが実際に使ったのは、ブラックストーンが合弁会社の設立時に用意した五〇〇万ドルのクレジットラインのうちわずか一五万ドルで、それもすぐに返済した。一九八九年末には、フィンクは社外の投資家から集めた二七億ドルの資金を運用していた。一年半前に集めた五億八五〇〇万ドルの実に四倍である。その年、フィンクの

チームは一億三四〇〇万ドルの管理報酬を稼ぎ、経費を差し引いた純利益は三九〇万ドルとなった。ブラックストーンの経営陣は、まさに金脈を掘り当てたといえよう。ほとんどカネも出さずに、有望な投資会社の株式の四〇%を手に入れたのだから。

だが八〇年代の末には、景気の悪化や、それがLBO業界に及ぼす影響への不安が高まっていた。一九八九年の初秋には、LBOを終えたばかりの企業の多くが大量の債務の重みに耐えかねて倒れるのではないかという懸念が浮上した。年末に近づくにつれてパニックに陥った銀行業界は、LBOに対する新規融資を一切打ち切った。

経済的混乱の嵐は、早々とブラックストーンを襲った。それによって買収した繊維とDIY事業のコングロマリット、ウィッキーズの財政が一段と逼迫したほか、エッジコムやアービトラージ事業の破綻の原因にもなった。市場の雰囲気が急転したことによって、ブラックストーンはこの年、四つ目の苦難に直面した。地域鉄道会社のシカゴ&ノースウェスタン（CNW）を一六億ドルで買収するという案件が潰れかけたのだ。それに伴いこの案件の最大の融資者で、シュワルツマンの最初の勤務先であったドナルドソン・ラフキン&ジェンレット（DLJ）は破綻しかけた。

トランスターと同じように、CNWでもブラックストーンは敵対的買収の危機にさらされていた経営陣の味方、すなわちホワイトナイトの立場にあった。一九八九年四月、ドレクセルの支援を受けた乗っ取り屋のジャポニカ・パートナーズが、CNWの親会社で上場企業のCNWコーポレーションの株式を公開市場で九%買い占めた後、敵対的買収を仕掛けてきたのだ。ジャポニカの動きを察知したCNWのCEOロバート・シュミージ[2]は、経営陣に友好的な投資家を探し、ジャポニカの一株四四ドルという提案に対抗できるか探った。ブラックストーンとDLJが興味を示し、シュミージの提案で両者合同でオファーをすることになった。

その直後、三番目の共同出資者候補が現れた。アメリカ第三位の鉄道会社ユニオン・パシフィック・レイルロード（UP）である。UPの路線は西海岸からネブラスカ州オマハまでで止まっており、同社はオマハからアメリカ鉄道網のハブであり、東部の路線と接続できるシカゴまでの路線を持つCNWを長年手に入れたがっていた。UP会長で、レーガン政権の運輸長官も務めたドリュー・ルイスはピーターソンの旧友であったため、ピーターソンに電話をかけてきて、UPも一枚噛みたいと申し出た(3)。

CNWの最終的なオーナーに最もふさわしいのは明らかにUPだったが、連邦政府の規制で、当局の承認を受けずにCNW株の二五％以上は買収できないことになっていた。承認が下りるまでには何年もかかる可能性があった。UPは東海岸への貨物輸送で協力関係にあるCNWがジャポニカの手中に落ちることを極度に恐れていた。乗っ取り屋が維持費を削り、サービスの質を落とすことを懸念したためだ。連邦政府の鉄道会社に対する合併規制によって、UPがジャポニカを上回る買収提案をすることは禁止されていた。ブラックストーンのLBOに一枚噛むことは、UPにとって非常に好都合だった。

「ルイスに『CNWのオーナーになったら、何をするつもりだ』と尋ねた」とピーターソンは語る。ルイスはCNWの線路は長年改修されていないため、改修し、時速九〇キロくらいは出せるようにしたい、と答えた。「そこで線路への投資をLBOの条件に含めよう、ということになった」という。さらにルイスはCNWがUPに、世界有数の生産地であるワイオミング州パウダー・リバー盆地から、低硫黄炭を輸送するという非常に収益性の高い事業を売却することを求めた。「適正な買収価格を示してもらえれば、我々としては構わない、と言ったんだ」とピーターソンは語る。

ブラックストーン、DLJ、UPは共同で、CNW株を一株四五・五〇ドルで買収するという提案を出した。六月六日、ジャポニカは降りたが、買収合戦の間に株価が上がったことから相当な利益は確保した（乗っ取り屋の世界では、たとえ買収合戦に負けても勝負には勝てることの良い例だ）。一六億ドルという買収額は高価だった——CNWのキャッシュフローの八倍で、トランスターの買収の二倍だった——が、ブラックストーンのリスクは比較的低かった。ブラックストーンは株式の七二％を七五〇〇万ドルで取得、DLJのLBO部門が二四％を取得するために二五〇〇万ドルを支払った。UPは配当付きの優先株を取得するのに一億ドルを支払った。優先株の株価は普通株のように上がったり（また下がったり）はしないが、UPは五年後に優先株を二五％の普通株に転換できることになっていた。ケミカルバンクとDLJの投資銀行部門を中心とする銀行が、残る一四億ドルのほとんどを供給した。

六月二三日、ブラックストーンの四件目となるLBOは一段落した。

だが、それで終わりではなかった。三カ月後、悪夢が始まった。

その間、銀行や債券投資家の間で市場が過熱しているという懸念が深まり、投資家が安全資産に逃避しはじめるなか、ジャンク債の取引価格が下落した。その二〇年後の世界金融危機で起きたのとまさに同じように、信用市場は突然収縮した。借金が流行らなくなったどころではなく、資金を借りることはほとんど不可能になった。実際、LBO業界の台頭を可能にした資金調達装置そのものがエンストを起こし、それにつられてCNWのディール自体がご破算になりそうになった。問題となったのは、CNWが新規社債を発行できるまでの「つなぎ融資」として、DLJが提供した四億七五〇〇万ドルだった。

つなぎ融資はドレクセルのジャンク債の対抗商品として生み出されたものだった。通常、債券発行のプロセスは面倒で、何カ月もかかる場合もある。たとえば詳細な目論見書の作成や配布、買い手の募集などが必要になる。だがドレクセルはジャンク債の販売に熟練しており、彼らが「必要な額の債券の売却に十分自信がある」という口約束を与えるだけで、LBOにかかわる企業や他の銀行はディールを進めていた。他の銀行にはそうしたまねができなかったため、買収企業がすぐにディールをまとめることができるように短期のつなぎ融資を実施し、後から社債を発行して調達した資金で返済させていた。一九八八年には、DLJ、メリルリンチ、ファースト・ボストンがこうした形でドレクセルからLBO市場のパイを奪っていた。

だがつなぎ融資は銀行にとってリスクが大きかった。というのもディールが成立してから社債を販売するまでの間に、市場環境が変わったり、会社が躓いたりすれば、巨額の危うい融資債権を抱えたまま身動きできなくなるためだ。つなぎ融資の金利がジャンク債並みに高く、借り手が期限までに返済しなければ金利が懲罰的な水準まで上昇していくという特徴も、リスクをさらに高めていた。金利が徐々に上昇するのは、借り手が迅速にジャンク債を発行し、返済するよう仕向けるためで、実際一九八九年秋までは大手投資銀行が実施したつなぎ融資はすべて返済されていた。だがその秋、信用市場の空気が一変すると、高金利は銀行にとって不利に働くようになった。金利が高すぎて借り手はとても返済できなかったため、銀行はいずれデフォルト不可避と思われるような債権を抱え込むようになった。

つなぎ融資の危険性が顕在化したのはその年の九月から一〇月にかけてで、カナダの投資家で不動産開発も手掛けるロバート・カンポーが、前年にファースト・ボストンなど三行から借り入れた四億ドルのつなぎ融資の借り換えに窮したことがきっかけだった。この資金は、百貨店のブルーミングデール、アブラハム&ストラウス、フィリーンズ、ラザルス・ストアーズなどの親会社フェデレーテッド・デパートメント・ストアーズ買収のためのものだった。

一〇月三日にユナイテッド航空の六八億ドルのEBOが突然破談になると、LBO活動は全面的に停止し、カンポーはつなぎ融資を返済するための融資を獲得できず、フェデレーテッドは破産法の適用を申請した。ファースト・ボストンはその年、カンポーの案件を含む三件のつなぎ融資の失敗によって破綻寸前に追い込まれた。残る二件の一つは、レストランチェーン「ロング・ジョン・シルバーズ」の買収資金、もう一つはシーリーの親会社オハイオ・マットレス・カンパニーのLBO資金だった。オハイオ・マットレス問題にはすぐに〝ベッド炎上事件〟という呼び名がつき、カンポーの存在とともに買収業界の語り草となった。

DLJもまったく同じような苦境に陥った。一九八九年一〇月の第三週にCNWの新規社債を発行し、つなぎ融資を返済させるつもりだったが、(4)その前の週にユナイテッド航空事件が勃発し、市場に激震が走った。いまやDLJは、二件の巨大なつなぎ融資を抱えて身動きがとれなくなった。一つはCNWへの四億七五〇〇万ドルであり、もう一つはレストランチェーン「デニーズ」の親会社TWサービシーズへの五億ドルの融資である。その一部は他の金融機関が調達したものだったが、大半はDLJとその親会社であるエクイタブル・ライフが出したものだった。DLJの命運はいまや投資家がリスキーな会社への投資に及び腰になる中で、債券部門がCNWとTWサービシーズの社債を売り切れるかにかかっていた。

案の定、債券投資家はDLJとCNWが想定していたものをはるかに上回る金利を求めてきた。こうして一〇月半ばの風の吹きすさぶ朝、シュワルツマンはジャンク債の条件を詰めるため、ダウンタウンのワールド・トレード・センターの向かい側にあるDLJ本社に向かった。(5)

DLJ側の責任者は、LBO融資部門とジャンク債営業部門のトップを兼務するハミルトン(トニー)・ジェームズだった。三八歳のジェームズはいかなる場合も冷静沈着で、部下の多くはとびきり頭が切れると証言する。DLJのLBOとジャンク債部門を立ち上げたのに加えて、M&Aと企業再生部門のトップも兼ねていた。表向きは社内のナンバースリーということになっていたが、社内外では広く実質的なCE

Oと目されていた。この日の緊迫感あふれる対決こそ、のちにブラックストーンの社長兼COOとなるジェームズとシュワルツマンの初対面の場であった。

つなぎ融資を返済できなければ、DLJとブラックストーンはともに大打撃を被るはずだった。DLJは長期間保有するとは夢にも思わなかったような、きわめてリスクの高い融資債権を抱えることになる。またCNWは上昇を続ける金利負担に苦しみ、業績を圧迫される。それはブラックストーンの出した株主資本が目減りすることを意味した。

だがジェームズとシュワルツマンの考えていた解決策はまったく違った。DLJはなんとかつなぎ融資を回収することに必死であったため、債券投資家の求める条件なら何でも呑むつもりだった。対照的にブラックストーンは自らの出資を死守しようとしており、あまりにも高金利の社債によってCNWを危険にさらすのは避けたかった。

「DLJはバカバカしいほど縮みあがっていた。会議室には恐怖がみなぎっていた」とシュワルツマンは語る。激しい交渉の末、両者は妥協点を見いだし、ブラックストーンはすでに高水準の一四・五%という金利を、一四・七五%に引き上げるとともに、債券投資家にCNW株の一〇%を付与することに合意した。だがジェームズらDLJ側は、さらに債券投資家に有利な条件を追加するよう求めた。一年後、もしジャンク債の価値が低下していたら、金利を引き上げるという約束である。これはリセット条項と呼ばれ、ジャンク債市場の不安感が高まるなか、投資家は自らのリスクを抑えるためにリセット条項を強く求めるようになっていた。DLJはCNWのジャンク債の契約にそれを含めるよう主張した。

リセット条項付き社債は、変動金利型住宅ローンに似ている。だが変動金利型住宅ローンが通常、借入コストに関する幅広い指標に連動しているのとは異なり、リセット社債の金利は自らの市場価値の変化を反映する。たとえば投資家が額面一〇〇〇ドルで、毎年金利を一四七・五〇ドル（一四・七五％）支払う債券を買ったとする。一年後、会社自体が問題を抱えたり、世の中の金利水準が上昇したことで、債券の市場価値が九七〇ドルに低下したとする。価値が下落したということは、その時点で九七〇ドルでその債券を購入する投資家は、実質的に一五・二％の金利を受け取ることになる。

リセット条項は、債券の価値を額面価格に戻すためのものだ。そのためには会社は金利を三％高めて年一五二ドルとし、債券の市場価値を一〇〇〇ドルに戻さなければならない。そうすることで最初に債券を購入した人々の損失は消え、だれもが満足するというわけだ。

ＤＬＪがリセット条項を強硬に主張したのに対し、シュワルツマンはそれに猛反対した。債券の市場価値が額面価格の九〇％に低下し、金利が一六・四％に跳ね上がったら、いったいどうする？　市場はきまぐれなもので、シュワルツマンは無制限のリスクというものを絶対に受け入れなかった。「私は『絶対にリセットなどやらない。金利は初めからはっきりさせておく必要がある。景気が悪化したらどうする？　会社が破産するかもしれないぞ！』と言ったんだ」。そんな資金調達などありえない話だ。だがＤＬＪは「リセット条項をつけないのであれば、ディールはやらない」と言い張った。

最終的にシュワルツマンは、リセット後の金利に一五・五％という上限を設けることを条件に、リセット条項を付けることを受け入れた。議論の末、ジェームズも同意した。ＤＬＪ側は、ＣＮＷの金利負担が一五・五％になるほど債券価格が下落する可能性はきわめて低い、と主張した。だがシュワルツマンは、リセット期限間近に一時的に価格を引き下げ、変更後の金利が上限に達するように仕向ける輩が現れるかもしれない、と懸念していた。その時点で安値で債券を買えば、リセット後に大儲けができるというわけだ。

「私はこう言ったんだ。『どこかのトレーダーが、変更後の金利を上限にするための方法を絶対に探しだすさ。リセット後の金利は一五・五％になる。ポケットマネーを一〇万ドル賭けてもいいぜ』ってね。みんなびっくりして、静まりかえっていたよ。『一〇万ドルじゃ嫌か？　五万ならどうだ？』またしても沈黙さ。『二万五〇〇〇ならどうだ？』と言ったら、やっとトニー・ジェームズが五〇〇〇ドルで受けたよ」

ジェームズもこのやりとりを鮮明に覚えている。「長々と交渉した末の、最後の争点がこれだったんだ。スティーブがまったく譲らないから、私が『わかったよ、スティーブ、リセット金利が上限以下になるほうに五〇〇〇ドルかけるよ』と言ったんだ」（賭け金が一〇万ドルからスタートしたのか、と尋ねると、「それは私の記憶とは異なる」とジェームズは答えた）

リセット条項を付けてもCNWの社債をすべて売り切ることはできず、DLJはTWサービシーズの社債同様、その多くを抱え込むことになった。DLJの苦境が続くなか、社員の多くは年末のボーナスを現金で受け取るかわりに、売れ残った債券で受け取る羽目になった。それでも倒産は免れた。

リセット条項について言えば、シュワルツマンの予想は的中した。CNWの社債価格は急落し、金利は一五・五％に変更された。

「市況が悪化しつづけたので、スティーブが賭けに勝った」とジェームズは語る。「ご親切にも、カネはチャリティに使ってくれ、と言ってくれたがね」

信用市場の凍結と、カンポーとフェデレーテッドの窮状やユナイテッド航空の問題に続く混乱は、およそ二〇年後の世界金融危機を先取りするようなものだった。二〇〇七年のほうが一九九〇年代初頭と比べて、危機は長引き、またはるかに甚大な被害を及ぼした。二〇〇八年にベアー・スターンズやリーマン・

ブラザーズが破綻したのとは対照的に、一九九〇年代の危機では主要な商業銀行や投資銀行は一つも潰れなかった。だが根本的な原因は共通している――過剰債務である。いずれのケースでも、多くの融資会社が行き詰まり、プライベート・エクイティは過剰債務を抱えた買収先をなんとか存続させようと苦闘した。また二〇〇七年の危機と同じように、過剰なレバレッジに酔いしれた投資会社は酷い二日酔いに苦しむことになった。

フェデレーテッドとユナイテッド航空の問題が表面化して数カ月もしないうちに、史上最大のLBO――LBOというビジネスの象徴にもなった案件――が崩壊寸前に追い込まれた。

クッキーの「オレオ」、クラッカーの「リッツ」、タバコの「ウィンストン&セーラム」などのブランドを擁するタバコ・食品大手のRJRナビスコを標的とするKKRのLBOは、一九八〇年代後半の派手好みで強欲な精神を体現するものだ。ここにはあらゆる役者がそろっていた[6]――社用機を一〇機も持ち、社員に一五〇〇ドルもするグッチの腕時計を配り、会社が主催するゴルフコンペにはセレブを集めるような専制君主的なCEO、獲物を虎視眈々と狙うウォール街の獰猛なサメたち、分け前にあずかろうと群がってくるバンカーや弁護士などだ。強欲と行き過ぎと奢りのドラマであり、相当に滑稽でもあった。M&Aバンカーのブルース・ワッサースタインの言葉を借りれば、まさに企業買収版ローラー・ダービー（訳注：ローラースケートを履いてトラックで競技する、格闘技のようなチームスポーツ）だった。

ディールは一九八八年一〇月、RJRナビスコの利益が増えているにもかかわらず、株価がまったく動かないことに苛立ちを募らせたCEOのF・ロス・ジョンソンが、MBO（経営陣による買収）を企てたことをきっかけに始まった。シェアソン・リーマン・ハットンのピーター・コーエンの支援を受けたジョンソンは、取締役会から一株七五ドルでMBOを実施することへの承認を取り付けた。経営陣が資本を出し、残りは負債で賄うという計画だ。当時の株価を三分の一も上回る七五ドルという買値は、きわめて太っ腹な提案だったが、ジョンソンは株式市場では不人気の同社に高い価値を見いだしていた。そして適正な価格で買収できれば、事業を切り売りして会社の潜在的価値を実現することで、自分も協力する金融機関も大儲けができると踏んでいた。

コーエンにとってみれば、このディールはリーマン買収によって手に入れたM&A部門を活性化させる好機だった。だが間もなくジョンソンとコーエンは状況を、そしてジョンソンの会社をも制御できなくなった。KKRのヘンリー・クラビスとジョージ・ロバーツが、ジョンソンの見積もりは低すぎると考えたためだ。RJRを切り売りするならば、買値は一株一〇〇ドルでも見合うはずだという外部の試算に基づき、クラビスとロバーツはジョンソンを上回る買値を提示しても、RJRの切り売りとコスト削減によって利益を確保できるはずだと判断した。

KKRはジョンソンのパーティをぶちこわしにすることにした。ジョンソンとRJRの取締役会の頭越しに、株主に対して直接一株九〇ドルという買収提案を出したのである。

路地裏でのちょっとした小競り合いであったはずのものが、すぐにウォール街全体を巻き込む全面戦争に発展した。テッド・フォーストマンは仇敵のクラビスからRJRを守るため、ジョンソンの支援に名乗りをあげた。ウォール街の大半の銀行が、いずれかの側に資金協力を申し出た。六週間後に戦いが決着するころには、KKRは提示価格を一株一〇九ドルまで引き上げざるをえなくなり、RJR取締役会はジョンソンの一株一一二ドルの提案ではなく、KKRを選んだ。いずれの側も、株主への支払いは現金と約束手形（実質的には短期債）の組み合わせを提示していたが、KKRの手形のほうが好条件だったのだ。

それまでにジョンソンは、買収成立後にCEOを辞める場合に備えて法外な退職金を得られるように手をまわしていたことや、当初不当に安い価格で株主から会社を買おうとしたことなどで、世間の集中砲火を浴びていた。ウィナー・テーク・オール《勝者独り占め》のゲームが終わってみれば、ジョンソンは職なしとなり、大成功を夢見たシェアソンのコーエンは一九九〇年一月に会長を辞任した。

　この買収こそ、ＬＢＯの歴史にとって決定的な事件だった。買収合戦が始まった当初から、その本質は明らかだった――アメリカ産業界と、ウォール街の新興勢力との戦いである。「関係者によると、ＫＫＲのパートナーはそれぞれ毎年五〇〇〇万ドル近い報酬を受け取っている」。ＫＫＲの最初の提案が明らかになった直後、『ニューヨーク・タイムズ』はＫＫＲがベアトリス・フーズを買収して以降の数年間で二〇億ドルの利益を挙げたことを念頭に、こう指摘した[7]。

　長期的な観点からより重要なのは、ＲＪＲナビスコの戦いによって、ＫＫＲが乗っ取り屋と見られるようになったことだ。形式的にはＫＫＲが行ったのは敵対的買収ではない。ウォール街の定義では「敵対的買収」とは、売却を望んでいない会社に対して買収を仕掛けることを意味する。ＫＫＲがＲＪＲに買収提案をしたのは、ジョンソンの提案を受けてＲＪＲの取締役会が売却を検討しはじめた後だ。だが、そんなのは理屈にすぎない。重要なのは、ＫＫＲが経営陣に対抗して買収提案を出し、勝利したということだ。ＣＥＯは会社の支配権を奪われ、ＲＪＲでは事業の切り売りと猛烈なコストカットが始まることになった。世間一般から見れば、それは乗っ取り屋の所業と何ら変わらない。

　総額三一三億ドルというＲＪＲナビスコのＬＢＯは、圧倒的に史上最大のディールだった。二番目のディール――ＫＫＲ自身が一九八六年に実施した八七億ドルでのベアトリスの買収――の実に三倍以上である。だが最終的にＫＫＲは、キャッシュフローの一一倍という危険なほど高い価格を支払うことになった[8]。また買収の代償としてＲＪＲが背負うことになった複雑な契約の入り組んだ債務には、時限爆弾が仕組まれていた。六〇億ドルのリセット条項付き手形で、一九九一年二月には金利が変更されることになっていた。

一九八九年一〇月にシュワルツマンが警戒心を抱いたCNWの社債と同じように、RJRの手形も市場価値が額面価格を割り込めば、金利を引き上げなければならなかった。だがシュワルツマンの主張によって、金利に上限が設けられたCNWのケースと異なり、RJRのリセット条項付き手形では上限金利が決められていなかった。投資家が損失を被らないように、RJRは手形を額面価格に戻すのに必要なコストを、それがいくらであろうと負担しなければならないのだ。

投資家がリスクの高い金融商品から逃避する中、金利水準は上昇した。RJRの手形の価格は暴落し、一九九一年の見直し時には金利が一三・七一％から二五％に急騰する恐れも出てきた。それはRJRにとり、致命的な打撃になるはずだった。金利負担は年六億七〇〇〇万ドル増加し、それを払える見込みはまったくなかった。

一九九〇年春には状況は深刻さを増し、企業買収分野の大物弁護士であるマーチン・リプトンはヘンリー・クラビスに対し、RJRの選択肢は連邦破産法第一一条の適用申請しかない、と進言した。[9]「我々がそんなことはするものか」とクラビスは言い返した。もしRJRがデフォルトに陥れば、KKRは出資した一五億ドルを丸ごと失うことになる。七月、KKRは破産を防ぐための唯一の手を打った。債務の借り換えを進めるRJRに一七億ドルを追加出資し、投資額を二倍に増やしたのである。

RJRはデフォルトこそ免れたが、この一件はLBOの成功例どころか、史上最悪の失敗例と見られるようになった。『ウォール・ストリート・ジャーナル』記者のブライアン・バローとジョン・ヘルヤーが一九九〇年に出版したベストセラー『野蛮な来訪者』は、この事件に対する歪んだ思考と強欲と権力欲の産物、という評価を決定的なものにした。[10] 何年も後にKKRがRJRナビスコの持分をすべて売却し終えたときには、損失は七億ドルを超えていた。[11] 一九八七年にKKRが集めた、当時としては史上最大の六一億ドルのファンドの出資者は、KKRの取り分を差し引いた後には九％という月並みなリターンしか得られなかった。[12]

その年、『ウォール・ストリート・ジャーナル』の一面に載った痛烈な記事は、KKRとLBO業界について別の角度から論じたものだったが、両者のマイナスイメージを完成させたといえよう。[13] スーザン・ファルディ記者による、一九八六年にKKRが実施したセーフウェイの買収をめぐるこの記事は、経営者と金融マンの戦いではなく、セーフウェイの買収とそれに続く大量解雇や子会社の再編をかいくぐった一般社員に焦点を当てていた。この記事は「高度金融のもたらす人的被害を明らかにした」として、翌年ピュリッツァー賞を受賞している。

記事の描き出したイメージは醜いものだった。セーフウェイが一九九〇年に再上場を果たすと、同社経営陣とKKRは投資した資金の四倍を手にした。

「一方、従業員には再上場を祝う理由はまったくなかった。店舗売却や解雇によって、六万三〇〇〇人の管理職や一般社員が会社を追われた。（中略）テキサス州ダラスで実施されたセーフウェイ元従業員に関する調査では、六〇％近くが失業後一年以上もフルタイムの仕事に就けていない。

ダラスでセーフウェイのトラック運転手を三〇年近くも務めてきたジェームズ・ホワイトも、その六〇％の一人だ。一九八八年、セーフウェイでの最後のシフトを終えてちょうど丸一年を迎えた彼は、その記念日をこう祝った——妻に『愛しているよ』と伝えた後、浴室のドアに鍵をかけ、二二口径の狩猟用ライフルで脳天をぶち抜いたのだ」

企業理念の変化が、新しい経営哲学を雄弁に物語っている。「セーフウェイは雇用を保障する」から「短期投資に適切なリターンを」に変わったのだ。

『野蛮な来訪者』と同じ年に出たこの記事によって、LBO業界の大物に対する「短期的利益の追求のために、企業から現金と資産を奪う冷酷な首切り屋」という評価は確立した。

セーフウェイの買収が八〇年代の象徴といえるのは、大量解雇があったという理由だけではない。セーフウェイの物語には、この時代の典型的LBOの要素がすべて詰まっているのだ。このディールは、乗っ取り屋の親子がセーフウェイのまわりをうろつき始めたことから始まった。彼らから見ればセーフウェイは、会社の資産が過小評価され、十分活用されていないことにも気づいていない、慢心した経営陣の率いる鈍い会社だった。買収合戦の末、会社は多額の債務を背負うことになった。

だがこの買収の本当の結末は、『ウォール・ストリート・ジャーナル』が描いたものとはやや異なる。[14]確かにKKR傘下に入って最初の三年は、セーフウェイの売上は三割縮小し、店舗の四〇%は売却されるなど、混乱に満ちていた。何万人もの従業員が高い代償を払った。だがKKRは停滞企業を立て直し、次の一〇年に発展する基礎を築いた。セーフウェイは、乗っ取り屋や投資会社による混乱と再建の取り組みの経済的効果を検討する、格好の材料となったのだ。

たしかにセーフウェイは『ウォール・ストリート・ジャーナル』のいうとおり、「雇用保障においては伝説になるほどすばらしい企業」だったのかもしれない。だが裏を返せば、水ぶくれしていたということだ。

セーフウェイが収益性より事業拡大を重視していたため、人件費は膨れ上がり、ライバル企業（その多くにも労働組合はあったが）より三分の一も高かった。経営陣は実質的に世襲だった。当時のCEO、ピーター・マゴワンが父親からその地位を引き継いだのは三七歳のときだ。その祖父でメリルリンチ創業者のチャールズ・メリルは、一九二〇年代から三〇年代にかけて合併を通じてセーフウェイを立ち上げる際に、銀行家および投資家として主要な役割を果たし、後にCEOとなった。

セーフウェイは地元のカリフォルニア北部に加えて、太平洋沿岸北西部やワシントンDCでも強いブランド力を誇っていたが、それ以外の多くの地域では劣勢であったり、赤字だった。そのうえ社内的に各部門や投資の収益性を測る仕組みすらなかった。

一九八六年、ドラッグチェーンのダート・ドラッグのオーナー一族で、一時乗っ取り屋としても活動していたハーバート・ハフトと息子のロバート・ハフトが、自分たちのほうがセーフウェイの経営をうまくやれると見て、敵対的買収の前段として同社の株を買い占め始めた。六％の株を集めた七月、ドレクセルから必要な資金は用立てるとの約束を得て、株主に一株五八ドルで買い取ると直接提案した。

KKRもすでにセーフウェイに目をつけていたが、CEOのマゴワンはKKRからの度重なる誘いを言下に断っていた。だが自らのクビが危うくなったことで、ホワイトナイトとして経営陣に協力し、会社を非公開化するというKKRの申し出を受け入れた。まもなくKKRとマゴワンは一株六九ドル、総額四八億ドルの提案をまとめた。ハフトが提示価格を上げるのを拒否したため、セーフウェイ取締役会はKKRらの提案を株主に推奨した。KKRは株主資本の九〇％を一億三二〇〇万ドルで取得し、セーフウェイ経営陣が一〇％を持つことになった（ドレクセルがハフトに付いたので、KKRはモルガン・スタンレーとバンカーズ・トラストの支援を受けた）。

ハフト親子は買収合戦には敗れたものの、一億五三〇〇万ドルの利益を得た。これはセーフウェイ株の買い占めに投じた金額の二倍であり、また対立の最中にセーフウェイが防衛的措置を取ったことに対する訴訟の和解金も含まれていた。他の株主も潤った。KKRの提示額は、ハフトが買い占めを始めた時点の株価を七〇%も上回っていたからだ。

マゴワンはKKRの買収後もCEOにとどまったが、KKR主導で会社の急激な改革が進む中、クラビス、ロバーツをはじめとするKKRのパートナーたちの筋書きに従って動くだけだった。

人件費の削減は、KKRの戦略のほんのさわりにすぎなかった。それと同等に重要だったのが、苦戦していた市場からの撤退だ。セーフウェイはすぐに市場シェアの低かったロサンゼルスとサンディエゴの店舗を、優勢なライバルチェーンに売却した。またソルトレークシティ、アーカンソー州、オクラホマシティ、カンザスシティの店舗も他社に売却した。利益のあがっていたイギリス子会社も、債務削減のために売却された。またアメリカ市場への参入を模索していたイギリスのワイン販売チェーンが、セーフウェイの低迷する「リカー・バーン」事業を買い取った。

なぜセーフウェイがこれほどLBOに適していたかといえば、それまで自らがどのように資本を使っているか、投資に見合ったリターンが出ているか、どの部門で利益または損失が出ているかにまったく無関心だったためだ。KKRはすぐにセーフウェイの保有不動産を調べ、どの物件が食品スーパーに不向きで、売却したほうがいいかを選別しはじめた。セーフウェイが何年も前に購入したときの物件価値ではなく、その時点の価値を調べたのだ。そうすることで初めて、その物件に固定されている資金が明確になった。この結果、多くの店舗が合格基準に達していないことが判明し、売却された。

本社社員は二〇%削減された。また全管理職を対象に、従来のように売上拡大を最優先させるのではなく、収益力と投資収益率（ＲＯＩ）を向上させるための新たなインセンティブが設けられた。

余分なサービスを省いた倉庫型スーパーが低価格を武器に市場シェアを拡大する中、セーフウェイの人件費の高さは競争力の面で、大きな弱点となっていた。このためセーフウェイが残した店舗で働く一般社員は、コスト削減の負担をもろにかぶることになった。セーフウェイはほとんどの地域の労働組合と労働条件の見直しで合意し、数万人の従業員の賃金は引き下げられた。

だが同業他社の多くに労働組合がなかったダラス地域では、組合側が労働組合のある企業への売却を主張し、契約が満了したときにも条件見直しに応じなかった。会社側は人件費の面で譲歩が得られなければ、全店舗を一括して買収してくれる相手は見つからないとして、一三一店舗を閉鎖し、そのほとんどをより小規模で組合のないライバルチェーンに切り売りした。約八六〇〇人の従業員（そのほとんどは組合員だった）は解雇された。

一九九〇年の『ウォール・ストリート・ジャーナル』の記事は「ＫＫＲのリストラによって、会社および労働力からは贅肉だけでなく筋肉まで削ぎ落とされ、体力を消耗させる巨額の債務を返済するため、必要な設備投資は先送りされた」と書いている。だが九〇年代に入ってのセーフウェイの成長ぶりは、そうした指摘が誤りであったことを証明している。

リストラが完了した時点で、セーフウェイの店舗数は二四〇〇から一四〇〇に減少し、売上高は二〇〇億ドルから一四〇億ドルに縮小した。公開企業であれば、絶対に不可能であったはずだ。株主や投資アナリストは、それほどのリスクを絶対に許容しないからだ。だが驚くべきことに、キャッシュフローは九〇年代を通じて二五〇％増えた。再編の過程にあった八七年から八九年にかけては抑制されていた設備投資も、セーフウェイの債務が減少し、収益性の高い市場に絞った新たな拡大計画に着手した九〇年には再開された。

セーフウェイ買収劇の全体像を見れば、LBOに関する一般的な評価の多くが誤っていることがわかるだろう。たしかに大幅な雇用削減や報酬カットはあったが、同社の労働者の九〇％が今も組合員だ。さらに資産売却や経費削減、新たなインセンティブの導入によって、長年低迷していたセーフウェイの収益力は劇的に改善した。八五年には二・二％だった営業利益率は、買収から三年後の八九年にはほぼ五割増えて三・二％になっていた。徹底的なコスト削減はセーフウェイを骨抜きにするどころか、九〇年の再上場後の目を見張るような成長の土台となった。

九〇年代初頭のわずかな期間だけ低迷したものの、セーフウェイの株価はその後二〇倍以上に急騰した。九〇年のIPO時には二・八一ドルであったものが、KKRが最後の持分を売却した二〇〇〇年には株式分割を考慮すると六二ドルになっていたのだ。このLBOは極限までレバレッジをかけており、KKRなどが用意した自己資本はわずか三％にすぎなかった。このため投資リターンはきわめて大きく、KKRは投資額の五〇倍以上を手に入れた(15)。

さらにこのディールは、投資会社はてっとり早く儲けようとするという批判とも矛盾する。KKRは早々と利益を確定したにもかかわらず、一四年近くもセーフウェイの株式を保有しつづけたのだから。

KKRがセーフウェイ再建に用いた経営手法は、投資会社特有のものではない。ビジネススクール仕込みの投下資本利益率に関する新たな考え方が広まるなか、企業経営者や取締役会の間で事業を再検討する動きが強まった(16)。この工場を売却したら、資金を再投資して今より利益率を高めることはできるだろうか？　社内の成長率の高い事業や収益性の高い事業に特化すべきだろうか？　子会社を売却すれば、そうした事業に投資する資金を得られるだろうか？

これはまさにクラビスやロバーツが投資の規模を拡大するなかで、自問しつづけてきたことである。ＬＢＯを経験した企業においては、莫大な債務を背負っていることから事業再検討のプロセスを早めなければならないというプレッシャーははるかに高かったが、経営陣が感情を排し、絶え間なく事業を評価しつづけることは、アメリカ産業界の常識になりつつあった。取締役会やＣＥＯは自らそうした分析をし、変革をしなければ、ほかのだれかが会社を乗っ取り、自分たちのクビを切り、改革を断行するだけだということを認識していた。一〇年にわたってドレクセルのジャンク債に力を得た乗っ取り屋や投資会社の活動ぶりを見てきたアメリカ企業は、その教訓をしっかりと胸に刻み込んだのだ。

「彼らの影響力は絶大だった」。バージニア大学ダーデン・ビジネススクール学長のロバート・ブルナーは語る。[17] 会社に眠っていた資源を掘り起こし、怠惰な経営陣を放逐しただけでなく、「企業買収の活発化と乗っ取り屋の台頭は、企業による価値の創造と分配に関する我々の考え方を本当の意味で自由にした」と語る。

これは市場資本主義の新たな時代の幕開けだった。そこでは経営者も労働者も絶えず混乱にさらされ、不安定な立場に置かれる。だが新たな規律と効率追求の意識が生まれ、経済全体に大きな見返りをもたらした——見返りはあまりに大きく、公開企業の経営者のモノの見方が恒久的に変わってしまったほどだ。もはや株式市場に、現状を維持するより切り売りしたほうが価値が高まるような会社がごろごろ転がっているようなことはない。経営者がそうしたギャップを埋めようと努力しはじめたことで、乗っ取り屋や投資会社が標的を見つけるのは次第に困難になっていった。

企業買収の資金調達も難しくなった。信用市場は九〇年代初頭にようやく回復したが、融資する企業は買収者に対し、八〇年代のような買収総額の五～一〇％ではなく、二〇～三〇％以上の自己資金の拠出を求めるようになった。それによってドレクセルの資金に頼り、多額の自己資金を持っていなかった乗っ取り屋の多くは脇に追いやられた。一九九〇年代には乗っ取り屋はほとんど勢いを失った。

投資会社も同じように戦い方を変えざるをえなくなった。もはやレバレッジの力に頼ったり、買収した企業を単に解体するだけでは利益は確保できなくなった。買収した会社の姿を大きく変えるのではなく、事業を本質的に改革することで企業価値を高めなければならない。「価値創造」が新たなスローガンになった。

第9章

ニューフェイス

一九八九年末に始まった債務危機の犠牲となったのは、ＲＪＲナビスコをはじめとするＬＢＯだけではなかった。マンハッタンのミッドタウンにあるＫＫＲ本社から、ビバリーヒルズにあるドレクセルの豪華な本社、そしてバージニア州からカリフォルニア州にかけてのサンベルト地帯にある無数の貯蓄貸付組合（Ｓ＆Ｌ）では、突然信用が得られなくなった。

ドレクセルのジャンク債事業には、証券取引委員会（ＳＥＣ）がインサイダー疑惑で同社とマイケル・ミルケンを捜査しているとのニュースが浮上した一九八六年後半から、暗雲が漂っていた。ミルケンこそジャンク債市場を興し、いかなるときにもその安定を守ってきた人物だった。ドレクセルは一九八八年一二月に罪を認め、六億五〇〇〇万ドルの罰金を支払った。ミルケンは一九八九年三月に有罪判決を受け、同社を去った。

影響はすぐには顕在化しなかったが、ジャンク債市場を維持し、問題を抱えてデフォルトしそうになった顧客企業を救済するためにミルケンが作り上げてきた精巧なネットワークは瓦解してしまった。問題を抱えた企業は、もはや債務の借り換えをミルケンに頼ることはできなくなった。ドレクセルを去った彼がかつてのように、ある顧客に別の顧客のジャンク債を斡旋するようなことは望めなかった。

ジャンク債市場は八九年に入って冷え込みはじめたが、完全に凍てついたのは一〇月のことだった。引き金となったのはユナイテッド航空の六八億ドルのEBOの破綻だ。この買収に大口融資をすることになっていた金融機関がおじけづくと、他の銀行にも動揺が走り、どこもかしこもLBOへの融資から一切手を引いた。投資家はこぞってリスクを見直しはじめた。ジャンク債は債券のなかでも最も危険な部類に入り、その販売はほぼ不可能になった。

この市況変化によってドレクセルは崩壊した。損失が膨らんだ結果、同社が一九九〇年二月に破産を申請したことは、ジャンク債市場にとどめを刺し、一時代の終焉を決定的なものとした。一九八六年から八九年にかけては毎年二〇〇億ドルから四〇〇億ドルが新規発行されていたジャンク債は、完全に消滅した。一九九〇年の新規発行額は一四億ドルにとどまった(1)。

それと同時に、大都市圏の銀行とはまた別の世界で、はるかに深刻な問題が起こっていた。八〇年代前半に規制緩和の進んだ貯蓄貸付組合（S&L）がメルトダウンを始めたのだ。S&Lは一〇年にわたる不動産ブームの資金源としてきわめて重要な役割を果たした。無能と強欲と縁故主義に突き動かされた彼らは、預金者のカネを投機的な融資に振り向けたのだ。八〇年代末には、S&Lは束になって破綻しはじめた。連邦当局は一九八八年に一八五社、八九年には三二七社を営業停止にした(2)。

S&Lはアメリカ中で新規オフィスビルなどの建設に莫大な融資をしていたことから、幅広い地域で不動産価格が暴落した。S&Lの多くは、自らジャンク債を発行したり、他社の発行したジャンク債を購入するなど、ドレクセルの問題にもかかわっていた。各社の資産が差し押さえられ、売却されると、ジャンク債への需要はますます縮小した。

信用市場の機能停止と、九一年から九二年にかけての景気後退によって、贅沢にレバレッジを効かせた大掛かりな八〇年代的企業買収に終止符が打たれた。八九年一〇月にCNWの社債を売ろうと狂奔したDLJを「ベトナムから逃れる最後のヘリコプターに乗り込んだ」と評したシュワルツマンの言葉[3]は、決して大げさではない。次にジャンク債を使った比較的大型のLBOが実現するまで、三年あまりも待たなければならなかった――KKRが主導した、再保険会社アメリカン・リーの一五億ドル規模のLBOだ。ただKKRはそれまでのディールと比べて大幅に高い、買収額の二〇%もの自己資金を拠出しなければならなかった。

ブラックストーンも目標を引き下げなければならなかった。最初の六件のディールの平均規模は一一億ドルだったが、九一年から九五年の案件では三億ドルにも満たなかった。次に一六億ドルを投じたCNWほどの規模のディールを手掛けたのは、九七年のことだった。

金融市場の崩壊は、LBO業界でダーウィンの言うところの淘汰を引き起こした。ある会社は破綻し、別の会社は死に体になった。業界のパイオニアである創業二〇年のギボンズ・グリーン・ヴァンアメロンゲンは、数々の失敗案件の責任の所在をめぐって仲間割れした。別の名門企業アドラー&シェイキンは、五~六件の投資先のほとんどが破綻し、投資家からそれ以降の出資契約の取り消しを求められたことで勢いを失った。同社が二番目に立ち上げた一億七八〇〇万ドルのファンドは、最後のものとなった。

メリルリンチでM&Aの天才と呼ばれたケン・ミラーは一九八八年、ロデスター・グループを立ち上げ、華々しくＬＢＯ業界に参入した。だが調達した三億ドルの半分以上を、八九年に保育所を運営するキンダーケア・ラーニングセンターズ買収に投じてしまった。三年後にキンダーケアが倒産すると、ロデスターの出資金の大半は消え失せ、ミラーのＬＢＯ業界での輝かしいキャリアはあっという間に幕を閉じた。

ブラックストーンのＬＢＯ事業が立ち上がろうとしていた八八年、最初のファンドで華々しいデビューを飾り、業界に旋風を巻き起こしたワッサースタイン・ペレラは、生き残りはしたが満身創痍だった。ロデスターと同じように、ワッサースタインもたった一つの案件にあまりにも多くの資金を賭け、敗れてしまった。一一億ドルの新ファンドの三分の一以上を、イギリスのスーパーマーケットチェーン、ゲートウェイに対する三〇億ドルのＬＢＯに投じてしまったのだ。

化粧品会社のメイベリン、着陸装置メーカーのニューモ・エイベックスといった、他の小規模な案件ではなんとか利益を確保したものの、ゲートウェイの大失敗によってワッサースタイン・ペレラは取り返しのつかない打撃を被った。その後ワッサースタイン・アンド・カンパニーに社名を変えた同社が、最初のファンドを超える資金を集めることはなかった。

この激烈な淘汰は、業界の力関係を一変させた。ＫＫＲは二度と八〇年代のような圧倒的支配力を持つことはなかった。一方、災禍をかいくぐり、前評判の高かったライバル企業が破綻するなかで投資家の資金を守り切ったブラックストーンは、その後ＫＫＲとより対等に戦えるようになった。

混乱は次の世代のプレーヤーが台頭する契機にもなった。ブラックストーンのＬＢＯ事業が立ち上がったころに創業した会社もある。ＫＫＲとブラックストーンに加えて、新興企業四社が九〇年代のＬＢＯ業界を席巻することになった。

一九八七年、愛想のない弁護士で、カーター政権の要職を務めたデビッド・ルーベンシュタインと、Ｍ

CIコミュニケーションズ元CFOのウィリアム・コンウィが、ワシントンDCでカーライル・グループを立ち上げた。政府の裏表を知り尽くしていた同社は、ユニークなニッチ市場を掘り当てた。最初の大成功は九二年に買収した防衛用エレクトロニクス事業を手掛けるGDEシステムズで、九六年に買値の八倍で売却した。(4) 創業初期のディールが防衛業界や航空業界に集中していたため、ワシントン絡みの案件に強いという定評ができたが、まもなく海外や他の業界にも手を広げた。

一方テキサスでは、ドクターペッパーやセブンアップといった飲料メーカーへのLBOで富を築いたカリスマ的ディールメーカーのトム・ヒックスが、長年のパートナーであったロバート・ハースと袂を分かち、新パートナーのジョン・ミューズとともに二億五〇〇〇万ドルのファンドを立ち上げた。八九年に設立されたヒックス・ミューズ&カンパニーの初期のディールの一つが、過剰債務を抱えたテキサス州ヒューストンの新聞モーニングスターの買収だった。三〇〇〇万ドルの資本増強を実施し、バランスシートを改善し、ほぼ一年後に株式を公開した。この迅速な行動によって、元手の四倍以上のリターン(5)を手にした。

ニューフェイスの中でも特にきわだっていたのが、レオン・ブラックとデビッド・ボンダーマンだ。頭角を現したのは、九〇年初頭にLBO事業が下火になった一〜二年後だ。不振事業を底値で買い漁り、危機を逆手に取る狡猾ぶりを見せた。

アメフトのラインバッカーとして鍛えた堂々たる体躯のブラックは、ドレクセルの花形バンカーの一人で、三〇代半ばまでに同社M&A部門の責任者に登りつめていた。ドレクセルのニューヨーク事務所に陣取り、数々の買収案件を仕掛けてはビバリーヒルズのマイケル・ミルケンに引き継ぎ、資金調達を任せた。ドレクセルのスキャンダルや倒産を無傷でかいくぐった後には、カメレオンのような環境適応力を発揮してみせた。

景気が最悪期に達し、ジャンク債市場も底にあった一九九一年、カリフォルニア州当局がエグゼクティブ・ライフ・インシュアランス・カンパニーを営業停止処分にした。ドレクセルの上得意であった同社は、抱え込んでいたジャンク債の価値が急落したために経営が傾いたのだ。州がエグゼクティブの清算に乗り出すと、ブラックはフランスの銀行の支援を受け、エグゼクティブが保有していた八〇億ドル分のジャンク債を、額面の四割以下の価格で買い取った。ジャンク債の発行企業の大半にかつてアドバイザーとしてかかわっていたブラックにとり、こうした社債の評価はお手の物だった。

景気が回復すると、ブラックはジャンク債を少しずつ売却し、合計一〇億ドル以上の利益をせしめ、押しも押されもせぬハゲタカ投資家の仲間入りを果たした(6)。ブラックの興したアポロ・アドバイザーズ(その後アポロ・マネジメントからアポロ・グローバル・マネジメントに名称変更)は、エグゼクティブ・ライフをはじめとする不良債権の売買により、九〇年から九二年にかけて調達した二二億ドルの資金から五七億ドル以上の利益を得た(7)。

一方のボンダーマンも企業買収ブームの申し子だ。優秀な訴訟弁護士として鳴らしたボンダーマンは、ストライプのスポーツシャツにまったく色の合わないネクタイを合わせる特異な身なりで有名だった。テキサスの銀行家ロバート・M・バスの下で、投資戦略責任者として数々の収益性の高い買収を手掛けたが、とりわけ彼の名を世に知らしめたのは、八八年にバスが経営破綻したS&Lとしては最大のアメリカン・セイビングス・バンクを買収した際に、中心的役割を果たしたことだ。それによってバスは一流のハゲタカという称号を手に入れた。バスはアメリカン・セイビングスの買収に四億ドルを投資した(その大半は借入金だったが)。それから一年も経たないうちに、不良債権を政府に譲り渡して身軽になったアメリカン・セイビングスは、完全に黒字化していた。バスはこの投資で五倍の利益を得ている(8)。

ボンダーマンと同じくバスの下で働いていたジム・コールターは一九九三年、この手法を踏襲した。富裕な投資家や法人から集めた四億ドルの資金を元手に、破産状態にあったコンチネンタル航空を買収したのである。ボンダーマンとコールターは最終的に、コンチネンタルに投資した資金を九倍に増やした。

ボンダーマンとコールターは、サンフランシスコのコンサルタント、ウィリアム・プライスとともに投資会社テキサス・パシフィック・グループを設立した。フォートワースとサンフランシスコに拠点を置く同社が、九四年に立ち上げた最初のファンドは七億二〇〇〇万ドルを集めた。まもなく一流の逆張り投資家として知られるようになり、他のLBO企業が近寄らないような財務面もしくは事業面で苦境に陥った企業に買収を仕掛けるようになった。

ボンダーマンはウォール街の型にはまらない男だった。法律家としても一般的な企業法務の道は選ばず、中東でアラビア語とイスラム法を学び、後にアメリカ国務省の市民権部門で働いたこともある。ただシュワルツマン同様、彼も派手なパーティが好きだった。シュワルツマンが六〇歳の誕生日を祝う四年前には、ボールドマンは自らの六〇歳の誕生日をさらににぎにぎしく祝っていた。(9) 多数の友人を飛行機でラスベガスまで連れて行き、ハードロック・ホテルでのローリング・ストーンズやジョン・メレンキャンプ、ロビン・ウィリアムズらのパフォーマンスで楽しませた。これには七〇〇〇万ドルかかったと言われているが、メディアの集まるニューヨークから離れた場所で開催されたこともあり、ほとんど報じられなかった。

九〇年代初頭、LBO市場が冷え込むなか、ピーターソンとシュワルツマンはブラックストーンの事業領域をさらに広げようと超一流の人材を次々と雇い入れた。企業買収部門にヘンリー・シルバーマンを迎え入れたのに続き、シュワルツマンは九〇年六月、ファースト・ボストンから株式や債券など資本市場業務のベテラン、デビッド・バッテンを引き抜いた[10]。バッテンはその翌年、ジョセフ・E・ロバート・ジュニアを仲間に引き入れた。政府が引き取った経営破綻したS&Lの残骸から、できるだけ多くの資金を回収するために設立された整理信託公社（RTC）で、債務の担保として接収した不動産二三億ドル分の処分を取り仕切った人物だ。

担保不動産、焦げ付いた住宅ローン債権、または破綻したS&L全体など、RTCが競売を予定していた資産はまだ数百億ドル分残っており、ウォール街ではだれもがRTCの競売物件を虎視眈々と狙っていた。バッテンはロバートの協力者として、割安な不動産物件を探すのに手を貸した（ロバートは独立したコンサルタントとして契約することを希望し、ブラックストーンのパートナーにはならなかった）。

もう一つの新たな事業は、偶然の産物ともいうべきもので、ブラックストーンが日興證券から受け取った一億ドルの資金を投資する必要性から思いがけなく生まれたものだ。大失敗に終わったアービトラージという火遊びによって元手は目減りしていた。シュワルツマンは不穏な市場に資金を投じることに否定的だったが、いつまでも金利の低い譲渡性預金（CD）に投じておくことは許されなかった。

資金の管理を任されたバッテンはその夏、ある解決策を思いついた[11]。資金を分割し、五〜六の実績のあるヘッジファンドに投資するというのだ。ヘッジファンドとは、資金を様々な有価証券や通貨に分散したり、市況が悪化すると見た場合は売りポジションを取ったりすることで、リスクをヘッジ（回避）しようとするところからその名がついた。相場の上昇局面だけでなく、下降局面でも利益を出すことを目的としており、優れたヘッジファンドの実績は常に株式市場のパフォーマンスを上回っていた。当時のヘッジファンドは金融という大宇宙における小さな星雲のような存在にすぎなかったが、ジョージ・ソロス、マイケル・スタインハルト、ポール・トゥーダー・ジョーンズ、ジュリアン・ロバートソンなど実績のある花形プレーヤーが出始めていた。

最初は渋ったものの、シュワルツマンが最終的にバッテンの提案を認めたため、バッテンは六社のヘッジファンドに出資し、ファンド・オブ・ファンズの設立に着手した。出資先で最も高名だったのはロバートソンだ。だがトレーダーの経験のないシュワルツマンは、損失が出ることに神経質になり、月次レポートの隅々まで目を光らせた。「最初の月にはファンドの総額は三%増え、スティーブは満足していた」とバッテン。「翌月も四%も増えたため、ますますご満悦だった」。だが四カ月目に、ロバートソンが四%の損失を出したところ、シュワルツマンは激怒した。

「なんでこうなったんだ?」とシュワルツマンはバッテンを責め立てた。「ヤツをクビにしろ! ロバートソンをクビにするんだ!」

バッテンはブラックストーンが出資した時点と比べれば、ロバートソンに任せた資金は相当増えていることを指摘した。さらにヘッジファンドは本来ボラティリティ(変動幅)が高いものであり、成績が悪い月があっても、通年では成績が悪いとは限らない、と改めて説明した。

ロバートソンはクビを切られなかった。その後、ときには成績が振るわない年があったものの、ファンド・オブ・ファンズは驚くほど安定したリターンをあげ、ブラックストーンはファンドを外部の投資家にも開放した。数百億ドルもの資金が集まり、同社にとっては莫大な手数料をもたらす新たな収入源となった。

LBOは会社の中核ではあったが、エッジコムの大失敗の後にシュワルツマンが導入した改善策にもかかわらず、依然として頭痛の種だった。ブラックストーンが九〇年代に入って最初に手掛けた大型LBOは、同社には初めてとなる破綻企業への投資案件だった。そしてホスピタリティ・フランチャイズ・システムズ（ＨＦＳ）をめぐるこの案件は、エッジコム同様、たちまち行き詰まった。

ブラックストーンでＨＦＳ買収の仕掛け人となったヘンリー・シルバーマンは、乗っ取り屋の先駆けの一人で投資家のソール・スタインバーグのもとで働いていたころからホテルのフランチャイズ・ビジネスに精通していた。スタインバーグは一九六八年には弱冠二九歳で敵対的買収によってリライアンス・インシュアランス・グループの経営権を手に入れ、その翌年は失敗に終わったものの、ケミカルバンクの買収も試みている。八〇年代に入ると、スタインバーグとリライアンスは、ドレクセル率いる略奪者軍団のコアメンバーとなった。

この時代、シルバーマンは六年にわたってスタインバーグのＬＢＯファンドの責任者として、ホテルチェーンのデイズイン・オブ・アメリカの案件をはじめ主に友好的買収を手掛けた（スタインバーグとブラックストーンの縁は、これにとどまらない。二〇〇〇年にスタインバーグの金融帝国が崩壊し、個人資産も売却せざるをえなくなったとき、パークアベニュー七四〇番地の豪華なマンションを売りに出した。それを推定三〇〇〇万ドルで買い取ったのがスティーブ・シュワルツマンだった(12)）。

ＨＦＳは、中価格帯のホテルやモーテルの運営会社兼フランチャイザーとして世界最大手だったプライム・モーター・インズの財政的苦境に目をつけ、ブラックストーンが設立した会社だ。九〇年に窮地に陥ったプライムは、債務を支払うために資産を売却する必要に迫られた。シルバーマンはそのチャンスに飛び付き、プライムの保有事業の中で最も価値の高い「ハワード・ジョンソン」のフランチャイズ部門と、「ラマダホテル」のフランチャイズ独占経営権を獲得した。ホテル事業は季節や景気に左右される循環業種ではあったが、フランチャイズ収入はホテルの利益とは部分的にしか連動しておらず、比較的安定していた。このためＬＢＯの標的としては安全に思われた。しかもブラックストーンの買収価格は手ごろだった。

買収対象事業のキャッシュフローの六倍に相当する、一億九五〇〇万ドルである。(13)

だが買収が成立してわずか一カ月後の九〇年八月二日、イラクがクウェートに侵攻した。ブラックストーンが投資時に検討したシナリオでは、まったく想定していなかった事態だ。すぐにアメリカ主導でサダム・フセインの軍隊を駆逐するための戦争が始まることになり、原油価格は急騰した。旅行の費用や安全性への不安が広がったことで、宿泊予約は激減した。「宿泊予約は崖から転げ落ちるように減少した。一日で三〇～四〇%も減ったほどだ」とシルバーマンは語る。(14)

その影響で、ブラックストーンの投資先はすぐに破綻の危機に追い込まれた。問題は、HFSが実際にはラマダブランドを所有していないことだった。香港有数の不動産コングロマリット、新世界発展からライセンスを受けていたのだ。新世界発展はHFSがロイヤリティを払えなくなった場合にはライセンスを没収する権利を持っていたが、HFSはまもなく本当にロイヤリティを払えなくなった。ラマダブランドをチェーン展開する権利を失えば、HFSにはほとんど価値がなくなる。

当時のブラックストーンは、もはやそれ以上の失敗は許されない状況にあった。HFSが破綻すれば、ブラックストーンそのものの存続が脅かされるリスクがあった。「私が入社したときには、すでにウィッキーズとエッジコムでみそをつけていた」とシルバーマンは振り返る。「まだファンドは誕生したばかりだったため、リミテッド・パートナーはカネを返せとは言い出していなかったが、非常に不安になっていた。HFSのディールが瓦解すれば、ファンドもブラックストーンも一巻の終わりかもしれなかった」

シルバーマンとシュワルツマンは、新世界側から譲歩を引き出そうと試みた。新世界のトップで、創業者の息子であるヘンリー・チェンと何度かファックスをやり取りした後、九月には直接顔を合わせて話し合うことで状況の悪化を食い止めようと、香港に飛んだ。

チェンはまず、自分がライセンスを取り上げないほうがいい理由はあるのか、と尋ねた。シュワルツマンはすでにファックスで提案していたとおり、HFSの収入のうち、新世界側に支払う割合を引き上げる、と申し出た。「何とか妥協点を見いだせるはずだ」とシュワルツマンは訴えた。

だが、チェンはその提案には満足しなかった。そして「ならば別室に行って、私が興味を持てるような提案を考えてきてくれ」と言うと、はるばるアメリカからやって来た二人を、熱帯魚の泳ぐ巨大な水槽の置かれた会議室に追いやり、提案をまとめさせた。

シュワルツマンとシルバーマンは魚を横目に、自分たちの置かれた状況を検討しながら、双方が満足できそうな提案をまとめた。だがチェンのオフィスに戻ると、「受け入れられない」と突き返された。「もっとましな提案を考えてきてくれ」。二人は再び会議室に戻った。数分後に持っていった二番目の提案も、チェンを納得させることはできなかった。

時刻はすでに一二時一五分前で、チェンは二人に「ゴルフの約束があるので、一二時には会社を出なければならない」と告げた。「それまでに合意に至らなければ、ラマダを引き揚げさせてもらう」

二人は重い足取りで会議室に戻った。シュワルツマンはむっつりとした顔で、滑るように泳ぐ鮮やかな熱帯魚の群れを見つめた。「オレのキャリアそのものが、こいつらの吐く泡のように消えるのか」と。

残すところ数分となり、シュワルツマンとシルバーマンは別の提案を持っていった。するとチェンは即座に受け入れた。そしてゴルフ場に向かう前に、こう打ち明けた。「実を言うと、初めからラマダを引き揚げるつもりなどなかったんだ。ヘンリー・シルバーマンは腕利きのホテル経営者だと聞いていたし、直接ホテルを経営するにはアメリカは遠すぎるからね。君たちが買収してくれて、本当に喜んでいる。いろいろな提案をどうもありがとう」

シュワルツマンはあまりにも安心したため、チェンの策略にも腹は立たなかった。

HFSは問題を抱えていたが、ブラックストーンの初期の他の投資案件——コリンズ&アイクマン、CNW、トランスター、そして化学会社への小規模な投資など——は景気後退を大過なく乗り切った。新規の大型LBOの資金を調達することはまだ不可能だったが、一九九二年終盤に景気回復の兆しが見え始めるとIPO市場も持ち直し、ブラックストーンが傘下の企業を上場させ、投資が順調に行っている様子を世に示す機会が訪れた。

通常IPOでは、ブラックストーンのような主要株主は、多くても持ち株のごく一部しか売却しない。市場が一度にはそれほど多くの株を吸収できないこともあるが、主要株主が売り逃げしようとしているという印象を与えれば、投資家が尻ごみするためでもある。既存の株主は一切持ち株を売却せず、IPOで売り出されるのは新規発行株（通常は全体の一五、二〇、もしくは二五%）だけというケースも多い。新規発行によって既存の株は希薄化するが、会社は新たな資金を調達でき、また公開市場における株の時価も明らかになり、主要株主がいずれ持分を売って利益を得る道が開けるというメリットがある。

ブラックストーンの保有企業のうち、最初にIPOを果たしたのはCNWだ。一九九二年四月、CNWは株式の二二%を売り出した。IPO価格はCNWのキャッシュフローの一二・三倍で、ブラックストーンが買収時に支払った七・二倍を上回り、時価総額も三二億ドルと買収価格の一六億ドルを上回った[15]。高いバリュエーションは、CNWのキャッシュフローが二〇%増加したことを反映した部分もあったが、それ以上に大きかったのはIPO市場が新規案件に飢えていたことだ。「CNWには未達の利益目標もあったし、経営計画どおりに行っていない部分もあった。それでもCNWには価値がある、という我々の見立ては全体としてはまちがっていなかった」とハワード・リプソンは振り返る。(16) 一九九三年八月にCNWの最後の持分を売り払ったときには、ブラックストーンの一億七五〇〇万ドルの投資に対する利益は二一七％、年率換算のリターンは三四・二％に達していた。

驚くべきことに、ブラックストーンにIPOによる莫大な利益をもたらした二番目の投資先は、HFSだった。シュワルツマンとシルバーマンが香港で胃が痛むような交渉をした一年後、ブラックストーンは破産状態にあった別のホテルブランド——デイズイン・オブ・アメリカ——を買収し、HFSの事業を拡大した。

シルバーマンのかつての雇い主であるソール・スタインバーグが一時デイズインを保有していたため、シルバーマンは八九年に同チェーンを七億六五〇〇万ドルで、最大のフランチャイジーの一つであったトールマン・ハンドレー・ホテルズに売却する案件に携わっていた。この売却価格は法外に高かった。デイズインのキャッシュフローの一四倍である。シルバーマンとスタインバーグはこの大儲けに大いに満足していたが、シルバーマンはそれがあまりにも高すぎ、デイズインはいずれ破綻することを確信していた。

「ヘンリーは入社したときから、『デイズインの買収は検討する価値がある』と言っていた」とシュワルツマンは語る。(17)「『なぜデイズインにキャッシュフローの一四倍もの価格を付けた人間がいるのかはわからないが、絶対に負債のコストに見合わないはずだ。事業がそれ以上のスピードで成長することなどありえない』とね」

シルバーマンが予測したとおり、デイズインは一九九一年九月に破産法の適用を申請、この結果、ブラックストーンは同社を二億五九〇〇万ドルで獲得することができた。シルバーマンが八九年に売却した価格の三分の一である。HFSがすでにフランチャイズ展開のインフラを持っていたため、この合併によるコスト削減効果は大きかった。ハワード・ジョンソンやラマダを運営している人々の多くは、デイズインも簡単にラインアップに加えることができ、結果的にデイズインのスタッフは解雇されることになった。

同じ論理が九〇年代後半に銀行業界の再編を促した――預金を統合し、人員を削減する。さらに何千という企業合併が、経営者が婉曲的にコスト面での相乗効果と呼ぶこの論理によって引き起こされた。冷酷な資本主義である。株主の視点から見ると、この買収によってHFSはより強靭で魅力的な会社になった。

「すでに人材がそろっていたことで、追加コストなしに売り上げを五〇〇〇万ドル追加できた」とシルバーマンは語る。(18)

一九九二年一二月、湾岸戦争が終結し、旅行やホテルの予約が開戦前の水準に戻るなか、HFSは一株一六ドルで株式を公開した。一株四・五〇ドルというブラックストーンの投資コストを二二五%上回る水準だ。株価は取引初日に一七%上昇し、一年も経たないうちに五〇ドルに達した。HFSからエグジット(持ち株を完全に売却)するまでに、ブラックストーンは一億二一〇〇万ドルの投資に対して三億六二〇〇万ドルの利益をあげ、トータルリターンは年率五九・二%に達した。

一九九〇年には破綻寸前に追い込まれていたブラックストーンだが、ようやく立ち直り、次々と利益をあげはじめた。九三年一二月には、CNWやHFSの堅調な株価や、タイム・ワーナーとの合弁企業「シックス・フラッグス・テーマ・パークス」で利益を確保したことなどを追い風に新たな投資ファンドを立ち上げ、一三億ドルの資金を集めた。八七年に集めた初回のファンドのほぼ二倍である。

出資の約束を取り付けるのは容易ではなかった。(19)日本では一〇年以上続いた株式と不動産バブルが崩壊し、市場も経済も行き詰まっていた。好景気に繁栄を謳歌した日本の銀行は、いまや価値の目減りを続ける不良債権や資産を大量に抱え込み、あらゆる面で戦線を縮小していた。日興證券を除いて、ブラックストーンの最初のファンドに出資した日本の金融機関のほとんどが二回目は出資を見送った。

だがブラックストーンは日本企業の穴を埋めたばかりか、運用先に投資ファンドを加えることに積極的になりはじめていた各州の年金基金など新たな投資家の資金を獲得し、初回の実績を上回った。

新たな投資ファンドによって、ブラックストーンの資金量はクレイトン・ダビリアー&ライスを追い抜き、独立系LBO会社で第三位となった。もはや上にいるのは、長年トップに君臨してきたKKRとフォーストマン・リトルのみとなった。

第10章

離婚、そして価値観の違い

ときには正反対に見えることもあったピーターソンとシュワルツマンだったが、世間に認められたいという強烈な欲望は共通していた。シュワルツマンの自己顕示欲の強さは、万人の認めるところだった。公共心あふれる賢人といった役回りを演じようとするピーターソンの願望は、それほどあからさまではなかったが、シュワルツマンのそれに負けず劣らず強かった。

二人の性格や野心、そしてそんな二人がパートナーであることの不可思議さを浮き彫りにしたのが、一九九〇年九月一六日の『ニューヨーク・タイムズ』日曜版である。紙面繰りのもたらしたドラマチックな偶然ともいうべきか、二人はそれぞれ非常に目立つ場所に登場した。ピーターソンは論説面に掲載された一四〇〇語に及ぶ長文記事で、連邦政府が複数年にわたる債務削減計画を実施すべきだと主張した(1)。国家債務の削減は、いまや彼の最大の懸案となっていた。

一方、「男性ファッションの最新トレンド」と銘打った豪華な別刷りの折り込み広告では、「アラン・フラッサー」ブランドの一三〇〇ドルの高級スーツとジャガード織のシルクタイ姿のシュワルツマンがポーズを取っていた。(2) だぶついたズボンの裾は、背の低さを強調しているようにも見えた。(3)

伊達男を気取ったシュワルツマンの姿を、最高に笑えると思ったピーターソンはその写真を切り抜き、翌日ブラックストーン本社の自分のオフィスに飾った。来客とジョークのネタにしようというわけだ。「ピートは最高に楽しんでいたが、スティーブは本気で怒っていた」と元パートナーは語る。

ピーターソンをよく知る者から見れば、周囲の人々をからかわずにはいられない彼の性分をよく表す行動だった。残酷な仕打ちをすることもあったが、普段はお高くとまっているピーターソンにとっては、それも一種の愛情表現だったのだ。シュワルツマンは怒りっぽいところもあったが、ピーターソンのいたずらに対しては寛容で、互角にやり返していた。「当時のスティーブとピートは非常に仲が良かった」と、九〇年代初頭にブラックストーンで働いていたカーライル・グループのパートナー、ジョナサン・コルビーは語る。(4)「互いに相手が何を考えているのかよくわかっていた。まるでテレパシーで交信しているみたいだったよ」

だが次第に、二人の関係はぎくしゃくとしたものになり、連帯感は薄れていった。原因を特定するのは難しいが、利益のうちピーターソンの取り分が削られた一九九二年ごろが転換点になったという説もある。(5)創業当初、LBOとM&A事業に関する決定権はピーターソンとシュワルツマンだけが握っており、利益の取り分もそれぞれ三〇%と同じだった。新しいパートナーが加わると、利益を分配するため、ピーターソンとシュワルツマンの取り分は同じ割合ずつ減少した。

それが九二年、創業者二人はそれ以降新しいパートナーが加わるたびに、ピーターソンのほうがシュワルツマンより多くの割合を分け与えることで合意した。こうして時間が経つにつれて、利益のうちピーターソンの取り分は減少していくことになった。

すでにブラックストーンでだれよりも権力を握っているのがシュワルツマンであることは明白だったが、この新たな金銭的取り決めによって対等の関係に終止符が打たれ、二人が創業した会社のトップがシュワルツマンであるということがはっきりした。

「新しいパートナーが加わるたびに、我々の持分が少なくなっていくこと、それも私の減少分のほうがスティーブより大きいというのは、まったく当然のことだと納得していた」とピーターソンは語る。(6)学者および評論家としての仕事に時間を取られることから、ピーターソンはそのはるか以前にシュワルツマンに経営トップの役割を譲っていた。そのうえ、いずれにせよピーターソンの持分が大きいことに変わらなかった。シュワルツマンとの差は五%もなく、他のパートナーのだれよりも圧倒的に大きかった。

ピーターソンの友人のある投資銀行家は、二人の距離が遠くなった原因は利益配分ではなく、価値観や生き方の違いだったと語る。(7)「ピートにとって問題はカネではなかった。ピートはスティーブほどカネに執着はなかった」。この銀行家は、シュワルツマンの基準からすれば、ピーターソンの欲などモノの数には入らない、と言い切る。「ピートが最終的に我慢できなくなったのは、スティーブのライフスタイルや、カネがあることを見せびらかす態度、注目を浴びようとする姿勢だった。ピートはそうしたことに一切関心がなかった」

「ピートは、カネを儲けるのは世間に自慢するためだ、とはまったく思っていなかった」。二人をよく知る別の人物も語る。(8)「スティーブはまさにそう思っていたがね」

今日に至るまで、二人は自分たちの関係を「ウォール街で最も長く続いているパートナー関係」と言うが、二〇〇〇年までに関係は悪化し、周囲に互いの悪口をこぼすようになった。シュワルツマンはピーターソンがほとんど会社に貢献していないのに、毎年何百万ドルも稼いでいると文句を言い、ピーターソンはシュワルツマンが財力をひけらかすのは品がない、とこぼした。

ブラックストーン経営陣には他にも不協和音があり、複数のパートナーがあっという間に辞めていく原因となった。一九九二年には、シュワルツマンが企業買収部門のために二年前にファースト・ボストンから引き抜いたばかりのデビッド・バッテンが退社し、ラザード・フレールの主要ポストに転じた。またブラックストーンが設立した合弁企業で値下がり不動産を買い集めるため、九一年にバッテンが採用したジョー・ロバートは、ゴールドマン・サックスに移った。九一年にモルガン・スタンレーから引き抜いたM&A業界の大物イエーガー・ジョンストーンは三年も経たずに辞めた。転職が当たり前のウォール街の基準に照らしても、ブラックストーンの人の出入りはあまりにも激しすぎた。

それ以上にブラックストーンに打撃を与えたのは、中核事業を率いる立場にあった三人のパートナーを失ったことだ。一九九一年から九四年にかけて会社を去ったヘンリー・シルバーマン、ロジャー・アルトマン、ラリー・フィンクである。

最初に辞めたのはシルバーマンだったが、ヘマをしたためではない。それどころかすばらしい能力の持ち主だった。シュワルツマンより六歳年上の彼は洞察力が鋭く、冷静沈着で威厳があった。またディールにかけては優れた嗅覚を持つ、一流の職人でもあった。シュワルツマンはシルバーマンの流儀に心酔しており、ブラックストーンに入社したときから「いずれホテルチェーンのデイズインは破綻し、安値で手に入れることができる」と見通していたことを今でも尊敬を込めて語る。(9)

シルバーマンがブラックストーンですばらしい貢献をしたことはまちがいなかった。だがブラックストーンの最初のファンドの主要な出資者となったプルデンシャル・インシュアランスは、シルバーマンに恨みを持っていた。原因はシルバーマンがかつてリライアンス・キャピタル（ソール・スタインバーグ率いるリライアンス・インシュアランス傘下の投資会社）で手掛けたあるディールだ。

プルデンシャルは一九八七年に、リライアンス・キャピタル傘下のテレムンドから、テレビ広告会社のジョン・ブレア・コミュニケーションズを買収していた。買収価格は高すぎ、ブレアの経営は買収直後から傾いた。プルデンシャルはその後、ブレアの経営状況を偽っていたとして、リライアンスとテレムンドを訴えた。

シルバーマンがブラックストーンで再び頭角を現したことにプルデンシャルが気がついた九一年の時点では、まだ訴訟は続いていた。そこでプルデンシャルは、シュワルツマンとピーターソンにシルバーマンを追い出せと圧力をかけた。

「プルデンシャルから見れば、ブラックストーンの主要な出資者でありながら、その幹部の一人に対して訴訟をするというのは、受け入れられないことだった」。当時プルデンシャルでブラックストーンへの投資責任者だったゲーリー・トラブカは語る[10]。

シュワルツマンは状況を調べ、シルバーマンにまず責任はないだろうと思ったが、大口出資者の意向を無視するわけにはいかなかった。だがシルバーマンは転職先探しに苦労する必要はなかった。前年にブラックストーンによる買収をお膳立てした、ホスピタリティ・フランチャイジング・システムズ（ＨＦＳ）の常勤会長兼ＣＥＯに転じたのだ。ブラックストーンはシルバーマンにまとまった量のＨＦＳ株を与え、経営の全権を委ねた。ＨＦＳが九二年に株式公開したことを思えば、退職金としてはこれ以上ない話だった。シルバーマンはその後一五年かけて、傘下に不動産仲介のコルドウェル・バンカーとセンチュリー21、レンタカーのエイビスやバジット、ホテルチェーンのウィンダム、旅行会社のトラベルポートやオービッツなどを擁する一大フランチャイズ帝国「センダント・コーポレーション」を育て上げた（シルバーマンによると、ブレア・コミュニケーションズをめぐるプルデンシャルとの訴訟は、最終的に二〇〇〇万ドルの支払いで和解したという）[11]。

一方、ロジャー・アルトマンの退社はそうした穏当な話ではなかった。焦点となったのは忠誠心とカネの問題だ。ブラックストーンが最初の投資ファンドの資金調達を終えるまで自分たちの誘いに応じなかったアルトマンに対し、シュワルツマンはずっと多少のわだかまりを抱きつづけていた。アルトマン自身、煮え切らない態度を取った代償は大きく、ブラックストーンの持分は四％にとどまっていた[12]。それでも入社後は多額のM＆A報酬を稼ぎ、トランスターやシックス・フラッグスといった初期のＬＢＯを取り仕切るなど、瞬く間に稼ぎ頭の一人になった。

「ロジャーがスティーブやピートと仲たがいした原因は、自分の持分の少なさに強い不満を持っていたことだ」と元パートナーの一人は語る。

アルトマンが何年も自分の持分を増やすように訴えつづけた結果、九一年か九二年の初頭にはシュワルツマンとピーターソンが折れて、アルトマンの持分を七％近くに引き上げた。

だが平穏は長くは続かなかった。リーマン在職中にカーター政権で働くため休職したこともあったほど、常に政治に強い関心のあったアルトマンは、ブラックストーンの持分が七％に上がってほどなくして、水面下でジョージタウン大学のクラスメートだった旧友のビル・クリントンの大統領選に協力しはじめた。このためブラックストーンでの仕事の時間が削られることになった。

ブラックストーンの元パートナーでアルトマンの友人でもあるオースティン・ボイトナーによると、

リーマン時代にアルトマンのメンターだったピーターソンは、彼の政治への関心に理解を示したとされる。(13)「私が政府の仕事をするためにブラックストーンを辞めたとき、最初に祝いの言葉をかけてくれたのがピートだった。ロジャーのときも、同じだっただろう」

だがシュワルツマンはそれほど寛容ではなかった。(14)「ロジャーはブラックストーンでの持分が上がった途端に、一日の三分の一くらいを選挙の仕事に割くようになった。スティーブはそれが不満だった」と元パートナーの一人は語る。

シュワルツマンは当時、私生活でも問題を抱えており、気持ちがささくれだっていた。妻のエレンが九〇年に離婚を申請し、多額の慰謝料を要求していたのだ。「ロジャーから『パートナーシップの持分を増やせ』と要求されていたのとちょうど同じころ、スティーブはエレンに財産の半分を持っていかれるんじゃないかと心配していた」と元パートナーは語る。シュワルツマンは社内でパートナーをだれかれとなく呼びとめては、「エレンに財産の半分を奪われそうだと愚痴をこぼしていた。その件については、本当に不満たらたらだった」と別の元同僚も語る（当時のシュワルツマンの総資産は一億ドルを超えていたため、エレン・シュワルツマンは五〇〇〇万ドル以上を要求していたことになる）。

離婚をきっかけに、自分が苦労して稼いだカネは何が何でも守ろうとするシュワルツマンの決意は、一段と強まった。もはやブラックストーンを簡単に辞めそうなパートナーに、自分の持分を譲り渡すつもりはなかった。「ブラックストーンの持分をわずかでも受け取ったことのある人間なら、それがスティーブにとって歯でも抜かれるような経験であることを痛感したはずだ。スティーブは鷹揚に持分を譲り渡すような男じゃないからね」と先述のパートナーは語る。

九三年一月、アルトマンが発足したばかりのクリントン政権で財務副長官に就任すると、再びカネをめぐってシュワルツマンやピーターソンともめることになった。このとき問題となったのは、ラリー・フィンク率いる急成長中の債券投資会社ブラックストーン・フィナンシャル・マネジメント（BFM）に対するアルトマンの三％の持分だった。その価値は大きく膨らむ可能性があった。アルトマンはBFMの持分を手放すまいと粘ったが、ブラックストーンの創業者たちは利益相反の可能性を理由にはねつけた。財務省の高官が、財務省証券（米国債）を扱う会社の大株主であるというのは、どう見ても具合が悪かった。

ワシントンでのアルトマンのキャリアは九四年に幕を閉じたが、その最後は非常に厳しいものだった。アルトマンは同年八月、議会によるホワイトウォーター疑惑をめぐる調査への対応を誤ったことで、辞任に追い込まれたのである。ホワイトウォーター疑惑は八〇年代にアーカンソー州で行われた、クリントン夫妻のかかわる不審な土地取引をめぐる金融・政治スキャンダルだ。クリントン夫妻がこの問題に関して捜査を受けることはなかったが、ホワイトウォーター疑惑をめぐっては複数の関係者が詐欺罪の有罪判決を受けた。

アルトマンの友人によると、ニューヨークに戻った彼は、シュワルツマンとピーターソンから過去のすべてを水に流し、再びブラックストーンに戻るよう声がかかると思い込んでいたという。[15] だがもちろん、お呼びはかからなかった。結局アルトマンは、M&Aとプライベート・エクイティ事業を手掛けるブティックファンド「エバーコア・パートナーズ」を立ち上げ、すぐに有力アドバイザーの一角に食い込んだ。

「ブラックストーンがアルトマンに戻ってこいと言わなかったのは、ホワイトウォーター疑惑が理由じゃない。すべて過去のいざこざのためだ」と元パートナーは証言する。[16]

アルトマンがいなくなったことで、ブラックストーンのM&A業務には大きな穴が開いた。ピーターソンの会社への関与が薄れていくなかにあって、その打撃は大きかった。九二年以降、他の部門が大きな飛躍を遂げるなか、M&Aグループは取り残された。M&Aでライバルのブルース・ワッサースタインに水を開けられたことにシュワルツマンはいらだっていた。LBO分野ではシュワルツマンのほうがワッサースタインを圧倒していたのだが。

アルトマンの退社はたしかに大きな痛手ではあったが、ブラックストーンの利益に最も大きな打撃を与えたのはラリー・フィンクの離反だった。九二年初頭までに、BFMの運用資産は八一億ドルまで増えており、税引き後の利益は年一三〇〇万ドルに達していた。[17] 非常に好調だったため、九二年半ばにはフィンクとブラックストーンはIPOによって外部から資金を調達することを検討しはじめた。

当時、フィンクやラルフ・シュロスタインをはじめとするBFMの経営幹部は、同社の株式の四五%を保有していた。一方、ブラックストーン・グループとそのパートナー陣は三五・三%を保有していた。残りの大部分はフィンクとシュロスタインが個人として保有していた。

だがまもなくフィンクとシュワルツマンは、カネの問題をめぐって対立するようになった。[18] 一流の人材を採用するには、新たな採用者にBFMの株を分け与える必要がある、というのがフィンクの主張だった。シュワルツマンがフィンクをブラックストーンに招き入れるのに使った手段に他ならない。実際、シュワルツマンとBFM経営陣は、新たに幹部を採用するたびにそれぞれの持分を譲ってきた。だがブラックストーンの持分が三五%近くまで減少すると、シュワルツマンは「親会社としてはこれ以上、持分を減らすわけにはいかない」と限度を決めようとした。

シュワルツマンがこうした非協力的態度に出た理由は、彼の離婚問題にあると見る者もいる。「スティーブにとって、離婚協議は強迫観念のようになってしまった」と当時の同僚は語る。「彼ほどカネに執着する人間が、財産の五〇%を失うかもしれないという状況に直面すると、非常に扱いづらくなる」

シュワルツマンはこの二番目の離婚協議——今度はブラックストーンとフィンクの会社の間の話だが——で、袋小路にはまった。ブラックストーンの存在は自分の壮大な構想の妨げになると確信したフィンクは、IPOの計画を取り下げ、BFM株の即時売却を要求した。当初は強硬に反対したシュワルツマンだったが、結局は折れた。一九九四年六月、その間に名前をブラックロック・フィナンシャル・マネジメントに変更していた(しかも運用資産は二三〇億ドルに膨れ上がっていた)BFMは、ピッツバーグのPNCバンク・コーポレーションに二億四〇〇〇万ドルで売却された。[19]

ブラックストーンのパートナーたちもそれまでの六年間で受け取っていた三〇〇〇万ドルの配当に加えて、売却によって八〇〇〇万ドル以上の現金を受け取った。[20] シュワルツマン個人も二五〇〇万ドル以上を獲得し、エレンとの離婚で失った財産をほぼ取り戻した(慰謝料は公表されなかったが、『ビジネスウィーク』によると二〇〇〇万ドル以上とされる[21])。

ブラックロックはフィンクすら予想もしなかったような大成功を収めた。それから十数年の間に、同社は債券のほか不動産関連証券など一兆二〇〇〇億ドルの運用資産を擁する一大投資帝国に成長した。株主構成も見直し、二〇〇六年には株式公開を果たした。二〇一〇年には運用資産三兆二〇〇〇億ドルと、二番手以下に二倍以上の差をつけ、世界二四カ国に八五〇〇人の社員を擁する世界最大の上場資産運用会社となった。フィンクはシュワルツマンと肩を並べるウォール街の寵児となり、アメリカ経済再生に向けたオバマ政権のアドバイザーにも就任した。

シュワルツマンも後年、ブラックロックを手放すのは早すぎた、と率直に認めている。[22] PNCへの売却によってそれなりの利益を得たとはいえ、もしあのときに売却せずにブラックロック株の三%でも保有しつづけていれば（それでも持ち株比率は売却時の三分の一以下だが）、二〇一〇年の時点で彼の総資産は一三億ドル増えていたはずだ。

ヘンリー・シルバーマンがプルデンシャルによって会社を追われると、ブラックストーンのLBO部隊は深刻な人材不足に陥った。残るはひとにぎりの若き努力家たちと、とびきり優秀だが扱いづらい中年の大物、デビッド・ストックマンだけだった。

生来エネルギッシュなストックマンは、フランスの実存主義者でもかなわないほどのカフェインとニコチンを摂取しながら、常にオーバードライブの状態で突っ走っていた。右手のマグカップからコーヒーをすすりながら、左手では葉巻をくゆらすといったマッチョな仕事ぶりだった。後に葉巻はやめたものの、カフェインの摂取量は変わらなかった。

ブラックストーンのパートナー、チン・チュウはジュニアパートナーだったころ、ストックマンと一緒にインディアナ州の州都インディアナポリスから五〇マイル北にある、ココモに出張したときのことを覚えている[23]。ココモにはブラックストーンが保有していた機械メーカー、ヘインズ・インターナショナルがあった。空港に着き、レンタカーに乗り込むと、ストックマンは逆方向に走り出した。チュウが「いったいどこに行くんですか？」と尋ねると、「ここからインディアナポリスまでスターバックスがないんだ」と答えた。インディアナポリスまでの二時間にわたる一〇〇マイルの寄り道を経て、二人はヘインズにたどり着いた。

常に熱病に浮かされたようなストックマンの気性の激しさは、ときに部下を楽しませ、時に驚愕させた。膨大な量のデータを吸収できるその知性には、だれもが舌を巻いた。だが九〇年代初頭には、レーガン政権の神童と呼ばれたこの男も、ディールの評価能力についてはまったく当てにならないことが明らかになった。確かにエッジコムについては、事前にシュワルツマンにその危険性を指摘するなど、正しい判断を下した。だがトランスター、デイズイン、シックス・フラッグスなど、成功に終わった数々のディールについても同じような否定的な見方をしていた。一方、ストックマンの推したコリンズ&アイクマン（旧ウィッキーズ）の事業はうまくいっていなかった。

問題は、ストックマンの判断が時折まちがっていたことではなかった。他のパートナーが提案するディールに対し、高圧的に否定する態度が敵を増やしていた。九一年のある投資委員会には、アシスタント二人を伴い、多数のグラフやスプレッドシートを携えて乗り込んできた。(24) 議題となった遊園地運営会社シックス・フラッグスへの八一〇〇万ドルの出資に反対するためだ。

シックス・フラッグスは前オーナーのウェスレイ・キャピタルの傘下で、不振にあえいでいた。ブラックストーンと合弁相手となるタイム・ワーナーは、タイム・ワーナーの人気アニメ『ルーニー・テューンズ』のキャラクターを使って、派手なテレビ広告を展開する計画を立てていた。それによって子どもたちを遊園地に呼び戻し、事業を立て直そうというわけだ。タイム・ワーナーの関係者をはじめ、この案件を発掘したうえに、MTV共同創業者でメディア・マーケティングのカリスマ、ボブ・ピットマンをスカウトしたロジャー・アルトマン、ディールの責任者を務めたヘンリー・シルバーマン、シルバーマンが買収提案をまとめるのを手伝ったハワード・リプソンなど、この計画に携わった者はだれもがシックス・フラッグスは再生できると確信していた。だがストックマンの意見はまったく違っていた。

「デビッドはディールに反対するために、完全武装して会議に乗り込んできた」と出席者の一人は語る。この人物によると、ストックマンはアメリカ人の経済活動に占めるレジャー支出の割合は上昇しつづけてきたため、いずれは歴史的な水準に回帰する。このため下降を始めるのは避けられない、と主張した。さらに新しいアトラクションを追加するコスト――これまで以上にスリルある呼び物を追加するコスト――は上昇しているため、設備投資が重荷になる、とも語ったという。

「みなさんの予測はあまりにも楽観的すぎ、設備投資の見通しを甘く見すぎている」とストックマンは断言した。

ただブラックストーンは、まさにそうした問題が起きても自分たちに被害が及ばないような取り決めを結んでいた。具体的には、シックス・フラッグスが大成功した場合にはタイム・ワーナーが利益の大部分を手に入れることになっていた。その見返りとしてブラックストーンは、キャッシュフローがわずかでも増加しているかぎり、最低でも二五％のリターンを確保できることになっていた。

ストックマンがプレゼンを終えると、ハワード・リプソンがこう言った。「いいかい、これはたとえ君の予想がすべて的中しても、そして君の出してきた入場者数や設備投資額を我々のモデルに当てはめたとしても、二五％のリターンは確実に稼げるって話なんだよ」

うろたえたストックマンは、リプソンの資料をにらみながら反論した。「それは単に君たちがそういう契約にしたからだろう！」

「おっしゃるとおり」とリプソンは答えた。

議論に勝ったのはリプソンのほうで、その後の状況はまさにリプソンらが期待したとおりになった。七億六〇〇〇万ドルの買収が成立して一年後の九二年一二月、タイム・ワーナーはブラックストーンの持分を買い取るオプションを行使して、再起を遂げたシックス・フラッグスの株を一億四〇〇〇万ドルで買い取った。ストックマンの不吉な予想に反して、ブラックストーンは二七％のリターンを確保した。

ストックマンの実績にムラがあったことから、シュワルツマンは全幅の信頼を置くことはなかった。実質的にシュワルツマンに次ぐナンバーツーの座にあったシルバーマンが九一年に退社しても、知名度や経験、年齢などを考えれば当然その後任となるべきストックマンが昇格することはなかった。その役回りは徐々にストックマンよりはるかに年下の、八七年にシェアソン・リーマンから一介のバイスプレジデントとして移籍してきた若手社員が担うようになっていった。

一九八八年にUSX傘下の鉄道会社トランスターの財務分析を担当し、その買収をブラックストーン上層部に強く進言した当時、ジェームズ・モスマンは二九歳だった。先述のとおり、トランスターはブラックストーンの出世作ともいえるディールとなった。翌年、CNWの買収交渉においても優れた財務モデルを練り上げたうえ、主要な争点をめぐってタフネゴシエーターぶりを発揮したことから、有望株としてのモスマンの評価はさらに強固になった。だれよりもその才能に惚れ込んだのがシュワルツマンだった。

「ジェームズのIQは並外れていた」。九三年にブラックストーン入りしたパートナーのJ・トミルソン・ヒルは語る(25)。

トロント大学を卒業したモスマンは、仕事が終わると宇宙物理学やひも理論のような難解な数学の研究に没頭し、知的刺激を楽しむようなタイプだった。八七年後半にブラックストーンが新聞広告に載せた写真には、黒ぶち眼鏡をかけたモスマンが、同僚と並んで笑顔を見せている。スーパーマンの仮の姿であるクラーク・ケントから、首回りの筋肉を落としたような風貌だが、クラーク・ケントのような不器用さや気弱さはみじんも感じさせなかった。社会人としてのモスマンの最大の欠点——それを強みと見る者もいたが——は、あまりに率直な物言いだった。だれかの考えに欠陥があったり、お粗末だと感じたりすると、そのまま口に出した。

「ジェームズの世界には白か黒しかなかった」。長年ブラックストーンのパートナーを務めたケネス・ホイットニーは語る。モスマンの人格も同じように両極端だったという。「すばらしいユーモアのセンスがあったが、ひとたび何かに集中すると、もう冗談どころではなかった。まるでジキル博士とハイド氏だった」。何かに取りつかれたようになり、ディールに没頭すると二、三日眠らないで働きつづけることもあった。「全速前進しかできない乗り物のようなところがあった」とホイットニーは語る。

ブラックストーン本社でいずれ劣らぬ強情っぱりのモスマンとストックマンが議論を始めると、周囲に人だかりができた。「デビッドとジェームズがやり合うのを見たくて、投資委員会に人が集まった。その激しさといったらなかった」とパートナーのチン・チュウは語る。ストックマンが守勢に立たされているときには、耳から湯気が噴き出すのが見えるようだった。片足は貧乏ゆすりを始め、早口になり、体は震えはじめた。一方のモスマンはあくまでも冷静沈着、論理的かつ優雅に反論を繰り広げた。

「ジェームズは独断的ではあったが、説得力があった」とチュウ。「彼は膨大な分析結果を眺めて、数分後には要点を三つにまとめることができた。あれは生まれ持った才能だ」。対照的に、データやトレンドラインで頭がいっぱいのストックマンは、年金制度に関する数十年分の数理計算結果や、石油精製設備の処理能力といった膨大な数値をそらんじていたが、往々にして木を見て森を見ずのきらいがあった。

モスマンはブラックストーンに入社して三年後にパートナーに昇格し、その後事実上の最高投資責任者（CIO）となった。あらゆるディールが彼の承認を得なければならなくなったのだ。CIOになると、モスマンはディールの実務には一切かかわらなくなった。トランスターとCNW以外で、彼がディールの準備に携わったり、指揮を執ったことはない。時折必要に応じて、資産を担保にした巧妙な資金調達システムを考案したぐらいだ。買収候補企業の経営陣と会うこともなく、出資者であるリミテッド・パートナーと話すこともなかった。その代わりオフィスにこもり、パートナーが書面にまとめた投資の企画書を厳しく吟味していた。

ＣＩＯには珍しいスタイルだったが、モスマンが様々な案件から精神的に距離を置いたことは、会社が勢いに流されないようにするうえで大きな意味があった。だれでも何週間や何カ月もかけてある会社を調べれば、どうしてもディールをやりたくなるものだ。「ジェームズには何が何でもディールをやりたい、という情熱はない」。一九九六年から二〇〇四年までブラックストーンで働いていたサイモン・ロナガンは語る。「彼にとっては、何もしないことにも何かをするのと同じくらい意味があるんだ。何事も徹底的に分析する、規律を重んじる人間だ」

投資の最終判断をするのはシュワルツマンだったが、右腕となった若者の判断に異を唱えることはなかった。こうしてモスマンは、どのディールを進めるべきかを決める影の実力者となり、その知的なアプローチは九〇年代から二〇〇〇年代にかけてのブラックストーンの投資判断に、ひそやかながら決定的な影響を及ぼすことになった。

第11章

看板替え

一九九〇年代初頭の景気後退でＬＢＯ業界に沈滞ムードが漂うなか、シュワルツマンは市場の不安定化やレバレッジの枯渇という環境に、より適した新規事業の立ち上げに乗り出した。一九九一年五月には、ケミカルバンクからアーサー・ニューマン率いる債務再編のスペシャリスト六人を引き抜いた。ニューマンはまさにこの分野のエースだった。

効果はすぐに表れた。アメリカ・ウェスト・エアラインズ、Ｒ・Ｈ・メーシー、鉄鋼メーカーのＬＴＶコーポレーションをはじめ、財務の立て直しに向けたアドバイスを必要とする破産企業から、続々と依頼が舞い込んだのだ。その後ブラックストーンの事業再編アドバイザリー部門の陣容は四四人に拡大し、二〇〇〇年代の初頭とその終盤には、それぞれ時代を代表する困難な案件を手掛けることになった。

さらにシュワルツマンは、Ｓ＆Ｌ問題の後始末を任された整理信託公社（ＲＴＣ）が、破綻した何千社というS&Lから政府が買い取った不動産や不良債権の売却に乗り出そうとするのをにらみ、不動産投資部門の設立にも取りかかった。九二年にジョー・ロバートがすぐに退社してしまったことでこの試みは一歩後退したが、シュワルツマンはすぐにロバートに代わる人材を探し当てた。当時四六歳のジョン・シュライバーである。

シュライバーはシカゴを拠点とする大手不動産投資会社、JMBリアルティ・コーポレーションの買収責任者を退任したばかりだった。JMBは不動産へのシンジケート投資に特化した、今日では数十億ドル規模の業界に発展した不動産投資専門プライベート・エクイティの先駆けのような存在であった。JMBが切り拓いた不動産投資専門プライベート・エクイティは、値下がりした物件や改修の必要のある物件を安く買い、数年後に売却するという、シュワルツマンのイメージどおりの事業を手掛けていた。

シュワルツマンはまずシュライバーに連絡を取り、新事業のトップにふさわしい人材はだれかと相談した。だが様々な不動産投資家やバンカーと話し合った末に、九二年夏に再びシュライバーに電話をかけ、今度は彼自身に新事業のトップを引き受けるよう要請した。

「スティーブには『まったく興味がない』と言ったんだが」とシュライバーは語る。(1)二度とフルタイムで働かない、と妻に約束していたうえ、経営という仕事にはうんざりしていた。しかもニューヨークに引っ越すなど、まっぴらだった。だがシュワルツマンは粘り強く誘い続けた。ついにシュライバーの妻が、ありえないような条件を提示してみたら、と入れ知恵をした。そこでシュライバーはシュワルツマンに、経営の実務家をそろえる見返りとして自分に新会社の持分を与えること、そして自分が働くのは一年のうち四〇日のみ、それもシカゴを動かない、という条件を出した。シュライバー夫妻の予想に反して、シュワルツマンはそれを呑んだ。

新会社は、ラリー・フィンクが率いていた債券投資会社ブラックストーン・フィナンシャル・マネジメントと同じような構造だった。当初はブラックストーンが株式全体の八〇%、シュライバーが二〇%を保有し、その後幹部を採用するたびにブラックストーンが持分を少しずつ譲渡し、最終的に経営陣とブラックストーンの持分が五〇%ずつになる、というものである。シュライバー自身の言葉によれば、彼は三塁コーチにとどまる見通しだった。

九二年末、一時は二四〇億ドルの運用資産を誇ったJMBリアルティは、好況期に手掛けたレバレッジ比率の高い複数の案件が行き詰まり、苦境に陥っていた。このため同社幹部の多くが新たな仕事を探していた。その中で、ブラックストーンの新会社のトップとしてシュライバーが目を付けたのはバリー・スターンリヒトである。「我々はバリーを部下と一緒に採用することで基本的な合意に達していたが、最後の最後に彼が心変わりしてしまった」とシュライバーは語る。スターンリヒトは結局、自分で不動産投資会社のスターウッド・キャピタルを立ち上げた。

シュライバーはその代わりとして、九三年に別の大手不動産会社トラメル・クロー・カンパニーで働いていたトーマス・セイラックを採用し、さらにセイラックの下で現場の指揮を執る人材としてJMB出身のジョン・ククラルを採用した。

シュワルツマンは八〇年代の不動産バブルの崩壊を受けて、値下がり不動産の売買には大きな収益機会が生じたと見ていた。開発業者や債権者はバブル崩壊の余波に苦しんでいたが、政府はS&Lが保有していた何十億ドルという資産を、相応の価格を提示する相手ならだれにでも売却しようとしていた。

問題は、ブラックストーンにはそうした案件に投資する資金がわずかしかなかったことだ。そこでブラックストーンは九一年、最初の投資ファンドの出資者に対し、運用資金から最高四億ドル（総資産のほぼ半分）をRTCが競売に出す不動産に回すことを認めるよう訴えた。[2] だがアメリカや日本の投資家が大半を占めるリミテッド・パートナーの多くは、すでに不良不動産に辟易としていたため、資金の転用を認めなかった。そこでブラックストーンは新会社の新たな経営陣とともに、不動産投資に特化したファンドを立ち上げるため、数億ドルの資金調達に乗り出した。

九三年の終盤、シュライバーは最初の大ヒットを放った。五七カ所のショッピングモールの所有権の一部やスーパーマーケットチェーン「ラルフ」のほか、大量の土地を保有していたエドワード・J・デバルトロ・コーポレーションが苦境に陥り、金融機関は何とか同社への融資債権を売却したがっていた。シュライバーはファースト・ナショナル・バンク・オブ・シカゴとの長年のパイプを生かし、同行がデバルトロに対して持っていた一億九六〇〇万ドル分の有担保債権を額面価格の五六％で買い取る契約を結んだ。[3] デバルトロは様々な事業や不動産を併せ持っていたため、ブラックストーンは投資ファンドの資金を使うことができた。

このディールは大成功を収めた。通常、ある会社がデフォルト（債務不履行）すると、債権は事業再建後の新会社の株と交換される。九四年四月にブラックストーンが行ったのがまさにそれだ。九六年に株を売却した際には、投資した一億九〇〇〇万ドルは二倍以上に増えていた。

シュライバーの次の大ヒットとなったのは、JMBリアルティの投資先で、彼自身も内情を知り尽くしていたキャデラック・フェアビューへの投資だ。トロントの「イートン・センター」「トロント・ドミニオン・センター」、バンクーバーの「パシフィック・センター」など、カナダで多数のショッピングモールを運営する同社は、JMBの至宝ともいえる案件だった。

ＪＭＢが五一億ドルでキャデラック・フェアビューを買収するのを取り仕切ったのはシュライバー自身で、それは八〇年代最大の不動産取引だった。だが九一年当時、景気が冷え込むなか、キャデラック・フェアビューは債務の重みに押し潰されそうになっていた。ＪＭＢ崩壊の最大の原因となったのも、ほかならぬキャデラック・フェアビューの財政悪化である。

こうしてシュライバーはハゲタカ投資に手を染めることになった。かつてレオン・ブラックが、ドレクセル時代に自ら手掛けた案件の残骸を集めてアポロの評価を高めたのとまさに同じように、キャデラック・フェアビューを知り尽くしたシュライバーも同社を再建し、がっぽり稼ぐことにした。

敵の内情を知り尽くしているという自信に裏打ちされたブラックストーンの不動産チームは九五年二月、キャデラック・フェアビューへの融資債権一〇〇〇万ドルを買い漁った。最終的な目的は、債務整理後の同社の株式だ。九四年には不動産投資専門ファンドに三億三〇〇〇万ドルが集まり、シュライバーのグループは潤沢な資金を抱えていた。九五年にはオンタリオ教職員年金基金と協力し、シュライバー自身がとりまとめたキャデラック・フェアビューの救済計画を実行に移した。ブラックストーンとオンタリオ教職員年金基金は二億ドルの出資と引き換えに、合計三二％の株を得た。最大の債権者であったゴールドマン・サックスは、融資債権と引き換えに一二％を得た。二年後、キャデラック・フェアビューは株式を公開した。債務から解放された同社は順調に成長し、その後株を売却したブラックストーンは六五五〇万ドルの投資に対して、七三〇〇万ドルの利益を得た。

ＪＭＢはブラックストーンのはるか以前から、不動産に特化したプライベート・エクイティという分野を切り拓いた。だが企業買収を専門とするアメリカの大手ＬＢＯ会社の中で初めて不動産投資に進出したのはブラックストーンであり、また唯一トッププレーヤーにとどまったのも同社だ。九三年にはアポロとカーライル・グループもそれぞれ不動産投資部門を立ち上げたが、アポロ・リアル・エステート・アドバイザリーは最終的にレオン・ブラックと袂を分かち、アポロの名称を外した。カーライルの不動産事業は比較的小規模にとどまった。

当時シュライバー、セイラック、ククラルの採用はほとんど注目されなかった。はるかに騒がれたのは、ピーターソンとシュワルツマンの旧友で、元リーマン・パートナーのJ・トミルソン（トム）・ヒルの採用である。ヒルは八〇年代を代表する敵対的買収闘争の多くにかかわった、M&A業界の猛者だった。ロバート・カンポーの攻撃から身を守ろうとするフェデレーテッド・デパートメント・ストアーズの経営陣に味方したほか、RJRナビスコをめぐる闘争ではCEOのロス・ジョンソンに協力した。

さらに八〇年代に最も注目を集めた友好的合併のいくつかもお膳立てした。八三年のベンディックス・コープによる一八億ドルでのアライド・コープとの合併、八八年のアメリカン・ストアーズによる二五億ドルでのラッキー・ストアーズの買収、八九年のタイム・インコーポレーテッドによる一四〇億ドルを投じたワーナー・コミュニケーションズとの合併などだ。

装いもまた完璧だった。髪はオールバックになでつけ、完璧な仕立てのポール・スチュアートのスーツにタッセル付きのローファーで身を固めていた。映画『ウォール街』のゴードン・ゲッコーはトム・ヒルをモデルにしたという噂もあったほどだ。

九三年にヒルがリーマンの共同CEOの座を追われると、ブラックストーンはすぐに彼をM&A部門の共同責任者として迎え入れ、かつてロジャー・アルトマンが務めていた看板役者のポストに就けた。アルトマンが退社したときから、シュワルツマンとピーターソンはその穴を埋める人材を熱心に探し続けてきた、とヒルを採用した当時にシュワルツマンは語っている。[4]「トムはその条件にぴったりだった」タイミングも絶好と思われた。九一年から九二年にかけて底打ちした企業合併は、九二年から九五年にかけて三倍に増加するなど回復しつつあり、ヒルもそうした流れに乗るつもりだと明言していた。[5]ブラックストーン社内にはゴールドマン・サックスやメリルリンチといったM&Aの有力プレーヤーからパイを奪うことさえできるかもしれない、という期待もあった。ヒルがM&A部門を、ブラックストーンの事業プラットフォームにおける四つ目の柱に変貌させるのは、確実と思われた。

だが、そうはならなかった。新たなM&Aのうねりが高まっているにもかかわらず、ヒルとM&A部門のもう一人の共同責任者であったマイケル・ホフマンは、シュワルツマンの掲げる高い目標にまったく到達することができなかった。とはいえ、ヒルとホフマンだけを責めるのは誤りだ。商業銀行と投資銀行を隔てる規制上の壁が低くなってきたことを受けて、投資銀行は融資業務をしやすくなり、また商業銀行はM&Aのアドバイスや資金調達といった、従来投資銀行の領域とされていたところに進出しはじめた。規制緩和によって、銀行業務のいわゆるワンストップ・ショッピングが可能になったのだ。一つの銀行、もしくは小規模な金融グループでも、M&Aの戦略立案から実行、融資や社債の引受や販売までの幅広い業務をすべて手掛けられるようになった。

LBOを仕掛ける側から見れば、融資や社債といった異なるタイプの資金を集めるのに複数の金融機関をまわる必要がなくなったのは大きなプラスだった。だがM&Aブティックと呼ばれる、融資や引受サービスを手掛けないアドバイザリー専業のブラックストーンのような事業者から見れば、新たに登場したフルサービス型の銀行は仕事を奪っていく存在だった。

M&Aブティックの中でもラザード・フレールのような名門は、専業アドバイザーとして強固な地位を維持していた。またブラックストーンと同じようなM&A兼プライベート・エクイティ会社でも、ワッサースタイン・ペレラは多額の手数料を獲得していた。だがブラックストーンのM&A部門は苦戦が続き、それがシュワルツマンには我慢ならなかった。

魅力的な案件を取り逃がすなど何か不愉快なことが起きるたびに、シュワルツマンの怒りは爆発した。その矛先はたいてい、元スミス・バーニーのM&A部門幹部で、八九年にブラックストーン入りしたホフマンに向けられた。「マイケルとスティーブの関係は信じられないほど険悪だった。だがマイケルは悪くない。毎日のように罵倒されるのを耐え忍んだのだから」と元パートナーは語る。(6)

ホフマンによると、何よりもシュワルツマンをいらだたせたのは、かつてライバルであったブルース・ワッサースタインが、M&A分野でブラックストーンのパイを横取りしていることだった。「様々な障害があったことを考慮すれば、ブラックストーンもよくやっていたと思う」とホフマンは語る。(7) ブラックストーンの年間のM&A手数料収入は、九〇年代初頭の二五〇〇万ドルから、九〇年代の終わりには七〇〇〇万ドルへとほぼ三倍に増えていた。それでもワッサースタイン・ペレラの四億ドルと比べれば、五分の一にも満たなかった。シュワルツマンはブラックストーンのM&A収入がワッサースタイン・ペレラほど大きくないという事実に憤っていた、とホフマンは語る。M&A部門はまずまずの利益を出していたが、それではシュワルツマンは収まらなかったという。ホフマンは二〇〇一年に退社し、金融危機にあったカリフォルニア州のアドバイザーとなり、後にエネルギー関連投資に特化するプライベート・エクイティ、リバーストーン・ホールディングスに転じた。

一方のヒルは最終的に成功を収め、ブラックストーンに大きな足跡を残すことになったが、それはM&A部門においてではなかった。かつてデビッド・バッテンが日興證券から調達した資金を運用するために立ち上げた、ヘッジファンドを対象とするファンド・オブ・ファンズ事業は、九〇年代半ばまでに外部の投資家の資金も受け入れるようになった。ヘッジファンドを選別し、分散投資することの対価として手数料を受け取るというこの事業は、新たな収益源に育っていた。ブラックストーン・オルタナティブ・アセット・マネジメント（ＢＡＡＭ）と命名されたこの部門のトップは次々と替わっていったが、二〇〇〇年にＭ＆Ａ部門責任者の地位を降りたヒルがそのポストに収まった。それはヒルにとって新たな天職となり、彼の指揮下でＢＡＡＭの運用資産は飛躍的に拡大した。

第12章

復活

ＬＢＯ市場の蘇生のプロセスは、それに先立つ荒々しい崩壊とはまったく違っていた。プライベート・エクイティの復活を知らしめるような象徴的なディールがあったわけではない。高らかにファンファーレが鳴り響いたわけでもない。むしろ徐々に雪解けが進むようなものであった。

ドナルドソン・ラフキン＆ジェンレット（ＤＬＪ）をはじめとする銀行が、九〇年に破綻したドレクセル・バーナムから精鋭を引き抜き、活躍の場を与えたことから、ジャンク債市場は九二年から九三年にかけて復活した。だがジャンク債を通じて調達された資金のうち、新たなＬＢＯに使われたのはごくわずかだった。ＬＢＯはまだ禁句だった。

八〇年代の野放図な融資がもはや過去のものとなったのは明らかだった。最大限にレバレッジを効かせたＬＢＯ案件に融資したものの、対象となった企業の多くが破綻し、痛手を被ることとなったウォール街の銀行は、多少は賢明になり、融資の基準を厳格にした。ＬＢＯを実施する企業は、買収金額の一〇％かそれ以下しか負担せずに済んだ八〇年代とは違い、いまや融資先からはるかに多額の自己資金の拠出を求められるようになった。九三年から二〇〇〇年代初頭にかけて、銀行はプライベート・エクイティに対し、買収総額の少なくとも二〇％、たいていは三〇％を自己資金で賄うことを要求した。

この結果、ＬＢＯの勝利の方程式は変更を余儀なくされた。かつてのＫＫＲによるＲＪＲナビスコやベアトリス・フーズの買収のように、わずかばかりの自己資金で巨大企業の支配権を握ることは不可能になった。同じ割合の株式を手に入れるのに使える融資が少なくなったため、当然のようにＬＢＯの平均規模は縮小した。レバレッジ比率の低下に伴い、企業価値のわずかな増加が一〇倍、二〇倍に増幅されることもなくなったため、ＬＢＯ会社のリターンも低下した。唯一の好材料といえば、企業の売値が安くなったことぐらいだ。

新たな環境に置かれた投資会社は、利益を確保する方法や、そもそもＬＢＯの目的とは何かといったことを再検討せざるをえなくなった。そして徐々に、買収した企業の経営改革に力を注ぐようになっていった。かつてはコスト削減や、大組織の中に埋没していた資産を売却することばかりに集中していたが、トップライン（売上高）の改善に目を向けるようになったのだ。利益率の高い製品を強化するにはどのように収益構造を変えるべきか、地理的に活動範囲を広げるべきか、買収によって欠落を埋めるべきか、顧客との関係をどのように改善すべきか、といったことを自問しはじめたのだ。

クレイトン・ダビリアー＆ライス（ＣＤ＆Ｒ）をはじめ、経営者のチームを組織し、買収した企業の経営改革を支援するために送り込む会社も現れた。ＣＤ＆Ｒの特色が顕著に表れたのは、九一年にＩＢＭからオフィス製品群を買収するという大胆な企てである。ＩＢＭがＣＤ＆Ｒに資産売却を持ちかけた時点では、ＩＢＭにはオフィス製品部門といったものは存在しなかった。セレクトリック・タイプライターやドット・マトリクス・プリンターなど、成長性の低い、もしくは市場から消滅しつつある製品を十把ひとからげにして売却しようとしていただけだった。

ＣＤ＆Ｒはそうした製品群をまとめて新たな会社を立ち上げ、当時インクジェット・プリンター市場を支配していたヒューレット・パッカードのような優れた企業に対抗していかなければならなかった。きわめて困難な試みであり、他のプライベート・エクイティなら絶対に手を出さなかっただろう。だがＣＤ＆Ｒは成功を収めた。ＩＢＭが放出したお荷物製品を元に「レックスマーク」という新会社を立ち上げ、製品開発を加速し、インクジェットやレーザープリンター市場における有力プレーヤーに仕立て上げた末に、九五年に株式を公開したのだ（ＣＤ＆Ｒによると、同社のパートナーが初めてＩＢＭ会長のジョン・エイカーズに面会した際、エイカーズは『野蛮な来訪者』を手に「あなた方を選んだのは、この本に社名が登場しないからだ」と語ったという[1]）。ＫＫＲもセーフウェイなどで大胆な経営改革を実施したことがあったとはいえ、それまで経営参加型の投資を手掛けたプライベート・エクイティは少なかったが、次第に多くがこの手法に倣うようになった——少なくとも、口ではそうしていると言うようになった。

価値創造に重きが置かれるようになったことで、業界の呼称も変わった。「ＬＢＯ」や「バイアウト」という言葉のイメージがあまりにも悪くなったことから、投資会社は自らの活動を「プライベート・エクイティ」と称するようになった。イギリスの投資会社は「マネジメント・バイアウト」という呼称を使うようになった。買収後も従来の経営陣が残ることを強調しようというわけだが、実際には従来の経営陣が実権を握っている例は少なかった。

「プライベート・エクイティ」という用語は従来、創業したばかりの会社など新興企業に対するベンチャー・キャピタル投資を意味するものとして使われており、イノベーションと成長を促すものとして広く称賛されていた。だがいまや同じ言葉が、借入金を使って企業を買収するという、批判されることの多いプロセスに対しても使われるようになったのだ。とはいえ新たな呼称は定着したものの、それによって八〇年代を代表するディールによってLBO業界に染みついた否定的なイメージが消えることはなかった。

レバレッジ比率の低下、自己資金の拠出率の上昇、そして今まで以上の実直さを特徴とする、生まれ変わったLBO業界は、九三年から九四年にかけて長い冬眠から目覚めはじめた。このころ株式市場はまだ低迷していたが、経済は九一年から九二年にかけての不況から回復しはじめており、後から思えば投資には最高のタイミングだった。

八九年末にCNWの買収が成立してからの四年間、ブラックストーンが手掛けた大型の買収はわずか三件にとどまった。ホスピタリティ・フランチャイズ・システムズ、シックス・フラッグス、そして九一年一〇月に一億七七〇〇万ドルで買収したシカゴの浚渫《しゅんせつ》工事会社グレート・レークス・ドレッジ&ドックカンパニーである。

だが九四年には再び投資先を探しはじめ、新規に二件を確保した。一件は放送会社USラジオに対する小規模な出資、もう一件は鉄鋼業界での大勝負だ。後者はブラックストーンの出世作となった、鉄鉱石と鉄鋼の運送会社トランスター同様、莫大なリターンをもたらした。そしてトランスターの成功をテコに、最初のものより規模の大きい二番目のファンドを立ち上げたのとまさに同じように、一二億ドルを投じたUCARインターナショナルの買収はブラックストーンの第三のファンドと九〇年代後半の急成長の基礎となった。

化学大手のユニオン・カーバイドと日本の三菱商事との合弁会社であったUCARは、鉄鋼そのものではなく、鉄鋼生産に使われる黒鉛電極の世界最大のメーカーだった。電極は太い棒のような形をしており、華氏五〇〇〇度（摂氏二七六〇度）に熱し、家一軒がそのまま入るような巨大な箱に沈めると、鉄スクラップを融解することができる。電極は頻繁に交換する必要があるため、鉄鋼需要が旺盛であるかぎり、UCARには安定した注文が入ってくるはずだった。

だがブラックストーンが何より魅力を感じたのは、UCARと主要なライバルであるドイツのSGLグループがそれまでの一〇年間に、積極的に価格を引き上げる一方、生産能力を三分の一ほど削減していたことである。

「デビッド・ストックマンが提示した分析結果は、余剰生産能力がまったくないことから、電極の価格が上昇していることを示していた」とハワード・リプソンは語る。[2]「デビッドはこの業界に精通しており、エンドマーケットと生産能力の観点から分析していたため、我々はその結果に非常に意を強くした」

ブラックストーンが目をつけた時点で、UCARはほんの数週間後にIPOを控えている状況だったため、IPOの先回りをして同社を手に入れるには猛スピードで事を運ぶ必要があった。

ピーターソンは九一年に、ユニオン・カーバイドCEOのボブ・ケネディがUCAR株の五〇％を三菱商事に売却する際にアドバイザーを務めたことがあったため、旧友に連絡をとり、UCARを公開する代わりにブラックストーンに売却しないかと持ちかけた。IPOというのは、本来リスクが高いものだ。というのも売出価格はぎりぎりまで変化するうえ、主要株主は当初は持分のごく一部しか売却できないためだ。相対交渉で企業を売却するほうが、価格は確実に決まり、株主は好きなだけ持分を放出できるのでより多くの現金を手にできるというメリットがある。

ピーターソンはケネディに対し、UCARがうまくいった場合に備えて、ユニオン・カーバイドが多少の持分を維持しても構わない、と伝えた。(3)「ボブには『多少の持分を握っておいたほうがいい』と言ったんだ。さもないと我々がUCARで大儲けした場合、ギブソン・グリーティングをウェスレイに安値で売却したRCAのようにバカだと思われるからね」

アイデアをケネディに売り込んだのはピーターソンだったが、このディールを成功に導いた立役者はケミカルバンクのジミー・リーだ。IPOまでの残り時間が短いなか、リーはそれまで銀行がどこも試みたことのない賭けに出た。買収のための融資を集めるだけでなく、自らジャンク債まで発行するというのだ。これはかつて明確だった投資銀行の証券業務と商業銀行の融資業務を隔てる一線が、薄れつつあることを示す最初のサインだった。リーはさらに好条件を追加した。総額一一億ドルの資金計画に、ケミカルバンクの保証を付けたのである。

「ボブ・ケネディにUCARの株式公開を思いとどまらせるには、我々が買収資金を確実に用意できることを示すしかない」とシュワルツマンはリーに語った。(4)「でっかく稼げるディールをやりたいんだろう？今がチャンスだ」

リーは仰天した。ほかの銀行から融資が集まらなかったり、ジャンク債を売り切ることができなかった場合、ケミカルバンクはつなぎ融資を実行しなければならず、UCARという単一企業に対して、通常ならば絶対に引き受けないような大きなリスクを背負うことになる。「ケミカルがこれほどの規模のつなぎ融資を引き受けたことはかつてなかった。つなぎ融資を実行した後でジャンク債を売り切れなかったら、私はアウト、一貫の終わりさ。ジミー・リーもケミカルバンクも破滅だ」

シュワルツマンはリーの不安を鎮めるため、ケミカルがつなぎ融資をしなければならない状況になったら「我々も協力する」と言ったという。具体的にどうするかは語らなかったが、ブラックストーンがジャンク債を買うためのカネを出すか、つなぎ融資の条件で譲歩することをほのめかしているようだった、とリーは振り返る。「それこそ私が聞きたかった殺し文句だ」

さらにリーが意を強くしたのは、シュワルツマンにはケミカルを支える理由があることを知っていたからだ。「ケミカルをハイイールド債市場のメジャープレーヤーにしたら、他のプライベート・エクイティに対して優位に立てるとスティーブにはわかっていた」とリーは語る。ケミカルを味方につければ、今後の入札競争でライバルに勝利しやすくなるはずだった。

買収契約は九四年一一月にまとまり、二カ月後に正式に締結された。ブラックストーンは一億八七〇〇万ドルを投じて、UCAR株の七五％（ユニオン・カーバイドの持ち株の半分と、三菱商事の持ち株すべて）を取得した。

UCARはウォール街にとって画期的なディールだった。リーがジャンク債の販売に成功したことは、大規模なLBO案件に対するワンストップ・ファイナンスという新たなビジネスの誕生を意味した。この市場はケミカルバンクとその後身であるJPモルガン・チェースをはじめとする少数の銀行が独占することになった。かつてリーはシンジケートローンという仕組みを考案し、単に融資を実行するだけだった商業銀行を、融資資金を集め、その後債権を証券化して投資信託やヘッジファンドなどの多数の投資家に売りさばくプラットフォームへと変貌させた。今度は融資業務と証券化業務を一つ屋根の下にまとめたのである。

リーが編み出したシンジケートローンは、ケミカルをはじめとするウォール街の銀行にとって大きな収益源となった。それによって大規模な融資を実行し、莫大な手数料を稼ぎつつ、自社のバランスシートにリスクの高い債権が残ることがなくなったのだ。この市場にはヘッジファンドをはじめとする新たな投資家からの資金が大量に流れ込み、それがLBOを活性化し、より大規模なディールに資金が集まるようになった。九〇年代後半には、LBOとは無関係の企業向け融資を含めたシンジケートローン全体の市場規模は三兆ドル以上に達し、JPモルガン・チェースのリーが率いる部隊はその三分の一を押さえていた。(5)

二〇〇〇年代に入ると、ワンストップ・ファイナンスとシンジケートローンというモデルはLBO業界に数千億ドルもの資金を供給するようになり、記録的な大規模ディールが次々に生まれた。ウォール街のだれよりも、二〇〇五年から〇七年にかけてのLBOブームの立役者と呼ぶにふさわしい人物はジミー・リーだ。

UCARはブラックストーンにとっても満塁ホームランだった。投資が実行された九五年の春から夏にかけて、生産能力の削減と価格上昇によってUCARの利益は急増。同年八月には株式を公開した。株価上昇を受け、ブラックストーンは最後の持ち株を売却した九七年四月の時点で、なんと六億七五〇〇万ドルの利益を獲得していた。投資資金の三・六倍であり、年平均リターンは二〇〇%近くに達した。その日、パークアベニュー三四五番地の士気は多いに上がった。

だが間もなくUCARの投資をめぐり、暗雲が立ち込めてきた。ブラックストーンが持ち株を売却して二カ月も経たない六月五日、連邦の捜査当局は価格操作の疑いでUCARに召喚状を出した。九八年三月にUCARは会長兼CEOのロバート・クラスと、COOのロバート・ハートを解任し、四月には独禁法違反の罪を認めて一億一〇〇〇万ドルの罰金を支払うことに合意した。クラスとハートは刑務所に送られた。

買収対象としてUCARを評価していたストックマンを魅了し、またその後同社の成長の原動力となった生産能力の削減と価格上昇は、実際には違法な談合の産物だったのだ。ブラックストーンが買収に乗り出す前の九二年から、UCARは主要なライバルでともに黒鉛電極市場の三分の二を押さえていたSGLグループと共謀し、足並みをそろえて生産能力の縮小に乗り出した。ブラックストーンのパートナーのうち少なくとも一人、具体的にはハワード・リプソンがクラスとハートの裁判で証言に立った。だがブラックストーン、ユニオン・カーバイド、三菱商事で訴追された者はいなかった。「価格操作には、たいてい生産能力の操作が絡んでいることを初めて知った。ショックだったよ」とリプソンは語る(6)。

幸運にもブラックストーンはその夏、UCAR事件が公になる前に、三番目の企業買収ファンド「ブラックストーン・キャピタル・パートナーズ第三号」の出資契約をほとんど済ませていた。投資家にとって、ブラックストーンがUCARへの投資で得た途方もない利益は、大きな魅力だった。ブラックストーンがアピールした年率八〇%近いリターンという実績は、ほぼすべてUCARによるものだ。景気の底で実施した一、二件の投資が莫大な利益をもたらすというパターンは、その後のファンドでも繰り返されることになった。

九七年一〇月に最終的にクローズした三番目の企業買収ファンドは総額四〇億ドルに達し、ブラックストーンはプライベート・エクイティ業界の第二位に浮上した。それを上回るファンドを有していたのは、九六年に五七億ドルを集めた不動の王者KKRだけだ。KKRの長年のライバルであったフォーストマン・リトルが九七年に集めたファンドは、三二億ドルにとどまった。

その頃には他にもいくつか大型ファンドが立ち上がったが、いずれもブラックストーンにははるかに及ばなかった。ドナルドソン・ラフキン&ジェンレットのプライベート・エクイティ部門は三〇億ドル、ウェルシュ・カーソン・アンダーソン&ストウは三二億ドル、トーマス・H・リー・カンパニーは三五億ドルを集めた。九九年にトム・ヒックス&ジョン・ミューズ（当時の社名はヒックス・ミューズ・テイト&ファースト）が四一億ドルを集めるまで、ブラックストーンを超えるファンドは現れなかった。

新たなファンドの立ち上がった今、もはやブラックストーンは野心あふれる新興企業ではなくなった。堂々たる主要プレーヤーであり、シュワルツマンはその成功ぶりを隠そうともしなかった。九八年四月の『ビジネスウィーク』とのインタビューでは、アドバイザリー、ヘッジファンド、不動産投資から企業買収まで手掛ける芸域の広さを強調した。(7) それに引き換えKKRは一芸しかない、とバカにしたように語った。それまでシュワルツマンが本当にクラビスからプライベート・エクイティの王者の称号を奪おうとしているのか、確信が持てなかった人間がいたとしても、この発言はダメ押しとなったはずだ。

だがUCARと新たなファンドの成功による栄華は長続きはしなかった。ブラックストーンは九七年から九八年にかけて、いくつか優れた投資をした。ストックマンが主導したトランスミッションメーカー、アメリカン・アクセル&マニュファクチャリングへの投資や、前途有望な若手パートナー、マーク・ギャログリーが率いたテレコム関係の三件の投資などである。だがこの時期に手掛けたディールの大半は失敗に終わった。

葬儀屋と墓地を運営するプライム・サクセッション&ローズヒルズへの投資は惨憺たる結果に終わった。ブラックストーンは葬儀業界がまさに下降に転じようとするタイミングで、業界大手のローウェン・グループと組み、プライム・サクセッションをキャッシュフローの一四倍という高値で買収した。ブラックストーンは状況が悪くなった場合に備えて、持ち株を買値を上回る価格でローウェンに売却するためのプットオプションを確保していた。

だがプライム・サクセッション&ローズヒルズがまさに支払不能に陥ろうとしていたときには、ローウェン自体の経営が業界全体の景況悪化と裁判所から不利な判決を受けたことで揺らいでいた。ローウェンが九九年に破産を申請したことで、プットオプションは紙くずとなった。ブラックストーンは五八〇〇万ドルの損失を被った。ローウェンの経営悪化と時を同じくして、傷口に塩を擦り込むかのように、ブラックストーンは独禁法違反で二八〇〇万ドルの罰金を科せられた。九六年にプライム・サクセッションの買収許可を求める際に、必要な内部文書を提出しなかったという理由で。この文書は、ローウェンとプライムが主要なライバルであることを明確にするものだった。ブラックストーンの申請書類が完全であることの証人となったハワード・リプソンは、個人的に五万ドルの罰金を科せられた。

廃棄物収集・処理場の運営、リサイクルを手掛けるアライド・ウェイスト・インダストリーズには、九〇年に立ち上げた二番目のファンドと、九七年に立ち上げた三番目のファンドから総額四億四一〇〇万ドルの資金を投じた――単一企業への投資としては最大の額だ。だがこの投資の大前提は完全にまちがっていた。ブラックストーンとアライドの経営陣は、未使用の廃棄物処理場の能力が先細りしていることから、価格は上昇すると予想していた。だが実際には熾烈な価格競争が沸き起こった。一〇年以上経っても、ブラックストーンはまだアライドの株を抱え込んでいた。「資金は残ったが、死に金だ」とディールの責任者を務めたリプソンは嘆く(8)。

シュワルツマンは今でも苦々しげに、九〇年代後半の数々の失敗案件を挙げることができる。航空機用合金を製造するヘインズ・インターナショナル、ペットボトルメーカーのグラハム・パッケージング、そして仰々しい社名の世界最大の壁紙メーカー、インペリアル・ホーム・デコである。ヘインズとインペリアルはストックマンが推奨したディールだが、いずれも倒産し、ブラックストーンは一億二七〇〇万ドルの損失を被った。

リプソンが買収を主導したグラハムは生き残ったが、経営不振が続いた。ブラックストーンが出資した別のパッケージ会社との戦略的合併により、市場シェアを引き上げようとしたが、それも失敗に終わった。グラハムの主要取引先である食品や飲料メーカーが、単一企業への依存度が高まりすぎることに不安を感じ、ライバル社に乗り換えたためだ。アライド・ウェイストと同じように、グラハムもブラックストーンの保有企業リストに一〇年以上もとどまることになった――プライベート・エクイティ業界においては永遠に等しい時間である。

振り返ってみると、失敗した企業には決まったパターンがあった。いずれも損益が景気に大きく左右される市況産業だった。また市場において支配的な地位にあったり、競争力が高い企業は一つもなかった。むしろまったくその逆のケースもあった――どうにもならない問題を抱え、規模の勝る有力なライバルにはとても太刀打ちできなかった。またブラックストーン内部に、その業界を熟知している者はいなかった。何よりも、景気循環において最悪のタイミングで買収していた。買収価格は高すぎ、そのため企業は過剰な債務を抱えてしまった。要するに、すべてを自らにとって不利なように仕組んでしまったのだ。

「破綻したのはいずれも市況産業の中堅プレーヤーで、それも景気がピークにあった二〜三年の間に買収してしまった」とシュワルツマンは振り返る。[9]「その一部については、買収価格が高すぎた。またあまりにも野心的な再生計画を立てていたため、実行はきわめて困難だった」

大きな損失を被ったことで、ブラックストーンはいくつか教訓を学んだという。まず「市況型の企業を買う場合は、カネを出しすぎるな」ということ。二つ目は「中小企業に対してはあまり野心的な再生計画を持たないこと。大胆な改革ができると思わないこと」だ。三つ目は、抜本的な経営改革が必要な場合には、ブラックストーン自らがそれを計画しないことだ。そうではなく、実際にそうした計画がうまくいくか見極めるだけの知識がある、ベテラン経営者かコンサルタントに計画自体を作らせるのだ。

問題企業のいくつかには、別の共通項もあった。それを提唱し、指揮を執ったのがデビッド・ストックマンであったことだ。中西部出身のストックマンには、ラストベルトと呼ばれる中西部のさびれた重工業を立て直すことに格別の思い入れがあった。

ブラックストーンにおけるストックマンの一一年間は、驚くほど浮沈の激しいものだった。九七年にストックマンが「SUVの需要は伸び続ける」と予測したことに基づき、ブラックストーンはゼネラル・モーターズ（GM）からスピンオフした、SUV用動力伝達装置に特化したアメリカン・アクセルを買収した。買収からわずか一年あまり後にアメリカン・アクセルが株式を公開したときには、時価総額はブラックストーンの買値の四倍に膨らんだ。だがこうしたヒットは頻繁どころか例外的で、九九年夏にはブラックストーン社内でのストックマンの株は暴落していた。

SUVに関するストックマンの主張は、九七年の別の投資案件の前提にもなっていた。石油精製会社プレムコアUSAで、同社の失敗のすさまじさは、アメリカン・アクセルの成功ぶりに引けをとらないほどだった。九七年から九八年にかけて、供給過剰が原因で原油価格が下落すると、プレムコアは高値で仕入れた在庫に首までつかってしまい、赤字に転じた。石油精製能力が不足するというストックマンの予測は、数年後に原油価格が回復したときにようやく裏付けられたが、九九年の時点ではストックマンが過剰評価した案件がまたしても裏目に出たように思われた。(10)

航空機や化学工場向けに合金部品を製造していたヘインズでは、ストックマンの予測はあまりにも楽観的であったことが判明し、九九年には同社は破綻に向かって突き進んでいた。インペリアル・ホーム・デコの状況はさらに悲惨で、しかも滑稽だった。九八年にブラックストーンが同社に投資した際、ストックマンはソ連崩壊後のロシアや東欧諸国で所得が増加するのに伴い、需要が急増すると予測した。当時この案件に携わっていた若いバンカーは、ストックマンが「もはやペンキで上塗りさえできないほどぼろぼろになった漆喰の壁を覆うため、壁紙の需要が急増するはずだ」と熱弁を振るう姿を覚えている。ビジネススクールを出たてのこのバンカーにとり、こうした議論は強引すぎるだけではなく、壁紙自体も過去の産業のように思えた。「自分は何も知らない若造かもしれないが、身の回りに壁紙を買うような人間は一人もいないじゃないか、と思った」[11]。その見方は正しかった。

九八年にロシアが債務不履行に陥ると、東欧経済は落ち込み、世界的な壁紙の売上高は一〇〜一五％減少した。西欧やアメリカの売上も停滞し、インペリアル・ホーム・デコは二〇〇〇年一月に過剰な債務から逃れるため破産を申請した。ブラックストーンの投資した八四五〇万ドルも泡と消えた。

さらにリパブリック・テクノロジーズ・インターナショナルという、インペリアル・ホーム・デコよりはるかに規模の大きな失敗もあった。ストックマンは大手鉄鋼メーカーが見切りをつけた子会社をいくつか買い集め、収益力の高い専門特化型鉄鋼メーカーに作り替える計画を思いついた。そこでまず九六年四月に三〇〇〇万ドルを投じて、かつてベツレヘム・スチールのワイヤロッド生産部門であったバーテクノロジーズを買収した。それからさらに大きい二社と合併させた。一つはリパブリック・エンジニアリング・スチールズ、もう一つはUSスチールと日本の神戸製鋼が所有していた棒鋼メーカーだった。九八年にバーテクノロジーズとリパブリックが合併した際には、両社の経営状況はあまりにもひどく、ウォール街の口の悪い輩は「ゴミ収集車が二台衝突した」と評したほどだ[12]。

ストックマンの作戦は、工場を閉鎖し、何千人という労働者を解雇するというもので、実際それを実行に移した。だが労働組合の協力を得るのと引き換えに、組合の年金基金に一億七八〇〇万ドルを拠出することに合意した。劇的なダウンサイジングがストックマンの予測したような利益を生まなかったことで、会社には年金債務がのしかかり、多くの現金が失われていった。「年金基金への支払いで、流動資金が枯渇してしまった」とこの案件に携わった人物は振り返る。(13)「神戸製鋼とUSスチールとの取引が最終的に会社にとどめを刺した。あまりにも無謀な試みだった」。九九年の段階ですでにリパブリックは息も絶え絶えだったが、最終的に破産を宣言したのはその二年後だった。

ブラックストーンはリパブリックに一億九〇〇〇万ドルを投資した。同社の二番目のファンドでは最大の投資だったが、そのすべてが煙のように消えてしまったのだ。

ストックマンの主導した案件で次々と問題が噴出したことに加えて、ブラックストーンには投資先の経営陣から余計な干渉や粗探しを続けるストックマンへの不満が続々と寄せられた。(14)ストックマンは自分よりもはるかに事業に詳しい経営陣の判断に疑問を呈するばかりか、ばかげているとしか言いようのない提案をすることも多かった。

九九年八月にストックマンがアフリカへ二週間の休暇に出かけてしまうと、シュワルツマンは探偵役を買って出ることにした。自らストックマンが監督するすべての会社の経営陣に電話をかけ、ストックマンとの関係を問いただしたのだ。聞き取り調査の結果、「スティーブは、デビッドはやや始末に負えない存在になったと判断した」と元社員は語る。ストックマンが出社すると、シュワルツマンは「君には新たな役割を考えている」と伝えた。それはトレンドを見きわめ、新たな投資先を調査するという仕事だった。要するに今後、ストックマンが直接投資先を監督することはなくなる、というわけだ。

ストックマンは会社を追い出されはしなかったが、彼の役割が縮小することは明らかだった。九九年九月一六日、ストックマンはブラックストーンを退社し、自らのプライベート・エクイティ会社ハートランド・インダストリアル・パートナーズを設立すると発表した。プレスリリースでは、シュワルツマンとピーターソンがアメリカン・アクセルでの優れた働きを褒めそやしていた。ブラックストーンは資金の一部をハートランドに投資したほか、ピーターソンはハートランドの顧問委員会のメンバーにも名を連ねた。ストックマンの退社はきわめて円満で、彼はその後も時折ブラックストーンの本社に顔を出したほどだ。だがブラックストーンの同僚で彼の退社を惜しんだ者は、たとえいたとしてもごくわずかだった。

ハートランドでのストックマンは、だれに気兼ねすることもなく我が道を突き進むことができ、投資家から集めた資金は中西部の製造業、特に自動車関連企業に注ぎ込んだ。そのほぼすべてが失敗に終わった。とりわけ悲惨な結果に終わったのは、ストックマン自身のプライベート・エクイティ業界でのキャリアの出発点となった自動車の内装を手掛けるコリンズ&アイクマン（旧ウィッキーズ）への投資である。ストックマンはその後もずっと同社に魅力を感じていた。

そこでハートランドを創業して二年と経たないうちに、ブラックストーンとワッサースタイン&カンパニーからコリンズ&アイクマンの経営の支配権を買い取った。コリンズ&アイクマンは九四年に株式を公開していたが、ブラックストーンとワッサースタインは持ち株を売却しきれていなかった。当初の投資から一〇年以上が経っていたこともあり、両社は投資額の半分以下しか回収できないにもかかわらず、喜んで持分を手放した。

ストックマンはより規模の小さい自動車部品メーカーをいくつかコリンズ&アイクマンと合併させたが、二〇〇三年には原材料価格の上昇と、主要取引先であるGM、フォード、クライスラーの収益悪化によって追い詰められた。ストックマンは〇三年に自らCEOに就任したが、すでに同社は船にたとえれば浸水が始まっている状態で、LBOや企業買収によって膨らんだ債務の重みで沈没寸前だった。

コリンズ&アイクマンは〇五年に破産を申請し、ハートランドは投資した三億六〇〇〇万ドルをすべて失った。〇七年には経営環境が悪化した時点で、投資家に本当の財務状況を開示しなかったとしてストックマンが起訴された。二年後、連邦捜査当局は「これ以上本件の捜査を続けても、司法上の利益にはならない」として起訴を取り下げたが、かつて神童と呼ばれたストックマンのプライベート・エクイティ業界での評価はすでに地に堕ちていた。

第13章 利益重視

マンハッタンの金融という世界の中だけを見ていれば、九〇年代後半のブラックストーンは黄金期を謳歌しているように見えただろう。二番目のファンドが九二年以降、目を見張らんばかりの利益をあげたことを売り物に、九七年には新たに四〇億ドルの資金を集めた。世界最大の保険会社ＡＩＧはブラックストーン本体の時価を二一億ドルと評価し、七％の株式を取得したうえに、その投資ファンドに一一億ドルを拠出することも約束した。(1)『フォーブス』と『ビジネスウィーク』はそろって、レバレッジド・バイアウトの復活を巻頭特集で取り上げた。(2)

だが実際にはブラックストーンやプライベート・エクイティ業界は裏番組にすぎなかった。長年この業界の主要な収益源であった、退屈だがキャッシュを生みだす企業——短距離鉄道会社のトランスター、黒鉛電極のＵＣＡＲ、自動車部品メーカーのコリンズ＆アイクマンやアメリカン・アクセルといった企業

――は、すで流行らなくなっていた。新鮮味に欠け、黒字だが低成長で安定しているオールド・エコノミーは、ハイテク業界というニュー・エコノミーに凌駕されてしまったのだ。

一般的に転換点とされるのは一九九五年四月のネットスケープ・コミュニケーションズのIPOだ。[3] 当時、インターネットはまだよちよち歩きの状態であり、ほとんどの人はそれを電子メールやAOLのチャットルームのことだと思っていた。ネットスケープが無料で配布したブラウザーは、写真やテキストを満載した新世代のウェブサイトを世に送り出し、当時はまだワールド・ワイド・ウェブという正式名称で呼ばれることの多かったWWWを身近な存在にした。

ネットスケープの創業者たちは、単なるソフトウエア会社を経営しているつもりはなかった。インターネットを通じて「情報の民主化」を推進するという使命を遂行していると考え、それを社会にも文字どおり売り込んだ。IPOでの売出価格は一株二八ドルで、生まれたばかりの同社の時価総額は一一億ドルとなった。IPO株を入手できなかった投資家が、なんとかこの成功ドラマに一枚噛もうと殺到し、株価は公開初日に七五ドルまで急騰した。

何よりもキャッシュフローを重視するプライベート・エクイティの観点からすれば――というより、いかなる伝統的な経済分析手法を使ったとしても――それはばかげた価格だった。その直前の六カ月でネットスケープの売上はわずか一六六〇万ドルにすぎず、損益は四三〇万ドルの赤字だった。

ネットスケープのIPOは、独自の技術で世界を変えると約束し、投資の新時代を切り拓くようなベンチャー企業を、投資家が渇望していたことの表れだった。翌年にはポータルサイトと検索エンジンのヤフーが株式を公開した。[4] 同社も売上は一四〇〇万ドルにすぎず、赤字はその半分に上ったが、ネットスケープと同じように法外な株価がついた。

利益を出す？　そんなのはオールド・エコノミー的なモノの考えだ。もはやその必要はなくなった。いずれ莫大な利益を生みだすという見込みさえあれば、だれもが魅了された。重要な指標は利益ではなく、バーンレート、すなわちそのベンチャーが投資家の資金を一カ月もしくは一年にどれだけ食い潰すかだった。

目のくらむような株価はさておき、根本的な技術革命が進展していたのは事実だった。パソコンの性能やネット上の情報へのアクセスが改善するのに伴い、労働者の生産性は向上し、新たな娯楽も生まれた。それによって通信サービスへの需要は拡大し、新たなネットワーク用スイッチやソフトウエアの需要も伸びた。その結果、より多くの情報や画像がネット上を移動するようになり、新たなネットビジネスが続々と誕生した。好循環をさらに煽るように、だれもがより高性能なコンピューターや、ネットへの高速接続を求めるようになった。

ブラックストーンをはじめとするプライベート・エクイティ会社は、こうした革命の進展をコート脇から眺めているような格好になった。ネットスケープ、ヤフー、アマゾン・ドットコム、イーベイといった会社のＩＰＯからはケタはずれの利益が生まれ、起業家やその後ろ盾となったベンチャー・キャピタリストの懐に流れ込んでいた。彼らの儲けぶりは、当然のように投資会社にも決定的な影響――時には決定的かつ破滅的な影響――を及ぼすことになった。

ベンチャー・キャピタルのファンドは法的に、投資会社のファンドと同じ構造になっている。いずれもリミテッド・パートナー方式であり、運営会社は通常年間一・五～二％の管理報酬と、運用収益の二〇％を成功報酬として徴収する。ともに資金の出所は年金基金や大学基金をはじめとする機関投資家だ。だが共通点はそこまでだ。プログラマー、半導体の開発者、バイオテクノロジーの研究者、ネット小売業の経営者、そして彼らに運営資金を提供するベンチャー・キャピタル（VC）は、アメリカ大陸の反対側にあるまったくの別の世界で、別の行動規範に従って生きていた。

アメリカのLBO業界の中心地はマンハッタンのミッドタウンで、数ブロックにブラックストーン、KKR、アポロ、ウォーバーグ・ピンカスをはじめとする数十社の本社が密集している。そこではだれもが糊の効いたワイシャツにエルメスのネクタイを締め、運転手付きのメルセデスで高層ビルのオフィスに乗り付けていた。

一方、VCの世界の中心地はサンドヒル・ロードである。カリフォルニア州パロアルトから街を見下ろす郊外の穏やかな丘へと続く、美しい並木道だ。人々はチノパンにゴルフシャツという軽装に身を包み、低層のオフィス群を常緑のライブオークやユーカリの木が囲んでいる。ベンチャー・キャピタリストは自らフェラーリやポルシェのハンドルを握って出勤していた。

ドレスコードに負けず劣らず、投資スタイルも違っていた。ベンチャー投資には、LBOとはまったく違ったタイプのリスクがある。VCは通常、数多くの生まれたばかりの会社に資金を出す。その多くはほとんど、もしくはまったく売上のない会社であり、売上があったとしても赤字である。こうした企業に銀行が融資することはありえないが、彼らには研究開発や事業を構築するための資金が必要だ。VCには出資先の多くが泡のように消えてしまうことはわかっており、ほんの数社が大化けすることを期待している。まるでリンゴの種を地面にばらまき、一本か二本は立派な木が育ってほしいと期待するような、でたらめなやり方ともいえる。いわば、どの起業家が最初に画期的な技術を開発するか、技術を最初に市場に投入できるのはだれか、だれの製品が市場を支配するのか、といった可能性に賭けるわけだが、その勝率を正確に予測するのは不可能である。

それはLBOとはまったくの別世界だ。アメリカンフットボールにたとえれば、ベンチャー投資の試合運びは大胆な長いパスを使うようなもので、その多くは失敗に終わる。一方、LBOは一ヤードずつ着実に前進していくようなものだ。プライベート・エクイティの投資家として成功するには、病的なまでに管理主義者でなければならない――よきにつけ悪しきにつけ、あらゆるシナリオを徹底的に想定し、まず投資先が破綻しないか、次にどうすれば徐々にその価値を高めることができるかを見極めなければならない。

いかなる状況においても債務が確実に返済されるという確証がなければ、銀行は融資をせず、投資家は社債を買わないため、LBOで重視されるのはキャッシュフローだ。プライベート・エクイティにおける投資とは、企業を徹底的に調べ上げ、精緻な分析をすることにほかならない。売上高を一～二％押し上げることはできないか？　それによって利益はどれだけ増えるのか？　利益率をわずかでも押し上げるために削減できるコストはないか？　債務の金利を〇・二五％でも抑えられないか？　企業で問題が起きても、どの程度ならデフォルトせずに持ちこたえられるだろうか？　プライベート・エクイティ会社がまっとうな仕事をすれば、物事はたいてい予測どおりに進展する。

ベンチャー投資ははるかに予測しがたいものであるため、ある程度の情熱が必要だ――製品とその可能性、さらにはその社会的意義への信念といってもよいだろう。ベンチャー・キャピタリストは、既存の産業の息の根を止め、新しい産業を創造するような破壊的技術を育てたいとよく口にする。ディーゼル機関車が蒸気機関車を駆逐し、パソコンとレーザープリンター、インクジェット・プリンターによってタイプライターが廃れ、デジタルカメラによってフィルムが消滅したように。

どれだけデータを分析しても、新たなウェブサイトが大衆の心をとらえることができるのか、バイオテクノロジー企業が癌の治療薬の開発に成功するかといったことは予測できない。何十もの会社に長期的な投資をして、初めて成功がつかめる。こうしたプロセスを耐え抜くには、VCにも起業家にも信念が必要になってくる。実際、九〇年代のネットブームの最中には、そうした信念があふれていた。

膨大なデータ分析と精緻に練り上げた債務構造をよりどころとするLBO業界は、「世界を変える」などとうそぶくことはなく、草の根の投資家にアピールするような信念など持ち合わせていなかった。

新しいテクノロジーへの情熱は九〇年代後半に急速な広がりを見せ、本来LBOファンドに向かったかもしれない資金がVCのファンドに流れ込むようになるなか、シリコンバレーから遠く離れた投資会社の経営にも影響を及ぼすようになった。経営者やビジネススクール出の若者も、ハイテク企業に吸い寄せられるようになった。報酬を株で受け取り、会社が公開した暁に大儲けしようというわけだ。

ブラックストーンは、純粋なテクノロジー分野というVCのホームグラウンドで戦う備えはできていなかった。だがLBO部門で最も若いパートナーであったマーク・ギャログリーはやや偶然の結果ではあったが、インターネットの波に乗ることに成功した。

尊大で思い上がった人間が多い世界にあって、ギャログリーは例外だった。(5) 頭脳明晰だが高圧的なデビッド・ストックマンのようなオーラは放っていなかった。分析が得意ではあったが、ジェームズ・モスマンのような数字をひねくりまわす変わり者のマッドサイエンティストではなかった。また社交的で冗談が好きなハワード・リプソンのように笑いを取ることもできなかった。マニュファクチャラーズ・ハノーバー・バンクの融資部門でキャリアをスタートさせたギャログリーは、物静かで穏やかな努力家だった。生まれつき用心深い性格で、融資を生業にする者特有のリスクへの恐怖心を持ち合わせており、自らの発言にも投資にも慎重を期した。

ブラックストーン社内では、優れた投資家であり、公平で、倫理観の高い人物と見られていた。若手社員に厳しいことで有名な同社にあって、彼らのためにロードアイランドの自宅でパーティを開いたり、毎年スキー旅行を企画したのはギャログリーだった。ブラックストーンで働いたことのある若手アナリストの名前をすべて刻んだ盾をロビーに飾ろう、と提案したこともある（結局提案は受け入れられなかったが）。

九〇年代半ば、ギャログリーはケーブルテレビ業界に興味を持ち、部下に状況を調べさせた。[6] 当時この業界は散々な状況にあった。利用者の間では価格上昇への不満が高まり、それを受けて政治家や規制当局は市場への介入をちらつかせた。さらに長年、それぞれの地元で独占に近い状態にあったケーブルテレビ会社は、突然衛星放送という新たな脅威にさらされるようになっていた。「ケーブルテレビ会社は放送衛星をデス・スターと呼んでいた。衛星放送がケーブルテレビの息の根を止める、と」。当時ギャログリーの部下として働いていたブラックストーンのパートナー、ローレンス・ガフィーは語る。

ギャログリーは市場は過剰反応をしている、と考えた。特にキャッシュフローが潤沢で、競合もほとんどない地方のケーブルテレビ・システム会社は、ＬＢＯの格好の標的に思われた。

最初に実現したディールは、ブラックストーンの伝統ともいえる合弁方式だった。[7] 複合メディアグループ、タイム・ワーナーのケーブル子会社は、小規模な地方のケーブルシステム会社を、業界のベテラン経営者ボブ・ファンチが保有する同業者と合併させようとしていた。

ギャログリーのチームはすでにファンチとのパイプを持っていた。またブラックストーンは九一年にテーマパークのシックス・フラッグスへの投資以来、タイム・ワーナーともパイプがあったため、ケーブル子会社についても支援を申し出た。ブラックストーンは、タイム・ワーナーとファンチによる新会社の株式の五〇％を五〇〇〇万ドルで取得した。新会社はペンシルベニア、ウエストバージニア、テキサス、オハイオ、ノースカロライナ各州の一部で事業を展開していた。

新会社はその後、タイム・ワーナーの出資分と置き換えるため、新たな負債を借り入れた。それによってタイム・ワーナーは現金が手に入り、さらには副次的効果としてケーブルテレビ・システム会社の負債を、当時負債比率が相当な高水準になっていた自社のバランスシートから切り離せることになった。

TWファンチ・ワンと命名された新たなケーブル・ネットワークの大部分は、わずか三〇ほどのチャンネルしか放映しないなど時代後れになっていた。計画では、より多くのチャンネルを提供できるようにシステムを更新し、その大半をタイム・ワーナーが有利な価格で提供することになっていた。そして顧客にはより多くのチャンネルを提供する見返りに、値上げを認めさせるというわけだ。

「ネットワーク傘下の一部の会社では、システムは非常に原始的だった」とギャログリーは語る。「このため我々は価格戦略や技術的改良によって、この事業には大きな成長性があると判断した。衛星放送が予想以上のシェアを取ったとしても、ケーブルテレビ事業は潤沢なキャッシュフローを生んでいたため、大丈夫だと思った」

その次に起きたことは、事業計画では想定されていなかったが、とてつもない幸運といえた。

TWファンチ・ワンのディールが成立した九六年当時、ほとんどのネットユーザーは通常の電話回線経由でAOLやコンピュサーブといったプロバイダーにダイヤルアップ接続していた。だがウェブサイトのコンテンツが充実するなか、ダイアルアップではあまりに遅く、ユーザーはより高速な接続環境を求めはじめた。

すでに動画送信用のネットワークとして膨大な回線容量（膨大な電気信号を送信するための能力）を持っていたケーブルシステム会社にとって、システムを電話サービスやインターネット通信に対応させるのは簡単なことだった。実際、ケーブル会社が高速インターネット接続用にシステムを修正するほうが、伝統的な電話会社がシステムを更新するより容易だった。

「一九九六年の段階でインターネットブームが来ることは予想していなかったが、一般住宅にたった二本しかない引き込み回線のうちの一本であるという事実に利用価値があることはわかっていた」とギャログリーは語る。ケーブルテレビにインターネットと電話サービスを追加するのは、ケーキに砂糖衣をかけるようなものだった。

ギャログリーはすぐに、タイム・ワーナーとファンチが保有していたその他のケーブルシステム会社を融合するという二番目のディールにとりかかった。さらにはインターメディア・パートナーズ第六号とブレスナン・コミュニケーションズという二つの会社にも出資した。両社が、タイム・ワーナーの主要なライバルであったテレコミュニケーションズが保有する、地方のケーブルシステム会社の株を買い集めていたためだ。

その時点では、数年前には完全に見限られていたケーブルテレビ業界は、重要なインターネット接続業者と見られるようになり、電話、インターネット、ケーブルテレビを同一回線で提供するトリプルプレーは通信業界の流行語になっていた。

業界でトリプルプレーの推進役となったのは、マイクロソフト共同創業者のポール・アレンである。大富豪のアレンは、技術に対する洞察力と二〇〇億ドル近い個人資産をテコに、ケーブルテレビ界の覇者になるという夢を追いはじめた。九八年に小規模なケーブル会社チャーター・コミュニケーションズを買収したのを皮切りに、三年にわたってケーブル会社を買いまくった。(8) チャーター・コミュニケーションズで借りられるだけの資金を借りると、二〇社に合計二四六億ドルを投じた。まもなくブラックストーンの戸口にも現れた。

ブラックストーンとタイム・ワーナーの計画では、TWファンチ傘下のケーブルシステム会社はいずれタイム・ワーナーが買い戻すことになっていたが、九九年末にチャーター・コミュニケーションズがTWファンチの二つの事業会社を二四億ドルで買収すると提案してきた――ブラックストーンとタイム・ワーナーのどちらにとっても、とても断れない条件だ。まもなくチャーターは、ブラックストーンからインターメディアの株も買い取り、さらに二〇〇〇年二月にはブラックストーンが一年前に手に入れたばかりのブレスナンも三一億ドルで買収した。

新たなテクノロジーによって最先端の通信ネットワークに対する需要は急増すると考えたアレンは、TWファンチ傘下のケーブル・ネットワークのユーザー一人につき四五〇〇ドル、インターメディアのユーザー一人につき四四〇〇ドルという目が飛び出るような買値をつけた。ブラックストーンが二年ほど前に支払った価格のおよそ二倍である。[9]

「あのころのポール・アレンは、ケーブル回線があれば癌の治療薬だって創れる、ぐらいに考えていた」。当時ギャログリーとともにケーブル業界への投資に携わっていたサイモン・ロナガンは語る。[10]「彼が我々のケーブル・システムにあんな値段をつけるなんて、とても信じられなかった。合理的に考えて、あれほどの額をインフラに投じることを正当化する根拠などなかった」

「毎朝起きると、ポール・アレンに感謝の祈りを捧げていたよ」。インターメディアの売却に携わり、ちょうどチャーターがブラックストーンに数十億ドルのカネをもたらしていた二〇〇〇年にパートナーに昇進したブレット・パールマンは語る。

実際のところ、アレンの支払った価格にまったく合理性はなかった。[11]二年後にはチャーターは破産しかかっていた(最終的に息絶えたのは次の不況が起こった二〇〇九年である)。だが二〇〇〇年の段階で、アレンの愚行はブラックストーンにはプラスに働いた。[12] ＴＷファンチ・ワンへの投資では、最初の投資額の八倍にあたる四億ドルの利益を手にした。大成功であったＵＣＡＲさえも凌ぐ収益率である。ブレスナンでは投資額の五・五倍の七億四七〇〇万ドルを稼いだ。

ケーブル業界のディールに加えて、ギャログリーはモンタナ、ワイオミング、ノースダコタとサウスダコタ、コロラドの各州で携帯電話サービスを展開していたコムネット・セルラーの買収でも大儲けした。[13] ケーブルシステム会社のケースと同じように、コムネット・セルラーも九八年に安く買うことができた。新規参入の脅威から株価は下落していたが、ギャログリーはコムネットが地盤とする人口密度の低い地域に新規に参入しても採算に合わないと考えた。

ブラックストーンが買収を完了してから一年半も経たないうちに、数年前にデンバー周辺の携帯電話会社を買収していた新興勢力ボーダフォン・エアタッチが、コムネットを一四億ドルで買収することで合意した。ブラックストーンは投資額の三・六倍に相当する四億六三〇〇万ドルの利益を得た。

二〇〇〇年の半ばまでに、ブラックストーンは通信関連の投資先をすべて売却しおえていた。五件の投資で合計一五億ドルの利益をあげたギャログリーは、ブラックストーンの新たな花形プレーヤーとなった。この成功はブラックストーンにとって非常に重要な意味があった。というのも、九七年から九八年にかけてストックマンとリプソンが仕掛けたディールで、問題が噴出しはじめた時期とちょうど重なったからだ。葬儀会社のプライム・サクセッション・ローズヒル、壁紙メーカーのインペリアル・ホーム・デコ、石油精製のプレムコア、電極メーカーのリパブリック・テクノロジーズはおしなべて深刻な苦境に陥っていた。

しかしギャログリーの成功自体も、ある問題を生み出した。[14] 投資家の通信会社への投資意欲が膨らむなか、独立するチャンスを見取ったギャログリーが九九年、シュワルツマンに退社の意向を伝えたのだ。これはシュワルツマンにとって最悪のニュースだった。当時のブラックストーンは、企業買収部門の幹部をもはや一人たりとも失うことが許されない状況にあった。

九四年にパートナーとして採用したグレン・ハチンズは、九八年末に自らシルバーレイク・パートナーズを興すため会社を去った。さらにストックマンのほか、企業再生部門から企業買収部門に移っていたパートナーのアンソニー・グリロも九九年に退社していた。ギャログリーまで退社すれば、企業買収部門の常勤パートナーはリプソンとモスマンの二人だけになってしまう——しかもモスマンは自分のオフィスを絶対に離れないような人物である。

「ブラックストーンは人材が定着しない会社だという評判が立つ懸念があった」とピーターソンは語る。(15)

「我々は分かれ道に来ていた」とシュワルツマンも言う。(16)

シュワルツマンはまずギャログリーの説得にとりかかった。新たに通信とメディア会社を対象とする専門ファンドを立ち上げ、ギャログリーをその責任者にすると約束したのだ。ブラックストーンの看板の下で働くということを除けば、ギャログリーの望みはほとんど叶えられたわけだ。シュワルツマンにとってはギャログリーをつなぎとめておくことができるうえに、主力ファンドの資金を単一の業界に集中させるリスクを避けながら、通信ブームに乗ることができるようになる。二〇〇〇年初頭に始まった資金集めは順調に進み、同年六月にはブラックストーン・コミュニケーションズ・パートナーズ（ＢＣＯＭ）は二〇億ドルの目標に到達した。

それでも企業買収部門の幹部クラスの人材不足は深刻だった。そこで九九年秋、経営委員会とプライベート・エクイティ事業を担当するパートナー陣は、外部から人材を採用すべきか、それとも若手社員を昇進させるかを議論した。最終的に、生え抜き組に賭けることになり、まとまった数の新パートナーが誕生した。

「外部の人材は企業文化に適応できるかわからないため、リスクが高かった」とシュワルツマンは語る。二〇〇〇年一月、当時一二人しかいなかったブラックストーンのパートナーに、新たに五人が加わった。三〇歳のデビッド・ブリッツァー、三三歳のチン・チュウ、三一歳のラリー・ガフィー、三三歳のブレット・パールマン、そして三三歳のニール・シンプキンスだ。

これほど若い人材に、多くの権限を与えることにはリスクもあった。「監督を強化する必要性が生じた。これまで以上に彼らとかかわりながら仕事をしなければならないということだ」とシュワルツマンは語る。若手パートナーのお目付け役として、シュワルツマンは法律事務所シンプソン・サッチャー&バーレットに所属するブラックストーンの主力社外弁護士、ロバート・フリードマンを採用した。フリードマンは企業買収部門の一員として、万事抜かりないように目配りする責任を負った。

新しいパートナーたちが、新規案件の獲得にどれほど優れているかは未知数だった。[17]「ブラックストーンが得意とする合弁会社方式で重要なのは、CEOや取締役会を訪ね、対等の立場で話し合えるかだ」と二〇〇一年にパートナーに昇進したサイモン・ロナガンは語る。約束を取り付けるのがピーターソンやシュワルツマン、ストックマンだった間はうまくいった。「三〇代前半の人間に、どうすればそんなマネができる?」

それは大きなリスクだったが、シュワルツマンをはじめとするパートナーたちは、他に選択肢はないと思っていた。

第14章

ドイツでつまずく

当初はアメリカ西海岸限定の一時的流行と思われたハイテクブームは、ネットスケープやヤフーをはじめとする大手ネット企業の第一世代の株式公開とともに一気に花開いた。九〇年代末には、ハイテク企業やそれを支えるベンチャー・キャピタル（VC）、そして彼らが布教する新たな宗教は、その革新的な技術によって従来型の産業を破壊しただけでなく、金融業界にも破壊的な影響を及ぼしはじめた。時価総額ではマイクロソフトがゼネラル・エレクトリック（GE）を抜いて世界最大となり、上位一〇社のうち七社をコンピューターと通信業界が占めた。(1) コカ・コーラ、トヨタ自動車、石油会社や医薬品会社といった、長年上位を占めてきたオールド・エコノミーの主力企業は脇に追いやられた。

一部のVCが年率一〇〇%、二〇〇%、時には三〇〇%といったリターンをあげる中、ベンチャー投資の魅力は抗いがたいものとなり、年金基金や大学基金はこぞってベンチャーやハイテク企業に特化した投資ファンドにより多くの資金を振り向けるようになった。[2] こうした投資家にとっては、VC、プライベート・エクイティ、不動産といったものはすべて「オルタナティブ（代替）資産」と呼ばれる範疇に入った。株式や債券といった通常の投資先より高いリターンが得られる投資手段という意味だ。

一九九五年には一〇〇億ドルの規模しかなかったVC業界は、九九年には五九〇億ドルを集め、企業買収ファンドとほぼ肩を並べた。[3] 九八年と九九年の二年間には、VCが登場して以降九七年までに集めた資金全体に匹敵する金額が集まった。二〇〇〇年には一〇五〇億ドルを集め、八二〇億ドルにとどまった企業買収ファンドを初めて超えた。まるで賭場で敗者から勝者へとポーカーチップの山が動かされるように、山のような資金が伝統産業やそこに投資するファンドから、ハイテク企業やVCに――つまりはニューヨークからカリフォルニアに――移っていった。

それによって資産家の勢力図も変わった。[4] 九八年の『フォーブス』の長者番付によると、アメリカの資産家の四分の一近くがカリフォルニア州の住人だった。翌年、おそらく最も有名なVCといえるクライナー・パーキンス・コーフィールド&バイヤーズのパートナー、ジョン・ドーアとヴィノド・コースラの個人資産はそれぞれ一〇億ドルに達した。ヘンリー・クラビス、ジョージ・ロバーツと同等であり、テッド・フォーストマン、トム・リー、トム・ヒックスといったLBO業界のスター経営者をはるかに上回る。その年、ピーター・ピーターソンとスティーブ・シュワルツマンは『フォーブス』の長者番付にも入らなかった。

ブラックストーンも流行に乗らなければというプレッシャーを感じないわけにはいかなかった。[5] 二〇〇〇年にパートナーに昇進したブレット・パールマンをはじめとする若手のディールメーカーは、ハイテク業界への投資を増やすべきだと声高に訴えていた。また若手社員はインターネット企業の株――ニュー・エコノミーで働く人々のお気に入りの通貨だ――で報酬を受け取りたいと希望するようになった。

投資家からもそうした声があがるようになった。シュワルツマンが九九年、中小企業への融資に特化した新たなメザニン債ファンドを立ち上げるため、資金集めを始めたところ、ある投資家がこう言い放ったという。「ベンチャーファンドでうまくいけば、一カ月でおたくのメザニン債ファンドの一年分以上の利益が稼げるんだぜ」

「我々は時代後れと見られており、こうしたディールを手掛けなければならないという強いプレッシャーがあった」とシュワルツマンは語る。

ネット企業に支払われる金額をばかげていると考えていたシュワルツマンにとり、まったく腹立たしい事態だった。だがドーアやコースラの会社などが、投資先であるベンチャーのIPOによって莫大な利益をあげるなか、そうした方向に引きずられないようにするのは難しかった。「一九九九年から二〇〇〇年にかけて、ベンチャーに出資してIPOさせることでてっとり早く大儲けする人々がいたことは、投資会社にとってある程度そこに手を染めなければならないという大きなプレッシャーとなった」とシュワルツマンは振り返る。「さもなければ人材を失ったり、収益面で競争力を維持できなくなるためだ」

だがVCに真っ向勝負を挑むのは不可能だった。それには半導体、ソフトウエア、ウェブサイトやバイオテクノロジーといった幅広いテクノロジー分野に関する深い知識が必要であり、プライベート・エクイティ会社にはそうした知識も人脈もなかった。そのうえ起業家は、IPOに優れた実績を持つVCに殺到していた。なんの実績もなく、しかも大陸を挟んで東海岸に陣取っているようなブラックストーンを頼る理由などひとつもないのだ。カリフォルニアの金融市場に参入を試みた投資会社に集まったのは、一流のVCに出資を断られたベンチャーばかりだった。KKRはVCのアクセルと合弁会社を設立し、カーライルは独自のベンチャーファンドを立ち上げたが、いずれも目立った活躍はできなかった。

シュワルツマンは社内をなだめるため、ブラックストーン本体の自己資金から七〇〇万ドルをハイテク企業への投資用に割り当てた。(6) また投資委員会も、ブラックストーンの主力の企業買収ファンドからいくつかのハイテク企業に投資することにゴーサインを出した。投資のほとんどが完全な失敗に終わったが、幸いどれも小規模だった。「スタッフがどれだけ『インターネットブームに乗り遅れてしまう』と訴えても、『ウチの得意分野じゃない』と言い続けたのはスティーブの功績だ」とパールマンは語る。

だが通信業界については事情が違った。既存の電話会社、携帯電話やケーブルシステムの運営会社は利益は出ていたものの、追加の資金を必要としていた。多くはプライベート・エクイティが数億ドルをまとめて投資できるだけの規模があり、それはベンチャー投資ではほぼ不可能なことだった。そこでブラックストーンは九六年から九八年にかけて買収した企業を売却するそばから、新たな投資を始めた。そこでは九八年に立ち上げた主力の企業買収ファンドに加えて、マーク・ギャログリーが責任者を務める総資産二〇億ドルのメディア・通信専門ファンドの資金も投じた。

とはいえ、こうした投資の多くは、九〇年代に行った地方の安定したケーブル会社や携帯電話会社への投資とは似ても似つかないものだった。新たな投資先の中には、投機的なベンチャー投資の規模を大きくしただけのようなものもあった。すなわち船出したばかりの事業に多額の投資をする一方、持分はわずかで、経営の支配権も握っていなかった。そのうえ一般的なＶＣの投資先とは異なり、ブラックストーンの投資先の多くはきわめて多くの負債を抱えていた。

衛星を使った放送網の構築を目指していたベンチャー企業、シリウス・サテライト・ラジオには二億二七〇〇万ドルをつぎ込んだが、持分は九％にとどまった。(7) また既存のケーブル事業者からパイを奪おうともくろむ新興ケーブル・ネットワーク三社には、総額一億七六〇〇万ドルをつぎ込んだが、これはベンチャーが大手から多額の初期投資をカバーするだけの顧客を奪うことができるという楽観的見通しに基づく、勇ましくも危うい投資だった。「どれも野心だけは大きな事業だった」とパールマンは認める。アルゼンチンの携帯電話会社にも一億八七〇〇万ドルを投じてわずかばかりの持分を取得したほか、ブラジルのネットサービス会社には二三〇〇万ドルの小切手を切った。

ブラックストーンにとって二〇〇〇年代の通信業界への投資で最大の案件となり、またギャログリー率いる新たなファンドにとっては初の大型投資となったのは、ドイツの企業だ。(8) ギャログリーの知人に、リチャード・キャラハンというデンバー出身の経営者がいた。キャラハンは独自のプライベート・エクイティ会社を設立し、フランス、ベルギー、スペインのケーブル会社に投資していた。そして九九年にギャログリーに、ドイツの国営電話会社ドイツテレコムによる二つの地方ケーブル会社の売却に入札するので、協力してくれないかと持ちかけた。売却は規制当局が命じたもので、新たな大株主がケーブル回線を使って電話やインターネットサービスを提供できるようにし、長年独占事業者だったドイツテレコムと競争させることが目的だった。

ブラックストーンはヨーロッパの不動産市場では相当な規模の投資をしていたが、支社も設けておらず、企業買収分野ではカーライル、KKR、TPGといったアメリカ勢のなかで後れを取っていた。キャラハンが持ち込んできた総額五二億ドルの投資は、プライベート・エクイティによるものとしてヨーロッパで過去最大になる見通しで、ブラックストーンは劇的なデビューを果たせるはずだった。

この投資ではブラックストーンとケベック州の公的年金を預かるケベック州投資信託銀行が中心となり、バンク・オブ・アメリカのプライベート・エクイティ部門とテキサス州のバス一族も出資することになっていた。ブラックストーンとしては珍しく、多数の投資家から成るコンソーシアムの一員としてわずか一四%

の株しか持たず、プロジェクトの実務はキャラハンの部下たちが担っていた。

ケベック州投資信託銀行とバンク・オブ・アメリカは、キャラハンがスペインでゼロからケーブルシステム事業を立ち上げるのを支援した経緯があり、キャラハンの下でスペイン事業の責任者を務め、ドイツの事業でもトップに就任すると見られていたイギリス人のデビッド・コリーを高く評価していた。ドイツのケーブル会社にはすでにネットワーク設備や顧客基盤があるため、スペインでゼロから事業を立ち上げたのに比べれば、ことは簡単に運ぶと思われた。

「状況を見たときには『巨大な市場に、地域電話サービスを提供する会社はドイツテレコム一社だけだって？　インフラを更新し、電話市場のパイを少しでも奪えれば、莫大な利益が見込めるじゃないか！』と思ったね」。二〇〇〇年に母国イギリスに移り、キャラハンの部下たちに対するブラックストーンの窓口として働いていたサイモン・ロナガンは振り返る。

二つのネットワークのうち、一つはライン川中流にあるノルトライン・ヴェストファーレン州にあり、もう一つはライン川南部から東へシュトゥットガルトまで広がるバーデン・ヴュルテンベルク州にあった。二社を合わせると、ドイツで最も人口密度の高く、人口も多い都市部をカバーしていた。二つの契約は二〇〇〇年初頭にまとまり、キャラハンはノルトラインのネットワークの買収を二〇〇〇年七月、バーデン・ヴェルテンベルクの買収をその翌年に完了した。ブラックストーンの三番目の投資ファンドと通信専門ファンドは合計三億二〇〇〇万ドルを拠出した。ブラックストーンの投資としては、二番目に大きい金額である。

ドイツテレコムの通話料金は非常に高かったため、投資チームは顧客を奪うのは簡単だと考えていた。「基本的な経済条件は信じられないくらい魅力的だった。基本的な計画も非常に合理的で、問題はその実行の部分だった」とロナガンは語る。

キャラハンとコリーは、早急に新しい設備を導入するため、初年度に一〇億ドルの設備投資を計画した。だがスペインではとびきり有能だった経営チームは、ドイツでは苦戦した。(9) コリーをはじめとする幹部はドイツ語を話せず、イギリスやスペインから月曜の朝に出勤し、金曜日にはまた帰るという生活を送っていた。

まもなくすべてが悪い方向に進みはじめた。設備やソフトウエアの導入が遅れたため、設備更新の費用を一部賄うはずだった新たなサービスからの収入は計画どおりには入ってこなかった。さらに自分たちがドイツテレコムに人質を取られたような状況にあることも判明した。ケーブル回線が通っている導管を所有しているのが、ドイツテレコムだったからだ。キャラハンの技術部隊は回線を開通させるのに苦労し、またドイツテレコムの導管が同社の提供した地図どおりに通っていないため煮え湯を飲まされることもあった。新しい設備を稼働させる際には、思いがけず近隣を停電させてしまうこともあった。あるときには大事なサッカーの試合がある日にケルンの大半を停電させてしまい、翌日の地元紙で戦犯扱いされる始末だった。

またキャラハンの部隊は、ドイツの大規模団地の多くがコーポラティブ（共同組合）方式であることも考慮に入れていなかった。コープは何万戸という住宅への、ネットワークの引き込み部分を管理していた。ドイツテレコムもキャラハンも住民からの電話やケーブル料金の集金をコープに頼っていたが、コープは延滞している利用者への督促をまったくする気がなく、売上は予算をさらに下回ることになった。

二〇〇一年の終わりころまで、コリーらはブラックストーンをはじめとする出資者に対し、すべてがおよそ計画どおりだと報告していた。だが実際にはノルトライン・ヴェストファーレン州の会社は危険なペースで資金を食い潰しており、また競争するのに必要な設備の更新やサービスの販売も進んでいなかった。さらに悪いことに、経営陣がどれほどの手元資金があるかを把握するのに必要な会計システムも整っていなかった。

二〇〇二年初頭、出資者はコリーらにキャッシュフローの状況を説明するよう圧力をかけ始めたが、満足な回答は得られなかった。「コリーらの会議に参加し、彼らとともに数字を徹底的に調べ上げた結果、ようやく突然すべてが明らかになった。『何か問題が起きている』と」。バンク・オブ・アメリカでこの案件の責任者だったウィリアム・オベンシャインは語る。「我々が事実と異なる説明を受けていたか、経営陣が状況をわかっていなかったかのどちらかだが、出席した会議はどれも非常に不愉快なものになった」

キャラハンの部下たちがようやく会社の財政状態を弾き出したところ、すでに手元資金はあるべき金額を一億ユーロ下回っており、融資契約の定める最低限のキャッシュフローと手元資金を維持できなくなる寸前だった。まるで万事順調だったはずの巨大な投資先が、一夜にして危機に陥ってしまったようだった。通信ブームが盛り上がっていた二年前であれば、おそらく設備更新を完了するために追加資金を借り入れ、債務を借り換えることができたかもしれない。だが二〇〇二年の段階では、それはもはや不可能になっていた。

ギャログリー、ロナガン、オベンシャインをはじめとする出資者は慌てて事態の収拾に乗り出した。設備更新が始まったばかりだったバーデン・ヴェルテンベルクの会社では支出を抑えることに成功した。だが時すでに遅し。資金不足に陥ったキャラハンの会社は融資契約の条件を満たせなくなった。もはや株主資本が無価値になるのは明白で、ブラックストーンは二〇〇二年末、投資額すべてを損失として計上しなければならなくなった。

その後、釈明のためにシュワルツマンの元を訪れたキャラハンは、大目玉を喰らった。「オレのカネはいったいどこに消えたんだよ、この間抜けなクズ野郎！」。キャラハンの知人は、シュワルツマンは開口一番、こう言い放ったと語る。[10]

キャラハンとの面会を非常に寒々としたものだったと形容するシュワルツマンは「本当に腹が立ったのは、キャラハン自身がほかの多くの案件にうつつを抜かし、この案件に集中していなかったからだ」と打ち明ける。[11]「彼には『お前はもう終わりだ』と言ってやったよ」

新たなメディア・通信専門ファンドにとっても、この損失は堪えた。というのも出資した一億五九〇〇万ドルは、それまでの投資額の実に七割を占めていたからだ。誕生してわずか二年でファンドには大きな穴が開き、しかも二〇〇三年には通信業界そのものが深刻な不況に陥っていたことから、新たな投資によって苦境を抜け出す道筋はまったく見えなかった。

ただ、キャラハンの一件は失敗のなかでも最も規模が大きかったというだけで、株式市場がピークであった二〇〇〇年にブラックストーンが行った投資の実に三分の二は無価値になった。[12]バブルの渦中にある会社に賭けることの危険性を、身をもって学んだわけだ――同じ経験は二〇〇七年の信用市場の崩壊と、それに続く経済の急速な悪化でも繰り返されることになる。

他の失敗案件の多くは小規模だったが、すべてがそうだったわけではない。キャラハンの失敗に加えて、アルゼンチンの携帯電話会社ＣＴＩホールディングスでは一億八五〇〇万ドルの損失を被り、ユティリコム・ネットワークスとクノロジーという、ケーブルシステムをゼロから立ち上げようとした二つの会社への出資は完全に無価値になった。衛星ラジオ会社シリウスへの投資も同様だった。

「二〇〇〇年の投資で大きな痛みを被ったことは、本当の転換点となった」とデビッド・ブリッツァーは語る[13]。大学卒業後、エッジコムで大失敗を犯したばかりのブラックストーンに入社したブリッツァーは、会社が再び大きく躓いた二〇〇〇年にパートナーになっていた。「またしても損失を出したことは、ブラックストーンという会社全体にとって大きな衝撃だった。なぜこんなことをしてしまったのか？　どこでまちがったのか？　徹底的な内省の時期だった」

もちろん、これはブラックストーンに限った話ではなかった。二〇〇一年から〇二年にかけてブラックストーンが損失を出していたのは、ちょうどハイテクバブルが弾けた時期であり、株式市場全体が急速にしぼんでいった。ヨーロッパの株式市場は九九年冬から二〇〇〇年にかけてピークアウトした。アメリカのＩＰＯ市場の過熱は二〇〇〇年初頭には収まった。ハイテク企業が多く集まるナスダック市場の株価は、二〇〇〇年四月に一九九五年の五倍の水準でピークを打った。より幅広い企業を含むＳ＆Ｐ五〇〇種指数は、それまでの五年間で二倍になっており、八月までは上昇を続けたが、その後は下落の一途を辿った[14]。

ＩＰＯ市場に冷水を浴びせた懐疑的な空気は、ジャンク債市場にも広がった。二〇〇〇年春にはジャンク債の新規発行は、過去最大だった二年前から七五％も減少した。資本市場全体に、長い相場上昇が続いた後の一九八〇年代末と同じように、経済が減速して過去五年間の市場の奇跡も終わりを迎えるのではないか、という不安が広がった。投資家はもはや利益の出ていないベンチャー企業に賭ける意欲を失い、景気が悪化すればキャッシュフローが足りなくなるかもしれないような多額の債務を抱えた企業に融資する意欲も失った。

景気悪化の打撃を最も受けたのはハイテク企業やその出資者だが、プライベート・エクイティ業界――

特にテレコム業界に肩入れしていた企業――も、すぐにその報いを受けることになった。ブラックストーンをはじめとする投資会社が資金を出した、野心だけは大きなテレコム会社は経営がぐらつき、崩壊しはじめた。投資会社の過度に楽観的な事業見通しや、株式と債券市場の暴落が災いして、プロジェクトが問題に行き当たっても新たな資金を調達するのは不可能になった。

ブラックストーンにとって損失は手痛いものであったが、ライバル企業の被った災難と比べればたいしたものではなかった。[15] 九〇年代後半に業界の主要プレーヤーに躍り出たテキサス州のヒックス・ミューズ・テイト&ファーストは、投資家から集めた資金の二〇億ドル以上が、それまでの三年間に実施したテレコム企業を中心とする一一社への投資で焦げ付いた。

八〇年代にはKKRなどによる過剰なレバレッジの使用を公然と批判していたテッド・フォーストマンは、九〇年代には業界きってのギャンブラーとなり、投資家から集めた資金の大部分に相当する二五億ドルを、たったの二社につぎ込んだ。全米各地の地域電話会社ベビー・ベルに対抗するため、電話、ケーブル、インターネット・ネットワークを構築していたXOコミュニケーションズとマクリードUSAである。両社が二〇〇二年に債務整理を余儀なくされたことで、フォーストマン・リトルは投資の全額を失った。

投資業界の有力プレーヤーであるウェルシュ・カーソン、JPモルガン・パートナーズ、DLJマーチャント・バンキング、マジソン・ディアボーンなどでも、出資先のテレコム企業が次々と潰れていった。その多くは新たなファンドの資金を集めることができなくなり、順番に破綻していった。

フォーストマンとヒックスも、損失によって息も絶え絶えの状態になった。フォーストマン・リトルの大型投資は二〇〇〇年以降、二件しかなく、徐々にそれまでの投資先の売却を進めていった。追い討ちをかけるように、フォーストマンのファンドに出資していたコネチカット州が、資金の大部分をわずか二社に投じたのは契約違反だったとして、二〇〇二年二月に訴訟を起こした。[16] テッド・フォーストマンは二〇〇四年に証言台に立たされ、大失敗につながった投資判断について公衆の面前で厳しく糾弾された（不可解なことに、裁判官はフォーストマンは投資契約に違反したとしながらも、損害賠償は認めなかった）。

トム・ヒックスは二〇〇〇年、九八年に立ち上げたものと同規模の四一億ドルのファンドを新たに作ろうとしたが、投資家は乗らなかった。[17] そのほとんどはヒックス・ミューズにもう一度チャンスを与えるべきだとは思わず、結局二〇〇二年に一六億ドルで募集は締め切られた。二〇〇四年、トム・ヒックスは引退を表明した。二〇〇五年には優れた運用実績を挙げていたロンドンの部隊がスピンオフし、残ったアメリカ本社はHMキャピタル・パートナーズと名前を変え、組織を再編して小規模なディールに特化するようになった。

惨事はテレコム業界にとどまらなかった。[18] 最大級の失敗事例の一つが、ゴールドマン・サックスのプライベート・エクイティ部門が九六年に一四億ドルで買収した、ボウリング設備とボウリング場運営会社のAMFボウリング・ワールドワイドである。これはゴールドマンにとって五億六〇〇〇万ドルの損失をもたらすきわめつきの失投だった。この案件に少数株主として加わったブラックストーンも七三五〇万ドルを失った。一方、KKR、ヒックス・ミューズ・テイト&ファースト、DLJは映画館チェーンのリーガル・シネマズへの投資で一〇億ドル以上をふいにした。[19]

二〇〇一年にはプライベート・エクイティが支援した主要企業六二社が倒産し、一二〇億ドルの株主資本が消滅した。[20] さらに二〇〇二年上半期には四二社が倒産し、七六億ドルが消えた。これ以外にも世間の注目を浴びなかった小規模なディールがごまんとあった。

二〇〇〇年の末には、アメリカ国内では進行中のLBOは事実上ゼロになっていた。その後二〇〇一年九月一一日の同時多発テロが起こり、すでに一年あまり不振が続いていた株式と債券市場は完全に生気を失った。だれもが飛行機に乗ることを怖がるようになり、航空会社をはじめとする旅行業界全体からお客が消え失せ、航空会社からアポロの出資先であるスーツケースメーカーの「サムソナイト」まで、倒産ドミノが広がった。ブラックストーンの虎の子であるサボイ・グループも危うく破綻しかけた。[21] サボイはロンドンに高級ホテルを四軒保有していたが、ロンドン一の高級ホテル「クラリッジ」に宿泊客がゼロという日もあったほどだ。

陰鬱な空気が市場を支配していた。ワールド・トレード・センターがテロの後、五カ月もくすぶりつづけるなか、ニューヨークが金融センターとして存続できるか懸念する声も高まった。時間が経つにつれて、不況は過剰債務を抱えた企業に響いてきた。二〇〇二年にはジャンク債のデフォルト率は一三%まで上昇した。[22] 同年九月にはS&P五〇〇種指数は二年前の高値のほぼ半分になり、ナスダック指数はピークから七五%も下がっていた。

企業のスキャンダルが続出したことで、信頼感はさらに低下することになった。二〇〇一年一二月にはパイプラインの運営とエネルギー取引を手掛ける大手商社で、ウォール街の寵愛を受けていたエンロンが、数十億ドルの負債を隠蔽していたことを明らかにした後、破綻した。積極的な買収戦略によって長距離電話サービスでAT&Tの対抗馬にのし上がったワールドコムも、財務を不正に操作していたことが明らかになり、二〇〇二年七月に破産を申請した。大手ケーブルシステム運営会社のアデルフィア・コミュニケーションズも、支配株主のリガ一族への数十億ドルの債務保証を隠していたことを公表した後、破綻した。アメリカ政府が、エンロンとワールドコムの監査を引き受けていた国際会計事務所のアーサー・アンダーセンを、エンロンの証拠資料を破棄したとして告発したことは、企業の財務諸表はまったく信用できないかもしれないという疑念を裏付けることになった。

景気悪化はブラックストーンの企業再生・M&A部門には大きな恩恵をもたらした。エンロンでは破産処理で主要な役割を担い、かつて例のない規模の複雑な事業再編・売却を取り仕切ることになった。アーサー・ニューマン率いるこの部隊は、厄介な組合問題を抱えていたデルタ航空の破産処理にも呼ばれた。九〇年代には国際通信市場の有望株だったグローバル・クロッシングの処理にも携わった。

だがLBO事業は、前回の危機から一〇年も経たないうちに再び苦境に陥ってしまった。もはや資金調達は事実上不可能になり、また売り手企業は自らの価値が下落したことを受け入れられなかった。信用市場がアメリカより健全だったヨーロッパでは、依然として大型LBOが続いており、二〇〇一年から〇三年にかけては欧州の企業買収はアメリカを上回った。だがブラックストーンはヨーロッパ進出が遅れたため、チャンスをモノにしたのはエイパックス・パートナーズ、BCパートナーズ、CVCキャピタル・パートナーズ、シンベン、ペルミラといった、ヨーロッパでの人脈や実績が豊富なアメリカやイギリスのライバル社だった。

ブラックストーンは二〇〇〇年夏以降、二年近くにわたって従来型のLBOを一つも実施しなかった。(23)また通信専門ファンドが二〇〇〇年のドイツでのキャラハンの案件以後、別の会社に出資するまでには四年の歳月がかかった。

第15章

時代の先を行く

二〇〇一年末から〇二年にかけて株式と債券市場が下落を続けるなか、典型的なＬＢＯを仕掛けるのはほぼ不可能になっていた。企業業績は依然として低迷を続け、キャッシュフローも減少しており、そうしたなかで買収資金を集めるのはきわめて困難だった。

だがブラックストーンは景気が良かったころに集めた数十億ドルの投資資金を抱えていた。二〇〇一年初頭には、九七年に設立した四〇億ドルのファンドの資金が一〇億ドル以上残っており、通信専門ファンドの二〇億ドルもほとんど手付かずで、さらに新たに四番目となる汎用的な投資ファンドも立ち上げようとしていた。

遅かれ早かれ、そうした資金を活用しなければならない。信用市場の回復を待つこともできたし、伝統的なＬＢＯに代わる選択肢を探すという道もあった。最終的にブラックストーンが選んだ戦略は、金融関係者以外にはほとんど知られていないプライベート・エクイティ業界の真の姿を浮き彫りにしている――彼らの最大の持ち味は、典型的なLBOではなく、日和見主義的な生き方にあるのだ。平時であれば、LBOが標準的な選択肢となる。だが二〇〇一年から〇二年にかけての状況は、およそ平時とは言いがたいものだった。

好景気の間は、自ら出資する株主資本に借入金によってレバレッジをかけることで、企業価値のわずかな増加を何倍にも増幅させ、莫大な利益を得ることができる。だが景気が悪い時期には、プライベート・エクイティは企業の財務構造の別の部分に投資をしたり、レバレッジをかけずに出資することもある。不況期には、比較的リスクの低い企業のシニア債でも一五％ものリターンを得られることもある。プライベート・エクイティが通常目標とする年率二〇％とそれほど違わない水準だ。よりリスクの高いジュニア債であればリターンはさらに高く、将来的に株式に交換される可能性もある。

要するに、これは株式や債券市場が下落するのに伴い、資本コストが上昇することを意味している。投資家はリスクが高まっていると認識し、今まで以上のリターンを要求するようになる。このため企業は同じ金額の株主資本を調達するのにも、より多くの株を発行しなければならなくなり、借り入れをするにはより高い金利を支払わなければならなくなる。世の中がリスクに敏感になり、投資に臆病になっている時期には、投資する勇気のある者は高い対価を要求できるわけだ。二〇〇一年から〇二年にかけてのブラックストーンの取引は、経済のそうした現実をよく映していた。

二〇〇一年九月一一日の出来事は、まさにその最たる例だ。同時多発テロの民間の犠牲者には、保険業界も含まれる。直接ワールド・トレード・センターで被害を受けた保険の加入者だけでなく、ニューヨークやワシントンから遠く離れた企業からも、事業の中断などを保証する様々な契約の請求が舞い込み、突如として何十億ドルもの支払い義務を負うことになったからだ。突如として、損失に備えて長年積み立ててきた準備金は枯渇してしまった。異常事態や大災害に伴う請求からほかの保険会社を守る立場にある再保険会社は、特に打撃を受けた。同時多発テロのような攻撃は想定されておらず、その被害は最初に保険を引き受けた保険会社の準備金を超え、再保険会社にも重い負担を課すことになったためだ。保険会社は引き受けた保険に対して一定の準備金を積むことを法律で義務付けられているため、新たな保険契約を引き受けにくくなった。このため保険料は急激に上昇した。

KKR、ヘルマン&フリードマン、TPG、ウォーバーグ・ピンカスをはじめ、プライベート・エクイティ各社はこのチャンスに飛びつき、一斉に保険業界に資金を投じた。多額の支払い義務を負った既存の保険会社に投資するのではなく、まっさらのバランスシートを持ち、いまや深手を負った既存勢力と競う必要のない新会社を設立したのだ。

同時多発テロの二カ月後、ブラックストーンは、他のプライベート・エクイティ四社とともに設立した新たな再保険会社アクシス・キャピタルに二億一〇〇〇万ドルを出資した。翌年六月には、ロンドンの同業者キャンドーバー・インベストメンツなどとともに、苦境に陥ったロンドンの再保険会社ウェリントンが売却を余儀なくされた資産をもとに、新たな再保険会社アスペン・インシュアランスを設立した。いずれも新たに誕生した会社に対し、レバレッジをかけずに株主資本を一〇〇%出資した案件だ。それでも壊滅状態の業界に新たに参入するプレーヤーは、ケタ外れの収益をあげられるため、ブラックストーンは好況時のLBOに期待するのと同水準のリターンを得られる可能性があると見た。

「当時は三年間限定のチャンスに思われた」とシュワルツマンは語る。[1] その後は保険業界に流れ込む資金が増え、競争が再び盛んになり、保険料は下がり、リターンは過去と同じような水準に戻るはずだった。

「保険業界の特性から言って、びっくりするようなリターンを稼げる業界ではないが、数年間は年率二一〜二三%のリターンが稼げそうだった」。結局、ブラックストーンはアクシスへの投資で年率三〇・二%のリターンを得た。アスペンでもそれと同等の利益が得られたはずだが、二〇〇五年にハリケーン・カトリーナによって多額の損失を被ったため、最終的なリターンは年率一五%にとどまった。

株式市場がまだ下落を続けていた二〇〇二年半ばには、さらにそれまでの投資パターンから逸脱し、ハゲタカ的な不良債権投資に手を染めるようになった。それ以前には九三年にショッピングセンター運営会社のデバルトロ、九五年にカナダの不動産開発会社キャデラック・フェアビューへの債権を買ったことがあるぐらいで、同社にとっては未知の危険な領域であった。

金融用語で「ハゲタカ」とは、破綻企業や不振企業の債務や社債を買い漁る投資家を意味する。こうしたディストレス債への投資には、企業の資産価値や債務を返済するだけのキャッシュを生み出す能力を見極めるといった、LBOと同じような分析が求められる。だが企業が損失を垂れ流している状態では、どれくらいの価値が残り、債権者にはどれだけの金額が渡るのかを見定めるのは、はるかに厄介な作業となる。

会社法の下で債権者は、企業が支払い不能に陥ったとき弁済を受けられる順位によっていくつかの階層に分かれている。最も上位に位置するのは銀行で、彼らの保有するいわゆる優先債権は企業の資産を担保としている。それに続くのが社債の保有者、取引先、従業員である。株主はそこには含まれず、債権者がすべて弁済を受けるまでは何も受け取れない。企業の資産が清算・売却された場合、最も上の階層に位置する債権者は債権を全額回収できるかもしれない反面、最も下の階層はほとんど何も回収できないかもしれない。その中間に位置する債権者は、債権の一部だけ回収できるかもしれない。それぞれの階層は通常、債権を事業再編後の企業の株式と交換できる。それによって損失を取り戻す機会を得るわけだ。

ハゲタカ投資で儲ける方法はいくつかあるが、どれもリスクの高いものばかりだ。ディストレス債と呼ばれる、破綻しそうな企業の社債を買うというのが一つだ。例えば額面価格に対して一〇％の金利を払う社債の価格が、デフォルトリスクが高まったために額面一ドルに対して六七セント（六七％）で売られているとする。その場合、買い手の六七セントの投資に対する利回りは一五％となる。債券価格の下落によって、実質金利は額面レートより五割も高くなるわけだ。

それだけでも一部の投資家には魅力があるが、さらに社債がデフォルトせず、償還期に額面どおりの価格が返ってくれば、元金の一ドルを回収できるうえに、六七セントの投資に対する利回りは五〇％も高くなる。会社の業績が回復すれば社債価格も上昇するため、償還期を待たずに買値を上回る価格で売却し、投資を回収することもできる。

別の方法としては、不振企業の債務のうち、完全に弁済されない代わりに事業再編後の企業の株式と交換できるものを買うという手もある。だが、これは勇気のある投資家しか使えない手だ。というのも、その見返りは債務の法的な位置づけだけでなく、不振企業の業績や変動の激しい不良債権の相場にも左右されるからだ。事業再編や連邦破産法第一一条を使った再生手続きにおいては通常、だれがどれだけの弁済を受けられるか、また破産から立ち直った会社の株式の配分をどうするかをめぐって、債権者の間で激しい論争が起こる。こうした争いは、企業の再生手続きを長引かせることもある。どれだけ数字を分析しようとも、特定のタイプの債権にどれほどの見返りが得られるかを予測するのは困難だ。

「不振企業を相手にするときには、まったく違った発想が必要だ」。ブラックストーンのパートナー、チン・チュウは語る。[2]「交渉はとにかく厄介だ。債権者や株主など、優先順位の異なる様々な権利者と三次元のチェスゲームをするようなものだ」

だがLBOの案件がほとんどないなか、ブラックストーンは賭けに出ようとしていた。「我々はそもそもバリュー投資家であり、財務構造のどこにカネを投じるかということについては非常に柔軟だった」とシュワルツマンは語る。[3]「二〇〇二年には、様々な会社の劣後債がとびきり魅力的な投資先だというのが明らかだった」。言葉を換えれば、それほどの利益が得られるのであれば、割安なディストレス債への投資も、企業に出資するのと同じくらい魅力的だということだ。

ブラックストーンが最初にこの新戦略を実行に移したのは、粉飾決算で負債を隠していたことを認めた後、二〇〇二年に破産を申請したアデルフィア・コミュニケーションズだ。[4]マーク・ギャログリーの部隊は九〇年代半ばからケーブル業界にどっぷり浸ってきたことから、そこに精通しており、自信を持ってアデルフィアの社債を買うことができた。ブラックストーンの企業再生アドバイザー部門の責任者であったアーサー・ニューマンも、戦略立案の助っ人として呼ばれた。「ギャログリーのチームはアデルフィアの資産内容を、私は破産手続きを、それぞれ熟知していた」とニューマンは語る。

社債の流通市場でアデルフィアの社債を相当量買い込んだブラックストーンは、債権者委員会のポストを確保し、会社の売却を強く訴えた。

数カ月後の二〇〇二年九月には、マイクロソフトの共同創業者ポール・アレンが創った大手ケーブル会社チャーター・コミュニケーションズの社債を買いはじめた。チャーターはブラックストーン傘下のTWファンチ、ブレスナン、インターメディアが保有していたものをはじめ、ケーブル・システムを法外な価格で買いまくるため、自らを担保に借りられるだけの資金を借りていた。いずれのケースも、本業自体は健全だった。問題は単に過剰な債務を背負っていたことであり、それはリストラの過程で減るはずだった。

「当時、ケーブル会社は比較的良い状態に保たれていた」とシュワルツマンは語る。[5]「システムはすでに出来上がっており、同じものを新たに造るのは困難だった。消費者は基本的にテレビ好きであり、ケーブル会社に対抗しようとした新規参入者はすべて淘汰されていた」

ブラックストーンはアデルフィアとチャーターの社債に、九七年に設立した投資ファンドと通信専門ファンドから、五億一六〇〇万ドルという大金を投じた。非常に巨額の投資だったが、しばらくの間はタイミングを誤ったように思われた。若手パートナーとしてこの取引に携わったローレンス・ガフィーは、シュワルツマンが見守るなか社債の流通価格は下落しつづけた、と語る。「我々は含み損を抱えてしまった。スティーブが絶えず電話してきては『なぜ含み損が出ているんだ』と聞いてきたのをはっきり覚えている。あれは辛かった」

二〇〇三年半ば、ブラックストーンが経営不振に陥ったケーブル会社への投資としては三件目となる案件を検討しはじめたころには、まだアデルフィアとチャーターへの賭けが実を結ぶかは定かではなかった。三件目となる案件も同じようにリスクは高かったが、失ったカネを取り戻す機会にも思われた。というのもその対象は、ブラックストーン自身が数カ月前に貸し倒れとして処理したドイツの二つのケーブル会社だったからだ。

アデルフィア、チャーターの二社と同じように、ノルトライン・ヴェストファーレン州とバーデン・ビュルテンベルク州のケーブル会社の経営状態は基本的には健全だった。資金不足に陥ったのは、ネットワークを更新するためにあまりにも急速に投資を進めたにもかかわらず、それに伴って新たな顧客を獲得できていなかったためだ。経営陣が替わり、コスト管理が徹底されたことで、ブラックストーンは過去の損失を取り戻すチャンスが到来したと判断した。

前回両社への投資を担当していたマーク・ギャログリーとサイモン・ロナガンに代わり、今回の投資を担当することになったのは二〇〇二年にロンドンに居を移していたガフィーだ。銀行は正式に両社の資産を差し押さえてはいなかったが、両社はあまりにも悲惨な状態にあり、実質的には銀行の管理下にあるようなものだった。二〇〇〇年に投資した際に組んだケベック州投資信託銀行とバンク・オブ・アメリカと共同で、ブラックストーンはバーデン・ビュルテンベルク州の会社のメーンバンクに働きかけ、同社への融資債権のかなりの部分を、額面一ユーロあたりわずか一九ユーロセントで買い取った。(6) その後さらに公開市場で大幅に値下がりした社債を買い込んだ。ブラックストーン、ケベック州投資信託銀行、バンク・オブ・アメリカの三社は、さらに姉妹会社であるノルトライン・ヴェストファーレン州の会社の社債二〇〇〇万ドル分を公開市場で買い入れた。

二〇〇〇年から二〇〇一年にかけてキャラハンと組んだ最初の投資のタイミングが最悪だったのを相殺するかのように、今度のタイミングは完璧だった。ブラックストーンなど三社は購入した債務を、リストラ後のバーデン・ビュルテンベルクの会社の株式と交換した。その後ブラックストーンがケベック州投資信託銀行とバンク・オブ・アメリカの持分を買い取り、支配株主となった。ブラックストーンはキャラハンの治世の末期に招聘された新たなCEOと協力し、新たな設備投資を売上に見合ったものにした。「売り上げが追いついてくるまで、新規投資は減速した」とガフィーは語る。

債務再編によって負債が手に負える範囲に減った会社は、すぐに立ち直った。二〇〇五年には利益は増加しはじめ、負債の借り換えや、新たな負債をもとにブラックストーンをはじめとする株主に巨額の配当を支払うことも可能になった。二〇〇六年にドイツの二社の持分を売却し終えるまでに、ブラックストーンは三億八一〇〇万ドルの利益を確保していた。二度目の投資で出した金額の三倍であり、最初の投資で被った二億六四〇〇万ドルの損失を埋め合わせてあまりあるものだった。

それに加えて通信専門ファンドは、プリマコムという苦境に陥っていた別のドイツのケーブル会社（ブラックストーンとの関係はなかった）への投資でも三億一二〇〇万ドルの利益をあげた。ブラックストーンは衛星ラジオのシリウスについても、債務を割安な価格で手に入れることで、当初の投資で失った資金を一部取り戻した。二〇〇〇年に発足した通信専門ファンドは、二〇〇二年には悲惨な状態にあったが、いまや損失を取り戻し、利益を計上するまでになっていた。

「キャラハンのディールが頓挫したとき、二〇億ドルの通信専門ファンドはまだ立ち上がったばかりだった」とガフィーは語る。「資金の一五％を投じたのに無価値になりそうだった。七回裏で八対一で負けていたゲームを、ひっくり返したようなものさ」

アデルフィアとチャーターへの投資でも、合計一〇億ドル近い利益を確保した。すべて合算すると、ディストレス債への投資によって、ブラックストーンは投資した八億ドルを二倍以上に増やしたことになる。

長い間、通信専門ファンドの運用実績は一ケタ台と、ブラックストーンのファンドのなかで最低の水準にとどまっていた(7)。それがハゲタカ投資と他のいくつかの案件によって、二〇〇七年には年率一七％と、すばらしいとはいえないまでも、九七年の投資ファンドを上回るまずまずの水準に回復していた。

少しずつ、企業の株式に投資するチャンスも出てきた。その多くは規模の縮小に苦しむ企業から弾き出された会社だった。

九〇年代後半に企業買収に明け暮れたアメリカとヨーロッパの企業は、まだ消化不良に悩まされていた。

合併の多くはうまくいかず、事業面でうまくいったところも過剰債務を抱えていた。債務を返済し、バランスシートを立て直すために資産売却を進めたいと考える企業は多かったが、買い手はほとんどいなかった。株式市場がＩＰＯには見向きもしなくなったため、子会社株をＩＰＯによって売却する道も閉ざされていた。そのうえ九〇年代後半の買収ブームを経た後の産業界全体は、買収による規模拡大に及び腰になっていた。そうしたなか、潤沢な資金を抱えたブラックストーンをはじめとするプライベート・エクイティは数少ない買い手として、市場の欠落を埋め始めた。

成功しそうなディールを発掘するのには、それなりの工夫が必要で、ブラックストーンが企業買収を再開した当初の案件は、標準的なＬＢＯのモデルからは様々なかたちで逸脱していた。

二〇〇二年一〇月、コンソーシアムの一員として参加したデンマークの製薬会社ニコメッドの買収の場合、ブラックストーンは少数株主にとどまったが、コンソーシアム全体では買収総額の四割近くを株主資本として出資した。[8] 標準的なＬＢＯの二五～三〇％という水準と比べると、大幅に高い。それでもニコメッドには成長性があると見ていたため、もくろみどおり急激な成長を遂げれば極端にレバレッジをかけなくても通常のＬＢＯ並みのリターンを確保できると判断したのだ。

同年秋に実施された自動車部品メーカー、ＴＲＷオートモーティブを四六億ドルで買収する案件の資金調達も、同じように従来の常識とはかけはなれていた。[9] アメリカの防衛機器メーカー、ノースロップ・グラマンがＴＲＷの親会社を買収しようとしており、そのために背負う債務の返済の足しに、早急に子会社の自動車部品メーカーを売却する必要があった。

ブラックストーンには五億ドル以上投資する意思はなかった。このためディールの責任者だった若手パートナー、ニール・シンプキンスはノースロップに対し、取引が成立してからブラックストーンが他の出資者を探すので、それまでTRWオートモーティブの株式の四五％を引き続き保有してほしい、と説得した。実質的に売り手が買い手に分割払いを認めるようなものだ。ノースロップはさらにブラックストーンに対し、TRWオートモーティブ株の五五％を取得するための資金の一部を融資した。それでも残りの買収資金をすべて賄うだけの融資を集めることは難しかった（最終的には他の投資家が出資に応じたため、ノースロップはTRWの持ち株比率を希望どおり一九％まで下げることができた）。

ブラックストーンがある公開企業に、買収のための資金を実質的に提供したケースもあった[10]。債券保証会社のPMIグループが、地方政府債保証会社のフィナンシャル・ギャランティ・インシュアランス・カンパニー（FGIC）をゼネラル・エレクトリック（GE）から買いたいと考えた。だがPMIの社債格付がFGICよりも低かったため、直接買収するとFGICが格下げされる恐れがあった。

そこでFGICの信用格付を新たな親会社から切り離すため、ブラックストーンと別のプライベート・エクイティ会社のサイプレス・グループが参画し、それぞれFGICの株式の二三％を取得することになった。そうすることでFGICはPMIの子会社と見なされなくなるためだ。もくろみとしては、PMIはいずれFGICの全株を取得することになっていた。

エネルギー絡みでも二つの投資をした。二〇〇四年にはアフリカの西海岸で海洋油田の探査を計画していた、コスモス・エナジーという設立まもない石油・ガス探査会社に出資した。さらに資産売却を進めていたドイツ企業RAWのアメリカ子会社ファウンデーション・コールも買収した。

二〇〇一年から〇二年にかけて、まだテロリストの攻撃の衝撃から覚めやらぬ市場が低迷するなか、ブラックストーンの企業買収ファンドは一〇億ドル以上の投資先を見つけることに成功した。さらに二〇〇三年には一五億ドルを投資した。

ブラックストーンやその出資者がこれらの投資から利益を得たことはさておき、資本市場が機能停止していたこの時期にブラックストーンをはじめとするプライベート・エクイティが実施したディールの数々が、多くの企業にのどから手が出るほど必要としていた資金を提供したことはまちがいない。

たとえばノースロップやPMIにそれぞれにとってきわめて重要な買収を可能にしたのは、ブラックストーンの資金だった。ブラックストーンはさらにコスモス・エナジーのほかに二つのベンチャー企業にも資金を拠出した。他に買い手がいないなか、不振に陥った企業がなんとか売却しようとしていた資産を買い取ったケースもあった。ベインキャピタル、トーマス・H・リー・パートナーズとともに一七億ドルで教科書の出版を手掛けるホートン・ミフリンを買収したことは、その親会社であり、見当違いの買収を続けた末に破綻寸前に陥ったフランスの大手メディア、ビベンディに貴重なキャッシュをもたらした。水処理機器を手掛けるオンデオ・ナルコを買収するという案件は、その親会社でフランスの大手電力、ガス、水道事業会社スエズのリストラに伴って発生した。

市場から買い手が消えたこの時期に、積極的に買収を進めたのはブラックストーンだけではない。ヨーロッパ、アメリカ、カナダのすべてにおいて、プライベート・エクイティ会社は当時大幅な債務削減を迫られていた大手通信会社の電話帳製作子会社に、相当な金額を出資した。ドイツではKKRが、ほんの数年前にドイツの大手コングロマリット、シーメンスが買収したばかりのプラスチック押出機械メーカー、クレーンメーカーなどから成る雑多な企業群を引き受けた。

こうした買い手たちは、市場の混乱や産業界の経済的問題に乗じて、自らや出資者の利益を図ろうとする究極の日和見主義者だった。それでも資本市場が底にあった時期に彼らが投資した数十億ドルは、売り手企業が不況を乗り切るために必要としていた資金を提供し、また企業の時価評価の暴落に歯止めをかける一助となった。自由に使える資金を潤沢に抱えたプライベート・エクイティ会社は、資本市場の主流派が当時放棄していた役割を代わりに担ったのである。

第16章

助っ人求む

新たなミレニアムが幕を開けた当初、シュワルツマンを悩ませていた問題は市場の混乱だけではなかった。しばらく前からブラックストーンの貧弱な経営体制は、会社の規模拡大に追いつかなくなっていた。もはや創業当初の一〇年間のように、シュワルツマンとピーターソンがウォール街の片隅でひっそりと経営する小さな会社ではなくなっていた。

一九九六年から二〇〇〇年にかけて、社員数は二倍の三五〇人に膨れ上がった[1]。巨大な企業買収ファンドに加えて、ウォール街最大の不動産投資部門を抱え、さらには中小企業への融資を専門とするメザニン債ファンドも立ち上げたばかりだった。不動産投資部門はロンドンで高級ホテルを運営し、フランスでオフィスビルや倉庫を買収するほか、ドイツでも物件を買い漁っていた。ようやくロンドン支社も開設し、ヨーロッパのプライベート・エクイティ市場に本格参戦しようとしていたが、それによって新たな事業機会のほか文化的、法的問題が数多く発生するのも目に見えていた。

本国アメリカでも問題を抱えていた。M&A部門は長年苦戦が続いており、企業買収部門では経験豊富なディールメーカーがわずか二人にまで減っていた。通信分野のプロであるマーク・ギャログリーと、ベテランのオールラウンド・プレーヤー、ハワード・リプソンである。そして自分の執務室を離れることのない変わり者のジェームズ・モスマンがディールの調整役とアドバイザーを務めていた。

どこから見ても会社のトップはシュワルツマンだったが、あまりにも多くの仕事を抱えすぎていた。(2)「私は一日一四時間働き、土曜と日曜もほとんど出社していた。いずれ自分が会社の成長のボトルネックになってしまうと思った。自分には助っ人が必要であること、そしてそれにふさわしい人材が社内にいないことは明白だった。その点については隠すつもりもなく、パートナーの間で議論を重ねていた」とシュワルツマンは語る。

実際、モスマン、ギャログリー、リプソンにはこうした考えを率直に伝えていた。「我々三人のうち、生まれつき経営者タイプの人間はいなかった」とリプソンも認める。「スティーブは『だれかがこの会社を経営しなくてはならないが、君たちのだれかではないと思う』と言ったんだ」

二〇〇〇年、外部に人材を求めたシュワルツマンは、ジミー・リーこそ適任者だと考えた。ブラックストーンの数多くの買収案件に資金を提供したバンカーである。リーはまさにこの分野の第一人者だった。(3)チェース・マンハッタンをM&A向け資金調達のナンバーワン・プレーヤーに育てた功績から、チェースの投資銀行部門の責任者に指名されていた。その春には「マイケル・ミルケンの再来」という見出しとともに『フォーブス』の表紙を飾っていた。

だが華々しく『フォーブス』に取り上げられたわずか数週間後、チェースが投資銀行事業を強化するために、M&A専門のブティック銀行ビーコン・グループを買収した結果、リーは冷や飯を食わされるはめになった。(4) リーの後ろ盾でもあったチェース会長のビル・ハリソンが、ビーコンのトップであり、かつてゴールドマンのM&A部門の花形選手として鳴らしたジェフリー・ボイジーを投資銀行部門のトップに据えることにしたのだ。ハリソンはリーに事業開発の責任者として会社にとどまるよう求めたが、投資銀行部門のトップとしての権限――そして肩書き――はボイジーが手にすることになった。

さらにリーをはじめとするチェースの投資銀行部門のバンカーの立場は、その秋にチェースがJPモルガンの買収に合意したことを受けて、一段と危ういものとなった。チェースは融資事業における自らの強みを補完するものとして、M&Aと証券事業に強みを持つJPモルガンを狙っていた。だが両社が合併すれば、激しい権力闘争が起きるのは避けられないことは、だれの目にも明らかだった。

低格付の企業を対象とするレバレッジド・ローンや、ジャンク債市場におけるリーの手腕はブラックストーンの企業買収や不動産部門が頼みとしてきたもので、ウォール街では彼の右に出る者はいなかった。さらにリーはブラックストーンの投資案件にも精通していた。その過程で、パートナーの多くとも親密になっていた。「ブラックストーンの歴史上、極めて重要な場面には、常にリーの姿があった」。一九八九年から二〇〇四年までブラックストーンで働いていた元パートナー、ブレット・パールマンは語る。(5)

長年、規模の大きい成熟企業で働いてきたリーには、経営者として即戦力になれるという自信があった。「プライベート・エクイティ会社の多くは、小規模なブティック型法律事務所と似ていた」とリーは語る。(6)「パートナーたちが車座になって『この案件は引き受けよう、あれもやろう』といった話をする。何の企業構造もインフラもなく、人事部門もリスク管理の仕組みもない。だがブラックストーンは一五年もそうした状態を続けてきた末に、二〇〇〇年には活動のレベルを引き上げなければならないことを認識していた。

国際展開も進めていた。社内ではいろいろなことが起きていたんだ」

ピーターソンとシュワルツマンはリーに対し、相当な量のブラックストーン株と、現場で日々の活動の指揮を取る副会長という役割を提示した。二〇〇〇年一一月には長々とした契約書とプレスリリースが完成し、リーの転身の準備はすべて整った。

リーはブラックストーンと交渉中であることをすでにハリソンに伝えていたが、契約書にサインする前に直接ハリソンと会って報告したい、とシュワルツマンに伝えた。そこで一一月のある日、リーはハリソンに「話がある」とメッセージを送った。ハリソンはチェースの海外諮問委員会との会議中だったが、わざわざ抜け出してリーと話に来た。

「『チェースでの仕事は最高でした。心底惚れ込んでいました。この世界でこんなにすばらしい職場はありません。でも他にやりたい仕事ができたので、引き受けるつもりです』と言ったんだ」とリーは振り返る。「するとハリソンは『一日だけ待ってくれないか。仲間を連れてきて、君を思いとどまらせるから』と答えた」

ハリソンはリーを経営陣から外したものの、チェースの成功のカギを握ってきた人材を手放したくはなかった。そこでリーの感情に訴えるあらゆる手立てを駆使して、精一杯引き留めようとした。「取締役や幹部が集まってきて、『君がまだ駆け出しだったころのことを覚えているよ』なんて殺し文句を次々に言うんだ。年寄りっていうのは、忠誠心に訴えようとするのさ。『これがお前の人生なんだ、ジミー』って具合にね」

ハリソンのもくろみは成功した。結局ジミーはチェースという船から飛び降りることができなかったのだ。その晩、リーはフロリダ州ネープルズのリッツ・カールトンホテルにいたシュワルツマンに電話をかけた。シュワルツマンはバルコニーで電話を取った。「ジミーは『僕にはやはり無理だ。ビルにとどまるように頼まれてしまったから。彼とは社会に出て、ずっと一緒に働いてきたのでね』と言ったんだ」とシュワルツマンは語る。

シュワルツマンは耳を疑った。「『おいおい、どうなっているんだよ？ チェースを辞めて、ここに来て契約書にサインするはずだったじゃないか』とスティーブは言った」とリーは振り返る。「『カネの問題か？いくらならいいんだ？』ってね」。リーはカネの問題ではない、と答えた。

「ジミーは特別仁義に厚い男なんだ。人に対しても、組織に対しても」とシュワルツマンは語る。だが、シュワルツマンの落胆は大きかった。ほかに候補者もいなかったため、しばらくの間ナンバーツー探しは止まっていた。

だがブラックストーンの人材不足は変わらなかった。二〇〇一年から〇二年にかけて、今度は六〇億ドル規模となる新たなファンド「ブラックストーン・キャピタルパートナーズ第四号」を立ち上げるための資金集めが始まると、シュワルツマンはさらに多忙になった。

このためジミー・リーとの交渉が破談に終わって二年ほど過ぎた二〇〇二年半ば、再び適任者探しが始まった。そうしたなかヘッドハンターのトム・ネフから、クレディスイスファーストボストンの投資銀行部門とオルタナティブアセット部門を率いていたトニー・ジェームズと会ってみるよう勧められた。(7) 二人は一九八九年、当時ジェームズが働いていたドナルドソン・ラフキン&ジェンレット（DLJ）とブラックストーンが、CNWのLBOに伴うジャンク債の発行をめぐってもめた際に顔を合わせていた。だがそれ以降、一緒に仕事をする機会はなかった。

ジェームズの経歴は完璧だった。(8) DLJではまさにスーパースターのような存在だった。ビジネススクールを卒業してわずか七年後の一九八二年には、M&A部門の責任者に抜擢された――同じころ、シュワルツマンもリーマン・ブラザーズで同じような役職にあった。その三年後、ジェームズはDLJマーチャント・バンキングを設立した。DLJの投資銀行部門のスタッフを使って、自己資金を投資できるような企業を探すのが目的だった。九〇年代に入ると、DLJマーチャント・バンキングは外部の投資家からも資金を調達していくつか投資ファンドを立ち上げたが、その規模はブラックストーンのものとさして変わらなかった。ジェームズは九〇年代末までDLJマーチャント・バンキングの投資に采配を振るい、業界屈指の成績をあげた。シュワルツマンが連絡を取った二〇〇二年の時点では、DLJが九二年に立ち上げた一〇億ドルのファンドの運用成績は、DLJの経費を差し引いた後でも七〇%を超えていた[9]――これほど長期間にわたって、これほどの成績を維持するというのは驚異的である。ブラックストーンが九三年に立ち上げたファンドがほぼ同じ時期に上げた三四%というきわめて優れた実績と比べても、二倍の水準だ。

経営者としても、九五年にはDLJの投資銀行部門全体を統括する責任者に就任するなど、ジェームズの能力は傑出していた。組織上、ジェームズの上にも何人かいたが、社内外では広くDLJの実質的なトップであり、また同社を地味なリサーチ専門のブティック銀行からウォール街の主要プレーヤーに変貌させた立役者と見られていた。「トニーは経営トップではなかったが、会社が大きく変化を遂げるうえで最も重要な役割を果たした」。かつてDLJで働き、ジェームズの子どもの名づけ親にもなったサビン・ストリーターは語る[10]。「DLJの歴史上、一番重要な人材だったといえるんじゃないか」

「トニーはDLJですばらしい才能を発揮した」と、九〇年代にDLJに在籍した別のバンカーも語る。「投資委員会の仕切り役であったし、DLJマーチャント・バンキングの責任者だった時期にはそこでも支配者だった」。ジェームズは常にその場で一番デキるヤツと見られていた、とこの人物は語る。

九〇年にドレクセル・バーナム・ランベールが破綻すると、ジェームズは即座にトップクラスの人材をさらっていった。そこにはM&A部門の花形であったケン・モーリス、DLJがハイイールド債部門を立ち上げるのに協力したトレーダーのベネット・グッドマンなどが含まれている。ジェームズの指揮下で、DLJは企業再生アドバイザー部門、メザニン融資部門、ファンド・オブ・ファンズ部門、そして小規模な不動産投資部門まで抱えるようになった――ブラックストーンでシュワルツマンとピーターソンが作り上げた企業群と非常によく似ている。

キャリアの集大成として、二〇〇〇年にはクレディスイスファーストボストン（CSFB）によるDLJの吸収合併をお膳立てした。CSFBの親会社であるスイスのクレディスイスは、DLJの人材と顧客を手に入れることで、二流の地位に甘んじていたアメリカ子会社を大きく飛躍させようとした。ジェームズはCSFBの投資銀行部門とオルタナティブアセット部門の共同責任者となった。

だが二〇〇二年には、CSFBは非常に厳しい状況に陥っていた。九〇年代後半のM&AとIPOブームに溺れた投資銀行業界全体が、退却を余儀なくされていた。各行の損失は膨らみ、何千人ものバンカーが解雇された。CSFBは市場がピークにあった時期に高値でDLJを買収しており、DLJのトップクラスの人材の多くは買収後、持ち株を売却して数百万ドルの現金を手にすると、さっさと退社してしまった。CSFBの中からは、DLJを高い値段で買収させておきながら、人材流出を止めなかったとしてジェームズの責任を問う声もあがった。

CSFBが規制当局との間で様々なトラブルを起こしたことを受け、CEOに就任したジョン・マックは、新たに「国際投資銀行部門会長」という部下もいないお飾りポストを作り、ジェームズを追いやってしまった。[11] 投資銀行部門には別の責任者が任命された。ジェームズはクビにこそならなかったが、DLJの元同僚の言葉を借りれば「尊厳死」を遂げたようなものだった。

二〇〇二年の夏まで権利の確定しないDLJ株が一一〇万株あったため、それまでは会社を辞めるわけにはいかなかったが、明らかに別の仕事を探すべき時期が来ていた。

シュワルツマンから見ると、ジェームズの経歴と能力は理想的だった。[12]「トニーは生まれながらの起業家だ。それに長年DLJで引き金を引く役割を担ってきた――投資責任者として、やるかやらないかの判断を下してきたんだ」。またDLJとブラックストーンの事業内容は驚くほどよく似ていた。「実質的に、トニーのやってきた仕事の内容は、私の仕事そのものだった。非常に興味深い偶然さ」

二人の顔合わせは、ブラックストーン本社で開かれた。二人とも意外なめぐり合わせに多少驚いてはいたが、この組み合わせはうまくいきそうに思われた。「会合が終わったときには『これほどうまい組み合わせだとは思わなかった』というのが二人の実感だった」とジェームズは語る。

シュワルツマンはもっとジェームズを知りたいと思った。そこで人目につかず、くつろげる場所をと、パークアベニュー七四〇番地の自宅に夕食に招いた。「職場で会いたくなかった。本当に彼がどんなモノの考え方をするのか、見定めたかったからね」と説明する。

ゆっくりと夕食を囲みながら、二人はそれまでの経験や世の中の見方を語り合った。「金融に関してどんなことでも話し合える、本当に楽しい時間だった。こんな状況があった、どうなったと思う？　何が悪かったかわかるか？　君ならどうした？　といった具合にね。その結果、お互いの投資スタイルや保守的な姿勢など、多くの共通点があることがわかった」

互いに相手を品定めしようと、その後も二人はシュワルツマンの自宅で何度か夕食をとった。「入社に関する話などほとんどせずに、なにくれとなく話し合った」とジェームズは語る。「議論の行き着く先がどこかを特に意識することもなく、ただ世界に対する見方や意見を交換し、互いを知ろうとしていた」

親しくなった二人だが、様々な意味で意外感のある組み合わせだった。長身で痩せ型のジェームズ——正式にはハミルトン・E・ジェームズ——は、ニューイングランド地方の郊外住宅地に暮らすプロフェッショナル（知識職業）階級の家庭に生まれ、プレップスクール（寄宿制の私立学校）に通った。父親は名門コンサルティング会社アーサー・D・リトルで経営コンサルティング部門の責任者を務めていた。ジェームズはプレップスクールでも名門中の名門チョート校を卒業し、その後ハーバード大学で学士号とMBAを取得した。そんな彼の風貌には、シュワルツマンにはない貴族的な品の良さが漂っていた。ジェームズと働いたことのある女性の言葉を借りれば、「夏にサッカー地で仕立てたスーツで出社してもさまになる、数少ない男性」だ。

仕事のスタイルも、シュワルツマンより知的だった。シュワルツマンも部下たちの準備した数値データを吟味し、分析結果について厳しく追及することはあったが、最終的な判断は直観的だった。ジェームズは分析そのものを楽しんだ。

またシュワルツマンは興味のない人間や大切に思っていない人間に対して、そうであるようなふりをすることが苦手だったが、ジェームズはメールルームのスタッフをはじめ万人に興味があるようにふるまった。人にモノを教えたり、メンター役を務めることを楽しみ、行き詰まったディールを打開するための退屈な仕事にも進んで取り組んだ——そうした姿勢に、部下たちは強い忠誠心で報いた。仕事に熱中したときの猛烈ぶりや精神力は、まさに驚くべきものだった。その反面、パーティも大好きで、コネチカット州の自宅に部下を招き、ビール片手に談笑するのも楽しんだ。またDLJ時代のパーティでは、周囲が眉をひそめるような派手なダンスも披露した。

ジェームズにもそれなりの自尊心はあった——社外では横柄に見られることもあった——が、その表れ方はシュワルツマンとはまるでちがっていた。ＤＬＪでは、自分より立場が上の人々がスポットライトを浴びるなか、粛々と実質的な経営者の役回りを果たした。新聞に載りたいとは思わず、また実際彼の名が記事になることはめったになかった。その代わりに、自らの圧倒的な知性やスタミナ、魅力によって、常に部下たちの畏敬の念をかきたてることに喜びを感じていた。

トップバンカーのしきたりとされるものにも、さりげなく反発した。移動には地下鉄を使い、長年取締役を務めるホールセールクラブ、コストコで買ったワイシャツを着て出社することも多かった。シュワルツマンは休暇を超のつく資産家が好む場所——ロングアイランドのハンプトンズ、フロリダのパームビーチ、フランスのサントロペ、もしくは自家用ヨットでのカリブ海クルーズ——で過ごした。それに対し、毛針も自作するほどのフライフィッシング愛好家であるジェームズは、友人であり、ＴＰＧの型破りな創業者、デビッド・ボンダーマンとともにアマゾンやモンゴル奥地に釣旅行に出かけた。

だがほかの面では、二人はよく似ていた。シュワルツマンと同じように、ジェームズも競争心旺盛なスポーツマンで、ハーバード大学時代は大学代表チームのサッカー選手だった。五〇代になっても週末にはプレーしていたほどである。シュワルツマンに引けをとらない競争心と野心、そして起業家精神を持っていた。

シュワルツマンも大学を出たてのころ、ＤＬＪで働いていたことがあったため、その後ジェームズの上司となった幹部陣の多くとは知り合いだった。そこで最初にジェームズと夕食をともにした後、五人に電話をして評判を聞くことにした。そこにはＤＬＪ創業者のビル・ドナルドソンやディック・ジェンレットも含まれていた。
「全員がまったく同じことを言ったよ。トニーは抜群に頭がよく、仕事熱心で、すばらしい投資家であり、部下が全員心酔するような生まれつきのリーダーだと。さらに人として、絶対に君を――つまり私を――裏切ることはないだろう、と言っていた。『君たち二人は完璧な組み合わせだ』と太鼓判を押してくれたよ」。シュワルツマンとジェームズの両方を数十年にわたって知っている五人が、二人の組み合わせはうまくいく、と考えていたという事実には、説得力があった。

これは二人にとって、大きな賭けだった。シュワルツマンはこれまでも、野心と自分なりの目的を持った大物を招き入れるのをためらったことはなかった。創業から最初の数年間にはロジャー・アルトマン、デビッド・ストックマン、ラリー・フィンク、トム・ヒルといった人物を口説き落としてきた。

だが今回は違った。飛び抜けた実力を持つ一匹オオカミや、新しい事業部門を立ち上げる人材を探していたわけではない。今回の人事は、ブラックストーン全体にはるかに重大な影響を及ぼすはずだった。これまで一〇年間のブラックストーンはスティーブ・シュワルツマン・ショーだったが、いまや主役を他の人間と分け合おうというのである。自分の代理というより、結婚相手を探すのに近かった。他の投資会社のトップで、これほど重要なポストに外部から人材を招いた例はなく、きちんとした後継計画があるところもなく、あらゆる意味で業界初の試みだった。

ジェームズもその意味するところを十分わかっていた。「ブラックストーンは強烈なリーダーと強烈な社員を持った、強烈な会社だ。中核事業を私に引き継ぐというスティーブの言葉が本物であれば、私を信頼し、とほうもない賭けに出ようとしていることになる――それほどよく知らない部外者を信頼しようというのだから」

ジェームズにブラックストーン以外の選択肢がなかったわけではない。DLJ幹部のガレット・モランとベネット・グッドマンとは新しい会社を作ることを検討した。またボンダーマンやジム・コールターらTPGの創業者とも同社への入社の可能性を話し合った。

ジェームズにはブラックストーンでの仕事がリスクを伴うものであることをよくわかっていた。シュワルツマンのような創業者タイプにとって、自らの代理や後継候補に権限を委譲するのは非常に難しく、すべてをぶち壊しにすることがよくある。招かれた希望の星が二〜三年後には血みどろの死体となって、産業界の裏路地のドブで発見されるというのもよくある話だ。DLJで大きな裁量を与えられていたジェームズにとり、これは非常に重要な問題だった。

「スティーブは本気だろうか？　私に仕事をさせてくれるのだろうか？　と考えた。私は一二年も、上司がいない状態で働いてきたようなものだからね。経営者として非常に自由で、自分の思いどおりに事業を運営することができた。それは私にとって、とても重要なことだ。ヒエラルキーや権威といったものはどうでもいいと思うタイプで、自分自身で判断し、自分の思いどおりに経営し、その結果については責任を負いたい。自分で意思決定を下し、自分なりにいろいろな手直しをしたかった」とジェームズは振り返る。

彼の知人も、ジェームズはシュワルツマンの言葉に疑念を抱いていた、と証言する。[13]　シュワルツマンがカネの問題をめぐってブラックロックのトップであるラリー・フィンクやラルフ・シュロスタインと袂を分かったことは、ウォール街では有名な話だった。またシュワルツマンとアルトマンの関係が寒々としたものであることも。シュワルツマンとピーターソンの関係が悪化していることも、金融業界ではよく知られていた。シュワルツマンを理想的な上司だと言った者は、かつて一人もいなかった。そんな彼に、本当にジェームズに日々の会社の運営を任せることができるのだろうか？　それこそが二人が夕食をともにしながら、見定めようとしていたことだった。

「何かがひらめくとか、相手が決定的なことを言ってくれる、といった話じゃないんだ」とジェームズは語る。「CEOや起業家と話をするときには、相手の意図や、言ったことを感情的にも本当にやり抜く能力があるか、見抜くことが大切だ」。最終的にジェームズは、きっとうまくいくと思うようになった。「スティーブが本気であり、また自分の言ったことを守れるほうに賭けたんだ。実際、そのとおりだったよ」

何度か夕食に招いた末に、シュワルツマンも確信した。「最後にこう言ったんだ。『我々はまちがいなく完璧なパートナーになれるよ』ってね。『一緒に働く中で、意見の違いが生じるとすれば、一つだけだ。君は新規事業をたくさん始めたいと思うだろう。その中には会社全体に影響を及ぼすほどの規模にはならないものもあるかもしれない。それは君の管理能力が私より優れているからだ。私は立ち上げる事業を絞り、それぞれをとびきり大きくしたい。これは単に好みの違いであり、物事に対するアプローチの違いだ。ディールや投資をめぐって意見が合わないことはないはずだ』」

二〇〇二年夏には、ジェームズはブラックストーンに入社する意思を固めた。魅力の一つに、大量の株を付与されたことがあった（二〇〇七年にブラックストーンがIPOした時点では、ピーターソンを少し上回る六・二％を保有していた）。二〇〇二年末までCSFBにとどまることで合意したが、まもなくシュワルツマンは頻繁に連絡をよこしては、ジェームズのアドバイスや協力を求めるようになった。「ブラックストーンへの転職を決めると、すぐにスティーブが電話をしてくるようになった。『この大型投資を考えているんだ』とか、『社員への報酬を決めないといけない。君にも関与してほしい』といった具合にね」。二つの会社での仕事を両立できなくなったジェームズは、スケジュールを前倒しして一一月初旬にブラックストーンに入社した。

ジェームズはすぐにブラックストーンでも存在感を発揮しはじめた。「彼が入社した途端、だれもがそれを実感した」と元パートナーのブレット・パールマンは語る。[14]「六カ月も執務室にこもって、何をしようか思案するようなまねはしなかった」

シュワルツマンから与えられた任務は、会社全体の経営だったが、最初のうちはM&A部門の活性化と、プライベート・エクイティ部門の体制を整えることに集中してほしい、と言われていた。[15]

ジェームズが最初に行ったことの一つが、投資プロセスにより規律を持たせることだった。それまでパートナーは数週間、ときには数カ月も何もチェックを受けずに投資の可能性を探ることを許されていたが、そうした時間がむだにならないように最初の段階で案件の概要の提出を義務付けるといったスクリーニング・システムを導入したのだ。

さらにパートナーに対して、各ディールのリスクをより厳格に分析するよう要求した。[16]どの会社でもそうであるように、ブラックストーンのパートナーも買収対象とする企業の会議室で何本のコーラが消費されているか、その価格はいくらかといったことに至るまで徹底的に調べ上げた。それを一〇〇～一五〇ページにわたるベースケース、すなわち最悪の場合の業績予想としてまとめるのだ。だがジェームズはそうした分析をさらに一歩進め、会社が破綻したり、大成功を収めたりする可能性のある事象――経済学用語で「オプショナリティ」と呼ばれるもの――を慎重に精査しろ、と命じた。

例に挙げたのは、航空会社に投資するという仮定の話だ。「大規模なテロによって航空会社が破綻する可能性があるとしても、それは二〇年に一度あるかないかの話だとして、普通ならベースケースには含めないだろう。また原油価格が一年で一バレル＝三〇ドルから一四〇ドルに急騰するかもしれない。通常は一年でせいぜい上昇しても二〇ドルであり、そうした極端な上昇はいまだかつて起きたことはない。一〇〇ドル上がることなどあるだろうか、と思うかもしれないが、やはり可能性はある」。労働問題もある。それも「今の労使関係は良好だし、現在の労使契約が切れるまでにまだ三年もある」として看過するかもしれない。「いずれも一〇年に一度、二〇年に一度、五〇年に一度あるかないかといった事象であるため、ベースケースの算定からは除外する」。だがそうしたものが危険であることに変わりはない。「それぞれの問題が発生する確率はごくわずかかもしれないが、いずれも起こらない確率もまたわずかだ。そのすべてを掛け合わせれば、いずれかが起こり、会社を破綻させる確率が、たとえば五五％であるといったことが明らかになるかもしれない」

同じような分析が、プラスの方向にも成り立つ。投資の中には、株のコールオプション、すなわち将来の特定の時点で、株を特定の価格で買収する権利を得るような案件もある。たとえばブラックストーンがある取引のレバレッジ比率を高め、自己資金をほとんど投資しなかった場合を想定してみよう。案件が失敗するリスクが低い一方、思いがけないプラス要因によるリターンが大きければ、それは割安なコールオプションを買うのと同じことだ。一九九九年から二〇〇〇年にかけて、ポール・アレンがブラックストーンがアメリカ国内に保有していたケーブルシステム会社を高値で買ってくれたケースなどがこれに当たる。「ジェームズは『幸運であることには、すばらしいオプション価値がある』と強調した」と、ドイツのケーブル会社への最初の投資を担当したパートナー、ラリー・ガフィーは語る[17]。

こうした考え方は目新しいものではなかったが、そうした厳格な分析がプラスとマイナスの両面において例外なく実施されたということは、特筆に値する（シュワルツマン自身、もっとわかりやすい表現で同じことを要求していた。案件を売り込むパートナーに対しては、「たなぼた的なシナリオとしては、何がある？」とよく尋ねていた）。

それと並行して、社内で少人数の検討会議や戦略レビュー会議をいくつか立ち上げた。新たな手続きが増えたにもかかわらず、意思決定のスピードは格段に速まった。というのも、ジェームズが新たなスクリーニング・システムを導入するまでは、モスマンがあらゆる案件が通過しなければならない関門の役割を果たしていたからだ。「八本の線路がすべて一つの駅を通過するようなものだった」とパートナーのチン・チュウは語る。(18) 投資委員会がゴーサインを出すまでに、あらゆる投資案が何度もモスマンの審査を受けていた。彼と比べると、ジェームズは意思決定と執行の両面において優れていた。

ジェームズはまた、常にいらだっているような空気の漂うブラックストーンにおいて、人間関係を改善しようと試みた。重視したのは、パートナーを上司だけでなく、他のパートナーや部下からも評価させる「三六〇度評価」である。「ジェームズは社員を仕事の能力だけでなく、部下を育てる能力などによっても評価しようとした」とガフィーは語る。

ブラックストーンの過去の投資についても徹底的な調査を開始した。どこで利益をあげ、またどこで損失を出したかを見定めるためだ。調査報告書には、刺激的な結論がいくつも盛り込まれていた。

相場をうまく読みきることが——景気の底で買収し、ピークで売り抜ける——莫大な利益につながった、というのは特段驚くに値しない。(19) だが長年の実績からは、興味深いパターンが浮かび上がった。たとえば、ブラックストーンのパートナーは買収する企業の経営陣の能力を過大評価する傾向があることが明らかになった。案件を担当したパートナーが、買収する企業の経営陣の能力を当初高く見積もったケースでは、リターンが予測を下回るケースが多かったのだ。「経営陣の手腕が予想どおりの結果を得るカギとなる」。報告書の概要には、こんな見出しが躍っている。小見出しには「残念ながら、我々は経営陣の能力を正確に見きわめ、事前に業績予想を立てることが不得手である」と書かれている。

調査結果を受けて、ブラックストーンは買収を検討している企業の経営陣を評価する際には、外部のコンサルタントや心理学者を雇うようになった。さらにこの調査によって、ブラックストーンは買収した企業の経営状況を改善することにおいて、同業他社より劣っていることが判明した。この結果、社内のコンサルティングと経営支援部門が充実されることになった。

ジェームズは、ブラックストーンと銀行との関係も見直した。[20] 過去の個別の投資案件でブラックストーンがどれだけの金利を支払ったかを追跡調査し、どの銀行が好条件を提示し、どこがそうしなかったかを突き止めようとしたのだ。その一方で、押しの強い、厄介な取引先という従来の評価を変えようと、銀行に対して歩み寄る姿勢も見せた。

「トニーは『〇・〇一％の金利差にこだわるつもりはない』と言った」とあるバンカーは語る。[21] わずかな金利差をめぐって争うつもりはない、というわけだ。「スティーブなら絶対にそんなことは言わない」

ジェームズの入社後は、全社的にシステム化が進んだ。それ以前のブラックストーンは「小企業がそのまま大きくなったような経営スタイルだった。小さな店が五つしかないような会社のイメージだ」と不動産投資部門のパートナー、チャド・パイクは語る。[22]「標準的な経営ルールといったものもなかった。ジェームズの入社によって、ようやく会社の内部体制が見た目に追いついてきた」

会社が良くなったのはだれの目にも明らかであり、シュワルツマンも例外ではなかった。ジェームズと意見が合わず、言いたいことを我慢する場面もあったが、彼が会社にとって不可欠な人材であることはすぐに理解した。ジェームズとしても、最高権力者がシュワルツマンであることははっきり認識しており、その権限を尊重した。次第に二人の間には固い絆が生まれ、一日に何度も話したり、一〇回以上も長いボイスメールを残すこともあった。ジェームズのデスクの前のソファに、シュワルツマンがくつろいだ様子で腰を下ろしていることも多かった。

会社の上層部に、それも自分と他のパートナーたちの間にジェームズを配置するというのが、デリケートで慎重な扱いを要する問題であることをシュワルツマンは重々承知していた。

「普通の企業のように、トニーが社長に就任し、全員が彼の部下となる、といった単純な話ではなかった」とシュワルツマンは語る。(23) ジェームズを採用するというのは、シュワルツマンの決断ではあったが、それについては他のパートナーとも議論を重ね、独断であるという印象を与えないようにした。既存のスタッフ同士の関係にも、影響が及びそうだった。

「ジェームズと社内の重要な人物との個々の関係をどうするかを考えるのは、私の役割だった」とシュワルツマンは語る。

ジェームズの到来が自分たちにどのような意味を持つのか見定めようと、不安になるパートナーもいた。(24) 最も直接的に影響を受けたのはモスマンだ。(25) モスマンは常に自分の役割を最高投資責任者として限定的にとらえており、それがシュワルツマンには不満だった。モスマンは社外の人々と会わなかっただけでなく、社内の人材の育成にもかかわろうとせず、さらに週一日は自宅で仕事をしようとした。変わり者であったことに加えて、彼の役割そのもの——あらゆる投資提案が通過しなければならない関門となっていたこと——が、規模が拡大し、国際化も進んだ会社の実態にそぐわなくなっていた。そこへジェームズが入社し、実質的にプライベート・エクイティ部門の経営を任されることになった。モスマンはしばらく会社にとどまったものの、二〇〇三年に退社し、現役を引退してコネチカット州で好きな科学の研究に没頭するようになった。

企業版の流血事件や人材の追放は起きなかった。だが現実には、依然としてシュワルツマンが最高権力者ではあったものの、全員がジェームズの部下として指示を仰ぐことになった。時折だれかがジェームズの頭越しにシュワルツマンと話をしようとすると、シュワルツマンは常にジェームズの肩を持った。古参社員の多くにとって、状況はまったく違ったものになった。

「以前はだれもがそれぞれの形でスティーブと直接つながっており、組織における自分の居場所をわかっていた」と元パートナーのハワード・リプソンは振り返る。[26]「幹部陣にとって、ヒエラルキーのようなものに放り込まれるというのはショックだった」

幹部は一人、また一人と辞めていった。それぞれの動機や抱いていた感情は複雑だった。「ジェームズ（モスマン）のように『もう仕事はいいや』という者もいれば、マーク（ギャログリー）のように『だれかの指図を受けるのはいやだ。自分が主役になりたい』という者もいた。だいたいの人間がその中間にいたのではないか」

ブラックストーンは成長する必要があり、言い古された表現を使えば、ジェームズが会社を次のレベルに引き上げる人間だということはだれもが認めていた。だがパートナーたちは、自分がそこに参画したいか、わからなくなっていた。「みな資産ができ、家族もできた。もう子どもじゃないってことさ」とリプソンは語る。「それで各々『何か違うことをするなら、今がチャンスだ』ということになった」

パートナーたちがとびきり金持ちになったという事実に加えて、他のプライベート・エクイティの多くとは異なり、ブラックストーンではパートナーが在籍時代に携わったディールから生じる利益に対する持分は退職後も没収されないことになっており、それも彼らの決断を後押しした。新しいキャリアに踏み出したとしても、ブラックストーンに在籍した間に買収した会社が売却され、利益が出れば、何年経ってもその配分を受け取れるのだ。

ブレット・パールマンとマーク・ギャログリーの場合、ジェームズの入社後にプライベート・エクイティ業界に好景気が到来し、投資家がこぞって新たな資金を投じたことで、自らのファンドを立ち上げることができた[27]。数年前には実績のないファンドに資金を出すことなど考えもしなかった年金基金をはじめとする機関投資家が、突然そうするようになったのだ。

二〇〇四年には、九〇年代にシュワルツマンにハイテクやメディア業界への投資を増やすよう訴えたパールマンが、シリコンバレーの経営者やロックグループ「U2」のボーカルで投資家としても知られるボノと組み、メディアや娯楽産業、消費者向けサービス会社などに投資するエレベーション・パートナーズを立ち上げた。翌年、エレベーションは一九億ドルの資金を集めた。

二〇〇五年一〇月には、九九年に独立を諦めたギャログリーがついに意を決し、ベテランのハゲタカ投資家と組んでセンターブリッジ・パートナーズを設立した。翌年、同社は三二億ドルの資金を集めた。ギャログリー自身が責任者を務めた、二〇〇〇年のブラックストーンの通信専門ファンドの実に一・五倍の規模である。

同年にはリプソンも退社し、かつてともにテーマパーク「シックス・フラッグス」の案件に携わったタイム・ワーナーの元幹部、ボブ・ピットマンと組み、メディア企業への投資を専門とするプライベート・エクイティ、パイロット・グループを立ち上げた。二〇〇二年に、ともに不動産投資部門の責任者を務めていたトーマス・セイラックが退社したことを受けてロンドンからアメリカ本社に戻っていたジョン・ククラルも、この時期に退社を表明した。二〇〇五年末の時点では、ピーターソンとシュワルツマンを除けば、一九九〇年以前に入社したパートナーはあと一人しか残っていなかった。投資家との窓口の役割を果たしていたケネス・ホイットニーである。

まもなく幹部層には新たな人材も加わった。二〇〇三年には、ベスター・キャピタル・パートナーズの共同創業者として高く評価されていたプラカシュ・メルワニが企業買収部門に招かれた。シティグループのプライベート・エクイティ部門でハイテク企業への投資責任者だったポール（チップ）・ショアは二〇〇五年に入社した。同年にはジェームズが、DLJ時代の最も有能な部下の一人であったガレット・モランを企業買収部門のCOOとして採用し、同部門における影響力を一段と強めた。DLJマーチャント・バンキングの数々の投資案件にアドバイザーとしてかかわったベテラン経営コンサルタントのジェームズ・クエラも二〇〇五年に入社し、投資先と協力し、その経営改善を支援する社内の経営支援チームの創設に着手した。

ジェームズが入社して三年も経つと、ブラックストーンはすっかり変わっていた——以前より統制がとれ、合議的になっていたが、その一方でやや退屈な会社になっていた。企業買収部門では、二〇〇〇年にパートナーに昇進したグループ——当時窮地にあった会社が望みを託した三〇歳そこそこの若者たち——が中核的な存在となっていた。まだ若手パートナーだった彼らの状況は、ジェームズの入社によってそれほど影響を受けず、むしろモスマンやリプソン、ギャログリーが退社したことで上のポストが空き、出世の道が開けた。

ギャログリーやリプソンが退社する以前から、若手パートナーたちは二〇〇三年から〇四年にかけてブラックストーンが手掛けた大規模案件の責任者を務めていた——その後、記録的な利益をあげ、二〇〇〇年代後半のブラックストーンの躍進を支えることになる案件である。これは個性豊かなパートナーたちの個人技に依存していた、創業当初の自由奔放な企業文化との決別を意味していた。

一方、不動産投資部門ではククラルの退社によって、ジョナサン・グレイ、チャド・パイクといった次の世代が台頭する余地が生じ、二人は共同責任者に就任した。まもなく二人は、個々の建物を買収するのではなく、不動産会社そのものを買収するという新機軸を打ち出した。

ジェームズがブラックストーンにしっかりと根を下ろすことができたのは、もちろん彼自身の能力によるところが大きい。それでもこの過程で、シュワルツマン自身の進化も鮮明になった。彼はプライベート・エクイティ会社の創業者でだれも成功したことのない――そして起業家のほとんどが成功することのない――外部から後継者を連れてきて、本当に権限を委譲するという偉業をやってのけたのである。

それに加えて、新たなステージへの移行を混乱や対立を招かず、創業当初の一〇年間の報いなど受けずにやり遂げた。ブラックストーンをプライベート・エクイティ業界の頂点に押し上げる過程では、荒々しく攻撃的な野心をむき出しにしていたシュワルツマンも、時とともにまるくなっていた。

ジェームズを迎え入れるというシュワルツマンの決断について、あるバンカーはこう語る。[28]「彼は自分という人間を、非常によくわかっている。そして、それをうまく隠しているのさ」

第17章

相性抜群、タイミングは完璧

二〇〇二年、シュワルツマンが自宅マンションにジェームズを招き、夕食をともにしながら互いを品定めしていたころ、二人の意見が一致していた事柄の一つが、市場に対する見方だった[1]。二人とも「今は資産を安値で買える一〇年に一度あるかないかのビッグチャンスだ」と考えていたのである。

ジェームズはDLJ時代、アメリカ経済がまだ不況の最中にあった一九九二年に立ち上げたファンドで目を見張るばかりの利益をあげ、プライベート・エクイティ投資家としての評価を不動のものとしていた。同じようにブラックストーンが九三年に立ち上げたファンドも、ほぼすべてを九〇年代の景気が回復しようとしていたころに投資したことから、同社始まって以来の成績をあげていた。

二人が話し合いを始めた二〇〇二年夏、ブラックストーンは新たに立ち上げる六九億ドル規模のファンドの最後の仕上げに取り掛かっていた。二人とも信用市場の状況さえ許せば、すぐにでも従来型のＬＢＯ

を再開したいと考えていた。ともに最も魅力を感じていたのは、景気の波とともに業績が大きく変動する市況産業や循環型企業だった。

投資会社の多くが九〇年代後半の失敗の後遺症に苦しんでいた当時、そうした見方をする者は少数派だったが、シュワルツマンは直感的に自らの正しさを確信していた。「あの景気サイクルのきわめて早い段階で、スティーブが『今こそ投資のチャンスだ』と言っていたのを覚えている」。年金基金などの機関投資家に対し、プライベート・エクイティ投資に関するアドバイスを提供するハミルトン・レーンのマリオ・ジャンニーニは証言する。(2)

それにはリスクもあった。市況産業の会社を買収する際には、タイミングがすべてである。アカプルコ名物のクリフダイビングと同じようなもので、飛び込むのが早すぎたり、遅すぎたりすれば命取りになる。プライベート・エクイティ企業の多くが市況産業を避けるのはそのためだ。だがタイミングよく景気循環の谷でLBOを実施すれば、わずかな利益が数倍になって返ってくる。

さらに市況産業のバリュエーション・マルチプル、すなわち評価額は利益の上昇に伴って上がっていく。利益が膨らめば、買い手がキャッシュフローもしくは利益の何倍を払うか、という倍率が高まるためだ。利益成長と評価額の上昇をうまく生かせば、利益は天井知らずになる。ただ、エグジットのタイミングもエントリーと同じぐらい慎重に測らなければならない。景気が後退しはじめると、マルチプルは利益の減少とともに低下していくためだ。好況期には利益の七倍で売れた企業が、景気の下降局面ではあっという間に六倍になってしまう。同時に利益も減少すれば、その二つの要因によって評価額が三分の一ほども低下し、企業価値は債務を下回り、株主資本は書類上、無価値になってしまうかもしれない。それこそがLBO特有のリスクだった。

リスクはあったが、シュワルツマンとジェームズは直感に従ってチャンスをつかもうとした。「とにかく機敏かつ積極的に、規模の大きい企業資産を買いまくった」とジェームズは振り返る。(3) 景気がようやく底を打ち、再び拡大を始めた二〇〇三年、ブラックストーンはライバルを凌駕する総額一六五億ドルものディールを成立させた。それに並ぶ規模の投資をしたのは、ゴールドマン・サックスのプライベート・エクイティ部門だけだった。業界第二位のＴＰＧと三位のアポロを合わせても、投資額はブラックストーンの半分程度だった。

循環型企業への最初の大型投資となったのは、ＴＲＷオートモーティブだ。(4) 二〇〇〇年にパートナーに昇進した五人の一人であるニール・シンプキンスは、二〇〇二年に親会社の防衛機器メーカー、ＴＲＷと買収交渉を始めていた。その後、同じ防衛機器メーカーのノースロップ・グラマンがＴＲＷに敵対的買収を仕掛けてきた。後者は最終的にノースロップに吸収合併されることに合意したものの、ノースロップは自動車部品子会社にまったく関心がなく、ＴＲＷの買収が完了するのを待たずに売却したいと考えていた。ＴＲＷオートモーティブをよく理解していたシンプキンスは、またたくまに四六億ドルで買収することでノースロップと合意した。

同じころ、シンプソンと同様に二〇〇〇年にパートナーに昇進したチン・チュウは、自動車産業と同様に景気に大きく左右される化学業界で、二つの企業に狙いを定めていた。

ブラックストーンに至るまでのチュウの歩みは、豊かな家庭に生まれたアイビーリーグ出身者の多い同社の中で異彩を放っている。(5) チュウの家族はアメリカ軍の撤退とともにベトナムを脱出し、彼はバッファロー大学で学士号を取得した。しばらくバンカーとして働いた後、九〇年にブラックストーンに入社し、まもなく鬼才デビッド・ストックマンの徒弟となった。

チュウは平気で上司に異を唱え、九六年に航空機部品メーカー、ヘインズ・インターナショナルへの投資で上司のストックマンに不利な発言をしたことは、ブラックストーン社内で語り草となっている。ストックマンが投資委員会でこの案件を推奨していたとき、シュワルツマンがチュウに「ヘインズをどう思うか」と尋ねたところ、チュウは率直に「良い投資先とは思えない」と答えたのだ。ストックマンは部下が自分の見解に異を唱えたことに激怒し、チュウとは数週間口を利かなかった。しまいにはシュワルツマンがストックマンを呼び、「最初から組んできた部下と口も利かないで、ディールをまとめることなど不可能だ」とたしなめたほどだ。

ヘインズについては、結局チュウの見立てのほうが正しかった。ブラックストーンは投資した五四〇〇万ドルのうち、四三〇〇万ドルを失った。ストックマンの退社によって、チュウをはじめとする二〇〇〇年から〇一年にかけてパートナーに昇進した若手たちは初めてディールを任されるようになり、その真価を問われることになった。

二〇〇三年九月にチュウが最初にまとめた企業買収は、水処理用の薬品と設備を手掛けるオンデオ・ナルコ（通称ナルコ）だった。親会社であるフランスの水、電力、ガス会社のスエズは、周辺事業の売却を進めていた。

ただ、ナルコの買収に取り掛かるよりずっと前に、チュウが目をつけていた会社があった。ドイツのフランクフルトに本社を置く、公開企業セラニーズである。同社がＬＢＯに合意するまでに二年、それから買収を完了するまでにさらに二年かかったが、最終的にセラニーズはブラックストーン史上例をみない、最高の収益率を達成した。

優れた金融技術と本質的な経営改善を融合させる、プライベート・エクイティの真骨頂を示す格好の例にもなった。同じように投資額の数倍の利益をもたらしたナルコと並んで、セラニーズの投資は、ブラックストーンの企業買収部門における新たなスタープレーヤーとしてのチュウの地位を不動のものとした。

二〇〇一年にチュウがセラニーズのデータを調べはじめたとき、同社はスランプに陥っていた。(6) 景気が悪化するなか、主要製品への需要は軒並み低下していた。そこには塗料、医薬品、繊維などに使われるアセチル派生物、タバコのフィルターや衣料に使われるアセテート、自動車に使われるプラスチック、農業用薬品や洗剤、食品や飲料添加物などが含まれていた。

セラニーズはまた、みなしごのような会社でもあった。元はアメリカの会社だったが、一九八七年にドイツの化学・製薬会社へキストに買収された。九九年にフランスの製薬会社との合併に合意したへキストは、セラニーズをフランクフルト証券取引所に上場し、持ち株を売却した。セラニーズの事業活動と収入の五割以上はアメリカが占め、ヨーロッパのシェアはわずか二〇%ということもあり、ドイツ企業とは名ばかりの存在だった。このためドイツの市場ではあまり人気のない銘柄だった。

さらにドイツの株価評価は、アメリカより低くなる傾向があった。論理的に考えれば、セラニーズの主な上場先をニューヨークに移すことは当然と思われた。セラニーズのドイツでの株価キャッシュフロー倍率が四倍だとしたら、ニューヨーク市場に移すだけで五倍に高まるというのがチュウの見立てだった。

それに加えて、セラニーズにはコスト削減の余地が大いにありそうだった。「セラニーズは何度も買収や合併を繰り返してきたため、相当なコストカットが可能だと見ていた」とチュウは語る。

とはいえ、買収の標的を特定するのと、実際にドイツの公開企業を買収するというのは、まったく別の話だ。ドイツではプライベート・エクイティは冷ややかな目で見られており、企業の経営陣は数年後には再び売却するような相手に事業を売却するのにためらいがあった。これはある程度、文化的な問題だった。ドイツ企業の多くは家父長主義的で、労働者を守り、企業の伝統を守ろうとする傾向があった。そのうえドイツの大企業は法律によって、取締役ポストのほぼ半分を従業員の代表に与えなければならないことになっており、そうした取締役は例外なくプライベート・エクイティに疑いの目を向けていた。その結果、プライベート・エクイティの投資は、ドイツよりはるかに経済規模の劣るイギリスやフランスのほうがずっと多かった。

チュウは二〇〇一年と〇二年にセラニーズに買収を持ちかけ、二度とも門前払いを食っている。そして二〇〇三年五月には、アメリカの製造業と金融業のコングロマリット、ゼネラル・エレクトリック（GE）と組んで再びアプローチした。提案内容は、セラニーズの売上全体の四分の一を占めるプラスチック事業を、GEの世界的なプラスチック部門と合併させ、残りをブラックストーンに売却する、というものだった。セラニーズの時価総額は当時キャッシュフローの四倍と、景気が回復すれば確実に利益が増えるはずの会社にしては破格の安さだった。

今回はGEを連れてきたことで、セラニーズの取締役会はようやくブラックストーンの話に耳を貸すことにした。そしてまもなくセラニーズはブラックストーンとGEに対し、管理職から話を聞いたり、社内資料を精査するなど、事業内容の理解や問題を発見するためのデューデリジェンスをすることを認めた。

だがデューデリジェンスが始まった途端、GEの経営陣は態度を一八〇度転換し、これ以上プラスチック業界に投資するつもりはない、と伝えてきた（四年後、同社はプラスチック事業を売却している）。セラニーズはブラックストーンとの交渉は継続したものの、どうも乗り気ではなさそうで、チュウは、再び買収を断られ、振り出しに戻るのではないかと不安になった。

そこでチュウは抜け駆けをして、経営陣の頭越しにセラニーズの株式の二九％を保有する最大株主、クウェート石油公社（ＫＰＣ）にアプローチした。ＫＰＣがセラニーズ経営陣に対し、買収を支持する意向を表明したため、交渉は再び前進しはじめた。

アメリカの金融機関に会社を売却し、その傘下で活動するという案をめぐり、セラニーズの取締役会は紛糾した。「このような取引の仕組み、運営方法、それのもたらす株主価値といったものを受け入れるには、少し時間がかかった」。当時セラニーズのＣＯＯだったデビッド・ワイドマンは語る。[7]

会社を説得するのは、最初の壁にすぎなかった。セラニーズをめぐっては、何事も簡単には進まなかった。

ドイツの買収に関する法律は、資金調達や仕組みを厄介なものにしていた。通常のＬＢＯでそうであるように、ブラックストーンの買収も、新たに設立される持ち株会社を通じて行われることになっていた。その持ち株会社が事業会社を買収するための資金を借り入れ、事業会社の利益を債務の利払いに回すのだ。だがドイツの法律は、一般株主が承認するまで、事業会社の利益を別の会社（この場合は持ち株会社）のために使うことを禁じていた。株主投票によって承認を得るには、一年以上かかることもあり、ブラックストーンはその間の利払いに充てるため、当初追加の資金を投入する必要があった。

株主資本となる資金を集めるのも容易ではなかった。[8] この取引をまとめるため、ブラックストーンは八億五〇〇〇万ドルの現金を必要としていた。だがそれは二〇〇二年に立ち上げた新ファンドの資金量の一三％に相当し、単一の案件への投資額としては大きすぎた。チュウは他の投資会社にブラックストーンより低い出資比率で参画させようともくろんでいたが、化学市場が回復すると確信しているのは自分だけだということがすぐに明らかになった。出資を打診した同業六社のすべてが断ったのだ。「彼らの多くは、相場は上昇に転じるどころかさらに下落すると見ており、『買値が高すぎる』と言ってきた」とチュウは振り返る。

最終的に、チュウはブラックストーンの出資者からさらに二億六〇〇〇万ドルを集めた。ブラックストーンのファンドを通じた投資に加えて、直接セラニーズに投資するという合意を得たのである。買収資金を融資するバンク・オブ・アメリカ、ドイツ銀行、モルガン・スタンレーは、セラニーズの優先株（資本と負債の中間にあたる）二億ドル分を引き受けることになった。

二〇〇三年一二月、すべての問題が解決し、セラニーズの取締役会は同社を一株三二・五〇ユーロ、総額二八億ユーロ（三四億ドル）でブラックストーンに売却することで合意した[9]。ドイツの公開企業が非公開化したケースでは、圧倒的に過去最大の案件となった。三二・五〇ユーロというのは、それ以前の三カ月の平均株価に一三％のプレミアムを上乗せした価格だったが、それでもキャッシュフローのわずか五倍であったことから、チュウにとっては良い買い物に思えた。

ただ、関門はまだ一つ残っていた。株主の承認を得ることである。ＫＰＣは保有する二九％の売却を約束していたが、他の株主には三二・五〇ユーロという提案を断る自由があり、実際にドイツの買収法はそれを促すような歪んだ動機を与えていた。

アメリカやほかのヨーロッパ諸国では、九〇～九五％の株主が合意すれば、残る株主に他の株主が合意した価格で株の売却を強制できることになっている。だがドイツでは、株主に最後まで抵抗し、株価の再評価を求めることを認めていた。再評価で義務づけられる不可解な数式を使うと、価格ははるかに高くなる――時には上場来の最高値を上回ることすらあった。このため再評価の手続きが完了するまで、ブラックストーンはセラニーズの買収にかかる費用を正確に把握することができない。

こうした株主の権利のために、チュウはセラニーズ株の大半を握っていたヘッジファンドや投資信託と我慢比べをすることになった。

ブラックストーンは一株三二・五〇ユーロで少なくとも株式の七五％を手に入れることを、買収提案の条件としていた。七五％以下ならば、その時点でディールそのものが立ち消えとなる。ヘッジファンドや投資信託も、それは望んでいなかった。ブラックストーンが株価にプレミアムを上乗せした価格を提示していたうえに、買収が破談になれば株価は三二・五〇ユーロ以下に戻る可能性が高かったからだ。とはいえ、他の株主が三二・五〇ユーロで売却に応じるなら、自分は応じずに再評価を要求したほうが得だというのはみなわかっていた。

「オフィスにこもり、株を持っているすべてのヘッジファンドや投資信託と交渉した」とチュウは語る。「全員が買収の成立を望む一方、三二・五〇ユーロで売却に応じる七五％には入りたくないと思っていた」

買収提案が期限切れとなる二〇〇四年三月二九日の段階で、結果はまだ定かではなく、シュワルツマンはやきもきしていた。「スティーブは三時半ごろ私のオフィスに入ってきて、何も言わずに座っていた。明らかにディールの行方を心配しているようだった」とチュウ。「すでに二五〇〇万ドルほどの費用をかけていた——決して少なくない金額だ。スティーブが『おい、どんな感じだ？』と聞くので、『電話をかけまくって交渉しているが、まだどうなるかはわからない』と答えた」

午後六時の締め切りの数分前に、シュワルツマンは再びチュウのオフィスにやってきた。「七五％にはまだ一五％足りなかった。六時ちょうどにスティーブが『正式な結果はどうだ？』と聞いてきた。その時点では一・五％足りていなかったが、『明日起きたときには、良い方向で決着しているだろう。ギリギリのタイミングで大勢が売却に応じはじめたから、まだコンピューター・システムが処理中の注文もある』と答えた」

翌朝、ブラックストーンは少なくとも全株式の八〇％を集めたことが判明し、その翌日の最終結果では八三・六％に達した(10)。晴れてセラニーズの支配株主となったのだ。だがそれから株主投票を実施するまでに四カ月、実際にセラニーズのキャッシュフローをＬＢＯに伴う債務の利払いに充てられるまでにさらに二カ月かかった。

残りの株式をすべて買収するには、一年半以上かかった。二〇〇四年秋には、売却に応じていなかった株主に対し、一株四一・九二ユーロで買い取ることを提案したが、だれも応じなかった。合計一二％を保有していたアメリカの二つのヘッジファンド、ポールソン＆カンパニーとアーノルド＆Ｓ・ブライクローダー・アドバイザーズはさらに買収価格を引き上げるよう求めた。二〇〇五年八月、両社はようやく一株五一ユーロで売却に応じた。その時点でわずかに残っていた株主は、最終的に一株六七ユーロという好条件をつかんだ。ポールソン＆カンパニーはその後二〇〇七年に住宅ローン市場が崩壊する可能性に賭け、数十億ドルの利益をあげたことで有名になった。

ブラックストーンは全株の取得が完了するのを待たずに、二〇〇四年四月には早速セラニーズの立て直しに着手した。

最初のステップは、まず会社を実質的に非ドイツ化することだった。経営文化を刷新し、またアメリカ市場でのＩＰＯという最終目標に向けて、アメリカの投資家にとって魅力的な会社にするためだ。ヘキストとセラニーズで通算三八年を過ごしてきたベテランＣＥＯは引退に追い込まれた。ブラックストーンは生きの良いアメリカ流の経営トップを据えようとした。目をつけたのはセラニーズＣＯＯだったデビッド・

ワイドマンだ。四年前にアライドシグナルと合併した米ハネウェルから転職したばかりのアメリカ人で、新たな血を象徴するのにふさわしい人材だった。

ドイツ企業の動きの鈍さや官僚主義には定評がある。さらにセラニーズでは社内に三つの中心があったことで、状況はさらにひどかった。[11] フランクフルト本社に加えて、かつての買収の際に引き継いだものの、統合されることのなかったニュージャージー州サマセットとテキサス州ダラスの大規模な支社である。幹部の一部はアメリカの支社に陣取っており、三つの領土の間では小競り合いや足の引っ張り合いが絶えなかった。ブラックストーンが最初に取った行動の一つは、権限をダラスに集約することだった。それによって惰性を解消し、間接費を減らすのが目的だった。

ダラスへの集約によって、年間四二〇〇万ドルのコストが削減された。[12] 北米の工場の設備刷新によって生産効率が高まり、さらなる人材削減が可能になったことで、さらに年間八一〇〇万ドルのコストが圧縮された。また利益の足かせとなっていた二つの事業――ガラスに似たプラスチックを製造していた赤字の子会社と、燃料電池を製造するベンチャー企業の持ち株――も売却した。タバコのフィルターの原料となるアセテート繊維の製造のほとんどを、タバコ需要が拡大し、労働コストの低い中国に移したことで、さらに年間二七〇〇万ドルが節減された。

それと同時に事業拡大を図るため、二〇〇四年一〇月にはカナダのアセテックス・コーポレーションを四億九〇〇〇万ドルで買収する取引をまとめ、その翌月にはビナムル・ポリマーズを二億八〇〇〇万ドルで買収することで合意した。アセテックスの買収によってフランス、スペイン、中東の生産設備を獲得したことで、セラニーズはアセチル製品で世界市場の二八％を押さえる最大手となった。この結果、キャッシュフローは六〇〇〇万ドル増えた。ブラックストーンは、建設の始まっていたアジア各地の工場の設備を増強するというワイドマンの提案も承認した。

急ピッチな資産売却と買収、経営改革や本社移転といった事柄は「ドイツの公開企業だったらきわめて困難だった」とワイドマンは語る。解雇された労働者への支払い、新しい設備への投資といったコストが、短期的に利益の大幅な圧迫要因となるためだ。セラニーズ社内の官僚主義も変化に抵抗したはずだ、と語るワイドマンは、ブラックストーンがセラニーズからエグジットした後も長くCEOにとどまった。

セラニーズが贅肉をそぎ落とし、買収による規模拡大を進めるなか、世界的な景気回復によって事業は持ち直しはじめた。二〇〇四年四月に買収が成立する以前から、需要は回復しはじめ、セラニーズは価格を引き上げられるようになっていた。同年中には三〇回もの値上げを発表し、その結果、売上高は前年の四六億ドルから四九億ドルに拡大、キャッシュフローは四二％増加した。

それをテコに、セラニーズは二〇〇四年九月には配当を支払うために新たな資金を借り入れた。その配当によって、ブラックストーンは四月に出資した資金の四分の三を回収した。その後回収した資金のほとんどは純粋な利益となったわけだ。

配当を支払った二カ月後の一一月にはＩＰＯの申請書類を提出、ブラックストーンが会社の支配権を握ってわずか八カ月半後の二〇〇五年一月にニューヨーク証券取引所に再上場を果たした[13]。チュウが予想したとおり、アメリカの投資家の評価はドイツより高く、セラニーズの評価額はキャッシュフローの六・四倍となった。ブラックストーンが支払った倍率より一・四倍高い。

セラニーズは普通株と優先株を合わせて約一〇億ドルを調達した。そのうち八億三〇〇〇万ドルはブラックストーンをはじめとする投資家に渡り、配当金に続く大きな収益をもたらした。ブラックストーンと共同出資者はその時点で六億一二〇〇万ドルの投資に対し、七億ドルを回収し、なおもセラニーズ株の大半を握っていた。二〇〇七年五月に各社がセラニーズの持ち株をすべて売却しおえた時点では、ブラックストーンと共同出資者がセラニーズへの投資で得た利益の総額は二九億ドルに達していた。投資額のほぼ五倍であり、ブラックストーンにとっては圧倒的に過去最大の収益案件となった。[14]

セラニーズは金融技術の粋をきわめた傑作だった。チュウの計算では、セラニーズのもたらした利益のうち、三分の二は市況が好転したことと、アメリカ市場に移ったことによる株価キャッシュフロー倍率の上昇によるものだ。[15] 残りの三分の一は、コスト削減、赤字事業の売却、アセテックスとビナムルの買収など経営改革によるもので、その大半がブラックストーンの買収からIPOまでの八カ月半に実施された。

チュウによれば、二〇〇三年から〇六年にかけてのキャッシュフローの増加分のほぼ半分が、景気回復ではなくこうした改善策の成果だといい、それは他の化学メーカーとの比較でも裏付けられる。この間セラニーズのキャッシュフローは八〇％増加したが、BASF、ダウケミカル、イーストマン・ケミカルといった主要なライバルで五〇％以上の増加を達成したところは一社もなかった。

その過程で一一〇〇人の雇用が削減されたが、新たな雇用も創出されたため、ブラックストーンが支配権を握っていた間の純粋な人員の減少は四〇〇人と、従業員全体の四％にとどまった。一方、セラニーズの従業員の生産性は、二〇〇三年の一人あたり売上高四九万五〇〇〇ドルから、二〇〇六年には七五万ドルへと五〇％以上上昇した。その半分は化学業界の市況が好転したためかもしれないが、ブラックストーンの監督下での経営改善や戦略的変化による部分も大きい。

セラニーズの好業績は、再上場後も長年にわたって続いた。二〇〇五年に一株一六ドルでIPOをしてから、二〇〇八年半ばには五〇ドルをつけるなど、株価はほぼ三年で三倍以上になり、上昇率は同業他社を大幅に上回った。二〇〇八年から〇九年にかけては景気悪化の打撃を受けたものの、CEOのワイドマンによると「景気悪化が始まった段階で、セラニーズは根本的により強い会社になっていた」という。[16] その証拠として彼が挙げるのは、二〇〇八年から〇九年にかけてもキャッシュフローが八億ドルを下回ることはなかったことで、それは〇一～〇二年の不況期の二倍の水準にあたる。

一見すると金融市場を使った小細工のようにも見えるアメリカ市場への再上場も、会社に恩恵をもたらした。ドイツより高く評価されるアメリカ市場に移ったことで、セラニーズは割安な価格で資金調達をできるようになった。これは事業規模を拡大したり、他社を買収するうえではきわめて重要なメリットである。同じ金額を調達するにも、ドイツで上場していたときより新たに売り出す株数が少なくて済むからだ。

ナルコへの投資も同じような展開を見せた。[17] 化学市場の回復という波に乗って、ブラックストーン、アポロ、ゴールドマン・サックスなどの株主に配当を支払うために資金を借り入れ、その後セラニーズより二カ月早い二〇〇四年一一月に株式を公開したのである。IPO価格で算定すると、ブラックストーンの持ち株の価値は、一年前に出資したときのほぼ三倍になっていた。二〇〇七年にナルコ株の売却を完了した時点では、利益は投資額の一・七倍に膨らんでいた。

「景気循環には十分注意する必要がある」とチュウは振り返る。[18]「どれだけ優秀な投資家でも、また投資先の企業や経営陣がどれだけ優れていても、アメリカやヨーロッパの化学会社に二〇〇七年に投資して二〇一〇年にエグジットしたら、絶対に損失を被ったはずだ」

だがTRWオートモーティブの投資では、この教訓は生きなかった。[19] ブラックストーンが同社を買収した直後の二〇〇三年には自動車販売は底打ちし、回復を始めた。買収から一年後の二〇〇四年二月に同社が株式を公開すると、ブラックストーンは投資額の大半を回収し、残った保有株では大幅な含み益を抱えた。

二〇〇五年以降、アメリカとヨーロッパの自動車販売は横ばいだったが、TRWは上場後も数年間は急成長を続けた。ただ、ブラックストーンは依然として株式の四五%を保有していたものの、株価は一株二八ドルというIPO価格からそれほど上昇しなかった。

二〇〇七年に四〇ドルという高値をつけた段階では、ブラックストーンの持分の価値は一九億ドルとなっており、投資は成功したかに思われた。だが、売却するのがあまりに遅すぎた。二〇〇八年から〇九年にかけて自動車販売は急減し、TRWの売上高も二五%減少した。TRWの株価がわずか一ドル五二セントまで下落した二〇〇九年春の段階では、ブラックストーンの持ち株の価値はわずか七〇〇〇万ドルとなっていた。

株価は二〇一〇年には一株三〇ドルまで持ち直した。ブラックストーンはそのチャンスを生かし、二億六四〇〇万ドル分を売却した。残りの持分の価値は一二億ドルまで回復し、含み益はほぼ元に戻った。だがいまやTRWのエグジットには長い時間がかかることになった。資本をこれほど長期間塩漬けにしておいたため、利益を年率に換算するとごくわずかになるはずだった。本当にタイミングがすべてなのだ。

第18章 売却と新たな資金集め

二〇〇六年から〇七年にかけての企業買収の急増と、当時大手プライベート・エクイティが手にしていた前例のない資金量と影響力を理解するには、その数年前に何が起きたかを頭に入れておく必要がある。

結果的に二〇〇三年は景気の転換点となり、セラニーズ、ナルコ、ＴＲＷの成功は、その後膨大な利益が発生する前触れとなった。他のプライベート・エクイティ会社も景気や市場が回復するなか、過去の投資先を売却することができた。二〇〇四年から〇五年にかけて、その利益が投資家に降り注いだことで、企業買収ファンドの次の資金集めに前回をはるかに上回る資金が集まるのは確実となった。信用市場ではかつてない規模の融資が受けられるようになったことと併せて、アメリカおよびヨーロッパ中の産業界を魅了するようなＬＢＯブームのお膳立てが整った。

ムードの変化は突然起こった。(1) ブラックストーンがＴＲＷオートモーティブへの投資によって新たな六九億ドルのファンドを始動させた二〇〇三年三月からその年の暮れまでに、アメリカの株価は四〇％近く上昇し、投資家は再びＩＰＯを熱望するようになった。ただ二〇〇〇年にハイテクバブルが崩壊したことで、彼らの嗜好は変化していた。今回は売り上げも利益も出ていない、ビジョンだけが売り物のドットコムには見向きもしなかった。代わりに、安定した利益さえ出ていれば、どんなありふれた企業でもまったく問題ない、という立場だった――まさにプライベート・エクイティが標的とするような会社である。

ブラックストーンはこの絶好の機会を生かそうと、猛スピードで動き出した。二〇〇二年五月にＩＰＯ市場の空気が久しぶりに少し和らぐと、デビッド・ストックマンが九七年に買収した石油精製会社のプレムコアの上場に成功した。数年前にはブラックストーンにとって赤字案件になると思われていた会社である。一九九七年から九八年にかけて供給過剰によって原油価格が下落すると、プレムコアは赤字を垂れ流すようになった。さらに二〇〇〇年には環境規制に違反したとして有罪判決を受けた。

だが二〇〇二年には原油価格は上昇しはじめ、会社の状況は好転した。そしてストックマンが投資を決めた根拠――プレムコアはアメリカ国内の石油精製能力の慢性的な不足によって恩恵を被るはずである――が、ようやく現実のものとなった。プレムコアはブラックストーンが投資した額の二・五倍で株式公開を果たし、ブラックストーンはその後株価がさらに上昇するなかで売却を進めた結果、最終的に投資額の六倍の利益を得た。

二〇〇三年終盤にＩＰＯへの需要がより持続的なものになると、ブラックストーンは投資先をさらに六社、公開させた。九九年に出資した、カリブ海諸国で携帯電話事業を手掛けるセンテニアル・コミュニケーションズは、二〇〇三年一一月に株式を公開した。その後には八年前にＫＫＲから買収したケータリング会社センタープレート、同時多発テロの直後に他社とともに設立した再保険会社アスペン・インシュアランスが続いた。

一二月には、ブラックストーンがわずか五カ月前にドイツの電力会社から買収したアメリカの鉱山会社ファウンデーション・コールが公開した。そして締めくくりに、ナルコとセラニーズが公開を果たした。いずれのケースでも、ブラックストーンは保有株の半分も売却しなかったが、一連のIPOによって利益を確定し、時間をかけて株の売却を進めながら利益を得る手はずが整った。

市場環境の好転を利用する方法は、IPOだけではない。配当リキャピタリゼーション、すなわち株主に配当を支払うために新たに債務を増やす方法もある。景気回復と信用市場の蘇生によって、こうした手法が多くのケースで利益確保の手段として使われた。

たとえばある会社が、信用市場の逼迫していた二〇〇二年に比較的レバレッジをかけずに一〇億ドルで買収され、負債が五億ドルしかなかったとしよう。景気回復によってキャッシュフローが二〇%増加すれば、銀行が融資額を決める際の債務キャッシュフロー比率が変わらないとすると、この会社はさらに一億ドル（五億ドル×二〇%）借りられることになる。そうして借り入れた資金で、株主に配当を払えるわけだ。

実際には信用市場の状況改善を受けて、銀行が融資に積極的になっていたため、借りられる金額はさらに増えていた。同じ年間キャッシュフローに対し、二〇〇二年よりはるかに多くの資金を借りられるようになったのだ。

二〇〇三年から〇四年にかけてはハイイールド債市場も復活し、すぐに一九九七年から九八年に匹敵する規模になった[2]。資金がなだれを打って流れ込んだ結果、金利は大幅に低下した。二〇〇三年初頭にジャンク債を発行した会社は、アメリカ国債に八%の金利を上乗せしなければならなかった。だが同年一二月には、金利スプレッドはわずか四%に縮小していた。金利低下を受け、企業はより多くの債務を借り入れ、古い債務を新しく金利の低い債務に借り換えられるようになった。こうして、先ほどの例にあった架空の会社は、たとえばさらに二億ドルの借り入れをし、当初五億ドルを投資してくれた株主にその四〇%を回収させることができる。あっという間にリターンが返ってくるわけだ。しかもこうしたリキャピタリゼーションを実施しても、金利コストは一切増えない可能性もあった。

それこそナルコが選択したことである。[3] ナルコの買収はキャッシュフローの六倍の負債を調達するなど当初からレバレッジは高かったが、二〇〇三年一一月に買収が成立して数週間も経たないうちに、ブラックストーンと共同出資者であったアポロ、ゴールドマン・サックス・パートナーズには銀行からさらに融資をしてもいいという申し出が相次いだ。「あれで目が覚めたよ。何か新しいことが起きてるってね」と投資家の一人は振り返る。「ナルコとの契約にサインした二〇〇三年夏から、契約が正式に成立する一一月までに、信用市場は融資の金額、金利、構造のすべての面において改善していた」

投資会社にとり配当リキャピタリゼーションには抗いがたい魅力があった。それによって株式の売却やIPOをしなくても投資資金の一部がすぐに回収できるためだ。投資家に資金を早く返すほど、年率リターンは高まる。

門外漢から見ると、リキャピタリゼーションは金融的なからくりのように思われるが、プライベート・エクイティ業界では有効性の実証された戦略なのだ。そして新たな債務が、純粋に事業の健全化や見通しの改善を反映するものであれば、やましいことは何もない。保有するアパートの家賃水準や資産価値が急激に上昇したようなもの、と考えるとわかりやすいだろう。価値の上昇が恒久的なものであったり、借入金利が下がったのであれば、新たに資金を借り入れて初期投資を回収するのは、まったく問題のない行動だ。

とはいえ、実施されたリキャピタリゼーションの件数は、かつてないものだった。[4] 大小の投資会社を合わせると、二〇〇四年から〇七年にかけてこの方法で投資先から回収した資金は総額八六〇億ドルにのぼった。そのほとんどはファンドの出資者であるリミテッド・パートナーの手に渡った。

当初、こうしたリキャピタリゼーションはある程度、必然的なものだった。プライベート・エクイティが保有する企業の買い手を見つけるのは、依然としてきわめて困難だったからだ。九〇年代にあまりにも多くの的外れな買収をしてしまった産業界は、不況が終わっても買収を再開するのに臆病になっていた。企業合併が一九九九年から二〇〇〇年の水準まで回復したのは、二〇〇七年になってからだ。

産業界に買い手がいないことを埋め合わせするため、プライベート・エクイティ業界は独自のM&A市場も創りだした。それぞれが保有する企業を売買するもので、二次的買収と呼ばれる。

二〇〇三年から二〇〇四年にかけて相次いで実施されたマットレスメーカーのシモンズ・カンパニーとシアリー・コーポレーションの二次的買収は、プライベート・エクイティ会社の間で次々とオーナーが変わっていく奇妙な企業の存在を浮き彫りにした。[5] フェンウェイ・パートナーズからシモンズを一一億ドルで買収したトーマス・H・リー・パートナーズは、シモンズにとって一七年間で五番目のオーナー企業であり、しかもそのすべてがプライベート・エクイティだった。その数カ月後には、KKRがベインキャピタルとチャールズバンク・キャピタルパートナーズから一五億ドルでシアリーを買収し、シアリーにとって一五年で四番目のオーナーとなった。

これも門外漢には異様に映る。まるで映画『キャッチ22』に登場する、自分から卵を一個七セントで買い、五セントで転売して利益を得る猛烈ビジネスマン、ミロ・ミンダービンダーのようだ。プライベート・エクイティ業界における、内輪のイカサマゲームだったのだろうか？

対象となった企業の財務状況をよく調べてみると、二次的買収もそれほど不可解なものではないことがわかる。二つのマットレスメーカーは、オーナーのプライベート・エクイティが次々と代わっていくなかで、着実に事業を改善し、拡大していった。規模の小さな同業者を買収したほか、アメリカの一般家庭の寝室の数が少しずつだが着実に増加したことも追い風となった。さらに海外にも進出した。両社のキャッシュフローは予測しやすく、レバレッジ比率を高められたことから、オーナーであるプライベート・エクイティは比較的少ない投資で利益を得ることができた。

とはいえ両社の過去を振り返ると、企業に過剰な債務を課すことのリスクがよくわかる。両社合わせて過去七回にのぼる買収のうち、二回は散々な結果に終わっている。オーナーがあまりにも過剰な債務を背負わせた結果、シモンズとシアリーはそれぞれ一回ずつデフォルトに陥った（シモンズはその後二〇〇九年に同じ理由で破産し、KKRはシアリーを存続させるために巨額の増資を余儀なくされた）。

それでもシモンズのその他三回の買収は、大成功を収めた。[6] その主な原因は、財務面で目覚ましい成長を遂げたことだ。一九九一年にメリルリンチがシモンズを買収してから二〇〇七年までに、年間キャッシュフローは二四〇〇万ドルから一億五八〇〇万ドルへと、六倍以上に急増した。シアリーの成長はそれほどではなかったが、同期間にキャッシュフローは三倍になった。[7] それぞれのおよそ二〇年間の累積的な企業価値の増加ぶりは、目を見張るものがある。

マットレス業界の成長性や、オーナーとなったプライベート・エクイティ会社が得た利益の大きさを考慮すれば、こうした企業が売りに出された際に買い手として同業者が名乗りをあげたのも不思議ではないだろう。

ＩＰＯやリキャピタリゼーション、二次的買収によって、プライベート・エクイティ会社とその投資家の懐には大量のキャッシュが流れ込み、その資金はすぐに新たな投資に向かった。市場の底だった二〇〇一年には、ブラックストーンの買収ファンドがリミテッド・パートナーに支払った利益は、わずか一億四六〇〇万ドルにすぎなかった。(8) それが二〇〇四年には二七億ドル、〇五年には四二億ドル、〇六年には四七億ドルとなった――上昇相場とレバレッジという魅惑的なコンビネーションの産物である。

ライバル企業はさらに多くの利益をばらまいた。カーライルは二〇〇四年、プレスリリースで五三億ドルの利益を分配したことを明らかにした。ＫＫＲはその年、七〇億ドルを分配した。カーライルは〇五年には七〇億ドルを支払った。投資家が分配金を即座に再投資に回したため、四～五年にわたってプライベート・エクイティ会社では自給自足の状態が続いた。分配金と再投資の額は、ほぼ完全に一致した。

驚くべきは、利益の総額だけではない。投資した資金をすばやく回収し、利益をあげられるようになったことから、買収ファンドの年率リターンも急騰した。投資した資金を五年で二倍にすれば、単利のリターンは二〇％である。だが二年で二倍にすれば、五〇％に跳ね上がる。景気の好転は業界にあまねく恩恵をもたらしていたが、ブラックストーンの運用成績は主要なライバルを圧倒した。二〇〇三年初頭に始動した四番目の買収ファンドは二〇〇五年末までに、ブラックストーンの取り分を差し引いた後で年率七〇％を超えるリターンをあげていた。(9) この間の株価上昇率は二〇％であり、実に二・五倍の成績である。

同じ時期にライバルのアポロ、ＫＫＲ、ＴＰＧなどが立ち上げたファンドの成績も、市場平均は上回ったものの、ブラックストーンの足下にも及ばなかった。各社のリターンは四〇％前後であり、二〇〇〇年代初頭の他の買収ファンドのリターンはそれをさらに下回っていた。このためブラックストーンの実績は際立っていた。

ブラックストーンの二〇〇二年（四番目）のファンドは、二〇〇八年末までほぼ年率四〇％のリターンを維持した。(10) これはライバルが二〇〇一年から〇三年の景気の底に立ち上げたファンドの二～三倍の水準である。これほどの運用成績を達成することになった原動力は、二〇〇二年に景気の底打ちを見抜いたシュワルツマンとジェームズの直感であり、チン・チュウの行った二件の投資（セラニーズとナルコ）の大成功である。新たなファンドの立ち上げ準備を進めるブラックストーンにとり、この実績は大きな武器になるはずだった。

顧客に利益をもたらす運用会社ほど多くの資金が集まるというのは、金融業界の原則、人間の本質からも当然である。うなるほどの利益と抜群の年率リターンをひっさげたブラックストーンをはじめとするプライベート・エクイティは、次のファンドの資金調達において膨大な運用資産が集まることを約束されたようなものだった。それにさらに拍車をかける要因もあった。大手年金基金をはじめとする機関投資家が、運用資産のうちプライベート・エクイティ業界に振り向ける割合が増えたことである。

二〇〇〇年代になると、買収ファンドに投資する機関投資家の顔ぶれは、ピーターソンとシュワルツマンが一九八六年から八七年にかけて営業に回ったころとは様変わりしていた。当時、シュワルツマンらが最初に声をかけたのは、保険会社や日本の銀行や証券会社だった。ゼネラル・モーターズ（GM）とゼネラル・エレクトリック（GE）の企業年金基金が出資を決めたのは、最後の最後である。

だが九〇年代の後半までに、銀行や保険会社が買収ファンドやベンチャーファンドに占める割合はわずか一五％程度に低下、それに代わって州政府や地方政府の年金基金が全体のほぼ五〇％を占める主要な出資者となった。(11) 一般的な年金基金はまだ資金の半分以上を通常の株式に投じ、債券にも大きな割合を投じていたが、運用担当者は次第に「現代ポートフォリオ理論」と呼ばれる経済モデルを参考にするようになっていた。[12]

現代ポートフォリオ理論は、企業買収ファンド、ベンチャーファンド、ヘッジファンド、不動産といった非伝統的なハイリターンの資産をポートフォリオに少しずつ加えることで、収益を最大化できる、としている。こうしたオルタナティブ資産と呼ばれるものはリスクが高く、非流動的（投資資金は長期間固定される）だが、それを加えることで年金資産のポートフォリオの分散化が進むため全体的なリスクは高まらない、という。

先導役となったのは、カリフォルニア州職員退職年金基金カルパース（CalPERS）と、同州教職員退職年金基金カルスターズ（CalSTRS）のような大手年金基金だ。[13] 九〇年代には加入者から預かった運用資産のうち数十億ドルをオルタナティブ資産に投じるようになり、それぞれの資産クラスのシェアに目標を設定した。世紀の変わり目には、カルスターズは運用資産の五％、カルパースは六％をそれぞれ買収ファンドやベンチャーファンドを含むオルタナティブ資産に投じるようになった。その額は両者合わせて一三六億ドルに達し、しかもその金額は数年ごとに跳ね上がっていった。

二〇〇三年にはカルスターズが目標を七％、カルパースは八％に引き上げた結果、さらに四六億ドルが株や債券など他の資産クラスからオルタナティブ資産に移った。二つの年金基金はブラックストーンの主要投資家であり、ほかの年金基金も両基金の設定したオルタナティブ資産への高い配分目標に倣うようになった。二〇〇三年から〇八年にかけて、アメリカ各州の年金基金は全般的に、プライベート・エクイティへの投資配分を運用資産の四・二％から五・六％へと三分の一引き上げた。[14] 二〇〇〇年にハイテクバブルが弾けたことで、オルタナティブ資産に割り当てられた資金の大部分がベンチャー・キャピタルではなく、企業買収ファンドに向かったのだ。

運用資産に占める割合が上昇したことに加えて、人口の高齢化や株式相場の上昇によって、年金基金の運用資産も膨らんだ。このため五％、八％といった割合は同じでも、投資される絶対額は年々増加していった。自らの定めた算定方式に基づき、年金基金は新たな買収ファンドへの投資額を数十億ドル規模で増やしていった。

年金基金からの配分が増えたことで、ブラックストーンを飛び出したブレット・パールマンやマーク・ギャログリーらが立ち上げた、実績のないファンドでもたちまち数十億ドルの資金を集めることが可能になった。だが資金の大部分は、ブラックストーンのような長年にわたって株式市場や同業他社を上回る成績を残してきた、ひとにぎりのエリート企業にまわった。通説とは矛盾するが、プライベート・エクイティに限っては過去の運用成績は将来の成績の良い参考になる。

プライベート・エクイティ業界にも、リスクの高さや流動性の低さを正当化するほど株式市場を大幅に上回る成績を残すことができなかったり、むしろ市場平均を下回るような平凡な会社はごまんとあった。だが運用成績が上位四分の一に入るような会社は、常にその地位にとどまる傾向があり[15]、投資家はそうしたファンドに殺到した。その結果、九八年には上位一〇社が、プライベート・エクイティ業界全体の運用資産の三〇％を握るようになり、そうした状況が次の一〇年も続いた[16]。

あらゆる条件がプライベート・エクイティに味方し、二〇〇五年から〇六年にかけて買収ファンドの資金調達は爆発的な盛り上がりを見せた。業界が低迷期にあった二〇〇二年と比べて、二〇〇五年の資金調達は四倍に拡大した。ブラックストーンが史上最大の六九億ドルのファンドを立ち上げると、まもなく二〇〇五年三月にはカーライルが二つのファンドでそれを上回る一〇〇億ドルを集めた[17]。その翌月には、ゴールドマン・サックスと外部の投資家から資金を集めるゴールドマン・サックス・キャピタルパートナーズが八五億ドルを集めた。同年八月にはウォーバーグ・ピンカスが八〇億ドル、アポロが一〇〇億ドルを集めた。

大西洋の向こうでは、イギリスで優れた実績を持つ投資会社、ペルミラとエイパックス・パートナーズが、それぞれ一四〇億ドル以上の資金を獲得した。まもなくKKR、TPG、そしてブラックストーンが、それらを上回る一五〇億ドルの資金調達計画を打ち出した（ブラックストーンは二〇〇七年、史上最高の二一七億ドルでファンドを最終クローズした）。

KKRだけが圧倒的に強く、大規模案件のほとんどを手掛けていた八〇年代と比べると、プライベート・エクイティ業界では権力の分散が進んでいた[18]。いまや巨大ファンドを立ち上げる力を持った一〇社あまりが業界を支配していた。業界に流れ込む資金の大半を握り、大規模案件に名乗りをあげることができるのは、もはや彼らだけになったからだ。

目もくらむばかりの資金が流れ込んできたことは、様々な面で業界のありようを変えた。軍資金がこれほど潤沢になったことで、大手投資会社はもはや五億ドル、一〇億ドルといった案件では満足しなくなった。そんなペースでは、資金の全額を投資するのに手間と時間がかかりすぎるからだ。より大規模な標的を探す必要が生じたのであり、また融資市場の状況も従来よりはるかに大規模な資金調達を可能にしていた。

プライベート・エクイティ業界は九〇年代の終わりにも復活を経験していたが、今回とは比較にならなかった。九〇年代の企業合併の多くは一般企業による大規模な買収が占めており、プライベート・エクイティによる買収は買収総額の三～四％にすぎなかった[19]。

だが二〇〇〇年代になり、その割合は上昇しはじめた。資金調達がまだ困難であったにもかかわらず、二〇〇二年には世界全体の企業買収の一〇％を、プライベート・エクイティの主導する案件が占めるようになった。それ以前にこの水準に達したのは、ＲＪＲナビスコのＬＢＯによって、業界の買収額がかさ上げされた一九八八年だけである。

一般企業による買収が再開してからも、プライベート・エクイティのシェアは上昇を続けた。二〇〇四年にはアメリカで一三％、ヨーロッパで一六％に達し、二〇〇〇年代のブームが終焉を迎えるまでに二〇％を超えたこともあった。低金利で大量の資金を借りられるようになったプライベート・エクイティは、株式市場と経済におけるきわめて強力な勢力となった。買収の標的になるという観測が広まるだけで、停滞していた企業の株価は跳ね上がり、企業は自らの資本構造を考え直すようになった。「投資会社なら、わが社の債務比率を高め、企業価値のわずかな上昇が株価に大きく反映されるようにするだろう。ならば自分たちで同じことをして、一般株主により多くのリターンを還元すればいいのではないか」と。ヘッジファンドやモノ言う株主が、企業に配当リキャピタリゼーションを実施し、特別配当や自社株買いに充てるよう求めたケースもあった。

ファンドや個別案件の規模が膨らんだことにより、投資家が不満を感じるような別の副次的効果も表れた。買収ファンドは通常、年率一・五〜二％という管理報酬に加えて、企業を買収・売却した場合には取引手数料を徴収する。一部の大手プライベート・エクイティではそうした手数料収入の絶対額が莫大になり、市況が厳しい時期にも多少の収入が得られる保険のような存在どころか、それ自体が大きな収入源となった。

二〇〇〇年代半ばにはブラックストーンやＫＫＲなどでは、収入のほぼ三分の一を運用収益ではなく固定の手数料が占めるようになり、パートナーの懐には投資案件の成否にかかわらず大金が転がり込むようになった。労せずして稼げるようになり、投資家のために利益を稼ごうという意欲が減退しているのではないか、という懸念も聞かれるようになった。プライベート・エクイティ会社の目的は投資によって利益をあげることから、自分たちの利益のためにより多くの資金をかき集めることに変わってしまったのではないか、と。

第19章

求む、一般投資家

企業買収ファンドへの投資は、登場した当初から機関投資家や大富豪だけに許された特権だった。普通のアメリカ人はもちろん投資信託さえも、投資する機会はまったくなかった。年金基金が投資することはできたが、一般庶民が退職後に向けた蓄えの一部をプライベート・エクイティに投じることはできなかった。イギリスとカナダには買収ファンドに投資する小規模な公開企業がいくつかあったが、アメリカの証券取引法はLBOの資金を一般投資家に株を売って集めることを実質的に禁止していた。さらに海外の投資ファンドが自社株をアメリカで売ることも禁じていた。

だが買収ファンドに関するニュースが連日メディアを賑わせ、どれほど莫大な利益を稼ぎ出すかが知れ渡ると、より幅広い層の投資家が一枚噛みたいと思うようになった。そしてウォール街は何らかの商品のニーズを感じ取ると、それを満たすための方法を必ず見つけ出すものだ。

こうして生み出された商品がＢＤＣ（ビジネス・デベロップメント・コーポレーション）である。ＢＤＣはアメリカの税法の産物ともいえる。アメリカ税法は、中小企業に融資する特定のタイプの投資ファンドに税の優遇措置を認めている。毎年の利益のほとんどを投資家に分配すれば、法人税のほぼすべてを免除されるのである。ＢＤＣは以前から存在していたが、二〇〇四年に入り、一般投資家に株を売って手数料を稼ごうともくろむ投資銀行からけしかけられた大手プライベート・エクイティ会社は、それを新たな資金調達手段と見るようになった。

最初に動いたのは、レオン・ブラック率いるアポロ・マネジメントだ。(1) 二〇〇四年二月にはアポロ・インベストメント・コーポレーションという新会社を設立し、五億七五〇〇万ドルの資金を公募することを申請した。アポロ・インベストメントは従来の企業買収ファンドのように企業の経営の支配権を得ることを目的とするのではなく、中小企業に融資をするメザニン融資会社を目指していた。メザニン融資とは、かつて誕生したばかりのプライベート・エクイティに保険会社が提供したもので、銀行融資のような優先債権には劣後するため金利が高かった。そしてメザニン融資会社は通常、融資先の株価が上昇した場合に恩恵を享受できるように、多少の株式も要求した。

ＢＤＣは典型的なブランド拡大戦略といえよう。プロクター＆ギャンブルが新しい石鹸や練り歯磨きを開発し、それを「アイボリー」「タイド」「クレスト」といった既存の有力ブランドの商品として売り出すのと同じように、アポロも企業買収事業で培ったノウハウと名声を、一般投資家を株主とする新会社に生かそうとしたのである。

他の投資会社と同じように、アポロにも様々な産業や投資候補を研究した膨大な蓄積があり、融資市場にも精通していた。いまやそうしたノウハウを生かし、かつてなかった規模の投資家から管理報酬や利益を得る手段が見つかったのだ。親会社であるアポロの分け前は、買収ファンドと同じようなものになる見込みだった——運用資産の二%という基本的な管理報酬と、投資家が一定以上の利益を得た場合に得られる二〇%の成功報酬である。

スポンサーとなるプライベート・エクイティ会社にとって、BDCの魅力は単に新たな資金が得られるということではなく、恒久的な資金が手に入ることだった。プライベート・エクイティはかなり以前に、買収のたびに資金を調達するのではなく、資金をファンドとして集め、長年かけて投資する仕組みを編み出していた。それでも数年おきにリミテッド・パートナーを訪ねては、新しいファンドへの出資を頼まなければならなかった。これは非常に時間のかかる作業で、レオン・ブラックやスティーブ・シュワルツマンのようなタイプの人間は、そんなことより利益のあがるディールに時間を費やしたほうがよほどいい、と考えていた。

BDCは毎年の利益のほとんどを投資家に分配しなければならないが、元手として投資家から集めた資金は恒久的にBDCのものであり、追加の資金が必要ならいつでも一般投資家に新株を発行すればよかった。その手続きはバンカーや弁護士に任せておけばよく、プライベート・エクイティの幹部が汗をかく必要はなかった。

BDCは、それまでアメリカに登場した合法的な投資会社のなかで、上場企業買収ファンドに最も近いものだったといえる（企業買収を目的とするが、買収した会社を恒久的に保有する意思のない会社は、投資信託や市場連動型ファンドを対象とする一九四〇年投資会社法の規制対象となる。ただ投資会社法はファンドの債務比率や運用会社の報酬に制限を設けており、通常のプライベート・エクイティには不向きだった）。BDCは完璧な代替案とは言い難かったが、公開市場を通じて恒久的な運用資金を確保できるという可能性には、抗いがたい魅力があった。

最初に動いたのはアポロだったが、当然のようにいつものメンバーが後を追った。四月初旬にアポロがBDCの資産規模を九億三〇〇〇万ドルに拡大すると発表すると――BDCに市場ニーズがあるというサインだ――ライバルも先を争って動き出した。[2] KKRは四月一二日、ブラックストーンは四月一四日にそれぞれBDCの設立を申請。一カ月も経たないうちに、トーマス・H・リー・パートナーズやアレス・キャピタル・マネジメントといったプライベート・エクイティ会社のほか、銀行のものを含めて、十数社のBDCが設立準備に入っていた。「群れは動き出し、ウォール街も後押しをしており、懸念材料は何もなかった」。当時、数社のBDCにアドバイザーとして携わった人物はこう振り返る。[3]

だがフタを開けると、アポロ・インベストメント・コーポレーションはBDCという試みを破綻させる元凶となった。[4] 同社のIPOで引受業務を担った銀行が六・二五％の手数料を徴収したため、株主が新株に支払った一五ドルのうち、投資にまわるのは一四ドルほどだった。投資家が利益の見通しについて楽観的であれば、株価はIPO価格の水準にとどまったかもしれないが、少しずつ疑念が広がり、五月には株価は一三ドル以下に下がってしまった。

これが設立準備に入っていた他のBDCへの関心を削ぐことになった。上場後に株価が下落しそうな会社の株など、だれが欲しがるだろうか？　大手投資家からは、アポロや他のBDCが設定した手数料が高すぎるという不満も出始めた（買収ファンドの手数料と比べて、決して高くはなかったのだが）。

市場のムードは一変し、アポロに続くBDCは否定的な反応を受けるようになった。他のBDCはひとつ、またひとつと、設立の撤回や条件の見直しを始めた。ブラックストーンは七月二一日、BDCの設立を中止した。最終的に二〇〇五年初頭に配当を支払ったことで、アポロ・インベストメントの株価は一七ドルを超えるようになったが、計画されていた他のBDCを蘇生させるには至らなかった。プライベート・エクイティ会社にとり、BDCは公開市場から資金を調達する手段としてふさわしくなかったというわけだ。アポロの後、公開を果たしたBDCは数社にとどまり、規模も小さかった。

「金のガチョウは特大の卵を一個だけ産んだが、あとはクズばかりだった」。二〇〇四年の末にBDCブームが幕を閉じたとき、あるバンカーはこう吐き捨てた。(5)

公開市場を使って資金を集めるというゲームの第一ラウンドでは、アポロが一〇億ドル近い資金を集めて勝者となった。他の企業にとり、BDCは何の解決にもならなかった。

こうしてプライベート・エクイティ業界は、市場の空気がどれほど急変するものかを身をもって学んだわけだが、プライベート・エクイティ会社に投資したいという幅広い投資家の意欲と、そうしたニーズを取り込みたいという業界側の熱意に変わりはなかった。まもなくアメリカの投資会社は、ヨーロッパで別の手段を使って一般投資家の資金を集めるという試みに乗り出した。

二〇〇五年三月、日本を主な活動の場としていたアメリカのプライベート・エクイティ、リップルウッド・ホールディングスが、新たな戦略に打って出た。(6) 投資先のうち七社を新たに設立する持ち株会社に移管し、その会社の株式一八億五〇〇〇万ドル分をベルギーの株式市場で一般投資家に売り出したのである。新会社RHJインターナショナルは順次投資先の売却を進め、売却で得た資金は再び新たな投資に向ける方針だった。実質的には恒久的な資金を持った買収ファンドである。

ベルギーがすぐに法律を改正したため、他社がリップルウッドに追随することはできなかったが、こうして種はまかれた。二〇〇六年初頭にはモルガン・スタンレーとともにリップルウッドのディールを支援したゴールドマン・サックスが、KKRのためにアムステルダムの株式市場で一五億ドルのファンドを立ち上げる計画をまとめた。[7] 新ファンドはKKRとともに直接企業に投資するほか、KKRの買収ファンドにリミテッド・パートナーとして出資し、KKRの案件に間接的にも参加することになっていた。

これはプライベート・エクイティの経営者にとり、至高の目標の実現——公開市場から真の恒久的資金を調達することで、手間のかかる資金集めから解放されるとともに、投資家のすそ野を広げる——を意味していた。

ライバル企業はアポロに追随してBDCを立ち上げようとしたのと同じように、KKRの後を追い、それぞれ銀行や法律事務所を動員してアムステルダムでのファンド立ち上げに動き出した。「KKRに続いて、アムステルダムで二〇件のファンドが設立準備に入った」。KKRのディールを支援したシティバンクの幹部、マイケル・クラインは語る。[8]

ブラックストーンは「プロジェクト・パンサー」というコードネームで、ひそかにアムステルダム市場で上場ファンドを立ち上げる計画を進めていた。KKRが立ち上げるファンドは、同社の買収ファンドや投資先に出資することを目的としていたのに対し、ブラックストーンの新ファンドは融資を目的とするメザニン・ファンドだった。

KKRは先行者利益を最大限に生かした。協力銀行が続々と投資家を集め、週を追うごとに売出株数を増やしていった。二〇〇六年五月三日に公開した新ファンド「KKRプライベート・エクイティ・インベスターズ」は、なんと五〇億ドルの資金を集めた。

「当初目標としていた一五億ドルという規模では、KKRのファンドはプライベート・エクイティ業界にそれほどのインパクトを与えなかっただろう」とシュワルツマンは振り返る。[9]「だが五〇億ドルという金額には、ゲームのルールを根本から変える力があった」。これこそ正真正銘の上場買収ファンドであり、既存の大型ファンドに匹敵する規模があった。それに比べれば、BDCなど足下にも及ばなかった。

KKRは二つの意味で勝利を収めた。新たに膨大な運用資産を確保したのみならず、その過程でライバルの追随を不可能にしてしまったのである。ヘンリー・クラビスは最初に跳ね橋を渡り終えると、さっさとそれを引きあげてしまったわけだ。

ライバルはまもなくKKRがこの種の株式に対する市場のニーズをすべて吸い上げてしまったことを理解し、市場を完全に明け渡した。[10] その後KKRのファンドの株価が低迷したことも、ライバル社のファンドへの需要をしぼませることになった。

KKRプライベート・エクイティ・インベスターズも、まさにアポロのBDCと同じ問題に直面した。IPOの引受会社が高額な手数料や成功報酬を徴収したため、ファンドが利益をあげるまでには相当な時間がかかるという疑念が投資家に広がったのである。一株二五ドルで公開した株価は、その後二〇ドル近くまで下落し、その後二五ドルに戻ることはなかった。このIPOによってプライベート・エクイティ投資に対する渇望は満たされたが、投資家には苦い後味が残った。ブラックストーンはその後、メザニン・ファンドの上場計画を取りやめた。

この件をめぐっては、ブラックストーンは複雑な感情を抱いていた。「スティーブは当初から上場買収ファンドという発想が気に入らなかった」。モルガン・スタンレーの幹部で、当時上場投資ファンドについてブラックストーンのアドバイザーを務めていたエドワード・ピックは振り返る。[11] ブラックストーンは買収ファンドの出資者と良好な関係を築いていたため、シュワルツマンは投資資金を確保するために一般投資家に目を向ける必要性を感じていなかったというのだ。

とはいうものの、KKRは五〇億ドルもの恒久的な運用資産を集め、それを自由に使う権利と、さらに手数料収入を確保したのである。公開市場を使った資金調達ゲームの第二ラウンドは、KKRの勝利に終わった。ここからシュワルツマンの得た教訓はこうだ。(12)

「最初に動くことが勝利の絶対条件である」

第20章 うますぎる話

チン・チュウが何かがおかしいと最初に気づいたのは、二〇〇五年にブラックストーンがトロノックスの買収を検討していたときだった。[1] トロノックスは塗料に使う二酸化チタン色素のメーカーである。大方の化学メーカーと同じように、トロノックスのキャッシュフローは景気回復とともに急増していた。トロノックスの親会社であるケール・マクギーから売却を任されていたリーマン・ブラザーズは、トロノックスの買収を検討する企業に対し、好条件での資金調達を確約していた。

セラニーズとナルコの買収を手掛けたチュウは、ブラックストーンの企業買収部門随一のやり手と見られるようになっていた。この二件がもたらした二六億ドルの利益は、ブラックストーンの二〇〇二年の買収ファンドが二〇〇八年末までに実現した利益の実に三分の一以上を占めていた。[2]

セラニーズとナルコを景気の底で買収したチュウには、化学業界の変動の大きさがよくわかっていた。

リーマンがトロノックスを買収する企業に対し、同社の年間キャッシュフローの最大七倍の融資を提供する用意があると聞き、チュウは唖然とした。チュウの見立てでは化学業界はピークに近づいており、景気が鈍化すればトロノックスはそれほど膨大な債務を負担しきれなくなる、と考えた。利益が景気サイクルの頂点から中間地点の水準まで低下すれば、トロノックスの債務はキャッシュフローの一四倍という危険な水準になってしまうからだ。

「リーマンの提示していた融資額は、私が妥当と思うトロノックスの買値の二倍だった」とチュウは振り返る。[3]

リーマンの後ろ盾があれば、そうしたバカげた価格でトロノックスを買収することも可能だったが、ブラックストーンは断った。他の投資家もリーマンの投げた餌には食いつかず、結局ケール・マクギーは二〇〇五年一一月にトロノックスの株式を公開した。同社のキャッシュフローはその年にピークを打った後、二〇〇二年の水準まで四〇%も減少し、二〇〇九年には破産した。[4] そのころにはリーマン自体も経営破綻していた。

とはいえ、トロノックスだけが特別だったわけではない。リーマンのあまりにも楽観的な融資プランは、一九八〇年代を凌ぐ新たな買収ブームが湧き起ころうとしている表れだった。エンジンをかけたのは、二〇〇五年と〇六年に立ち上がった一〇〇億ドル、一五〇億ドルといった規模の買収ファンドだったかもしれないが、業界をオーバードライブの状態に押しやり、アクセルをいっぱいに踏み込ませたのは銀行や信用市場だった。

ブームの最初の兆しは、一九九八年にブラックストーンを退社した元パートナーのグレン・ハチンズが共同設立者を務める、シルバーレイク・パートナーズが手掛けた買収案件だ。二〇〇五年春、シルバーレイクは金融機関や大学にコンピューター・サービスを提供する公開企業サンガード・データシステムズの買収のまとめ役となり、メディアの注目を集めた。一一三億ドルという買収価格は、一九八六年にKKRがベアトリス・フーズを買収した際の八七億ドルを上回り、史上第二位の大型買収となった。[5]それを上回るのは、一九八八年のRJRナビスコの買収だけだった。

サンガードの買収が注目を集めたのは、規模が大きかったためだけではない。三五億ドルという出資額を集めるためにシルバーレイクが組織した、七社連合の珍しくもトラブルの気配を感じさせる顔ぶれである。そこには投資業界のトップ企業が名を連ねていた。ベインキャピタル、ブラックストーン、KKR、TPG、ゴールドマン・サックス、そしてプロビデンス・エクイティ・パートナーズである。

それまでにも二～三社のプライベート・エクイティがチームを組むことはあったが、たいていはそのうち一社の出資比率が圧倒的に大きく、主導的な役割を担っていた。サンガードは、多数のトッププレーヤーがほぼ同じ出資比率で参画するという先例を作った。サンガードに匹敵するようなコンソーシアムはその後現れなかったが、必要な資金を集めるため、一つの案件では競い合っている企業が別の案件では組むというケースは次第に増えていった。

サンガードはまた、銀行に過去一五年は考えられなかったほどの大規模融資をする意思があることも示した。実際、企業買収の規模を膨らませていったのは銀行の融資計画であり、大手プライベート・エクイティでさえ融資に見合った株主資本を用意するのに苦労するケースもあったほどだ。

サンガードが転換点となったのはまちがいないが、その記録はほどなくして破られることになった。まもなくクレイトン・ダビリアー、カーライル、メリルリンチが組み、それを上回る一四四億ドルという価格で、フォード・モーターからレンタカーのハーツ・コーポレーションを買収したのだ。二〇〇五年は、まばたきをするたびにだれもが知る有名企業が買収されていくような年だった――小売業のトイザらス（ベインキャピタル、KKR、ボルナド・レアルティ・トラストが七〇億ドルで買収）、高級百貨店チェーンのニーマン・マーカス（TPGとウォーバーグ・ピンカスが五一億ドルで買収）、それにドーナツチェーンのダンキンドーナツとアイスクリームのバスキン・ロビンス（ベインキャピタル、カーライル、トーマス・H・リーが二四億ドルで買収）などである。

規模に加えて、二〇〇五年の巨大買収ラッシュの特筆すべき特徴は、ハーツとダンキンドーナツを除く対象企業のすべてが公開企業であったことだ。新たな買収ファンドのとてつもない規模によって、投資会社は公開企業を標的とせざるをえなくなっていた。売りに出ていた公開企業の子会社や非公開企業には、投資会社が運用しなければならない数十億ドルもの資金を吸収できるほどの規模がなかったためだ。この結果、企業買収の中心はヨーロッパから、大規模な標的が多く、公開企業の非公開化に関する法的障害も少ないアメリカへと移った。

非公開化は、プライベート・エクイティが社会に受容されるようになってきたことの表れでもあった。かつてLBOのプロたちを疑いの目で見ていた経営者たちも、今では進んで自らの企業を差し出すようになっていた。二〇〇〇年代初頭のエンロンをはじめとする数々の企業不祥事を受けて整備されたサーベンス・オクスリー（SOX）法は、企業や経営者に新たな開示義務や責任を課したが、経営者から見ればそれは手間のかかる厄介事にほかならなかった。[6]

「経営のことは自分たちのほうがよくわかっている」と言わんばかりの株式アナリストやヘッジファンドから解放され、プライベート・エクイティの経営陣だけに対応すればよくなるという選択肢を与えられた企業経営者は、非公開化に魅力を感じるようになった。それに劣らぬほど重要だったのは、プライベート・

エクイティ会社は企業経営者に株の持分を与えたことだ。それは公開企業の経営者としてストックオプションを得ているだけでは絶対に手に入らないほどの富をもたらす可能性があった。こうして「オレも仲間に入れてくれ！」という経営者が続出したわけだ。

二〇〇五年に活発化した企業買収のうねりは、プライベート・エクイティ同士の壮大な陣取り合戦の様相を呈した。彼らが抱えていた膨大な軍資金に加えて、その推進力となったのは債券市場に登場した革新的な金融商品だった。その重要性は八〇年代のマイケル・ミルケンのイノベーションに勝るとも劣らない。

ミルケンの功績は、企業買収の資金源として債券市場を活用したことだった。ドレクセルがジャンク債を考案するまで、企業を買収するには個々の商業銀行から融資をかき集めるか、保険会社に無担保の劣後債を引き受けてもらうしかなかった。ドレクセルは債券市場から成長企業、乗っ取り屋、投資会社に資金をまわすパイプ役となり、保険会社をお払い箱にした。ドレクセルが崩壊する前には、ケミカルバンクのジミー・リーが銀行のネットワークを組織し、融資を分担する仕組みを作り上げた。それによって世界中の銀行の資金がM&Aに流れ込む一方、リスクは分散された。

二〇〇〇年代には、シンジケートローンと債券によるファイナンスは、証券化と呼ばれるプロセスを通じて融合しはじめていた。銀行は従来と同じように融資を行っていたが、それをライバル社と分担する代わりに、他の企業に対する数多くの融資債権とまとめ、小分けにして投資家に売るようになったのである。これが「証券化」と呼ばれるのは、このプロセスを通じて融資債権が債券や株式と同じような広く売買される証券に仕立て直されるためである。

証券化は一九八〇年代から金融システムにおいて重要な地位を占め、当初は住宅ローン、自動車ローン、クレジットカード債権を対象としていた。融資元である金融機関は新たに会社を設立し、何千という債権を一括して売却する。この新会社が新たに債券を発行し、裏づけとなる融資債権に対する元本や金利の返済金を債券保有者への支払いに充てるのである。この仕組みによって、銀行は実行した融資の債権を売却することができ、それで得た資金を再び新たな融資に振り向けることができる。

投資家の側から見ても、住宅ローンやクレジットカード債権に投資しようと思ったときに、それを自由に売買できる債券という形態で購入できることにはメリットがあった。しかもこうした債券は、何千という住宅ローンやカード債権を裏づけとしており、その価値を合わせると債券の元本と利払いを十分に賄えるだけの価値があるとされ、比較的安全と見られていた。

一九九〇年代と二〇〇〇年代には、同じような手順が企業向け融資や社債にも応用された。ローン担保証券(CLO)と呼ばれるようになったこうした仕組みは、融資を分割し、幅広い資金源から資金を調達するとともに融資のリスクを分散するという、過去のシンジケートローンと同じ機能を果たした。まもなく企業向け融資に加えて、社債もまとめて新たな金融商品に仕立てられるようになった。

CLOはすぐに融資の活性剤となった。[7] 二〇〇四年から〇七年にかけては、LBOに使われるリスクの高いレバレッジド・ローンを含む、大口企業融資の六〇~七〇%がCLOに転換されたと推定されている。世界中のヘッジファンドや銀行が資金をCLOや、同じ仕組みを住宅ローンに当てはめた債務担保証券(CDO)に注ぎ込んだ。構造的にレバレッジを効かせたCLOやCDOのリターンは、融資債権や債券をそのまま購入するより高かったためだ。しかも証券の裏づけとなる債権は広く分散されていたため、デフォルトリスクは低減されているはずだった。

CLOやCDOに対する需要はきわめて強く、また両者を組成する手数料は非常に高かったため、銀行はとにかく速く資金を集め、融資を実行しようとした。まるでCLOやCDOへの需要を満たすためだけに、融資しているようなものだった。この結果、アメリカ経済には融資資金があふれ、金利は低下した。二〇〇五年初頭には、ハイイールド債と米国債の金利スプレッドはわずか三％に縮小した。ハイイールド債にはリスクがほとんどないと言っているようなものだ。スプレッドは史上最低だった一九八七年の水準に近づき、その後二年間はほぼ変わらなかった。

カネ余りには別の効果もあった。融資を急ぐあまり、銀行はほとんど約款を追加しなくなったのだ。それまで融資には約款が付き物だった――債務者が問題を抱え、デフォルトの危機に陥った場合に、債権者の権限が拡大し、場合によっては債務者の経営権を握ることなどを定めた契約条項である。たとえば債務者のキャッシュフローが支払い金利の一五〇％を割り込んだ場合には、債権者が介入できる、などと定められていた。だがそれは過去のものとなった。約款フリーの時代が到来したのだ。約款フリーの融資を担保とする証券を購入する投資家も、それを気にする様子はまったくなかった。

時に「ストラクチャード・ファイナンス」と呼ばれることもあった証券化商品が爆発的に増えたことは、意図せざる結果――そして最終的には破滅的な結果――をもたらした。その一つは、銀行が自らを債権者ではなく、自己資金をリスクにさらすことのない、市場と借り手をつなぐだけの仲介役と見なすようになったことだ。その結果、デフォルトを懸念する動機が薄れた（実際には銀行自身もＣＬＯやＣＤＯに投資したり、それを担保に融資することもあったため、リスクを免れたわけではなかったのだが）。

新たな資金調達システムのもう一つの副作用は、企業買収の相場を押し上げたことだ。銀行が潤沢な融資を提供するなか、多少高い値段を払っても金利負担が増えないため、投資会社は買収価格を引き上げていった。サブプライム・ローン（信用力の低い個人向け融資）や約款なしの住宅ローンに支えられ、住宅を買おうとする人々と投機家が競い合って住宅相場をつりあげていったのと、まさに同じような構図だ。

買収価格の上昇ぶりはすさまじかった。二〇〇四年に買収された大企業の平均価格は、キャッシュフローの七・四倍だった。[8]それが二〇〇七年には九・八倍になっていた。ただし買収ファンドの出資額が膨らんだのではない。倍率が上昇した分のほとんどは債務で賄われた。同じキャッシュフローに対して、銀行が約束する融資や債券発行の金額が膨らんだのだ。二〇〇七年になると、買収ファンドは二〇〇四年と比べて同じ出資額でも、はるかに高額の企業を買収できるようになっていた。

　プライベート・エクイティ会社にとって、それは限度額のないクレジットカードを握っているようなものだった。そこで次々と標的を格上げしながら、ショッピングに興じるようになった。ハーツに続き、ブラックストーンを含むコンソーシアムがデンマークの大手電話会社を一五七億ドルで非公開化した。二〇〇六年五月にはカーライルとゴールドマン・サックスが、上場石油パイプライン運営会社のキンダー・モルガンに二〇〇億ドルを超える買収価格を提示、史上第二位の記録を塗り替えた。その二カ月後には一九八八年のＲＪＲナビスコ買収がついに史上最大の座から陥落した。僅差でそれを上回ったのは病院チェーンのＨＣＡコーポレーションで、三三〇億ドルの買収を主導したのはほかならぬＫＫＲであった。

　時価総額を大幅に上回る価格での現金買収に魅了された公開企業は、続々と買収ファンドの軍門に下っていった。二〇〇六年のクリスマスの前週には、わずか二日間で四社ものアメリカの上場企業が非公開化で合意した。建設資材のエルクコーポレーション（カーライルが一〇億ドルで買収）、整形外科器具メーカーのバイオメット（ブラックストーン、ゴールドマン・サックス、ＫＫＲ、ＴＰＧが一〇九億ドルで買収）、不動産仲介のフランチャイズシステムを手掛けるリアロジー（アポロが九〇億ドルで買収）、カジノ運営会社のハラーズ・エンターテイメント（アポロとＴＰＧが二七八億ドルで買収）である。

　エルクとバイオメットをめぐっては、一般企業も買収に名乗りをあげていたが、プライベート・エクイティ会社ほどの買値を提示することも、また自社株ではなく全額現金で支払うこともできなかった。経済的に見ると、負債は株主資本と比べて圧倒的に割安な資金源となっていた。株式は融資や債券と比べてリスクが高いため、投資家は常に株式に高いリターン（配当と株価上昇の見通し）を求める。負債のコストがきわめて低くなり、融資条件も緩くなったことで、プライベート・エクイティ会社は借入金によって、買収先の株主から株価を大幅に上回る価格で持ち株を買い取ることができるようになった。突き詰めると企業買収ブームとは、壮大なスケールで株主資本が負債に置き換わることを意味していた。

「この時期はいずれ、プライベート・エクイティの黄金期と言われるようになるだろう。カネがあまりにも簡単に調達できるからだ」。カーライルの共同創業者、デビッド・ルーベンシュタインは二〇〇六年初頭の講演でこう語った(9)。

それはまさにプライベート・エクイティの時代だった。この年、プライベート・エクイティは世界の企業買収の二〇％を手掛けた(10)。アメリカでのシェアはさらに高く、二九％にも達した。だがブラックストーンのパートナー陣は、こうした状況を複雑な面持ちで見守っていた。市場は過熱しているという不安を感じ始めていたのだ。

「問題が起こるのを察知していたわけではない。あの時点では問題など見えていなかった。さもなければ、だれも一〇倍のレバレッジド・ローンなどには応じなかっただろう」。後になってジェームズはこう振り返っている(11)。「トラブルの兆しなど何もなかった。だが市場はあまりにも盛り上がり、過剰な自信にあふれていた。だれもが過去一四五年の常識に照らせばありえないようなリスクを取っていた。そうなると『これはバブルじゃないか』と言わざるをえない」

ブラックストーンが経済の状態を徹底的に調べたわけではない。パートナーたちが数多くの買収候補を検討し、「この業界は景気サイクルのどの段階にあるのか。景気が後退したらこの会社の業績はどうなるのか」と繰り返し自問した結果、徐々にこうしたコンセンサスが形成されたのだ。その結果、市況産業を避けるという決定が下された。

「二〇〇七年初頭にはファンドの投資家に対し、『だれもが今は最高のチャンスで、経済も絶好調、問題は何もないと考えているが、我々は慎重になる』と伝えた」とジェームズは語る。「投資を手控え、買収価格を抑え、これまでとは違うタイプの企業を標的とする。なぜなら歴史を振り返れば、すべてが完璧で何も問題がないというときは、すでにピークに近いからだ」

そのころまでにブラックストーンで化学業界の第一人者と目されていたチン・チュウは、重点を製薬会社や医療機器メーカーに移していた。景気にかかわらず需要が比較的安定しているからだ。自動車部品メーカーのTRWのような工業分野を得意とするニール・シンプキンスも同じ理由から、需要の安定した医療サービス会社を物色するようになっていた。食品も同じように安全な投資先に思われた。二〇〇四年に市況産業の代表格であるエネルギー業界で三件の投資を手掛けたプラカシュ・メルワニは、ケーキミックス会社のダンカンハインズやシロップメーカーのミセス・バターワースの親会社であるピナクル・フーズの買収を指揮していた。ロンドンではデビッド・ブリッツァーがイギリスのクッキーメーカー、ユナイテッド・ビスケットと飲料メーカー、オレンジーナの買収を進めていた。

だがカネがいくらでも手に入るうちに、買えるものは買っておこうという欲望に抗うのは難しい。ブラックストーンも引き続き、買い手が殺到して価格が競りあがっていくようなオークション案件にも手を出していた。企業買収部門が二〇〇六年に手掛けた最大の案件では、二つの会社をめぐって買収提案の応酬が繰り広げられた。信用市場がもう少し弱気であれば考えられなかったような案件で、後になって行き過ぎの典型と見られるようになった。

ことの発端は二〇〇六年五月、ポール・ショアがフリースケール・セミコンダクターに非公開化を持ちかけたことだった[12]。シティバンクのプライベート・エクイティ部門でハイテク企業の買収を担当していたショアは、その前年にパートナーとしてブラックストーンに入社していた。彼はシティ在籍時代から何年もかけて、フリースケールとかつてその親会社であったモトローラの幹部と関係を築いていた。

ショアはモトローラが二〇〇四年にフリースケールを独立企業としてスピンオフする以前に、フリースケールへの投資を持ちかけたことがあった。さらにブラックストーンに入社した直後の二〇〇五年後半には、ある買収を計画していたフリースケールを支援するため、同社への出資の可能性を検討したこともあった。二〇〇六年五月、ブラックストーンの潤沢な資金を後ろ盾に、ショアはフリースケールをまるごと買収する決意を固め、同社の会長兼ＣＥＯのマイケル・メイヤーにアプローチした。

フリースケール側はショアのチームに対し、企業評価のために機密情報を閲覧することを認めた[13]。だがショアらが作業に着手した直後に、オランダのフィリップス・エレクトロニクスが半導体部門ＮＸＰの売却を計画していることを発表、ショアは厄介な選択を迫られることになった。両社はよく似ていた。フリースケールと同じようにＮＸＰも、自動車から携帯電話まで幅広い製品に使われる半導体を製造しており、両社の経営陣は合併を検討したこともあるほどだ。ショアはフィリップスのアドバイザーを務める銀行にブラックストーンがＮＸＰに興味を持っていることを伝え、その後ＴＰＧとロンドンのペルミラと組んで買収提案をした。フリースケールかＮＸＰ、場合によってはその両方を買ってもいい、と考えたのだ。

ヨーロッパの大企業の子会社のご多分に漏れず、ＮＸＰにもリストラの余地が多いにありそうだったため、まもなくオランダのアイントホーフェンにあるフィリップス本社にはＮＸＰに関する情報を求める買収ファンドが大挙して訪れるようになった。買収に名乗りをあげた企業の多くは、その年の前半にサンガードの買収でブラックストーンと手を組んだところだったが、ＮＸＰの入札では敵に回ることになった。ブラックストーンらが競り合うことになったのは二つのコンソーシアムで、一つはＫＫＲとシルバーレイク（いずれもサンガードの買収に加わっていた）、そしてオランダの買収ファンド、アルプインベストから成るグループ、もう一つはベインキャピタル（同じくサンガードに参画していた）とロンドンのエイパックス・パートナーズ、フランシスコ・パートナーズのグループだった。

ブラックストーンはＮＸＰへの買収提案でパートナーとなったＴＰＧとペルミラを含めて、同時にフリースケールにも言い寄っていることをだれにも知らせなかった。「我々は単独でフリースケールと交渉しており、それについて口外することは禁じられていた」とショアは説明する。「アイントホーフェンでＮＸＰを調査したその足で、オースチンでのフリースケールとの協議に向かうこともあったが、パートナー企業にはそれを言えなかった」。ショアは個々の企業にどれだけの価値があるかだけでなく、両社を合併したときにどのような相乗効果が生まれるかも見きわめようとしていた。

ただ、二社とも買収するというのはやはり多少無理があり、夏ごろにＮＸＰの買収レースで自分たちのグループがリードしていることが明らかになると、ブラックストーンはフリースケールの作業をペースダウンした。「七月になると、フリースケールに対しては少し冷めてしまった。三週間ばかり夏休みを取ったようなものさ」とショアは語る。だが最終的に八月三日、ＫＫＲやシルバーレイクの連合が一〇六億ドルでＮＸＰを手に入れると、ショアは再びフリースケールとの交渉に没頭しはじめた。

ブラックストーンは当初フリースケールに対し、一株三五・五〇ドルから三七ドルの間で買収したいという意思を伝えていたが、フリースケールがさらに多くを要求したため、八月の交渉の過程で多少金額を積み増し、最終的に両社は一株三八ドルで合意した。その結果、ブラックストーンは株主資本として七〇億ドルを用意しなければならなくなったが、それは単独の買収ファンドが一つのディールに投じられる金額を超えていた。そこで八月三一日、フリースケールはブラックストーンが、NXPへの買収提案で組んだTPGとペルミラに協力を打診することを認めた。ブラックストーンはさらに同じくサンガードの盟友だったカーライルにもアプローチし、すぐに協力を取り付けた。

だが交渉の最終的な詰めをしていたブラックストーンやフリースケールのバンカーや弁護士は、不意打ちを喰らうことになった。九月七日、フリースケールとブラックストーンとの交渉の噂を聞きつけたKKRが、突然自分たちも買収提案をしたいとフリースケールに通達してきたのである。その三日後、KKRはフリースケールの取締役会に対し、シルバーレイクと組んでブラックストーンを大幅に上回る一株四〇ドルから四二ドルという提案をする計画を伝えた（ブラックストーンの提案はまだ公にはなっていなかった）。

「まさに契約にサインしようという日の二三時五九分五九秒五〇まで独占的に交渉を進めていたのに、最後の最後にKKRのグループが窓から手紙を投げ込んできたんだ」とショアは振り返る。「彼らがNXPの買収交渉の最中であったことを思えば、非常に大胆な行動だった。二社の買収に必要な株主資本は合計一二〇億ドルにもなったからね」

ショアのチームは、NXPとフリースケールが合併すれば、重複するコストが大幅に削減できることを理解していた。自分たちも同じ計算を数カ月前にやっていたからだ。そうだとすれば、理論的には両社を合併することによるコスト削減効果を享受できるKKRは、ブラックストーン以上の買値をフリースケールに提示できるはずだった。だがフリースケールとの交渉ではブラックストーンは四カ月先行しており、勝者となるにはこの優位性を生かすしかなかった。

「我々のほうは契約にサインする準備が整っていたが、KKRらは違った」とシュワルツマンは語る。[14]「彼らに十分な時間を与えてしまえば、相乗効果があることに気づいてしまうだろう。我々はそれでNXPを買おうとしていたぐらいだからね」

ブラックストーンはなんとしてもオークションになるのを避ける必要があった。そこでカーライル、ペルミラ、TPGと相談し、早々と九月一四日には一株四〇ドルという対案を出した。KKRの暫定的な提案の上限よりは低かったが、こちらは確定的なオファーだった。

ブラックストーンは強硬姿勢に出た。フリースケールが翌日の夜までに回答しなければ、交渉から降りると宣言したのだ。さらにフリースケールに対し、脅しともいえる圧力をかけた。すでにメディアにも情報が漏れ、フリースケールはブラックストーンと交渉中であることを認めざるをえなくなっていた。ブラックストーンは自分たちが交渉を降りた場合に、フリースケールが直ちにその事実を公表しなければ、自分たちが公表すると伝えたのだ。要するに「オレたちのオファーを受けろ、さもなければ残るのはKKRからの拘束力のないオファーだけになる。しかもKKRにはオレたちが降りたことを伝えてやるからな」と言っているわけだ。

この戦術はうまくいった。九月一五日、フリースケールの取締役会は手持ちの駒で手を打つことを決めた。KKRとシルバーレイクがさらに有利な提案をする可能性に賭けるのを諦め、ブラックストーン、カーライル、ペルミラ、TPGによる一八八億ドルの買収提案を受諾したのである。翌日、KKRは交渉から降りると表明した。ほかにブラックストーンに対抗する提案は出てこなかった。

こうしてショアは四カ月にわたって追い求めてきた標的を手に入れたが、KKRがギリギリのタイミングで邪魔をしたことで、ブラックストーン率いるコンソーシアムは八億ドルも余計に支払わなければならなくなった。市況変動の激しさで知られる半導体メーカーに支払う価格としては非常に大きい[15]。しかもフリースケールにはいくつもの懸案があった。モトローラへの携帯電話用半導体は売上高の二〇%を占めていたが、同社の大人気モデル「レーザー」は、ライバルメーカーのおしゃれな新製品にシェアを奪われ、販売が頭打ちになっていた。しかもモトローラには開発中の大型製品もなかった。それに加えて、フリースケールの売上高の三〇%を占める自動車向け半導体も、自動車産業の減速の影響を受けようとしていた。

平時であれば、こうした弱点を持つフリースケールは、LBOの対象にはならなかったはずだ。だがブラックストーン率いるコンソーシアムは、フリースケールがバッファーとして多額の手元資金を持てるように、LBOとしては異例の、買収価格の三八%にものぼる七一億ドルの株主資本を出資した。

コンソーシアムへの融資を引き受けたクレディスイスとシティグループは、残りの七二%をまれにみる緩い条件で都合した。フリースケールは実質的に六年後まで債務を一切返済する義務がなく、大部分の返済期限はさらに後だった。そのうえ債務契約には一切の追加約款がなかった。つまりフリースケールの業績が大幅に悪化しても、返済が滞らないかぎり、債権者は何も手出しをできないのである。

フリースケールの負担をさらに軽くするため、銀行側は現物支給証券（通称PIK）と呼ばれる、一九八〇年代の古いトリックを再び引っ張りだした[16]。これはドレクセルの全盛期に非常に人気があった債券で、金利を現金で支払う代わりに債券を追加で渡すのである。言葉を換えれば、会社は債権者に現金を払う代わりに、さらに借入金を増やすことができるわけだ。会社にとってもう一つ有利な条件として、PIKには切り替えスイッチが付いていた。フリースケールが自らの都合に合わせて、金利を現金で支払うか債券で支払うかを選べるのである。売上が落ち込んだら、ＰＩＫという選択肢を取ればいい。融資契約にこうした細則を加えた結果、ブラックストーンにとってフリースケールへの投資の安全性は高まった。

「半導体は市況産業の最たるものだ」とトニー・ジェームズは語る。[17]「自分たちが市況の底どころか天井近くで買収することはわかっていたので、追加約款なしで返済期間が長く、流動性が十分確保できるような資本構造を作った。その結果、浮沈はありそうだが、エレクトロニクスはあらゆる分野に浸透しているので、半導体業界の長期的見通しは好ましいと判断した。時には市況が落ち込むこともあるが、すばらしい好況もある。このため防弾チョッキのような安全な資本構造を調えておくことで、どんな不況も乗り切り、好況期に大きな収穫を得られるようになる」

多額の株主資本を拠出されたとはいえ、フリースケールの財務内容は根本的に変わり、負債は買収前の八億三二〇〇万ドルから、買収後は九四億ドルに急増した。[18]年間の利払いも約八億ドルと買収前の約一〇倍に膨らむことになった。

ブラックストーンは苦労してフリースケールを手に入れたが、その後の数カ月は買収レースで勝利を収めることはなかった。参加したオークションでことごとく敗北を喫したのだ。大差で負けることも少なくなかった。「焦りを感じることもあった」とチン・チュウは当時を振り返る。[19]「鏡に映る自分の姿を見ていると、決意が揺らぎ、自分が正しいのか疑わしくなった」。とりわけ煮え湯を飲まされたケースは、クリア・チャンネル・コミュニケーションズの買収である。他社に二カ月も先行していながら敗れたのだ。

ショアがフリースケールとの買収価格をめぐるせめぎあいの最中にあった二〇〇六年八月後半、ブラックストーンのパートナー、デビッド・トリーはアメリカ有数のラジオチェーンで、屋外広告板の所有者でもあるクリア・チャンネルとの交渉を始めた。[20] 今回組んだのはメディアと通信業界専門の投資ファンド、プロビデンス・エクイティ・パートナーズで、トリーらは一〇月末まで交渉を秘密裏に進めていた。だがそこへトーマス・H・リー・パートナーズが割り込んできて、パーティをぶち壊しにしたのだ。まもなくクリア・チャンネルの代理人である銀行は、全面的なオークションにとりかかった。

状況はすぐにエスカレートし、さながら買収ファンド業界の乱交パーティのような様相を呈した。フリースケールとサンガードの買収ではブラックストーンと組んだ二社――TPGとカーライル――が、フリースケールの契約書のインクも乾かないうちにさっさと相手を替え、今度は敵にまわったのだ。まずTPGはトーマス・H・リー・パートナーズとベインキャピタルと手を握った。続いてカーライルがアポロと組んで、三番目の勢力となった。それだけでは物足りないとでもいうかのように、NXPでブラックストーンを打ち負かし、フリースケールまで奪い取ろうとしたKKRが、今度はブラックストーンとプロビデンスのコンソーシアムに二度加わり、二度とも手を引くなど思わせぶりな態度を取った。フリースケールやサンガードには加わらなかったサーベラス・キャピタル・マネジメントとオーク・ヒル・パートナーズも、今回はお楽しみに加わった。

一一月に実施されたオークションの最終ラウンドでは、ブラックストーンの一株三六・八五ドルという提案は、ベインキャピタルとトーマス・H・リーの三七・六〇ドルというオファーに及ばなかった（TPGは途中でレースを降りた）。「銀行はクリア・チャンネルのキャッシュフローの一〇倍を融資すると言っていたが、そんな重荷に耐えられる会社などない。我々はそれが経済合理性に欠けると考え、それほどのレバレッジをかけなかった。だから提案価格は取締役会の求める水準に達しなかった」とジェームズは語る。[21]

クリア・チャンネルの買収の規模と株主資本の少なさは、この時期の買収案件のなかでも際立っており、資金の貸し手がどれだけ極端な取引に応じていたかを示す格好の例といえる。ベインとリーは銀行との契約によって、株主資本を四〇億ドルしか出資しなかった。[22] 一方、シティグループ、ドイツ銀行、モルガン・スタンレー、クレディスイス、ロイヤルバンク・オブ・スコットランド、ワコビア・コーポレーションといった多数の金融機関から成るシンジケート団は、二二五億ドルもの融資に応じた。買収者は買収総額のわずか一六%しか出資せずに済んだのである。

だがクリア・チャンネルの株を保有するヘッジファンドと投資信託の一団は、一株三七・六〇ドルでは安すぎるという不満を表明し、売却に反対票を投じると脅したため、ベインとトーマス・H・リーは二〇〇七年四月に買収額を一株三九ドルに引き上げた。[23] それでも足りないように見られたため、翌月にはさらに三九・二〇ドルに引き上げた。だが見直し後の資金計画の詳細が明らかになったところ、なんと買収者は出資額を四〇億ドルから三四億ドルに引き下げる一方、銀行団がその穴埋めと買収金額の増加分を賄うためさらに一〇億ドル融資を増やすことになっていた。クリア・チャンネルの長期借入金は買収前の五二億ドルから一八九億ドルに膨らみ、年間九億ドルの金利を支払うことになった。

二〇〇六年秋から二〇〇七年にかけて、ブラックストーンがライバルに競り負けるという同じような展開が幾度も繰り返された。[24] 電子取引処理を手掛けるファースト・データ・コーポレーションでは、一株三〇ドルという提案を出したが、一株三四ドル（総額二九〇億ドル）を提案したＫＫＲに敗れた。携帯電話キャリアのアルテルには一株六七ドルから七〇ドルを提案したが、一株七一・五〇ドルを提案したＴＰＧとゴールドマン・サックスの手に渡った。

ホームセンター大手ホームデポの卸売部門であるホームデポ・サプライは、ブラックストーンの提示額をほぼ一〇億ドル上回る一〇三億ドルを提案したベインキャピタルとクレイトン・ダビリアーに渡った。教科書出版社のトムソン・ラーニング、企業向けケータリングのUSフードサービス、イギリスの食品流通業者ブレーク・ブラザーズなども、すべてライバルに敗れた。

「二〇〇七年初頭は八連戦して七敗した」と現在ブラックストーンの投資委員会に名を連ねるプラカシュ・メルワニは振り返る。[25]「しかも、どれも大差で負けていた。非常につらい時期だった」

ブラックストーンは二〇〇六年には、フリースケールのほか同年前半に成立したVNU NV（のちのニールセン・カンパニー）、バイオメット、マイケルズ・ストアーズなどの大型買収先に、KKRとアポロを上回る総額七五億ドル以上の自己資金を投資した。さらに二〇〇七年にもほぼそれに並ぶ六三億ドルを投資した。[26] この年にはブラックストーン・グループの不動産投資ファンドも、エクイティ・オフィス・プロパティーズやヒルトンなどの企業に八二億ドルの資金を投じている。

市場が制御不能になりつつあるという分析や懸念とは裏腹に、ブラックストーン内部にはどうにもならない人間的要素が渦巻いていた——パートナーたちの野心や競争心である。

「業界のだれもが買収提案に明け暮れ、企業を買い漁っているなかで、『いやいや、それは払いすぎだ』と慎重姿勢を保つのは本当に難しい」とジェームズは語る。[27]「そうなると社員から異論が出る。みなディールで生きている人間だからね。買収をやりたくて仕方がないんだ。慎重にならねばという社内の圧力と、ディールを煽る市場の圧力の板挟みになりながら、我々は状況に流されていった。ブレーキは踏んでいたが、クルマがずるずると前に進んでいった感じさ」

企業買収部門に本当にブレーキが利きはじめたのは、二〇〇六年の終盤だった。この年まとまった二五件の大型買収のうち、四件で主導的な役割を果たしたのに対し、二〇〇七年には上位二五件の買収のうち、わずか一件しか手掛けなかった。ジョナサン・グレイ率いる不動産投資部門が担当したヒルトン・ホテル・コーポレーションの買収がそれである。市場が天井に達しようとするなか、グレイの部隊はブラックストーン史上最大となる二つの買収を仕切ることになった。

第21章 オフィス・パーティ[1]

「EOPを買収しろよ」。ブラックストーンの不動産投資部門の若き共同責任者、ジョナサン・グレイに、ジョーダン・カプランが気楽な調子で言った[2]。ブラックストーンがアメリカ最大の商業不動産会社エクイティ・オフィス・プロパティーズ（EOP）を手に入れれば、同社がロサンゼルス西部に保有する物件を自分の会社が喜んで買い取る、というのだ。唐突だったが、グレイには興味をそそられる話だった。

時は二〇〇六年一〇月二三日。ロサンゼルスを本拠とする不動産投資会社ダグラス・エメットのCEOであるカプランは、商業不動産分野ではトップバンカーとして知られるロイ・マーチを伴い、ブラックストーンの本社を訪れていた。カプランとマーチは知る由もなかったが、グレイはその一年以上も前からEOPへの買収提案を検討していた。

話題をそらしたものの、グレイはこのアイデアに魅了された。カプランはロサンゼルスの物件なら高値で買い取る意思があると言った。提示したのはキャップレート（収益還元率）四％という好条件だ――不動産が年率四％のキャッシュリターンを生み出すような価格で買い取るという意味だ。キャップレートは不動産用語で、キャッシュフロー倍率の逆数である。つまり倍率が低いほど、評価額が高い。キャップレート四％というのは、キャッシュフローの二五倍で買い取るというのに等しい。当時の企業買収の相場の二〜三倍の水準で、グレイが興味を持つのも当然だった。

エレベーター前までマーチとカプランを送っていったグレイは、そこでマーチの肩を叩き、「少し残ってくれないか」と頼んだ。そして自分のオフィスに戻ると、興奮した様子でマーチに質問を浴びせた。ＥＯＰのほかの保有物件を個別に売却した場合、どれくらいの値がつくのか、と。

ＥＯＰを創業したのは、アメリカ有数の異色投資家サム・ゼルである。差し押さえ寸前の物件を買い漁り、最初に名を挙げたのは一九七〇年代にさかのぼる。わずかな手付金だけで、だれも欲しがらないような物件を三〇億ドル分買い集め、相場が回復するのを待った。その結果、巨万の富を手に入れ、当代きっての勇敢で洞察力に富む投資家という評価を獲得したのである。その性格も知名度を高めるのに貢献した。豪傑ぞろいの不動産業界にあっても、ゼルは突出していた。スーツやネクタイとは無縁で、世界中の秘境を自転車でめぐり、常軌を逸した発言で常に従業員や世間の度肝を抜いた。

不動産業界の上物を狙おうと設立したのがＥＯＰで、シカゴを拠点に二〇年間に全米一七都市で六二二もの高級不動産を買い集めた。代表例をあげれば、シカゴ・マーカンタイル取引所本部、ニューヨークのブライアント・パークを見下ろすベライゾン本社、サンフランシスコの名所フェリービルの真向かいにあるワンマーケット・プラザなどがある。だが二〇〇〇年代半ばに不動産市況が回復しても、ＥＯＰの株価は低迷したままだった。一流の立地以外に物件を抱えすぎていたほか、最悪のタイミングでシリコンバレーの不動産に七二億ドルを投資したことから評価に傷がついたのだ。二〇〇六年には不動産会社の株価は上昇を始めていたが、ＥＯＰの株価回復は遅れていた。

グレイはすでに二度、ＥＯＰに買収提案をするための協力者を集めようとした。最初はカリフォルニア州の公的年金基金カルパース、それからボストン・プロパティーズのトップで、『ＵＳニュース＆ワールド・レポート』や『ニューヨーク・デイリーニュース』などを発行するモート・ザッカーマンに協力を打診した。直近ではカプランとマーチが訪ねてくるほんの六週間前にも、ＥＯＰのＣＥＯリチャード・キンケイドとＣＯＯのジェフリー・ジョンソンと昼食をとり、単刀直入に「どうすれば会社を売ってくれるのか」と尋ねていた。だが二人の答えは「ゴッドファーザー的なオファーがあれば」というものだった。絶対に断れないような買収価格が提示された場合のみ、という意味だ。グレイは二人には会社を売る気はないと判断し、ＥＯＰの買収を諦め、ヒルトン・ホテル・コーポレーションへの買収提案に集中することにしたのだった。

だがジョーダン・カプランがブラックストーンにＥＯＰ買収を持ちかけた時点では、ヒルトンの買収計画はすでに頓挫しかけており、グレイには再度ＥＯＰを検討してみる時間的余裕があった。そして彼は魅力的な提案を思いついた。カプランのように物件をキャップレート四％で買ってくれる相手がいるのであれば、ＥＯＰにそれこそゴッドファーザー的な金額を提示できる。そして買収後に、保有物件の三分の一ほどを売却し、残りは二束三文でブラックストーンが持っていればいい。つまりは卸売価格で物件のまとめ買いをして、それを小売価格でバラ売りするわけだ。グレイのチームはそれとまったく同じことを、カーアメリカ・リアルティ、トライゼック・プロパティーズという二つの上場不動産会社で行ったばかりだった。いずれも会社全体の価値は、個々の保有物件の価値の合計を下回っていた。ブラックストーンが

ＥＯＰを買収したとしても、グレイが欲しかったのは四つの主要マーケット（ニューヨーク、ボストン、ロサンゼルス西部、サンフランシスコ・ベイエリア）の物件だけであったため、いずれにせよ多数の物件を売却する必要があった。この四つのエリアは地理的および用途地域の制約から、他の地域のような不動産の供給過剰が起こりにくかった。

カプランには知る由もなかったが、彼の場当たり的な発言が、ブラックストーン史上最大の、最も大胆かつ経験したこともないほど複雑なディールを誕生させた。その過程で温厚な性格の三六歳のグレイと配下の三〇歳そこそこのパートナーたちは、不動産業界きっての老練投資家二人に立ち向かうことになり、ブラックストーンは初めて一般投資家を巻き込んだオークションに挑むことになった。フリースケールやクリア・チャンネルのケースと同様に、最終的な買収価格は勝者が当初想定していた価格をはるかに上回った。だがほかのケースとは異なり、ＥＯＰの肥大化した評価額はブラックストーンに有利に働いた。結果的にブラックストーンはＥＯＰの保有資産の大半を高値で売却し、残ったごく一部を破格の安値で手に入れることができたからだ。

ブラックストーンは、のちに不動産専門プライベート・エクイティと呼ばれるようになった事業の先駆者だった。不動産を買収し、その価値を高めるか、相場上昇に乗って数年後に売却するという手法である。景気後退とＳ＆Ｌ危機の最中にあった一九九〇年代初頭、シュワルツマンはジョン・シュライバーを招聘してこの事業を立ち上げた。当初、不動産部門は価値の暴落した不動産を個別に買収していたが、次第に企業買収部門と同じような投資手法を取るようになった。

たとえば不動産ファンドは一九九八年、イギリスのホテルチェーン、サボイ・グループを買収している。(3)

同チェーンは「サボイホテル」のほか、ロンドンの最高級ホテル「バークレイズ」「クラリッジ」「コナハト」を保有していた。すべてを合わせると、ロンドンの最高級クラスの客室のほぼ半分を占めていたが、同族経営の体制下では潜在力を生かしきれていなかった。ブラックストーンは四つのホテルのうち、事務所やクローゼットなど収益を生まないスペースを潰し、客室数を合計二〇〇増やした。さらに内装をグレードアップし、新しいシェフを採用するなどセレブ層に話題を振りまいた末に、二〇〇三年に売却した。

不動産にプライベート・エクイティの手法を持ち込んだことで、ブラックストーンの複数の不動産投資ファンドは二〇〇六年まで年平均三六％のリターンをもたらした。(4) 企業買収ファンドと同じような水準だが、不動産ファンドのほうが成績は安定していた。二〇〇件あまりの投資案件のうち、損失を出したのはわずか十数件で、それも比較的少額だった。

買収し、それを上回る価格で売却を目指すという戦略は、買収後も長期間にわたって物件を保有し、物件からの家賃収入を最大化することに重きを置く伝統的な不動産会社とは対照的だった。ゴールドマン・サックス、リーマン・ブラザーズ、メリルリンチもブラックストーンと同じような戦略を持つ不動産ファンドを作ったが、不動産専門プライベート・エクイティは依然として投資業界のなかでは目立たないニッチ分野だった。このため、ほかの分野の企業を買収するときのような激しい買収合戦はめったに起きなかった。

一八〇センチを超える長身痩躯のグレイは童顔で、黒い髪は短く刈り込んでいた。その風貌も行動も、邪悪な帝王というよりボーイスカウトの優等生に近かった。パークアベニューからまっすぐ二〇ブロックほど歩いたところにある自宅マンションから、毎朝歩いて出勤していた。ウォルマートで買った安っぽい腕時計、地味なスーツとネクタイ、武骨な靴といったいでたちも、普通っぽさを演出するのに役立っていた。

一九九二年にペンシルベニア大学を卒業すると、すぐにリサーチ・アナリストとしてブラックストーンに入社した。二〇〇五年にともに不動産部門の共同責任者に就任したロンドンに駐在する相方のチャド・パイクとともに、入社早々からジョン・シュライバーの薫陶を受けた。不動産部門の人々は、メンバーの出身地の特徴から、ブラックストーンのほかの部門とは明らかに異なるカルチャーがあると自負していた。シカゴ出身のグレイと、オハイオ州トレド出身のパイクは、ことあるごとに自分たちの部門は中西部人によって成り立っている、と主張した。ドンであるシュライバーからして、シカゴの自宅から頑として動かなかった。

不動産部門を任されてからの三年間、グレイとパイクは新たな路線を追求していた。ブラックストーンの企業買収のノウハウを生かし、力点を個別物件の買収から不動産会社そのものの買収に移したのである。二〇〇四年三月以降の二年間で、ブラックストーンはアメリカ国内の一一の上場不動産投資信託（REIT）を買収した（REITには税制優遇措置があるため、多数の不動産を保有する企業や不動産買収専門企業はREITの構造を選択していた）。そのなかにはエクステンデッド・ステイ・アメリカ、プライム・ホスピタリティ、ウィンダム・インターナショナル、ラ・クインタ、メリスターといった多くのホテルチェーンが含まれていた。

イギリスでは不動産投資部門と企業買収部門がタッグを組み、多数の不動産を保有していながら、うまく活用していなかったり、資金難に直面している企業を対象に三件の買収を実施した。パブ・チェーンのスピリット・グループは都市部の一等地に多数の不動産を所有していたが、十分に活用できていなかった。さらに週末用の高級宿泊施設をチェーン展開するセンター・パークスを買収した。介護施設のNHPとサザン・クロスは、買収後に合併させた。

上場企業をまるごと買収するメリットは、埋没していた資産を掘り起こせることだけではない。一度に大量の資金を投資に回せることだ。「この手法によって不動産部門は一気に投資額を増やせるようになった」とグレイは説明する。「個別の物件を買収する手法から、大幅な規模拡大が可能なモデルに転換したんだ。キーを一回まわすだけで、スイッチが全部入るようなものさ」

二〇〇六年にはアメリカの部隊がオフィスビルに注目しはじめ、カーアメリカを五六億ドルで非公開化する取引や、トライゼックの大部分を一八億ドルで買収する取引をまとめた。二つの案件を通じて、グレイと、ともにパートナーとしてディールに携わった当時三二歳のフランク・コーエンと三三歳のケネス・キャプランが学んだことがある。上場不動産会社の多くは、安定配当を支払うためになるべく満室の状態を維持しようとし、一時的にでも空室が生じるリスクを避けるために家賃を最大限引き上げようとしない、ということだ。さらにこうした企業の多くでは、会社全体の評価額が個別物件の評価額の合算を下回っていることにも気がついた。[5] 二〇〇六年一〇月にトライゼックを買収する前には、すでに同社が保有する一三の物件に買い手が見つかり、総額二一億ドルで売却できた。会社全体の買収価格が一八億ドルであったことから、即座に三億ドルの利益が出たわけだ。

もしかするとEOPでも、同じようなからくりをはるかに大規模にやれるかもしれない、とグレイは考えた（EOPはカーアメリカと比べて六～七倍の規模があった）。そこでカプランとマーチが訪ねてきた数日後、再びEOPのアドバイザーであるメリルリンチのダグラス・セスラーに電話をかけ、「ゴッドファーザー的なオファーっていうのは、具体的にはいくらなんだ？」と尋ねた。

九月に昼食をとった際にはつれないそぶりを見せたものの、EOPのCEOリチャード・キンケイドとサム・ゼルは、オフィス不動産市場は過熱しており、今こそ会社を最高の値段で売却する好機ではないか、と考えはじめていた。

セスラーはゼルとキンケイドと相談した後、グレイに電話をかけ、EOP側としては、グレイに具体的な価格は提示しない、と伝えた。「サムは駆け引きのプロだ。自分がいくら欲しいかは絶対に言わないよ」(6)。だが少なくとも一株四五ドル以上の提案でなければ、EOPの取締役会の関心を引くことはできないだろう、とも語った。

一定の基準が示されたことを受け、グレイ、キャプラン、コーエンの三人はEOPの公的な開示文書に記載された保有物件リストを徹底的に調べはじめた(7)。そこで得たデータと、カーアメリカやトライゼックを経営するなかで得た情報を照らし合わせ、一株四五ドル以上という価格が正当化できるものか検討した。

グレイはこの提案に神経質になっていた。自分が手掛けたなかで圧倒的に最大の案件になるばかりではない。それは史上最大のLBOになるはずであり、グレイが切る小切手はブラックストーンが単一の取引に投じる金額としては過去最高の三五億ドルに達する見込みだった。ブラックストーンの企業買収部門はすでに買収の相場が手に負えないほど高くなりすぎているという不安を感じ、慎重姿勢を取りはじめており、グレイも不動産について同じ不安を感じていた。

このディールを成功させるには、すべて――買収提案そのもの、その後の資産売却、そして買収成立後のEOPの債務の迅速な削減といったこと――に完璧を期す必要があった。ブラックストーンが法外な価格を支払ったうえに、値段が高すぎて売却できない物件を抱えて身動きできない状態になったら最悪である。

背中を押してもらおうと、グレイはアラン・レベンサールに連絡をした。不動産投資会社ビーコン・キャピタル・パートナーズのトップで、長年グレイの相談相手とご意見番を兼ねてきた人物である。レベンサールには過去に何度もグレイに説いてきた持論があり、それをもう一度聞きたかったのだ。その持論というのは、新しいオフィスビルを建設するのが困難な一流のマーケットにおいては、物件をその再調達コスト以下で購入すれば長期的には必ず儲かる、というものだった。なぜなら供給が増えにくい地域では、相場は自然と上昇する傾向があるためだ。

グレイは自分の計画をレベンサールには打ち明けず、ただもう一度その論理を一緒に確認してほしい、と頼んだ。レベンサールは快諾し、不動産価格が急騰しているとはいえ、アメリカ大陸の沿岸部で建築コストが爆発的に上昇していることからして今は投資の好機だ、と熱弁を振るった。(8)

「まるで僕を激励してくれるようだった。あの会話によって生気を取り戻したようなものだ」とグレイは語る。「職業人生すべてを賭けようとしているときには、だれかに自信を注入してもらうことも必要なんだ」

一一月三日までに、グレイのチームは予備的な提案をする準備を整えた。(9) グレイはEOPのバンカーであるセスラーに電話をかけ、ブラックストーンは一株四七・五〇ドル、EOPの債務を引き受ける分を含めて総額三五六億ドルの買収提案をする用意がある、と伝えた。その五日後、ブラックストーンはEOPと秘密保持契約を結び、EOPの内部文書を閲覧する権利を得た。そこには物件の家賃、リース契約の終了時期、入居企業といった機密情報が含まれていた。その情報があれば、グレイらはリース契約が満了した後、より高い家賃で貸し出すことで、どれほどの追加収入を得られるかを割り出すことができた。

ブラックストーンは数十人の社内アナリストと社外の弁護士を動員し、猛スピードでデータの分析を進めた。その結果、コーエンとキャプランがEOPの株主向けの公式な報告書から導き出した仮説が正しかったことが証明された。この取引は成立する。六日後の一一月一三日、ブラックストーンは正式に一株四七・五〇ドルの買収提案を提示した。ＥＯＰはそれに一ドルを上乗せすることを求めた。買収価格は三六〇億ドルに膨らんだが、ブラックストーンはまもなくそれを受け入れた。

ゼルは交渉の技術的側面、具体的にはＥＯＰが他社からより高額な提案を受け入れた場合にブラックストーンに支払う違約金についても厳しい要求を突き付けた。[10] 他の企業が提案を躊躇することのないように、違約金は低くするよう断固として譲らなかった（最初の提案者を上回る価格でオークションに勝利した企業は、実質的に違約金を負担することになる。対象企業の価値が違約金の分だけ減少するためだ）。ＥＯＰの取締役は身売りの噂が広まるのを防ぐため、他の企業に買収を打診してはいなかったが、株主に対してはできるだけ高く会社を売るという忠実義務を負っていた。あらかじめほかの企業から提案を募らず、ブラックストーンだけと交渉・契約するのなら、それを破棄するコストは低く抑えておく必要があった。

違約金には、最初の買収提案者に対し、提案作成の労をねぎらう意味合いがあった――敗者への感謝のしるしというわけで、相場は買収される企業の株価の二～三％だ。だがグレイはしぶしぶ、ＥＯＰの時価総額のわずか一％の二億ドルという違約金に同意した――真剣にＥＯＰの買収を考える対抗馬を排除するには十分な金額とはいえない。買収契約は一一月一九日日曜日にまとまった。

ＥＯＰの買収資金を調達するのは朝飯前だった。ブラックストーンがベアー・スターンズ、バンク・オブ・アメリカ、ゴールドマン・サックスから総額二九五億ドルの融資を集めるのに、わずか五日しかかからなかった。[11] フリースケールのときと同じように、融資条件はきわめて甘かった。融資に加えて、銀行は数十億ドルの株主資本も出資することになった。各行の保有株は、ブラックストーンがＥＯＰの資産を売却後に多少のプレミアムを付けて買い取ることになっていた。銀行は一時的に株主となることでリターンを稼げるが、同時にＥＯＰの資産売却が不首尾に終わり、多額の負債を抱えて身動きできなくなった場合のリスクも引き受けることになった。さらにこれもフリースケールのときと同じように、ブラックストーンはEOPの新たな債務のうち、二〇一二年までに返済期限を迎えるものが一切ないようにすることで、市況が悪化してもEOPが持ちこたえられるようにした。

EOPの買収額は、KKRが一九八九年にRJRナビスコに支払った三一三億ドルはもちろん、同社が最近病院チェーンのHCAに支払うことで合意した三三〇億ドルをあっさり抜き去った。謙虚で目立つことを嫌うグレイは、不動産業界の最高記録を打ち立てたばかりか、ほかならぬヘンリー・クラビスが打ち立てたプライベート・エクイティ業界の記録さえ塗り替えたのだ。

だが、グレイはまだ完全にEOPを手に入れたわけではなかった。

ブラックストーンの買収価格は、買収契約が締結される前のEOPの株価にわずか八・五%のプレミアムを上乗せしただけだったが、それでもゼルとキンケイドは満足していた。(12) 不動産相場は天井に近づいていると考えていたからだ。筋金入りの商人であるゼルも、自分を含めたEOPの株主のためにこれだけの価格を確保できたことに満足していた。「正直言って、我々自身もこの評価額は高すぎると思っていたぐらいだ」とキンケイドは語る。

そのうえゼルとキンケイドは、ブラックストーンの知らない情報を握っていた。ゼルの古い友人で、ボルネード・リアルティ・トラストをEOPの主要なライバルに育て上げたスティーブン・ロスが、その夏にEOPを買いたいとゼルに持ちかけていたのだ。ゼルが違約金を低く抑えるよう主張したのはそのためだ。ブラックストーンとの合意によって、熾烈な買収合戦の幕が開くことを、心中期待していた。

ボルネードとEOPの間で買収がまとまれば、それはゼルとロスにとって単に仕事の面だけでなく、プライベートな面でも喜ばしい話だった。二人は一風変わった強い友情で結ばれており、互いの妻を交えて頻繁に食事をする間柄だった。そして公の場で、互いのことを攻撃することを大いに楽しんでいた。ある不動産業界の会合でともに登壇したときには、ロスがゼルを「はげオヤジ」と呼んだ。[13] 自らもつるっぱげという表現がぴったりのロスは、ゼルと同時に自分のこともジョークにしていたのだ。「オレとスティーブは相思相愛なのさ」とゼルは語る。[14]

ゼルと同様に、ロスも不動産不況の最中に事業に乗り出した。まずは資金を調達してニュージャージー州に小さなショッピングセンターを作り、その後、値下がり不動産の取引で経験を積んだ。一九八〇年には議決権闘争の末に、当時エアコンの製造販売会社だったボルネードの経営権を手に入れた。すぐに販売店を閉鎖し、空いたスペースを貸し出した。一九九二年には、他の債権者と協力して、不振にあえいでいたニューヨークの百貨店アレクサンダーを破産に追い込んだ。ボルネードはアレクサンダーが保有していた、百貨店ブルーミングデールに隣接したニューヨーク・アッパーイーストサイドの一等地を手に入れた。この建物はその後、ロスの手によってニューヨーク市長のマイケル・ブルームバーグ率いる金融メディア会社、ブルームバーグの本社に生まれ変わった。

ＥＯＰのもくろみどおり、一一月二四日にはボルネード社長のマイケル・ファシテッリが、ＥＯＰの代理人であるメリルリンチのセスラーに連絡し、ボルネードが買収提案を検討していると伝えた。だが不可解なことに、その後数週間にわたり、ボルネードからの連絡は途絶えた。

ゼルの警戒心は強まった。[15] 買収合戦の背後で買収ファンド同士が結託しているという疑惑について、司法省が捜査に乗り出すという新聞記事を読んでいたため、もしかするとブラックストーンが対抗馬が名乗りをあげるのを阻んでいるのかもしれない、と思いはじめた。ちょうどそのころゼルがニューヨークを訪れると聞き、親睦を深めるために一緒にコーヒーを飲むことになったグレイは、ほとんど初対面のゼルから徹底的に締め上げられた。「この業界で仕事を続けたかったら、ほかの会社の提案を潰すようなマネはするなよ」とゼルはいった。要するに「ふざけたまねはするな」というのを、様々な言い回しで伝えたわけだ。「目的ははっきりしていた。グレイを脅すことさ」とゼルは臆面もなく認める（司法省の捜査は何の結果も生まなかった）。

この暴言は、清廉潔白で知られるグレイを動揺させるのには十分だったが、ボルネードからの提案を促すことにはならなかった。とうとう一二月半ばになり、ゼルはロスに電話をかけ、「いったい何をやっているんだ？」と尋ねた。[16] ロスは買収提案をするパートナーとの交渉がうまくいっていない、と打ち明けた。それからさらに数週間、ボルネードからの連絡はなかった。ようやく二〇〇七年一月八日になって――ブラックストーンとＥＯＰの合意が発表されてすでに七週間が経過していた――ファシテッリがセスラーに電話をしてきて、ボルネードはＥＯＰに買収提案をしないことにした、と告げた。ボルネードはその代わりに、ＥＯＰの個別物件を買収するため、ブラックストーンと交渉することにしたという。ブラックストーンはＥＯＰをモノにできそうに思われた。

だがそのわずか一週間後の一月一五日、ボルネードの態度は一変した。ファシテッリが再び電話をかけてきて、ボルネードは再び買収提案を検討しはじめた、と伝えたのだ。一七日の朝には、市場はボルネードが間もなく買収提案を明らかにする、という噂で持ちきりだった。ゼルは親友にこんなメールを書き送った。

「バラは赤く、スミレは青い
噂は響く、本当かい？

親愛なるスティーブへ、心をこめて　サムより」

ボルネード陣営は面白がったものの、同時にやや困った。幹部陣やバンカー、弁護士のなかに、こんな粋な文を書ける者がいなかったからだ。ようやくロスが不器用な返事をまとめた。

「やあサム、元気？　オレも元気。噂は事実、買値は五二ドル」

ようやくゼルの望みどおり、オークションが幕を開けた。「本当に興奮したよ」とキンケイドは語る。だが喜びもつかの間、まもなくゼル、キンケイドをはじめとするEOP側に、ボルネードの提案の詳細が明らかになった。そこにはボルネードのほか、スターウッド・キャピタル・グループ・グローバル、ウォルトン・ストリート・キャピタルが共同提案者として名を連ねていた。

ゼルとキンケイドはあらかじめ、現金による買収を希望していることを明確に伝えていた。不動産そのものと同様に、不動産会社の株価も天井に近いと考えていたためだ。株式交換でEOPを売却した後でボルネード株が下落したら、EOPの株主は不動産市場のピークで株を売れたことにはならなくなる。だがボルネードの総額三八〇億ドルという買値の四〇％は、株式で支払うとされていた。そのうえ提案には拘束力がなく、契約にサインした段階のブラックストーンと同様に、ボルネードも融資先を探すのはこれからだった。さらに悪いことに、ボルネードは自分たちに不要な資産を、EOPが買収前に売却しておくことを求めていた。

何より問題だったのは、法的な理由からボルネード側の株主が買収を承認する必要があったことだ。ボルネードがEOP買収のためにさらに債務を増やし、そのうえ膨大な新株を発行することを株主が認めるかは、まったく定かではなかった。たとえこれが拘束力のある提案だったとしても、あまりにも条件が多く、確実なものとはほど遠かった。実質的には買収のざっくりとした草案にすぎず、それも魅力的とは言いがたかった。

それでもEOPの経営陣は、ボルネードの提案を最大限に生かそうとした。「もちろん即座にブラックストーンに提案を持ち込み、『すばらしく魅力的だ』と言ったよ」とゼルは語る。ボルネードの時価総額はEOPをわずかに上回る程度で、ボルネードが慎重な姿勢を取るのも、もっともだった。ボルネードの時価総額はEOPをわずかに上回る程度で、現金だけで買収しようとすれば、膨大な借金を背負わなければならず、株価は暴落するはずだった。ボルネードの株価は高水準で、PER（株価収益率）もEOPよりはるかに高かったこともあり、自社株で支払うのが最も望ましかったのだ。だがロスも前年の夏に聞いていたとおり、ゼルの意向ははっきりしていた。欲しいのは現金であり、現金以外はいらない、と。

ロスの提案に協力したある人物はこう振り返る。[17]「夫婦間の会話と同じで、ロスは相手の話を自分の都合のいいように解釈してしまったのさ」

ゼルが望んだとおりのオークションにはならなかったが、一方のブラックストーンではまったく別のオークションが始まっていた。社内の電話は鳴り止むことがなかった。[18]商業不動産業界に身を置く人々が、EOPの保有物件を手に入れようと我先に連絡をしてきたのだ。ブラックストーンによるEOP買収が発表された直後、ある不動産業界の大物と昼食をとっていたグレイとフランク・コーエンは、突然「どれを売るつもりだ？」と尋ねられ、面喰らった。[19]二人とも何も書くものを持っていなかったため、ウエイターから貰った注文用紙の裏に売却予定の都市のリストを書く羽目になった。

物件への問い合わせや引き合いが殺到したことで、資産売却によってEOPの買収資金を賄えるというブラックストーンの読みが正しかったことが立証された。[20]さらにグレイのチームが当初掲げた、EOPの保有面積の約三分の一という目標をはるかに上回る資産売却が可能であることも明確になった。物件の購入希望者が提示した金額はまさにゴッドファーザー的で、ブラックストーンは必要とあればEOPへの提示金額を引き上げることも可能になった。

実際、まもなくブラックストーンは提示金額を引き上げざるをえなくなった。数カ月前にKKRとシルバーレイクによる確定的提案を封じ込めるため、フリースケールへの提示金額を引き上げたのと同じように、EOPへの提案金額を引き上げる圧力にさらされたのだ。ボルネードからのカウンターオファーはなかったものの、EOPの株価がブラックストーンの提示した一株四八・五〇ドルという価格を超えてしまったためだ。それはその価格以上でEOPの株を買った投資家がいるということであり、彼らが損失を出してまで一株四八・五〇ドルでブラックストーンに売ることは考えられなかった。いまやボルネードのみならず、株式市場の期待とも戦うことになった。

状況を打開するには、EOPの物件を買いたがっている人々との契約をまとめ、EOPへの提案額を引き上げるしかない。グレイはEOPに対し、物件を買おうとしている不動産会社に同社の内部資料を見せる許可を求めた。EOPは即座に応じた。

フリースケールのときと同じように、ブラックストーンは数カ月前に買収対象企業の取締役会から協力を取り付け、非公開の財務情報も入手していたため、ライバルに対して有利な立場にあった。ボルネードにはそのいずれもが欠けており、ブラックストーンはこの優位をうまく生かす必要があった。

グレイのチームは猛烈な勢いで交渉を始めた。日中は不動産会社との交渉をこなし、夜にはEOP側との会合に臨んだ。まもなくブラックストーンはEOPの保有物件の三分の一を大幅に上回る資産を売却しなければならないことが明白になったが、不動産会社からの提示金額はとても断れないような魅力的なものばかりだった。

決定打となったのは、ニューヨークのオフィスビル長者ハリー・マクローウェによる「ニューヨークにあるEOPの保有不動産のほぼすべてを六六億ドルで買い取る」という仰天オファーだ。キャップレートは三〜三・五%、キャッシュフロー倍率なら二九〜三三倍に等しい――まちがいなく鼻血が出そうな高水準である。不動産を買い取るのに必要な負債の金利は三・五%を超えるはずで、少なくとも短期的には赤字が出るのは確実だった。こうした取引が合理性を持つには、物件の家賃を急激に引き上げるか、または物件の価値が将来的に上昇するしかない。

ニューヨークの保有物件はEOPのお宝の一つであり、ブラックストーンが最初に同社に魅力を感じた理由の一つでもあったが、マクローウェの提案の魅力には抗えなかった。六六億ドルが手に入れば、残ったクズ物件を時価を下回る価格で保有する、というグレイの目標は実現に向けて大きく前進する。これでEOPへの提案価格も多少上乗せできるようになった。

一月二二日、ブラックストーン陣営の銀行は、EOPが違約金を七億ドル（時価総額の三%）に引き上げることを条件に、一一月に合意した価格を五ドル上回る一株五三・五〇ドルを支払う、と伝えた。EOPの取締役はさらなる上積みを求め、ブラックストーンは最終的に一株五四ドル、違約金五億ドルで合意した。この水準なら、一株あたりの違約金は一・四〇ドルとなり、ボルネードのコストはその分だけ増えることになる。

あとはわずか一一日後の二月五日に迫ったEOPの株主総会での投票まで、突き進むだけだった。ボルネードはまだEOPの帳簿を吟味しながら、キンケイドとEOPのアドバイザーに疑問をぶつけているような状況だった。「タイミング的には我々が非常に有利だった」。ブラックストーンのアドバイザーとなったシンプソン・サッチャー&バーレットの主任弁護士の一人、ブライアン・スタドラーは振り返る。(21)「その勢いで乗り切ろうとした」

だが一月三一日に『シカゴ・トリビューン』紙が、ボルネードがブラックストーンを四・五〇ドル上回る一株五八・五〇ドルという提案を検討していると報じると、ブラックストーン陣営は懸命の努力にもかかわらず、負けるという不安に襲われた。「あれほど落ち込んだ日はなかった」とグレイは語る。だがボルネードの新たな提案は、またしても予想を裏切るものだった。いまや単独で買収に挑むことになったボルネードの提示額は一株五六ドルにとどまり、そのうち現金が占める割合は前回の六〇%から五五%に低下していた。

ゼルとキンケイドにしてみれば、これは一月一七日の提案と比べて改善したどころか、むしろ悪くなっていた。(22)ロスとファシテッリの姿勢は、まるで普通のオフィスビルをほかの不動産会社と競り合っているようなものだった。相手にしているのが、株主のために魅力的な提案を示す義務を負っている公開企業の取締役会であることを、まったく理解していないようだった。

しばらくの間、ブラックストーンは一切反応しなかった。だが入札がもう一ラウンド続くという期待から、EOPの株価は上昇を続けた。今ではグレイもEOPの経営陣も、株主が一株五四ドルという提案を受け入れるのか確信が持てなくなった。

EOPの株主投票を翌日に控えた二月一日のスーパーボウル・サンデーの晩、グレイはマンハッタンの自宅マンションでテレビの前に陣取り、出身地のチーム「シカゴ・ベアーズ」がインディアナポリスの「コルツ」に立ち向かう様子を見守ろうとしていた。

シカゴ・ベアーズのデビン・ヘスターが試合開始のキックオフ直後、九二ヤード先のゴールラインを目指して走り出したちょうどそのとき、ボルネードが新たな提案を検討している、という連絡が入った。数分も経たないうちに、グレイと同じシカゴ出身のＥＯＰのキンケイドは、電話越しに観戦を邪魔されたことに愚痴をこぼしあった。「まったくやってられないよ」とグレイはキンケイドに訴えた。ボルネードの真意を確かめるため、このビッグゲームを見逃すことになるのだ。

だがフタを開けてみれば、ボルネードの提案はヘスターのプレーほどドラマチックではなかった。ボルネードは一株五六ドルという価格は変えずに、ボルネードの株主投票に先立ってＥＯＰの株式の五五％を買収する、とした。それによってＥＯＰの株主の手元にはすぐにある程度の現金が入ることになるが、リスクもあった。ボルネードの株主が完全買収を否決した場合、ボルネードはＥＯＰの全体を買わずに支配権だけを得ることになり、残ったＥＯＰの株主は少数株主として取り残されることになる。それに加えて、この提案にも拘束力はなかった――ボルネードには提案を撤回する自由があったのである。

ボルネードのしみったれた戦術は、ブラックストーンに有利に働いた。[23]「ボルネードの最終的な提案に欠陥があってほしいと願っていた――条件だらけだとか、法的拘束力がないとか、全額現金ではない、といったことだ。実際、そのとおりになった」とジェームズは語る。「ボルネードの提案が発表されたときには、『よし、これで勝てる！』と思った。彼らの中途半端な弱腰の姿勢によって、つけいる隙が生じたんだ」

グレイはシュワルツマンとジェームズと協議した。ブラックストーンはすでに前年秋の一株四八・五〇ドルという提示価格を一一％も積み増し、五四ドルにしている。ボルネードの提案がこれほど魅力に欠ける状況下で、さらに価格を引き上げる意味があるだろうか？　シュワルツマンはブラックストーンの社内会議で、ＫＫＲがＲＪＲナビスコに支払った金額は高すぎた、という話を繰り返した。「ＲＪＲの過ちを繰り返すのはごめんだ」とグレイに言い聞かせた。

「これほど大規模なディールで、会社の評価を危険にさらすことの是非を話し合った」とグレイは語る。「買収価格が高すぎ、その後ＥＯＰが大失敗するようなことがあれば、二〇年かけて築き上げた会社に決定的なダメージを与えかねない」。だがＥＯＰの保有物件に対する不動産会社からの提示金額が非常に高かったため、残った物件の取得コストは一一月に当初買収提案をしたときよりも低くなることを、グレイはシュワルツマンとジェームズに説明した。

ブラックストーンは再びＥＯＰに連絡をとり、提案金額を一・二五ドル引き上げて一株五五・二五ドルとした。ＥＯＰの取締役会がさらに二五セントの上積みを求めたため、違約金を七億二〇〇〇万ドルに引き上げたうえで一株五五・五〇ドルで妥結した。買収総額はいまや三八七億ドルとなり、ＲＪＲナビスコの記録を当初の計画よりさらに大幅に上回ることになった。

ボルネードは降参した。二月七日に延期されたＥＯＰの株主投票の二日後、ブラックストーンは晴れてＥＯＰを手に入れた。

ただ、グレイのチームには勝利の余韻に浸っているヒマはなかった。グレイの妻のミンディが高級シャンパン「ヴーヴ・クリコ」の特大ボトル二本と、チョコレート・レーズン一箱を、彼のオフィスに持ってきた。疲労困憊したチームのメンバーたちは一〇分間だけ祝杯をあげると、すぐに一九〇億ドルもの不動産の売却契約の詰めの作業に戻った。

最大の契約はすでに完了していた。ＥＯＰ本体の買収と同時にまとまった、六六億ドルでニューヨークの物件をマクローウェに売却する契約である。ワシントンとシアトルの物件を六四億ドルでビーコン・キャピタルに売却する契約も、ほぼまとまりそうだった。ビーコン・キャピタルのトップは、再調達コストに関する持論によってグレイの背中を押したアラン・レベンサールである。

だが買収の結果、ＥＯＰは三二〇億ドルの負債と、さらに三五億ドルのつなぎ融資を抱えることになった。市場がどれほど過熱しているかをわかっていたグレイは、負債を減らすために不要な物件を売却するのに残された時間は少ないことを認識していた。

二月から六月にかけて、ブラックストーンはＥＯＰが保有していた約一億平方フィート（約九二九万平方メートル）のうち、六一〇〇万平方フィート（五六六万七〇〇〇平方メートル）を総額二八〇億ドルで売却していた[24]。残りの物件は最高のマーケットに集中していた。売却物件が異常な高値で売れたため、残りの物件のコストは時価を大幅に下回ることになった。レバレッジの効果もあり、物件売却を完了した時点で、ブラックストーンが出資した三五億ドルの株主資本の価値は七〇億ドルになっていた[25]。ＥＯＰを分解しただけで、元手が二倍に増えたのである。

ブラックストーン史上、圧倒的に最大の案件をまとめあげたグレイ、コーエン、キャプランは、ようやくヒルトンのディールに戻れることになった――ＥＯＰに全精力を吸い取られるようになるまで、なんとかモノにしようとしていた会社である。

第22章

株式公開

「同じ負けは二度と繰り返さないぜ」

二〇〇六年五月にKKRがアムステルダム証券取引所で五〇億ドルの投資資金を調達したとき、シュワルツマンはブラックストーンのベテランCFO、マイケル・パグリッシにこう誓った。(1)

KKRの買収ファンドのIPOによって、一般投資家がプライベート・エクイティに一枚噛みたいと思っていることは明白になったが、同社が先手を打ってヨーロッパ市場のそうした資金をすべて吸い上げてしまったことは痛かった。そこでNXP、フリースケール、クリア・チャンネル、EOPの買収合戦を繰り広げる一方、シュワルツマンとジェームズは水面下で対抗策を探りはじめた。それはブラックストーン本体のIPOという、さらに画期的な試みに結実した。

二〇〇六年までに、シュワルツマンとヘンリー・クラビスのライバル関係は、伝説を通り越して神話化していた。それがきわめて個人的な戦いなのか、それともよくあるウォール街のドン同士のマッチョな戦い――いわばコカ・コーラ対ペプシコーラの金融版といったもの――だったのかはわからない。二人の間にはよそよそしさもなければ、同業者としての友情もなく、それぞれの部下からは「うちのボスは相手の存在など気にしていないし、いろいろな噂はメディアの作り話だ」という声もあった。実際、二人の会社はデータ会社のサンガード、視聴率算定会社のVNU（ニールセン）、デンマークの電話会社TDCなど、二〇〇〇年代最大規模の複数の買収案件で手を組んでいた。失敗に終わったクリア・チャンネルの買収でもパートナーだった。

二人は生い立ちも、気質も、趣味もまったく異なっていた。恵まれた環境に育ったクラビスはシュワルツマンより三つ年上なだけだったが、企業買収の世界に足を踏み入れたのは一〇年早く、八〇年代初頭には自らの力で巨万の富を手に入れていた。一方のシュワルツマンは当時まだリーマンに勤める無名のバンカーだった。KKRの数々のディールによって、クラビスは八〇年代には超のつく有名人となり、ファッションデザイナーであるキャロライン・レームを二番目の妻にめとったことでニューヨーク社交界の仲間入りを果たした。慈善活動にも数十年来熱心に取り組んできた。三番目の妻で、カナダ人の経済学者兼テレビ司会者のマリー・ジョシー・ドローウィンの開くディナーパーティは、知識人が集まることで有名だった。クラビスは自らの立場に満足しているように思われ、八〇年代以降は表舞台に出ないようになった。一方のシュワルツマンの存在は、まだ世間では知られていなかった。

シュワルツマンがクラビスに悪意を抱いている証拠を見つけるのは、特に難しいことではない。『ビジネスウィーク』の取材でKKRを「一発屋」と呼んだのをはじめ、ことあるごとにKKRを酷評した。二〇〇七年の自分の誕生日パーティにクラビスを招かなかったのも偶然ではない。本物の抗争が存在するのか、それともメディアが面白おかしく騒いでいるだけかを見きわめるのは難しいこともあるが、二人を知る人物の「業界を突き動かしてきたのは、スティーブとヘンリーの精神的なせめぎ合いだ」という発言には多少の真実がある。[2]

大手プライベート・エクイティが近いうちに株式を公開するだろうということは、二〇〇六年初頭から言われていた。前年の一二月にはゴールドマン・サックスのバンカー、アート・ペポニスがシュワルツマンにＩＰＯを提案したが、提示金額はわずか七五億ドルとシュワルツマンの考えていた数字を大幅に下回っていたため、話は進まなかった。[3]

二〇〇六年春になると、銀行はこぞってブラックストーンにこの話を持ちかけるようになった。企業買収が盛り上がり、ＫＫＲがアムステルダムでの資金調達に成功したことで、ブラックストーンのような企業に対する市場の評価は高まっていった。シティバンクで投資会社との関係構築を担当していたシニア・バンカーのマイケル・クラインは、シュワルツマンが週末を過ごすハンプトンズの別荘での昼食時に、この話題を持ち出した。[4] クラインはブラックストーンがどれほどの利益を稼いでいるかは知らなかったが、七〇〇億ドル近い運用資金を抱え、オルタナティブ資産のなかでも最高の分野に属していることは理解していた。

企業買収や不動産向けの業界最大規模のファンドでは、それぞれ一・五％の管理報酬を安定的に得ていたほか、成功報酬の二〇％を受け取っていた。さらにこうしたファンドの投資家の資産は最大一〇年間固定されており、運用成績が一、二年振るわなかったとしても投資信託やヘッジファンドのようにさっさと逃げ出すことはできないことになっていた。「この点において投資会社はヘッジファンドと比べて明らかに価値があった」とクラインは語る。彼はおおまかな数字と断ったうえで、シュワルツマンにブラックストーンには二〇〇億ドル以上の価値があるだろう、と伝えた――はるかにシュワルツマン好みの数字である。

同じころ、トニー・ジェームズも同じ問題について思いを巡らしていたが、こちらの相手はモルガン・スタンレーのシニア・バンカー、ルース・ポラート、エドワード・ピック、マイケル・ワイズの三人で、内容もより具体的だった。[5] 二〇〇六年五月の五回にわたるブレーンストーミングで、四人はKKRのようにファンドを上場することと、ブラックストーン本体を上場させることのメリットについて議論した。IPOのメリットは明確だった。会社には資金が集まり、さらにブラックストーンのパートナーは持分を現金化できる。このためジェームズは、議論の焦点を上場することのデメリットに絞るよう求めた。常にダイエット・ドクターペッパーの缶を手元に置き、黄色いレポート用紙にメモを取りながら、ジェームズはソクラテスよろしく、三人のバンカーを厳しく尋問した。

「最悪、何が起こるか説明してくれないか?」というのがジェームズの問いかけだった、とポラートは語る。ポラートは当時、金融機関担当の責任者で、後にモルガン・スタンレーのCFOとなった。

IPOが意味をなすのは価格が適正な場合だけだが、ジェームズやシュワルツマンがブラックストーンの財務資料をモルガン・スタンレーに開示することはありえなかった――たとえ相手がジェームズの二〇年来の知り合いであり、DLJに引き抜こうとしたこともあるポラートでも、だ。社外はもちろん、社内の一般パートナーですらブラックストーンが会社全体としてどれだけの利益をあげているかは知らなかった。しかもモルガン・スタンレーはプライベート・エクイティ、不動産投資、買収アドバイザー事業では競合関係にあった。ジェームズは代案として、モルガン・スタンレーに架空の数字をいくつか提示することにした。「彼らには『数字には手を加えるが、会社の実態を反映するようにする』と言った」とジェームズは説明する。「それから社内で、全体のトレンド、事業構成や収益率を反映するものの、絶対額はわからないような架空の数字を作った」。それに基づいて銀行が作成した数字を見れば、ブラックストーンは財務の実態を公表せずに、株価がどの程度になるか見当がつく。モルガン・スタンレーが提示した数字から、時価総額はクラインの挙げた二〇〇〇億ドルという数字からそれほど遠くないところに落ち着きそうなことがわかった。

最後のブレーンストーミングの後、ブラックストーンからの連絡は途絶え、ポラートはもしかするとジェームズは株式公開に関心を失ったのかもしれない、と思った。実際にはポラート以下モルガン・スタンレーのチームがあまりにも熱心であったため、ブラックストーン社内では六月初旬、シュワルツマンとジェームズがCFOのパグリッシと法務責任者のロバート・フリードマンを呼び、株式公開に備えて会社として何をすべきか調べてほしいと頼んでいた[6]。

シュワルツマンはいくつか条件を付けた。一つはブラックストーンの経営支配権が、自分と経営陣の手にとどまることだ。ブラックストーンをここまでの企業に育て、社内の派閥抗争を抑える（「創業者の出身母体がリーマンであることを忘れてはならない」というのがパグリッシの言だ）のに役立ってきた優れた独裁体制を崩したくはなかった。二つ目は、IPOには社員を引き留められるような工夫を凝らすこと、すなわち彼らが持ち株を売却して退社することがないような仕組みにすることだ。

さらにIPOがどのような仕組みになろうとも、ブラックストーンが法人税の対象になることは避けなければならなかった（ブラックストーンはパートナーシップ形態を取っており、パートナーシップは通常法人税を支払う必要がない。その代わりにパートナーがそれぞれの持分から得た利益に対して所得税を払うことになっている）。

トップシークレットとなったこの企てには、失敗に終わったアムステルダム市場にファンドを上場させる計画「プロジェクト・パンサー」にちなんで、「プロジェクト・ピューマ」という暗号名が付けられた。関与できるのは、彼らとひとにぎりの外部のアドバイザーだけだ。「何としても機密性を守ろうと思った。本当に株式公開したいのか、自分でも確信が持てなかったのが一因だ。社内のだれにも絶対に知られないようにしたかった」とシュワルツマンは語る。(7)「仕事への集中を妨げることになるため、期待を煽りたくなかったんだ」

法務面の問題に対処するため、ブラックストーンの法律事務所であるシンプソン・サッチャーからIPO専門の若手弁護士、ジョシュア・フォード・ボニーが呼ばれた。(8) 監査を委託するデロイト&トゥーシェも相談を受けた。ブラックストーンは社外の弁護士、会計士、銀行員にそれぞれ個人として秘密保持契約にサインするよう求めた——前例のない要求である。ほかのパートナーは——共同創業者のピーターソンさえも——その後数カ月にわたってこのプロジェクトを知ることはなかった。

当時アメリカとヨーロッパ市場を席巻していた公開企業の非公開化というううねりのなかで、主導的役割を果たしていたブラックストーン自体が株式を公開するというのは、多分に皮肉な話だった。だがブラックストーンが非公開化という流れに逆行するのには、十分な理由があった。パートナーたちは日々、会社の保有資産を売却して利益をあげる方法を考えていたにもかかわらず、そうして築き上げたブラックストーンという会社の価値を現金として手にする手段は一切なかったからだ。

これは二〇〇六年に八〇歳になったピーターソンにとり、特に切実な問題だった。一九八五年の創業時にシュワルツマンと交わした契約では、どちらかが死んだ場合、遺産財団が会社から配当を受け取れるのはわずか五~七年ということになっていた。(9) 持分を売却することはもちろん、親族に相続させることもできない。株式公開によって、ピーターソンには持分を現金化する道が開け、会社としても実質的に引退していながら、基幹事業ではシュワルツマンと同等の決定権を持ち、利益の相当部分を受け取っている創業者を退任させることができる。

ブラックストーンを上場可能な姿に仕立てるのは、弁護士や会計士にとって並大抵の仕事ではなかった。まず、ブラックストーンは一つの会社ではなかった。[10] ブラックストーンは契約によって結び付いた一〇〇あまりのパートナーシップや企業、ファンドの集合体であり、それぞれの経営陣や株主は重複していたものの、株式公開が可能な単一の親会社は存在しなかった。

会社の支配権も複雑だった。企業買収部門とM&A部門では、ピーターソンとシュワルツマンだけに決定権があった。両部門の利益は所属するパートナーと分け合い、また相談もしていたが、法的には二人以外のパートナーは経営に対する発言権が一切なかったのだ。対照的に創設者のジョン・シュライバーをはじめとする不動産投資子会社の経営陣は、ブラックストーン側と対等の投票権を握っていた。シュライバーはブラックストーンのパートナーどころか社員ですらなかった。株式を公開するには、社内ピラミッドの頂点に単一の企業体――最終的には二つの企業体になった――を作る必要があった。

こうした組織再編には、税法上、規制上、会計上、そして企業統治上の障害が立ちはだかった。上場を希望したのはニューヨーク証券取引所だが、株主に取締役の指名・選出・解任の権利を与える同取引所のルールに従うのは避けたかった。規制面では、投資信託のようなパッシブ投資会社を対象とする厄介な規制を逃れるには、傘下の保有企業の経営に直接関与する事業会社になる必要があった。だが税制的には、配当収入を得るパッシブファンドの扱いを受け、連邦法人税の支払いを免れるほうが得だった。

株式公開には、もっと漠然とした問題もあった。それによって企業風土や経営陣のインセンティブは変わってしまうのだろうか？　ファンドに出資する投資家の長期的利益を最大化するために、予測は難しいが大きな見返りをもたらす可能性のある案件に注力するのではなく、株主のために予測可能な短期的利益を追求することに力点を置くようにならないだろうか？

株式を公開することについて、シュワルツマンとジェームズは多くの懸念を抱いていたが、ゴールドマン、シティ、モルガン・スタンレーといった銀行が自分たちにそれを持ちかけたということは、KKR、TPG、アポロ、カーライルにも同じ話を持ちかけていることはまちがいなかった。[11]

「我々がやらなければ、ほかのだれかがやるだろう」というのが、プロジェクト・ピューマの第一回の会合でのコンセンサスだった、とパグリッシは振り返る。[12]「だれかがやれば、全員が後追いするだろう。それがウォール街の掟《おきて》だ」

「公開ドミノが起きる、という認識があった」とモルガン・スタンレーのポラートは語る。

さらに公開には重大なメリットがあった。ピーターソンやシュワルツマンをはじめとするパートナーが持分を売却し、資産を分散できるだけではない。ブラックストーンは買収のための通貨――ほかの企業を買収したり、優秀な人材を獲得するのに使える株式――を手に入れることができるのだ。株式交換による企業買収が可能になれば、現金のみ、もしくは流動性のないブラックストーン本体の持分を提供する場合と比べて、はるかに大きな会社を買収できるようになる。

そのメリットは、まもなくGSOキャピタルの買収によって実証されることになった。GSOキャピタルはジェームズのDLJ時代の同僚が設立した、債券ファンド運用会社である。[13]IPO後の二〇〇八年一月、ブラックストーンは主に自社株を使って一〇〇億ドルの運用資産を抱えるGSOを買収することで合意した。

これほど明確ではないものの、株式公開にはもう一つメリットがあることにジェームズは気がついた。

大方のプライベート・エクイティとは異なり、ブラックストーンではパートナーが手掛けた投資から利益を得る権利は、投資が実施された日に確定する。このため投資の翌日に会社を辞めたとしても、何年か先に投資先が売却されて実現した利益は受け取ることができる仕組みになっていた。

株式公開によって、ブラックストーンはパートナーに対し、長期的利益を得るために会社にとどまるインセンティブを与えることができるはずだった。新たに作られた計画では、パートナーは八年間かけて新たな自社株を受け取ることになった。それ以前に退職すると、まだ受け取っていない分は放棄することになる。

ジェームズはまた、株式公開は社内の縦割り主義——各部門が単独行動しようとする傾向——を打破するきっかけになると考えた[14]。パートナーたちは今後所属部門の利益の配分を受ける代わりに、会社全体の株式を付与されるため、全員が経済的に一心同体となるわけだ。

とはいえ、公開企業になるというのは、そら恐ろしいことでもあった。「だれもが複雑な思いを抱いていた」とジェームズ。「本当に金魚鉢のなかで生きていきたいのか？　純利益や個人の報酬を開示したいのか？　KKRのように、株式市場で新たなファンドの資金を調達するのとは根本的に異なる決断だった」

IPOを成功させるには、経営陣は様々な相手を満足させなければならない。一般の投資家は言うに及ばず、既存のファンドの出資者（ブラックストーンの経営の優先事項が変わるのではないかと不安を抱くかもしれない）、パートナー（経済的利害関係が根本的に変わってしまうかもしれない）などである。「週に一〜二度、スティーブと『本当に公開したほうがいいのだろうか？』と話し合った」とジェームズは語る。

様々な懸念を抱えつつ、ジェームズは株式公開は会社にとって意味のあることだと確信し、パグリッシの言葉を借りれば「コーチ兼クオーターバックのように」実現に向けて動き出した[15]。最終的な決断を下すはずのシュワルツマンは、秋になっても冬が来ても、まだ判断を保留していた。「どちらかの立場に偏らないようにした」とシュワルツマンは語る。常に議論には参加したが、「すべての情報が集まってから、バランスのいい判断をするために、客観性を維持したかった」

ジェームズが検事兼裁判官のように事実の検証を進め、シュワルツマンは黙ってそれを聞いていた。

シンプソン・サッチャーの弁護士は、二〇〇六年の夏が終わるまでに、ブラックストーンを「マスター・リミテッド・パートナーシップ（MLP）」に再編する計画をまとめた。[16] MLPとは、石油事業体や投資パートナーシップでよく使われる組織形態である。一般投資家はリミテッド・パートナー、もしくはユニットホルダー《持分証券保有者》となる。MLPを管理するのは、ブラックストーンの既存のパートナーが保有する別のパートナーシップだ。この形態を取ることで、ブラックストーンは法人税を一切払わずに済み、また一般のユニットホルダーは非常に限られた権利しかもたない。たとえば取締役選任の投票はできず、経営陣に退陣を迫るのはきわめて困難だ。

問題は一つだけあった。パートナーが保有する、かかわった投資案件から生じる将来的利益を受け取る権利を、再編後のブラックストーンの持分証券と交換しなければならないのだ。そのためには個々の投資案件の将来利益を評価する必要があった。個々のパートナーの入社時期は異なっており、それぞれパイの取り分が違うためだ。将来の投資収益を予測するのは、非常に不確かで、気の遠くなる作業になるはずだった。個々のパートナーが、自分が権利を持つ案件のほうがほかの案件より有望だと主張し、対立を招く恐れもあった。

ジェームズはこうした問題を回避する術を編み出した。[17] 既存の投資案件の大部分についてはパートナーたちの権利を維持することにし、公開会社には直近の案件とIPO後の案件のみについて利益の持分を与えることにしたのだ。これによって過去の投資案件の将来利益を予測する必要はなくなったが、一つ落とし穴があった。直近の投資案件が実を結び、収穫期を迎えるまでには時間がかかるため、公開企業の投資収益はIPO後の数年間、ゼロに近い水準にとどまることだ。

その解決策となったのは、財務会計基準一五九条と呼ばれる新たな会計ルールだった。これは特定の条件下で、企業に将来の利益予想に基づいて利益を計上することを認めるものだ。ブラックストーンは四半期ごとに、ポートフォリオに含まれる個々の投資先の価値をキャッシュフローや類似企業の企業価値などに基づいて評価し、さらに複雑な金融モデルを使って将来的に入ってくる見通しのキャリード・インタレスト（利益の二〇％に相当する成功報酬）を算出するのである。理論と推測の驚くべき産物といえるが、新会計ルールはそれを認めているようだった。ジェームズは自ら数字と格闘し、利益計画をまとめた。

一〇月一一日までに十分な情報収集を尽くしたジェームズは、ポラートに電話をかけ、モルガン・スタンレーにはIPOに向けて真剣に動き出してほしい、と伝えた。[18] モルガン・スタンレーの最も重要な任務の一つは、市場がブラックストーンに付与しそうな価格を、より正確に弾き出すことだった。

簡単な話ではなかった。投資家や株式アナリストは通常、似たような会社を比較するが、本当の意味でブラックストーンと比較できるような上場プライベート・エクイティ会社は存在しなかった。イギリスでは3iグループが上場していたが、規模は小さく、投資先は大企業ではなく中規模企業に特化していた。カナダにはオネックス・コーポレーションがあったが、3iと同じように自社ファンドへの投資比率が高かったため、同社の株を買うのは、収入や企業価値が比較的安定した運用会社の株を買うというより、投資ファンドの持分を得るのに近かった。そのうえブラックストーンは単なるプライベート・エクイティ会社にとどまらず、M&A、企業再生、ファンド・オブ・ヘッジファンズ事業なども手掛けていた。

通常の株式評価の方法は、どれもうまく機能しなかった。固定的な管理報酬を収入としている投資信託や一般的な資産運用会社の評価基準に使われる運用資産は、二〇〇六年には利益の三分の二を投資収益（成功報酬）が占めていたブラックストーンには適切な評価基準とはいえなかった。株式の一般的な評価基準である株価収益率も、ブラックストーンではあまり意味をなさなかった。同社の利益形態は独特で、四半期ごとの変動幅があまりにも大きいためだ。このため同社の時価を適切に評価するには、相当な創意工夫が必要だった。

二〇〇六年一一月、プロジェクト・ピューマに思わぬ追い風が吹いた。[19] 比較的小規模なプライベート・エクイティ兼ヘッジファンド運用会社のフォートレス・インベストメント・グループが株式公開を申請したのだ。フォートレスはブラックストーンと同じような法的構造を持ち、事業内容も比較的ブラックストーンに近かったため、市場の反応を測る格好の試金石になりそうだった。

晩秋から冬にかけて、ブラックストーンの弁護士や会計士らは、詳細の詰めに精を出した。二〇〇七年一月、計画が相当進んだことから、シュワルツマンはついにピーターソンと会って直接IPOの計画を伝え、彼の持分を減らすという微妙な話題について話し合うことにした。ピーターソンが知らされる半年も前から準備が進められていたという事実は、会社にとっての彼の重要性がどれほど低下していたかを如実に映していた。

IPOによって持分の一部を売却できるようになることで、最も恩恵を受けるのはピーターソンだったが、この計画にそれほど乗り気ではなかった。

「私は公開企業の経営者だったことがあるので、それがどういうものかわかっていた」とピーターソンは語る。[20]「スティーブと私はおそらく二時間くらい議論しただろう。私はこう言ったんだ『いいかい、私はもうすぐ引退するわけだから、（創業者同士の取り決めによって）上場計画を阻止することができるとしても、そうするつもりはない。だが君たちには、本当によく考えてもらいたい。公開企業であることが、非公開企業であることとどれほど違うか、わかっているかい？　君は自分の報酬や契約内容が公開されないことに慣れている。私生活でもプライバシーが守られることに慣れている。だが公開すればCEOである君は会社の中心として避雷針になり、取締役会に従属することになる。際限のない株式アナリストとの面談や投資家とのカンファレンスコールをこなすことに、膨大な時間を注ぐことになる。なにか社会的問題が起これば、批判は君に集中するんだ』とね」

そのころには公開計画は本格化し、ブラックストーンはプロジェクトに銀行をもう一社巻き込むことにした。案件の規模が大きすぎ、モルガン・スタンレーだけでは株式を引き受けられないためだ。

銀行を増やすというのは、単にリスクを分散するためだけではなく、IPOの恩恵を分配するためでもあった。[21]IPOは引受会社に二億四六〇〇万ドルもの業務報酬と手数料収入をもたらす見込みで、主要な投資銀行ならどこも参画したいと思うはずだった。最初にご褒美を受け取ったのは、前年の春にシュワルツマンとの昼食で二〇〇億ドルという評価額を最初に提示したシティグループのバンカー、マイケル・クラインだった。一月、シュワルツマンは主幹事としてモルガン・スタンレーに加えてシティを選んだ。

マーチン・ルーサー・キング記念日の連休にあたる一月一五日月曜日の晩、ジェームズはシティの資本市場グループのメンバーをブラックストーン本社に呼び、引受会社としてシティと契約することを伝えた。シュワルツマンとジェームズは依然として機密性にこだわっており、モルガンとシティには相手と契約したことを数週間伏せておいた。[22]両行は主幹事としてそれぞれ新株の二〇％を引き受けることになるが、業務報酬は数カ月間にわたって基礎的な準備に携わったモルガンのほうが多かった。

ＩＰＯの日が近づくなか、ブラックストーンはそれまで自らの投資を支えてきた銀行各社の労に報いるため、クレディスイス、リーマン・ブラザーズ、メリルリンチを引受会社に加え、それぞれに一四％を任せた。ブラックストーンの買収案件の多くに融資をしたドイツ銀行は、大量の株を売りさばくのに必要なリテール部門がなかったため除外されていたが、最後の最後に「不公平だ」と文句を言ったため仲間に加えられた。[23] ただ配分された株はわずか五％で、申請書類の表紙に名を連ねた銀行のなかでは格下のイメージを免れなかった。

ＩＰＯの準備は秘密裏に進められたが、それを除けば、二〇〇七年初頭のブラックストーンは各方面で注目を集めていた。グレイ率いる不動産部門は一月から二月にかけて、ＥＯＰの買収をめぐって熾烈な戦いの真最中だった。イギリスでは、ブラックストーン、ＫＫＲ、ＴＰＧ、ＣＶＣキャピタル・パートナーズが進めていた、大手スーパーマーケットチェーン、Ｊセインズベリーの総額二二〇億ドルにのぼる買収劇が関心を集めていた。実現すれば、ヨーロッパの企業買収として過去最大になるはずだった。

一方、シュワルツマンは様々な会合に呼ばれ、名コメントで注目されるようになった。一月にスイスで開かれた、世界中の産業界、金融界、政界のリーダーが一堂に会する世界経済フォーラムでは、経営者が公開企業の経営に伴う煩わしさをどれほど恐れているかを語った。[24] 年商一二五〇億ドルのある企業の経営者は、公開市場への対応に時間を取られることにうんざりして、シュワルツマンにこう言ったという。「おたくにウチを買ってほしいが、残念ながら規模が大きすぎるよな」

なによりシュワルツマンをウォール街の大物の一人から、業界のシンボルへと昇華させたのは、二月一三日に開かれた彼の六〇歳の誕生日パーティだった。このパーティによって、彼は時代の寵児であると同時に、叩かれ役になったのだ。その盛大さには、派手なパーティに慣れっこのウォール街関係者ですら度肝を抜かれ、一般市民の持つ金融マンに対するあらゆる偏見を助長することになった。作家トム・ウルフの小説『虚栄の篝火《かがりび》』を地で行くような催しで、メディアはプライベート・エクイティ業界とその大手企業を支配する少数の人間の富と権力を象徴するようなこの事件に飛びついた。

ブラックストーンの元パートナーで、センダントの経営者となっていたヘンリー・シルバーマンは、このパーティの政治的影響を懸念していた。[25] 彼はシュワルツマンに単刀直入に「なぜこんなマネをするんだ？」と尋ねたという。ワシントンのロビー団体ともかかわりのあったシルバーマンは、連邦議会にヘッジファンドやプライベート・エクイティのパートナーへの課税をなんとか引き上げようとする動きがあることを知っていた。「スティーブには『これは非常にまずいことになるぞ。やつらだって新聞は読むんだ』と言ったんだ」

誕生日パーティだけではない。その翌月も、シュワルツマンはどうみても過剰な自己アピールとしか思われない行動を続けた。パーティのわずか一週間後、『フォーチュン』は巻頭特集のなかで、彼をウォール街の新たな帝王と呼んだ。[26] トレードマークの青いストライプのシャツにピンストライプのダークスーツに身を固め、腕を組み、ポーカーフェースを気取ったシュワルツマンの姿はマスター・オブ・ユニバース《全宇宙の支配者》そのものだった。袖見出しには「ブラックストーンのスティーブ・シュワルツマンが軍資金一二五〇億ドルを手にあなたの会社を狙っている」と書かれていた。その数週間後の三月一六日には、ＣＮＢＣに登場し、美人司会者マリア・バルティロモの長々としたインタビューに応じた。

メディア記事のなかには、予期しないものもあった。『フォーチュン』はプライベート・エクイティ業界に関する記事をかきあつめ、シュワルツマンに断りもなく、昔撮った彼の写真を表紙に使った。誕生日パーティの一件もあり、この記事によってシュワルツマンは猛烈なカネの飛び交うレバレッジド・バイアウト業界を代表する顔になった。

二月になっても、シュワルツマンはまだIPOに最終的なゴーサインを出していなかった。「一番避けたかったのは、公開の申請書類を提出した後、取りやめることだった」とジェームズは語る。[27]「その場合、公開することのメリットは何ひとつ享受できない一方、あらゆるデメリットを被ることになる。このため完全にやり遂げられるという確信が持てるまで、IPOの手続きを始めるつもりはなかった」

二月九日にフォートレスが上場すると、ブラックストーンの上場計画も実現可能であることが明確になった。フォートレスの売出価格は、予想の上限にあたる一株一八・五〇ドルになったが、公開初日には一時三八ドルをつけるなど、株価は二倍以上になった。

「フォートレスは単に株式公開を果たしたというだけでなく、注目を集め、すばらしい評価を得て最大級の成功を収めた」とジェームズは語る。

いまやブラックストーンには、ことを急がなければならないという空気が生まれた。KKRも株式公開を検討しているという話がシュワルツマンとジェームズの耳に入り、TPGも銀行にアドバイスを求めたという噂が流れたためだ。さらに二人は、チャンスの扉が閉じてしまうという不安も感じていた。「スティーブも私も、公開市場が本来的に移り気であることを本能的に感じ取っていた」とジェームズは語る。

その年の春、企業買収が着実に大型化していることを示す案件が相次いで明らかになり、プライベート・エクイティ業界の好調ぶりを印象づけたことも追い風となった。二月二六日にはKKRとTPGが、テキサス州の電気・ガス会社TXUを四八〇億ドルで買収すると発表。ほんの数週間前にブラックストーンがEOPの買収によって打ち立てた最高記録を早くも塗り替えることになった。その三日後には、KKRがヨーロッパ市場最大のLBOをまとめた。上場ドラッグストアチェーンのアライアンス・ブーツを一八五億ドルで買収したのである。

そのころには複数のパートナーがブラックストーンのIPOについて外部から聞かれたり、噂を耳に挟んだりしていたが、シュワルツマンとジェームズは依然として一般パートナーには説明していなかった[28]。だが三月一六日、CNBCが「ブラックストーンがまもなく上場を申請する」というニュースをテレビで流した。九カ月以上前に準備が始まって以降、初めての情報漏れである。その三日後、シュワルツマンとジェームズは本社にいるパートナーを三一階の会議室に集め（他の拠点のパートナーはビデオ会議でその様子を見守った）、IPOとそれに伴うグループの再編について説明した。

三月二二日、ブラックストーンは証券取引委員会（SEC）に、最大四〇億ドルを調達するという株式公開目論見書の草案を提出、正式に株式公開手続きを開始した[29]。三六三ページにわたる目論見書は、言葉こそ多いが、読者が期待するような内容はほとんどなかった。ピーターソン、シュワルツマン、ジェームズの報酬がいくらかといったことや、それぞれの持分などだ（SECのルールでは、こうした情報は数カ月かかる公開手続きの後半まで、開示しなくて良いことになっている）。

三三ページにわたる財務諸表は、きわめて不透明で、悪意さえ感じさせるものだった。概要は純利益が二三億ドルであることを示していたが、総収入はわずか一一億二〇〇〇万ドルだった。収入より利益のほうが多い――そんなことがどうしてありうるのか？　二九ページに及ぶ注釈をじっくり読まなければ、「収入」の定義には該当しない投資収益が一五億五〇〇〇万ドルあったことはわからなかった。

目論見書が提出されると、SECの定める沈黙期間が始まり、シュワルツマンをはじめブラックストーンの人々はインタビューに応じることはできなくなった。その後は順調な航海になるはずだったが、シュワルツマン、ジェームズをはじめとするブラックストーン関係者が予想もしなかったような事件が立て続けに起きた。

最初の事件は、まったく偶然の産物だった。香港の元金融相で、ブラックストーンのアジア地域の責任者に就任したばかりのアンソニー・リョンは、友人を通じて、発足したばかりの中国の政府系ファンドと接触した。[30] 後に中国投資公司（CIC）と命名されたこのファンドは、西欧諸国に対する莫大な貿易黒字によって蓄えた、数十億ドルもの外貨準備を運用するために作られた機関だ。リョンはブラックストーン株を多少買ってもらえないかと考えていたが、CICはむしろ主要株主になることに興味を示した。

シュワルツマンは当初、付随するリスクや条件交渉の手間を考えると、この提案にそれだけの価値があるのか疑問を感じていた。[31] だが中国側は三〇億ドルの投資を申し出たうえに、条件も非常に簡単なものだった。彼らが望んだのは、投資銀行に業務報酬や手数料を支払わずに株を買いたい、ということだけだった。事前に特別な情報を要求することもなければ、ブラックストーン取締役会のポストを求めることもなく、アメリカ政府による安全保障上の審査を回避するため持分を一〇％以下に抑えることにも合意した。そのうえCICが保有するのは、無議決権株になるはずだった。

リョンがCICのトップであるルー・ジウェイと最初に話をした四月三〇日からわずか三週間後の五月二〇日、CICが「北京ワンダフル・インベストメント」という楽観的な名前の子会社を通じてブラックストーンに投資する契約が締結された。[32] CICの実態に詳しい関係者によると、この三週間に中国の外貨準備は一五〇億ドル増加しており、経営陣はそれを運用に回すのに忙しく、条件交渉をするどころではなかったという。

ブラックストーンにとっては、CICによる投資は願ってもない話だった。ライバルのカーライル、KKR、TPGなどと比べて、アジアでの事業展開は数年後れを取っていた。それがいまや何の付帯条件もなしに、中国政府のお墨付きを得たのであり、このパイプによって中国内の有利な投資チャンスが持ち込まれるのは約束されたようなものだった。この投資によって、どうやってピーターソンの持分を現金化させるかという、もう一つの問題も片付いた。

それまでの銀行の試算では、四〇億ドルというのは投資家の需要から判断してブラックストーンがIPOを通じて調達できる金額の上限に近く、しかもその大部分はパートナーの懐ではなく、会社の金庫に入るはずだった。中国政府からの三〇億ドルがあれば、ブラックストーンは当初の計画より売出株数を七五％増やすことができ、ピーターソンをはじめとするパートナー陣はより多くの持分を売却できるはずだった。いまやブラックストーンは約七〇億ドル相当の株式を売り出すことになり、そのうち四〇億ドルはパートナーたちの手に渡る見通しになった。

ジェームズは、ピーターソンがほかのパートナーより多くの持分を売却できることと引き換えに、IPO前に持分の削減に応じるよう求めた。[33] 銀行員であるピーターソンの息子が交渉に応じ、何度かのやりとりの後、両者はピーターソンが持分の一五％を手放すことで合意した。

「息子には『ほかのパートナーの目をまともに見られるような条件にしてくれ』と言ったんだ。私は彼らと違って現金を手にするのだからね」とピーターソンは語る。IPOで株を売却した後、ピーターソンの持分は四・二％に減少することになり、さらにピーターソンは二〇〇八年末をもって正式にブラックストーンから退職することになった。シュワルツマンは二三・三％、ジェームズは四・九％を持つことになった。

ほかの事件は、中国政府の提案ほど喜ばしいものではなかった。

ブラックストーンが中国側と交渉していたころ、目論見書やそれに含まれる財務諸表を精査していたSECのスタッフは、将来の予想利益に基づいて利益を計上するという風変わりな手法に異議を唱えはじめた。[34] ブラックストーン陣営の銀行も、投資家に説明するには難解すぎるとして、この手法を積極的に支持していなかった。今度は規制当局があまりにも巧妙すぎるとして、それを潰そうとしはじめたのだ。

ようやくすべての数字を盛り込んだ、最初のIPO目論見書が完成したと思ったのもつかの間、ジェームズは再び会計制度やブラックストーン・グループの再編問題と格闘する羽目になった。またしても独力で膨大な計算をこなした末に、ジェームズは新たなスキームを考え出した。パートナーが過去の投資から生じる利益に対する持分を、新会社のより多くの持分と交換するという新たなスキームは、当初はジェームズ自身が避けようとしていた複雑な手法だ。最終的にブラックストーンは過去の実績から、投資案件の平均的な収益率を算出した。この扱いは十分明快で公平なものであったため、パートナーたちはそれを受け入れた。五月二一日に提出された目論見書の修正版には、見直し後の財務諸表が盛り込まれていた。八三ページにはさらりと、ブラックストーンは新たな会計ルールは一切使わないことにした、と書かれていた。

これ自体、非常に厄介な問題ではあったが、ワシントンではIPO自体を頓挫させかねない別の問題が湧き起こっていた。

プライベート・エクイティは長年、二つの税制優遇を受けてきた。一つは、負債の金利を利益から控除することができるというもので、これによって株主資本を使って資金調達をする企業より優遇されてきた。

二つ目はプライベート・エクイティ会社のパートナーの報酬の多くは成功報酬（投資収益の二〇％）が占め、キャピタルゲインとして課税されていたことだ。このためアメリカの所得税の最高税率は三五％だが、投資会社の経営者は所得の大部分に対して、キャピタルゲインに適用される一五％の税率しか負担していなかった。イギリスでも同じような取り決めになっていることから、ある投資ファンドの経営者の表現を借りれば「英米のプライベート・エクイティ業界の大物は、自宅で働く家政婦より低い税率しか負担していない」状況にあった。

こうした長年の優遇措置に加えて、フォートレスとブラックストーンはもともと石油やガス会社、投資パートナーシップなどのために作られた税制を利用して、上場しても法人税を免れようとしていた。

ＩＰＯの前年には、様々な上下院議員が時折思い出したように、プライベート・エクイティとヘッジファンドの成功報酬の税法上の扱いを変更することを提案した。メディアには、二〇〇六年に一〇億ドル以上を稼いだヘッジファンド業界の大物に関する記事が躍った。[35] さらにフォートレスでは、三人の創業者――ウェスリー・エデンス、ピーター・ブリガー・ジュニア、マイケル・ノボグラッツ――のほか二人の経営幹部がＩＰＯの直前に、総額一七億ドルの報酬を受け取っていたことも明らかになった。

キャピタルゲインに対する優遇措置は、プライベート・エクイティやヘッジファンドに限ったものではない。これは税法やパートナーシップ法の基本的考え方や、一般所得とキャピタルゲインに対する税率の大幅な格差に起因するものだ。成功報酬は定義上、投資利益であり、それは税法上キャピタルゲインである。そしてパートナーシップ法のもとでは、パートナーシップは種類の異なるパートナーに対する利益分配の方法を自由に選択できることになっている。

たとえばパートナーシップ形態を取る同族会社などでは、経営者が自ら出資しているか否かにかかわりなく、利益（一般所得もしくはキャピタルゲイン）のうち経営者の取り分が、受動的立場にあるオーナーパートナーのそれを上回るケースが多い。不動産投資パートナーシップの多くでも状況は同じだ。このためプライベート・エクイティとヘッジファンドに限って法律を変更するには、両者だけを標的とする新たな法律を作るか、税法そのものを大幅に見直す必要があった。[36]

とはいえ、不公平感があったことに変わりはない。超のつく金持ちが、なぜ最低限の税率しか負担しないのか？　元アメリカ財務長官で、ゴールドマン・サックス共同会長でもあったロバート・ルービンまでが、成功報酬は実質的に報酬であり、一般所得と同じように課税されるべきだと主張した。[37]政治的に見ても、金持ちのプライベート・エクイティやヘッジファンド経営者への税率を引き上げることには魅力があった。税収が増えるうえに、金融関係者が莫大な利益を上げることに対する有権者の不満を和らげることができるためだ。

プライベート・エクイティをとりまく政治状況は、ＫＫＲやカーライルなどが医療・介護業界で相次いで買収を手掛けたことによって、さらに悪くなった。サービス業などで働く人々の組織化を目指す戦闘的な労働組合、サービス業従業員国際組合（ＳＥＩＵ）が、政治力を使えば新たなオーナー企業から譲歩を引き出せるとみて、税制改革の支持を表明したのだ。五月にはＳＥＩＵの幹部が議会で証言に立ち、プライベート・エクイティ会社の従業員に対する扱いは厳しく、介護施設の入居者がリスクにさらされる、と語った。その数日後には、さらに規模の大きい米国労働総同盟産業別組合会議が、反投資会社の陣営に加わり、ブラックストーンは、純粋な投資ファンドを対象とする一九四〇年投資会社法の対象とすべきだとする一三ページの書簡をＳＥＣに提出した。

労働組合による圧力も強い刺激にはなったが、議会の動向に詳しい関係者は、議会を突き動かした直接的な要因は、シュワルツマンのド派手な誕生日パーティと、間近に迫ったブラックストーンのＩＰＯだったと証言する。[38]

「原因はスティーブのパーティさ」とヘンリー・シルバーマンは語る。「政治家は選挙区の市民から突き上げを食らっていたんだ。『あの肥えたネコどもを見ろよ！　あいつらの暮らしぶりを！』とね」。マックス・バーカス上院議員は提案の一つの首謀者となった人物だが、特にシュワルツマンに反感を抱いていたと業界関係者は語る。[39]

こうした政治的動きがピークに達したのは、ブラックストーンの幹部がＩＰＯのロードショー（投資家向け説明会）のために世界中を回っていた六月一一日の週だった。

たまたま六月一一日は、ブラックストーンがついにシュワルツマンの報酬を公開した日にあたった――二〇〇六年だけで三億九八三〇万ドルである。[40]それはまさに信じがたい数字だった。ブラックストーンの三〇倍の従業員を抱え、だれもがウォール街で最も成功している会社と認めるゴールドマン・サックスのトップ、ロイド・ブランクファインの報酬の実に九倍である。[41]シュワルツマンの報酬は、ゴールドマンのトップ五人の報酬を合わせた金額の二倍だった。これはプライベート・エクイティが稼ぎだす利益のすさまじさと、ブラックストーンの株式の三〇％を保有するシュワルツマンがどれほど金持ちになったかを明らかにしていた。

それだけなら政界の怒りをさらに煽ることもなかったかもしれない。だが、その二日後に『ウォール・ストリート・ジャーナル』の一面に載ったシュワルツマンの紹介記事は、彼を金融成金を叩きのめそうとする政治キャンペーンのシンボルにした。

たたみかけるような見出しが、読者の心をわしづかみにした。「買収の帝王――ブラックストーンのトップはいかにして七〇億ドルの男になったか／シュワルツマン『オレにはそれだけの価値がある』と豪語／フロリダ名物ストーン・クラブ《巨大ガニ》に四〇〇ドル」(42)

さらにシュワルツマンは、サメのように獰猛な金融マンというステレオタイプにぴったりのコメントをいくつも提供した。

「オレが望むのは戦争だ——つまらない小競り合いなどまっぴらごめんだ」「どうすれば競合する入札企業の息の根を止められるのか、いつも考えている。（中略）ほかの連中にブラックストーンやオレを傷つけるようなマネを許していたら、ここまで成功することはできなかったはずさ」。ライバルに対して冷酷だっただけではない。記事はシュワルツマンが身内にとっても扱いにくい人間であるとほのめかしている。

「あるとき、フロリダ州パームビーチの約一〇〇〇平方メートルの豪邸のプールサイドで日光浴をしていたシュワルツマン氏は、料理長兼管理人のジャン・ピエール・ゾーギン氏に、従業員のなかに制服に合うまともな靴を履いていない者がいる、と不満を語ったとされる。雇用主のことを心から尊敬しているというゾーギン氏に、シュワルツマン氏はこのとき『ゴム底靴のキュッキュッという音が癇にさわる』と語ったとされる」

この記事はシュワルツマンを、自宅での何気ない昼食に数百ドルを平然と支払う、マリー・アントワネットのような人物として描いている。

「ゾーギン氏によると、シュワルツマン氏が望む昼食は、冷たいスープ、ロブスター・サラダや炙りたてのマグロを載せたサラダ、そして締めにデザートというものだ。この三皿の食事を、わずか一五分で平らげてしまう。シュワルツマン夫妻のために、フロリダ名物の一杯四〇〇ドルもするストーン・クラブ(蟹ツメ一本四〇ドル)などを含めて、週末だけで三〇〇〇ドルの食費を使うことも珍しくないという(シュワルツマン氏自身はストーン・クラブの値段について『考えたこともない』と語った)」

『フォーチュン』の表紙と同じように、『ウォール・ストリート・ジャーナル』の記事もまったくの不意打ちだった。インタビューは数カ月前、すなわちIPOの計画が公表される以前に行われたもので、ブラックストーンとしてはてっきりお蔵入りになったと考えていた。それが今、最悪のタイミングで世に出たのである。

その翌日にあたる六月一四日木曜日、二人の上院議員——モンタナ州選出の民主党議員バーカスと、アイオワ州選出の共和党議員チャールズ・グラスリーが、フォートレスとブラックストーンが法人税を回避するために用いた合法的な組織形態を槍玉に挙げた。[43] 彼らが提出した法案は、二〇〇七年一月一日以降に上場するあらゆるパートナーシップを法人として課税するというものだった。それ以前に上場した企業は適用除外としていたため、実質的にフォートレスとブラックストーンを標的とする措置だった。[44] これは間もなくブラックストーン税と呼ばれるようになった。フォートレスとブラックストーンの利益に大きな打撃を与えるはずで、翌日フォートレスの株価は六%以上も下落した。いまやブラックストーンをはじめとする投資会社全体が厳しい批判にさらされるようになった。

バーカスとグラスリーが法案を発表した晩、ジェームズがニューヨークのJFK空港で次のロードショー先のロンドンに向かうフライトを待っていると、シュワルツマンが電話をかけてきた。[45] すべてを取りやめるべきだろうか？　彼らにとっては、世界中が徒党を組んでＩＰＯを阻止しようとしているようだった。朝から晩まで立て続けにプレゼンテーションをこなすという感覚が麻痺するような一週間を送り、疲れきっていた二人は、どうすべきか話し合った。ブラックストーンが雇ったロビイストらが、法案がすぐに成立するようなことは絶対にないと請け合ったため、二人は続行することにした。

いまやゴールは目前で、公開日まで残すところ一週間だったが、ここでまたしても想定外の事態に直面することになった。

土曜の早朝、ミーティングのためにクウェートに到着したジェームズは、だれの目にも明らかなほど具合が悪そうだった。(46)すぐに病院に運び込まれ、検査で腎臓結石であることが確認された。病院にとどまるよう促されたが、ジェームズはクウェートでのプレゼンテーションの司会を務め、その後さらにサウジアラビアでのプレゼンテーションをこなす仕事に戻った。

この知らせがニューヨーク本社に伝わると、ＩＰＯチームに激震が走った。「母親のような口をきいて悪いけど、ロードショーに出るなんてどういうつもりなの！」。病院にいるジェームズに電話がつながると、ルース・ポラートがまくしたてた。(47)

シュワルツマンはすぐに行動を起こし、ロンドンにいるデビッド・ブリッツァーに電話をかけた。(48)「ブリッツ、トニーは認めないだろうが、彼は本当に具合が悪いんだ」。こんなことを言ったらトニーは激怒するだろうが、今すぐ飛行機に乗ってくれ」。ブリッツァーは次のフライトに飛び乗ると、日曜の朝に予定されていたミーティングがちょうど始まる時間に間に合った。ブリッツァーらがミーティングを始めると、すぐにジェームズが現れた。「ジェームズ抜きでミーティングを始めたが、すぐに彼が病院から直接やってきて、ほかのだれもマネのできないようなプレゼンテーションをやってのけた」とブリッツァーは語る。

月曜日に最後のミーティングを終えると、疲れ切った一団はロンドンに向かうチャーター機に乗り込んだが、ここで最後の、そしてぞっとするような問題に直面することになった(49)。飛び立って一時間ほど経ったとき、機体が突然急降下した——眠っていた乗客が飛び起きるほどだった。数分後、機長が客室にやってきた。「みなさんにパニックを起こしていただきたくないのですが」と切り出すと、エンジンの一つが停止したことを説明した。通常であれば最寄りの空港に着陸するところだが、今飛んでいるのはイランの領空で、しかも真夜中だった。残った一つのエンジンでもアテネに辿り着くことはできそうだったが、判断はジェームズとブリッツァーに委ねたい、と機長は語った。

彼らはシュワルツマンに電話をかけ、どのような選択をすべきか議論した。その結果、アメリカ資本主義を支えるトップクラスの企業経営者が、突然真夜中にイランに着陸するのは危険すぎると判断した。そこで機長にはアテネを目指すよう伝えた。

彼らは深夜、アテネに無事到着した。そして代替機に乗り換えると、ロンドンに向かい、日が昇ろうとするころにロンドンに着陸した。ジェームズはかつてブラックストーンが所有していたメイフェア地区の高級ホテル、クラリッジで午前八時から予定されていたミーティングにぎりぎり間に合った。

一方、アメリカでは、政治家からの攻撃が続いていた。六月二〇日水曜日には、バーモント州出身の民主党の下院議員ピーター・ウェルチが、ファンド運用会社の成功報酬をキャピタルゲインではなく、通常の所得として課税する法案を提出した。翌日、ブラックストーンと銀行が売出価格を詰めていると、議員から二つの手榴弾が投げ込まれた。まずカリフォルニア州選出のヘンリー・ワクスマン、オハイオ州選出のデニス・クチニチという二人の民主党の下院議員が、SECにブラックストーンのIPOを中止するよう求める書簡を送ったのだ。根拠はブラックストーンへの投資は一般投資家にはリスクが高すぎる、というものだった。同じころバージニア州選出の民主党上院議員のジェームズ・ウェッブは、財務長官、国土安全保障省長官、SEC委員長に書簡を送り、ブラックストーンのIPOを延期すべきだと訴えた。ある外国政府が四〇％の持分を握るとされていることについて、政府が捜査する時間を確保するためだ。公式な申請書に中国政府の持分が九・九％、しかもすべて無議決権株であると明記されていることなど関係ないというわけだ。「あの週は、なんとか公開を阻止しようと、すべての銃口が我々に向けられているようだった」とジョン・グレイは語る。(50) ロードショーのためにロサンゼルスに滞在していたグレイは、首都からの新たな爆弾に関する最新情報について毎朝説明を受けなければならなかった。

SECはすでに目論見書を承認していたため、ぎりぎりのタイミングでの横槍に効果はなかった。(51) 六月二一日木曜日には、残すは売出価格を決めることだけになっていた。銀行はすでに、一株二九〜三一ドルで売り出せるという評価を出していた。この日の午後、ブラックストーン本社の役員会議室で、ジェームズはテーブルを囲んだモルガン・スタンレーとシティグループのバンカーに、メモに推奨する価格を書くよう求めた。それから数字を発表し、根拠を述べてほしい、と。

シティのスタッフは一株三〇ドルとした。モルガン・スタンレーは三一ドルと書いた。シュワルツマンは三〇ドルで売ったほうが良いのではないか、と尋ねた。後で株価がIPO価格を下回った際に、IPOでできるだけ高い値段をふっかけたという批判を受けたくなかったからだ。だが新株への需要は非常に強く、今回売り出す株数の数倍でも三一ドルで売れるはずだという判断から、最終的に値段を下げる意味はない、という結論に達した。

その晩、銀行はブラックストーンから株を買い、それを顧客に販売した。翌日、新たな株主はニューヨーク証券取引所で保有する株を自由に売買できるようになった。引受会社から直接株を買うことができなかった投資家の注文が殺到し、株価は三八ドルに上昇した（公開初日の終値は三五・〇六ドルで落ち着いた）。需要があまりにも旺盛だったことから、銀行は売出株数を一五％増やし、さらに六億二〇〇〇万ドルを調達した。すべてを合わせると、中国政府と一般投資家から総額七六億ドルを集めたことになり、そのうち四六億ドルはシュワルツマンをはじめとするブラックストーンのパートナーの懐に入った。

この結果、ピーターソンは一九億二〇〇〇万ドルを、シュワルツマンは六億八四〇〇万ドルを手にした。[52]ブラックストーンに入社して五年足らずのジェームズは、一億九一〇〇万ドルを懐に収めた。副会長兼ヘッジファンド部門のトップであるトム・ヒルは二二九〇万ドル、CFOのマイケル・パグリッシは一三八〇万ドルをそれぞれ手にした。残る五五人のパートナーは総額一七億四〇〇〇万ドル、一人あたり平均三二〇〇万ドルを受け取った。

ブラックストーンの株式公開は、プライベート・エクイティ業界にとって画期的な出来事であっただけでなく、アメリカでは過去五年間で最大のIPOであり、ブラックストーンをウォール街のトップ銀行と肩を並べる存在に押し上げた。[53]ブラックストーンの時価総額は、いまやピーターソンとシュワルツマンがバンカーとしてのキャリアをスタートさせたリーマン・ブラザーズと並び、ゴールドマン・サックスの三分の一に達した。ブラックストーンは見事に成功したのである。

その一一日後の七月三日、KKRが株式公開を申請したが、残念ながら遅すぎた。ブラックストーン株の取引が開始されたまさにその日、ベアー・スターンズは傘下のヘッジファンドに三二億ドルを融資すると発表した。[54]このヘッジファンドは保有するモーゲージ担保証券（MBS）の価値が低下したため、マージンコール（担保の差し入れ要求）を受ける事態に陥っていたのだ。ベアー・スターンズはさらに規模の大きいもう一つのヘッジファンドを救済する必要が生じるかもしれないことも明らかにした。これは不吉な前兆だった。七月半ばには信用市場が完全に収縮をはじめ、大規模なLBOの資金を集めるのは困難になった。

MBSの損失拡大はヘッジファンドをはじめとする投資家の不安を煽ったが、企業買収のための融資の債権はそうしたMBSに似すぎているように思われた。銀行はもはや企業買収に融資をするために、ローン担保証券（CLO）を通じて資金を調達することができなくなった。

ピーターソンとシュワルツマンがブラックストーンの最初の買収ファンドをクローズしたのは、一九八七年のブラックマンデーの直前だった。そして今度はIPOでも、なんとかぎりぎりのタイミングでやりおおせたのだ。

第23章

上がったものは必ず下がる

ブラックストーンのＩＰＯから一〇日間は、プライベート・エクイティ業界の快進撃はますますスピードを増していくように思われた。

六月三〇日にはカナダ最大の電話会社ＢＣＥが、オンタリオ教職員年金基金のプライベート・エクイティ部門が主導する、四八五億ドルの買収計画に合意。[1] ほんの数カ月前にＫＫＲとＴＰＧがテキサス州の電力会社ＴＸＵの買収で支払った四八〇億ドルを上回り、新記録を打ち立てた。

そのわずか数日後、七月四日の独立記念日の前日には、一〇カ月にわたる断続的な交渉の末、ジョン・グレイがついにヒルトン・ホテルズを二九〇億ドルで買収する契約をまとめあげた。ブラックストーンではＥＯＰに次ぐ、過去二番目の大型案件だった。その日、ちょうどだれもが翌日の休暇を楽しみに職場を後にしようとしていたころ、ＫＫＲがついに上場申請書類を提出した。

それは見事なフィナーレだった——まさに独立記念日の花火のクライマックスのように——そして後には長い沈黙が残った。その春、砕け散ったサブプライム・ローンの降下物が降り注ぐなか、長年かけて築き上げられてきた、さらに巨大な債務の楼閣が揺らぎはじめていた。床はきしみ、壁はひび割れ、市場は落ち着きをなくしていた。六月初頭、ジャンク債のスプレッド（安全資産の米国債との金利差）は、過去最低の二・五％に低下した。[2] これは投資家がジャンク債にはリスクがほとんどないと見ていることを示していた。

だがその後、状況は一変した。八月半ばにはＣＬＯへの需要が消え失せ、投資家が債務比率の高い企業の債務を買い控えるなか、スプレッドは四・六％近くに達した。こうした融資や社債にほとんど追加約款がなく、債務者が社債の利子を新たな社債発行で支払うことを選択できるような場合には、なおさら買い手はいなかった。

これは一九八九年のブラックマンデーを経験していたプライベート・エクイティ業界の古参兵には、不気味なほど見覚えのある光景だった。金融の辞書から一時は実質的に姿を消していた「リスク」という言葉が、再び話題に上るようになり、新たに「クレジット・クランチ《信用逼迫》」という表現が人口に膾炙するようになった。

ユナイテッド航空の従業員による買収（ＥＢＯ）計画の破綻が債務市場を揺るがした一九八九年のときとは違い、何か一つの出来事が変化を引き起こしたわけではなかったが、二〇〇七年の相場転換も一九八九年に負けず劣らず急激であり、またプライベート・エクイティが頼みにする投資銀行に同じように壊滅的打撃を与えた。投資銀行は、社債の引受会社または融資のまとめ役として、まだ完了していない数十件のＬＢＯに融資を提供するという法的拘束力のある契約を結んでおり、それらの債務を投資家に転売するリスクも引き受けていた。

それまで投資銀行にとり、企業買収ブームは毎年数億ドルの手数料収入をもたらす、とてつもないぼろ儲けのチャンスだった。銀行が売り出すそばから投資家がCLOを買ってくれた間は、ひたすらCLOを組成し、買収ファンド向けの融資や社債にカネを回しながら、リスクは外部の投資家に転売していればよかった。

だが突然、だれもが当然と思っていた低金利ではCLOを売ることができなくなった。(3) 七・五%の金利で社債を発行すると約束していたにもかかわらず、市場レートが一〇%になってしまっていたら、銀行は一〇%の利回りを生むように額面より低い価格で販売しなければならない。つまり金利七・五%、額面一〇〇〇ドルの社債なら、買い手が投資額に対して一〇%の利回りを得られるように七五〇ドルで販売しなければならないわけだ。

転売するはずの数千億ドル分もの融資債権や社債を、額面割れで売ることになれば、銀行の数年分の利益が吹き飛んでしまうはずだった。六月末になると、銀行はプライベート・エクイティに対し、債務を転売しやすくし、何十億ドルもの売れ残りを抱え込まずに済むように、何とか条件をまけてほしいと懇願するようになった。

未売却の債務が積み上がるなか、金利は急騰し、新たな買収はぴたりとなくなった。金利が七・五%から一〇%に上昇すると、一〇億ドルあたりの金利負担は二五〇〇万ドル増加する。これは買収案件の裏付けとなった精緻な損益計画が、ぶち壊しになることを意味した。

進行中の買収案件も、成功は危うくなった。過去二年間、次に非公開化されるのはどの大企業か当て込むのに忙しかった株主やトレーダーは、いまやどの案件が頓挫するか、固唾をのんで見守るようになった。

LBO案件のうち、信用逼迫の最初の犠牲者となったのは、「サリー・メイ」の通称で知られる学生ローン会社、SLMコーポレーションだった。[4] 同社は七月一一日、プライベート・エクイティ二社（JCフラワーズとフリードマン・フライシャー&ローウェ）と大手投資銀行二社（JPモルガン・チェースとバンク・オブ・アメリカ）が計画していた、同社を二五〇億ドルで非公開化する計画が危うくなった、と株主に警告した。買収側は、SLMが実施するローンへの連邦政府の補助金が削減されることを懸念したため、と説明した。だが市場では、サリー・メイはローン債権を購入するため、常に銀行をはじめとする金融機関から融資を受けていたが、今後は低利で資金を借りられなくなるという見通しになったため、買収者がおじけづいたのだ、という見方が広がった。SLMが訴訟を起こしたため、JPモルガン・チェースとバンク・オブ・アメリカは、買収を取りやめるのと引き換えに、SLMの融資の借り換えを支援することに合意し、プライベート・エクイティ二社は撤収した。

SLMの案件が綻びはじめたほんの数週間後、ベインキャピタル、カーライル、クレイトン・ダビリアーと、卸売部門HDサプライの売却をめぐって交渉中だったホーム・デポが、売上高が急減しているため売却価格を減額しなければならない可能性が高くなった、と発表した。[5] プライベート・エクイティ三社はその二カ月前にHDサプライを一〇三億ドルで買収することで合意していたが、結局八月末には価格は八八億ドルに減額された。

ベインキャピタルとトーマス・H・リー・パートナーズが進めていた、クリア・チャンネルを二五五億ドルで買収するという巨大案件も、冬には破綻寸前になった。[6] シティグループとドイツ銀行は二〇〇七年春、買収側が買収額を引き上げられるように融資を一〇億ドル増やすと提案していたが、その後資金の供給を渋るようになった。

クリア・チャンネル、ベインキャピタル、トーマス・H・リーが訴えたため、交渉は再開した。クリア・チャンネルは買収額を引き下げることに合意し、その結果、必要な債務が減ったため、交渉はようやくまとまった。再交渉の過程で、プライベート・エクイティ側は自らの出資額を三〇億ドルに減らすことに成功したため、最終的に買収額のうち、株主資本の占める割合はわずか一三%にとどまった。

ほかの多くの金融危機と同じように、今回も原因となったのは、当初は無害だったある金融商品だ――サブプライム・ローンである。低所得者や信用履歴に問題のある住宅購入者にローンを提供するニッチプレーヤーは昔から存在していたが、二〇〇〇年代に入ると、数百万人の新たな顧客に目をつけた大手銀行や住宅ローン会社がこの領域に進出した。

サブプライム・ローンは金利が高く、銀行はその債権をまとめて新しいタイプの証券に仕立て上げた。その証券はさらに、利率とリスクの異なる多段階のトランシェ《階層》に属する株式や債券に分割された。そのうち最も安全なシニア・トランシェの債券は、ベースとなった住宅ローンからの収入を最初に受け取ることができ、またデフォルトが発生した場合の保証も付いていたため、高い信用格付を得ていた。

ベースとなった個々の住宅ローンより、それを大量に集めた証券のほうが安全とされていたわけだ。だが実際には、サブプライム・ローン債権を保有するためだけに設立された新会社は、あまりにも大量の債務を抱え込んでいたため、すべてが完全にもくろみどおりに運ばないかぎり、多くの階層の株式や債券が無価値になってしまう可能性があった。

社債を担保とするCLOと同じように、こうして生まれたモーゲージ担保証券（MBS）も非常に安全に思われたため、投資家の人気を集め、住宅ローン会社には大量の資金が流れ込んだ。より多くの証券を発行し、手数料収入を確保しようと、住宅ローン会社は融資基準を緩め、さらに多くの借り手を集めようとした。

多くの銀行や住宅ローン会社が、借り手の雇用や所得状況を確認する手間を省くようになり、ほとんど収入のない人でも少なくともしばらくの間は金利を支払えるように、当初の金利を極端に抑えた変動金利ローンを提供するようになった。ネガティブ・アモチゼーション・ローン《逆減価償却ローン》なるものも登場した。住宅購入者の月々の支払額が金利負担を下回るように設定されているため、融資残高が毎月増えていく仕組みだ。その背後にあった楽観的な前提とは、住宅価格は上がり続けるため、数年後にはローンを借り換えるか、購入価格を上回る価格で住宅を売却し、ローンを返済すればよいというものだった。

わずか四年の間に、住宅ローン市場は根本的に変質した。二〇〇一年から〇五年にかけて、アメリカの新規住宅ローンに占めるサブプライム・ローンの割合は八％から二〇％に跳ね上がった[7]。また住宅ローンの八〇％以上が証券化された。これはまさに砂上の楼閣で、住宅相場がピークに達した二〇〇六年半ばまでは順調だったものの、その後相場は徐々に下落を始めた。これはちょうど一～二年前に融資された変動金利ローンの金利が上昇を始める時期と一致していたため、多くの住宅保有者が苦境に陥った。一方、所得を偽って申告していたり、または所得など聞かれもしなかった何千人もの住宅購入者の返済は滞るようになっていた。二〇〇六年末までにサブプライム・ローン全体の一〇％がデフォルトになり、ＭＢＳを支えていたあらゆる計算が狂いはじめた。

まずデフォルトの影響を被ったのは、デフォルト件数が予測を上回った場合の損失を最初に引き受けることになっていた、優先順位の低いトランシェだ。だがデフォルト率はあまりにも高くなったため、最上級の信用格付を得ていた、住宅ローンのデフォルトの影響を受けないとされていたシニア・トランシェまでがリスクにさらされるようになった。想定外の事態が次々と起きた結果、デフォルト率の急増はシニア・トランシェに対する保証を引き受けていた債券保険会社の経営を脅かすようになった。こうした保険会社は、損失がここまで広がる確率は一〇〇万分の一もないと考えていたのだ。

住宅ローン会社の倒産は月を追うごとに増え、金融の連鎖のいくつか先に位置するMBSを買っていた投資家も、追加保証金の差し入れを求められるようになった。借金をしてMBSを購入していたが、いまやその価値が下落したため、融資の担保として足りなくなってしまったのだ。

ウォール街が技術の粋を集めて生み出したMBSは、ついにはその生みの親である投資銀行にまで損失をもたらすようになった。六月、ブラックストーンがIPOを果たした同じ週には、ベアー・スターンズのヘッジファンド二社が破綻した。同じ月には、アメリカのサブプライム・ローン市場に多大な投資をしていたドイツのIKBドイツ産業銀行が救済を受ける羽目になった。

アメリカと同じようにサブプライム・ローンブームが起きたイギリスでは、二〇〇七年九月に大手銀行ノーザンロックが資金調達のために発行した社債に買い手がつかなかったことで、取り付け騒ぎが起きた。(8)ノーザンロックの各支店を取り囲むように、預金を引き出そうとする市民が長い行列を作る様子を映す写真が新聞各紙に掲載されるなか、イギリス政府はついに動いた。

二〇〇七年春までは、住宅ローン問題の存在を否定するような空気や、その影響はほかのタイプの債務には広がらないという根強い期待があった。だがサブプライム・ローンと企業買収向け融資の類似性はあまりに明白だった――ここでも（企業の）相場が急騰し、レバレッジ比率は極端に高く、融資条件は緩く、わずかな読み違いも許されない状況があった。二〇〇四年以降、住宅ローン市場を急膨張させた証券化の仕組みは、LBO市場を盛り上げるのにも一役買っていた。こうしたことを考えれば、すでにサブプライム・ローンの損失だけで息が詰まりそうだった銀行、ヘッジファンドをはじめとする投資家が、もはや企業買収向けの債務を一切引き受けようとしないのは当然だった。

夏の終わりには、プライベート・エクイティ会社自体も慎重になっており、約束した買収を悔いる空気が広がっていた。投資会社やそれを支える銀行は、すでに売却できないLBO関連債務を三〇〇〇億ドル分も抱え込んでおり、成立した買収契約をなんとか逃れようと必死になっていた。

なかにはホーム・デポの卸売部門のように、買収対象の業績が急激に悪化し、契約撤回や買収額を減らす十分な根拠があるケースもあった。だが買収側の口実が単なる言い逃れにすぎないケースも多く、対象企業は株主が約束どおり気前のよい買収提案の恩恵を享受できるように、契約を履行させようと不満の声をあげたり、訴訟を起こしたりした。だが買収契約には、決められた違約金――通常は買収額の二~三%――を払えば買収者は手を引くことができると明記されていたため、法廷では買収される側の訴えはほとんど認められなかった。何も手に入らないのに数百万ドルを支払うというのは、たしかに厳しい罰則だったが(それこそが違約金の目的だ)、景気や市場が急降下するなか、いまや法外としか思えないような買収金額をすべて支払うよりはましだった。

アポロがテキサス州の化学会社ハンツマン・コーポレーションを一〇八億ドルで買収することで合意していながら、逃げ出そうとして笑い物になった有名な一件がある。[9] ことの発端は二〇〇七年七月、ハンツマンがすでに別の会社と合併することで合意していたところに、アポロが所有するヘクシオン・スペシャルティ・ケミカルズがそれを上回る価格で買収を提案したことだ。実際にはアポロが練りあげたヘクシオンの提案は、数週間前に最初の合併合意が発表される直前のハンツマンの株価を五〇%近くも上回っていた。

だがその後の数カ月で、化学会社の主要な原材料である石油価格が上昇し、景気が減速を始めると、アポロ側にとって買収提案はとんでもないまちがいに思えてきた。そこでヘクシオンは、ハンツマンとの合併後の新会社は、利益が減少するなか多大な債務を抱え、支払い不能になると主張し、買収契約の破棄を求める訴えを起こした。ハンツマンもそれに対抗する訴訟を起こした。

アポロにとって不運だったのは、ハンツマンが交渉の過程でぬかりなく、「業界全体に関する理由によって破棄することはできない」という条件を盛り込んでいたことだ。裁判官はアポロ側に厳しい判断を下した。アポロとヘクシオンは故意に契約を破棄したため、損害賠償は三億二五〇〇万ドルの違約金に限定されない、というのだ。賠償金が数十億ドルに膨らむ可能性が出てきたことから、アポロとヘクシオンはハンツマンに一〇億ドルを支払って和解した。アポロ側に付いていたクレディスイスとドイツ銀行もその後、取引を潰そうとしたとしてハンツマンから訴えられ、一七億ドルを支払って和解した。

ブラックストーンも二件の買収を中止した。PHHコーポレーションの住宅ローン部門を買収するという案件は、協力銀行が当初提案したほどの融資はできないと言い出したことから崩壊した。[10] ブラックストーンはしぶしぶ五〇〇〇万ドルの違約金を払い、交渉を打ち切った。

クレジットカード決済代行などを手掛けるアライアンス・データ・システムズを七八億ドルで買収する契約から足を洗うのは、はるかに困難だった。[11] 二〇〇七年五月にまとまった契約は、ブラックストーンの企業買収部門がこの年まとめたいくつかの大型LBOの一つだったが、アライアンスの債務比率が高くなれば、傘下の銀行子会社に問題が生じたときに支援することができなくなる、と懸念する銀行の規制当局によって足止めを食っていた。当局はこうした事態に備えて、ブラックストーンがアライアンスの銀行部門に六億ドル以上の財務保証を与えることを要求した。

だが企業買収は法的に、買収ファンドやそれを運営するプライベート・エクイティ会社が保有する企業の債務の返済義務を負わないような形態を取るため、財務保証を引き受けるのは難しかった。ブラックストーンは最終的に、買収ファンドが一億ドルの保証を引き受けるという異例の提案をしたが、規制当局は満足しなかった。

二〇〇八年四月にブラックストーンが買収撤回を表明すると、ブラックストーンは契約を成立させるために最善を尽くす義務を果たしていないとして、アライアンスが訴訟を起こした。この訴えは二〇〇九年に、買収契約はブラックストーンに財務保証の提供を義務付けるものではないとして退けられ、ブラックストーンは違約金も支払わずに済んだ。

それでもこの案件は高くついた。[12] ブラックストーンは買収提案の進行中に、一億九一〇〇万ドルをかけてアライアンス株を一株七八ドルで買い集めていたが、その後株価が急落したためだ。それから三年経っても、まだ含み損を抱えていた。

この時代を締めくくるように、史上最大の買収となるはずだったカナダの電話会社BCEの買収が、一年半に及ぶ規制当局との折衝や資金調達の遅れから、二〇〇八年一二月に中止に追い込まれた。[13] BCEの監査法人が、同社の債務履行能力を証明できないと指摘したことで、買収計画の命運は尽きた。その結果、買収側――オンタリオ教職員年金基金、プロビデンス・エクイティ・パートナーズ、マジソン・ディアボーン・パートナーズ、メリルリンチのプライベート・エクイティファンド――は、プライベート・エクイティ史上最大の失敗例になったかもしれない案件から手を引くことができた。そしてややバツの悪いところはあるが、KKRとTPGの手掛けたTXUの買収が史上最大のLBOの地位にとどまることになった。

裁判の結果がどうであれ、数多くの買収が中断されたり、訴訟に持ち込まれたことは、プライベート・

エクイティの評価を大きく傷つけた。一〇年にわたって、プライベート・エクイティは身売りを希望する企業にとり、最も迅速かつ信頼できる買い手だった。投資会社はまっとうな企業市民というイメージを売り込み、企業経営者には多数の社内委員会や取締役会、場合によっては株主総会の承認を得なければならない一般企業と交渉するより、自分たちと組んだほうが楽だ、と訴えてきた。

　この時期、法廷では勝ったとはいえ、プライベート・エクイティ業界のトップ企業——アポロ、ベインキャピタル、ブラックストーン、カーライル、サーベラス、クレイトン・ダビリアー、フォートレス、ゴールドマン・サックス・キャピタル・パートナーズ、そしてＫＫＲ——が例外なく、状況が悪くなったときには逃げるか、値切るかしたというのは、動かしがたい事実だった。

第24章

報いを受ける

市場環境は二〇〇七年を通じて徐々に悪化していき、投資会社は買収交渉からうまく逃れるたびに安堵の吐息を洩らした。とはいえほとんどのケースでは、すでに犯した誤りを帳消しにすることはできず、また支払った買収価格が高すぎたと完全に認めることもできなかった。

好況期にはリターンを増幅する機能を果たしていたレバレッジが、今度は逆方向に働きだした。プライベート・エクイティが保有する企業の価値は下落したが、帳簿上の負債額は変わらなかった。この結果、投資会社が大型案件に注ぎ込んだ何十億ドルもの株主資本が無価値になるリスクが出てきた。金融機関から集められるだけカネを集め、買収価格を甚だしく釣り上げ、追い風が吹いている間にできるかぎり多くをかっさらおうとしたプライベート・エクイティ業界が、報いを受けるときがきたのだ。

数年前にはてっとり早く利益をあげることを可能にした配当リキャピタリゼーションが、裏目に出るケースも出てきた。保有企業の借り入れを増やし、それを原資に配当を支払わせるこの手法に特に熱心だったのはアポロで、二〇〇六年から〇七年にかけては傘下の一二社から総額なんと二〇億ドルを絞りとった。[1] だがそのうちの二社（ノランダ・アルミニウム・ホールディング・コーポレーションとメタルズＵＳＡホールディングス・コーポレーション）は二〇〇八年から〇九年にかけて売上高が急減し、資金がショートしてしまった。[2]

ブラックストーンも好況時に、二件の大規模な配当リキャピタリゼーションを実施していた。[3] 一つは旅行予約会社トラベルポートが、オンライン旅行サイト「オービッツ・ドットコム」の大部分をＩＰＯを通じて売却した後に支払った一一億ドルの配当だ。もう一つは、小企業や自営業者向けの医療保険会社ヘルス・マーケッツからの一億七三〇〇万ドルの配当だ。とはいえ、いずれの会社も増加した債務によって経営が傾くことはなく、トラベルポートはむしろ深刻な不況をうまく乗り切った。

ただ、プライベート・エクイティ業界の苦境など、銀行業界のそれと比べればモノの数には入らなかった。銀行をはじめとする金融機関や一般企業の多くは、絶えず借り換えが必要な短期融資に依存していた。資本市場が凍てつくと、ベアー・スターンズ、リーマン・ブラザーズ、メリルリンチ、そして巨大なシティグループや名門のモルガン・スタンレーさえも、債務が償還期限を迎えるときに何らかの方法で新たな資金を調達できなければ、支払い不能に陥る瀬戸際に追い込まれた。

それとは対照的に、投資会社自身は実質的に一切債務を抱えておらず、傘下の企業の資金（株式も負債も）は長期にわたって返済する必要のないものだった。そのうえ最もレバレッジの効いたＬＢＯ案件でも、投資銀行そのものと比べればレバレッジ比率は低かった。[4] 二〇〇七年までに投資銀行の負債は、自己資本の三〇倍まで膨れ上がっていた。レバレッジ比率がそこまで高いと、資産がわずか三〇分の一（三・三％）

減少しただけで、株主資本は消えてしまうことになる。

さらに悪いことに、銀行は株主資本を複雑怪奇なＭＢＳ、不動産、ＬＢＯといったレバレッジの高い投資対象に投じていた。それはレバレッジにレバレッジを重ねるような行為で、ただでさえわずかな株主資本は極端なリスクにさらされていた。

だが二〇〇八年を通じて、金融システム全体に戦慄が走り、景気が減速を始めると、プライベート・エクイティ業界でも続々と問題が発生した。

ブラックストーンとの入札競争を制してから二年が過ぎた二〇〇八年七月、ベインキャピタルとトーマス・Ｈ・リー・パートナーズがようやくラジオネットワークのクリア・チャンネルの買収契約をまとめたころには、同社の広告収入は激減していた。[5] 一年後にはクリア・チャンネルの広告収入は四分の一近くも減少した。二〇年前のＲＪＲナビスコのように、買収者たちが大変な苦労の末に手に入れた会社は、いまやガラクタ同然の存在に思われた。

二〇〇六年と〇七年に市況産業に積極的に投資したアポロは、特に大きな打撃を被った。[6] ハンツマンとの買収計画を撤回しようとして法廷闘争に負けたヘクシオン・ケミカルでの大失敗に加えて、生活雑貨チェーンのリネンズ・アンド・シングスの不振も響いた。同社の経営状況はあまりにひどく、破産を申請すると即座に清算されたほどだ。

アポロの投資先はおしなべて悲惨な状況にあった。少なくとも五社では、売上高は三〇％以上減少していた。そのなかには「センチュリー21」「コールドウェル・バンカー」「サザビーズ」をはじめとする不動産フランチャイズチェーンを展開するリアロジーと、そのイギリス版ともいえるカントリーワイドが含まれていた。住宅価格が暴落し、住宅の販売戸数が落ち込むと、両社のフランチャイズ収入は減少した。二〇〇九年には債権者がカントリーワイドを差し押さえた。

もう一つの失敗例はTPGとともに買収したカジノ運営会社ハラーズ・エンターテイメントである。ハラーズの売り上げも激減した――不況下でギャンブルが衰退するのは、かつて例のなかったことだ（ブラックストーンの企業買収ファンドと不動産ファンドも、ハラーズの株式を二・五％と少ないながらも保有していた[7]。カジノ産業は魅力的で、既存の投資先もなかったためだ）。

これまでは融資先のキャッシュフローが約束した水準を割り込めば、債権者は追加約款に従って介入し、経営権を握ることもできた。だが今回は違った。大型LBOの多くで実施された無約款ローンには、制約条件はほとんどなく、社債保有者や融資をした金融機関は実際に企業が資金不足に陥り、返済が止まるまで何もできなかった。フリースケールやクリア・チャンネルのような現物支給型の社債を発行していた企業の場合、さらに自由度は高かった。両社は負債の利子を追加発行した社債で支払うという選択肢を与えられており、最終的にそうすることを選んだ。その結果、負債は減るどころか、逆に増えた。何らかの形で利払いを続けているかぎり、両社には負債が償還期限を迎える二〇一一年から二〇一四年まで最後の審判は下されず、オーナー企業はそれまでの数年間に事態改善に向けた手を打つことができる。ブラックストーンの保有企業の返済期限は、非常に似通っていた[8]。二〇一二年以前に期限を迎える負債のある企業は一つもなかったが、二〇一三年には三四〇億ドルが返済期限を迎えることになっており、それまでに企業自体が売却されていなければ、債務は借り換えなければならなかった。

それほどの自由度を与えられていた企業にさえ、信用逼迫は打撃を与えた。多数の企業が破綻し、オーナーであるプライベート・エクイティの投資は紙くずになった。なかでも最も有名かつ破滅的な損失を被ったのは、不良債権取引を得意とするハゲタカファンドから大手プライベート・エクイティに変貌を遂げたサーベラスだ。同社は二〇〇六年に、ゼネラル・モーターズ（ＧＭ）の金融部門であるＧＭＡＣの株式の五一％を買収するコンソーシアムのまとめ役となった。[9] 当時、ＧＭＡＣの住宅ローン事業は、年間一〇億ドルの利益を稼ぎ出しており、その大部分はサブプライム・ローンによるものだった。だが間もなく住宅ローン事業は数億ドルの赤字を出すようになり、ＧＭＡＣそのものを破綻の危機に追いやった。それに続いて、今度は自動車販売が急減した。二〇〇九年にはＧＭＡＣは公的資金による救済を受け、サーベラスの議決権は一五％に削られた。

サーベラスは二〇〇七年にはクライスラーをドイツの親会社から買収していたが、その結果も悲惨だった。[10] この買収には、金融と自動車業界の関係者の多くが首をひねった。クライスラーの抱える問題を解決することは不可能だと見られていたためだ。サーベラスがどうやってアメリカ最弱の自動車メーカーを立て直そうとしているのか、またどうやってそこから利益を得ようとしているのか、だれにも見当がつかなかった。

サーベラスの投資家でさえ、何も知らされてはいなかった。[11] サーベラスはこの買収のために七〇億ドルの株主資本を調達したときでさえ、クライスラーの財務状況の開示を拒み、投資を検討している人々には「投資後も定期的に財務報告をするつもりはない」と伝えていた。「無条件に俺たちを信じろというような態度だった」。当時サーベラスから出資を持ちかけられたものの、結局断ったある投資家は語る。

ただ当時は、買収ファンドに投資をしていた金融機関が、自分たちもサーベラスやブラックストーンなどと同じように直接企業に投資したい、と強く求めていた。直接投資した分から得た利益については、買収ファンドを通じて投資した場合のように、投資会社に二〇％の成功報酬を支払う必要がないからだ。こうした申し出もあったため、サーベラスは必要な資金を難なく集めた。二〇〇九年にクライスラーが破産すると、サーベラスとそのお仲間たちは、投資した資金の大部分を失った。

名門投資会社も、投資先が破綻する憂き目にあった。KKRは建材メーカーのマソナイトと、ゴールドマン・サックスのプライベート・エクイティ部門とともにGMから八八億ドルで買い取った商業不動産融資会社キャップマーク・フィナンシャル・グループを失った。[12] さらに航空機メンテナンス会社アビオス・フリート・メンテナンスも破綻した。ドイツの自動車修理チェーンや、マットレスメーカーのシーリー、フォークリフトメーカーのKIONには立て直しのため、追加の資金投入を迫られた。

カーライルは実施した五件のLBOで、出資を全額失った。[13] ハワイ州最大の電話会社ハワイアン・テレコム・コミュニケーションズでは、二〇〇五年にカーライルによってかつての親会社が切り離されて以降、オペレーションに深刻な問題が発生した。ほかの四社の顔触れは、ドイツの自動車部品メーカーのエドゥーシャ、石油価格の変動リスクをヘッジしようとして失敗した石油輸送・保管会社のセムグループ、業界標準ではない技術を使っていた日本の携帯通信事業者ウィルコム、そしてイギリスの洗車場チェーン、IMOカーウォッシュ・グループである。

TPG傘下では、二〇〇六年末に買収したアルミニウム会社アレリス・インターナショナルが破産した。[14] 立て直しを目指した経営不振の貯蓄銀行ワシントン・ミューチュアルでも、一三億ドルの損失を出した。トーマス・H・リー・パートナーズの実績はさらに振るわなかった。[15] クリア・チャンネルで瀕死の重傷を負ったのに加えて、傘下企業のうち五社が破産した。エタノール・メーカー、空調機器メーカー、出版・広告会社、自動車部品メーカー、そして五回ものLBOを経験したマットレスメーカーのシモンズ・ベッディングである。

一九八〇年代にはKKRの主要なライバルであったフォーストマン・リトルは、一〇年前のITバブルのピークに通信会社への二件の投資で大損害を被り、すでに消滅寸前の状態になっていたが、今度は残り少ない投資先の一つ、シタデル・ブロードキャスティング・コーポレーションが二〇〇九年一二月に破産してしまった。[16]

イギリス有数の名門投資会社テラ・ファーマ・キャピタル・パートナーズは、苦境に陥ったレコード会社ＥＭＩグループを救済するため、投資家に追加出資を求めなければならなくなり、同社の買収資金を提供したシティグループを相手に訴訟を起こした。[17] テラ・ファーマは、売り手のアドバイザーでもあったシティが事実と異なる情報を与えてテラ・ファーマに買収価格を引き上げさせた、と主張した。だがこの訴えは二〇一〇年に棄却され、二〇一一年初頭にはシティがＥＭＩの経営権を握った。

プライベート・エクイティ傘下の不振企業の多くは、債権者や新たな投資家の手に渡って存続した。リネンズ・アンド・シングスのように完全に消滅した例はきわめて少ないが、ほとんどのケースでオーナーであった投資会社は出資の全額を失い、融資機関や債券保有者も債務整理の過程でたいてい損失を被った。

苦境に陥ったのは、投資先の企業ばかりではない。イギリスには長年、ＫＫＲがアムステルダム証券取引所に上場した買収ファンドと同じような、プライベート・エクイティ会社の資金源となる上場ファンドがいくつか存在していた。だが信用危機を受けて、イギリスで最も歴史のある大手二社キャンドーバーとペルミラは、こうした上場ファンドに足をすくわれることになった。

上場ファンドは、キャンドーバーやペルミラからキャピタルコール（払込要求）があった場合に備えて常に何十億ドルもの資金を手元に置いておく代わりに、新たなディールがあった場合に使える融資枠をいくつか確保していた。だが市場が崩壊すると、このシステムは破綻した。上場ファンドの資産――オーナーであるプライベート・エクイティが運用する買収ファンドの持分――の価値が低下し、こうしたファンドからの配当収入も途絶えたため、融資枠を使用できなくなったのだ。このためキャンドーバーやペルミラからキャピタルコールが来ても、応じられなくなった。

この結果キャンドーバーは破綻寸前となり、保有資産の一部の売却を余議なくされたほか、一時は事業の段階的縮小まで検討したほどだ。ペルミラは生き延びたが、傘下の上場ファンドの苦況を救うため、上場ファンドを含むすべての出資者に対してキャピタルコールを部分的に免除することで合意した。同社の資金ベースは縮小し、買収ファンドの主要な資金源は枯渇してしまった。

二〇〇六年から二〇〇七年にかけての好況期に行われた買収だけでも、何年も尾を引くような打撃をもたらした。[18] だが、金融業界が二〇〇九年初頭に底打ちする前の、二〇〇七年後半から二〇〇八年という誤ったタイミングで実施された金融機関への出資は、損失をさらに数十億ドル膨らませることになった。当時、金融システムの混乱は、投資会社にとって割安な価格で投資する絶好の機会に思われた。そこで各社は銀行をはじめ、存続の危うくなった金融機関を支援するチャンスに飛びついた。

ウォーバーグ・ピンカスは苦境に陥った債券保険会社ＭＢＩＡに八億ドルを出資した。トーマス・Ｈ・リー・パートナーズとゴールドマン・サックス・キャピタル・パートナーズは、ＭＢＳで巨額の損失を被ったマネーグラム・インターナショナルに一二億ドルを供給することで合意した。ＪＣフラワーズはアメリカのサブプライム・ローン証券に肩入れしていたミュンヘンの銀行ヒポ・リアルエステートに一五億ドルを注入した。ＴＰＧはワシントン・ミューチュアルの総額七〇億ドルの救済プランのうち、一三億ドルを前払いした。

だが、いずれもタイミングが早すぎた。その後危機が深刻化したため、各社の出資した救済資金は瞬く間に目減りしていった。ＭＢＩＡの株価は三一ドルからわずか二ドルに下落し、マネーグラムは資産内容がさらに悪化したため、出資契約は見直しを余儀なくされた。ヒポ・リアルエステートはドイツ政府の管理下に置かれ、フラワーズの出資分はほぼすべて無価値になった。

とりわけTPGが主導したワシントン・ミューチュアルの救済は、最も高くついた判断ミスだった[19]。TPGが二〇〇八年四月に出資した一三億ドルは、わずか五カ月後にワシントン・ミューチュアルで取り付け騒ぎが置き、政府が介入したことで完全に消えてなくなった。これは企業再生分野でベテラン投資家として知られるデビッド・ボンダーマンには不似合いな失策だった。そもそもボンダーマンが最初に名をあげたのは、一九八八年にバス一族の名代としてワシントン・ミューチュアルの前身となった銀行の一つを救済するプロジェクトの指揮を執ったためで、その銀行が後にワシントン・ミューチュアルに買収されると、後者の取締役会にも名を連ねた。

ワシントン・ミューチュアルへの出資を検討したほかの二社のプライベート・エクイティの幹部は、同社の救済には二五〇億ドルから三〇〇億ドルが必要と判断した[20]。その見立ては正しかった。今から思えばTPGは、ワシントン・ミューチュアルの顧客が預金を引き出すリスクを過小評価する一方、同行の体制を立て直す能力は過大評価したのだろう。

生き延びた投資先も、その多くはオーナーである投資会社の支払った金額を大幅に下回る価値しかなくなっていた。含み損はただならぬ規模に達していた。ブラックストーンとともにフリースケールに出資したある企業は、二〇〇八年に同社の持分の評価額を八五％も引き下げた[21]。KKRは半導体メーカーのNXPと、ドイツの衛星テレビ放送会社プロジーベンザット1メディアの評価額を九〇％引き下げた。

ほんの二〜三年前には猛烈な買収合戦で企業を奪い合っていた投資会社は、いまでは買収した会社を存続させ、なんとか多少の利益を稼ぎ出すために、何年も骨を折らねばならない見通しになった。各社が支払った過剰な対価と、その後の時価総額の急激な下落を考えれば、それは非常に困難な作業に思われた。

ある会社を買収するのにキャッシュフローの一〇倍を支払った後に、その会社の企業価値が歴史的に標準とされてきたキャッシュフローの七・五倍に下がったとしたら（二〇〇九年から二〇一〇年によく見られた状況だ）、投資を収支トントンの状態に持っていくにはキャッシュフローを三分の一も増やさなければならない。景気回復が大方の予想どおり弱々しく、時間のかかるものになれば、どれほど優秀な企業経営者をもってしても、それを成し遂げるのは非常に困難だった。

市場のピークに実施された投資の多くは、死んだカネになりそうだった――損失は出ないが、投資先を売却することができないため資金が固定され、平均リターンは低下する。

ＫＫＲとＴＰＧが史上最大の買収によって手に入れたＴＸＵは、まさにそんなケースになりそうだった[22]。規制当局はＴＸＵの電気料金を主に天然ガスの価格に基づいて決定していたが、同社の発電は主に石炭を燃料としていた。天然ガスの価格が石炭に対して比較的高かった間は大儲けをしていたが、買収の後、新たなガス鉱床の発見や需要の減少によってガス価格が思いがけなく下落したため、同社の収益率は大幅に低下した。同時に景気減速によって電力の使用量も落ち込んだ。

二〇〇九年には、ＴＸＵは利払いを含めた経費を賄うのがやっとの状態で、負債残高は時価総額を上回りそうだった――その場合、少なくとも帳簿上は株主資本は無価値になる。二〇一四年より前に返済期限を迎える負債はほとんどなかったが、ＴＸＵはすでに融資や社債の金利減免や返済期限延長の交渉を始めた。オーナー企業はＴＸＵへの投資で利益を得るどころか、会社を存続させるだけで何年も苦労しそうな様子だった。帳簿上は破綻する可能性も十分ありえた――当時としては史上最大かつ最悪の失敗作であったＲＪＲナビスコと同じように。ＲＪＲの場合、ＫＫＲが買収完了から一八年後にようやく最後の株を売却し終えたときには、投資額の二〇%以上の損失が出ていた。

投資業界にとって一番希望の持てる見通しとしては、企業価値やキャッシュフローは通常、数年も経てば回復する、というものがあった。だが回復に時間がかかるほど、投資のリターンは低くなる。買収から二年後に五〇%の利益が出れば、年率リターンは二五%と高くなる。だがそれが五年後なら、わずか一〇%のリターンになる。このため巨大買収ブームを象徴するような案件の多くでは、リターンは悲惨なものになりそうだった。業界関係者の多くは、二〇〇〇年代中盤に立ち上がったプライベート・エクイティ・ファンド全体では黒字にならず、一九九〇年代末に募集され、前回のバブルのピークに投資されたファンドの成績を下回るだろうと予想していた。

アポロ、KKR、カーライルなどが推し進めた、事業開発会社や上場債券投資ファンドなどを立ち上げ、LBO以外の資産クラスに多角化しようという試みも、不幸な結果に終わった。

KKRが五〇億ドルのエクイティファンドを立ち上げた直後に、カーライルがアムステルダム証券取引所で募集した九億ドルのモーゲージ債ファンドは、二二〇億ドル以上の債務を抱え込んだが、二〇〇八年に貸し手からのマージンコールを受け、資産をすべて差し押さえられたことで破綻した。[23] 投資家の出資は完全に無価値になったのだ。

アメリカで設立された、モーゲージ債と社債へのレバレッジ投資を手掛けるKKRフィナンシャルは、KKRによるテコ入れを受け、かろうじて生き延びた。[24] 同社の株価は二〇〇七年末の二九ドルから、二〇〇九年初頭には五〇セントまで下落した。アポロが二〇〇四年、ブラックストーンをはじめとするライバル企業に先手を打って設立したBDCのアポロ・インベストメント・コーポレーションは、莫大な評価損を被った。[25] 一方、KKRがアムステルダム市場で立ち上げた業界の記念碑的ファンド「KKRプライベート・エクイティ・インベスターズ」の株価は、二〇〇八年末までに公開価格より九〇％下落していた。

景気の悪化が債務比率の高い企業の首を絞めていたのに加えて、投資会社はさらに二つの危機に直面していた。まず、ファンドの投資家が有り金をすってしまったこと、そして大量の債務の借り換え時期が二〇一一年から二〇一二年に迫っていたことだ。

年金基金、大学基金をはじめとする機関投資家は一〇年にわたり、利益を繰り返し新たなファンドに再投資することで、LBO業界に活力を与えていた。だが市況が悪化すると、プライベート・エクイティの保有する企業には買い手がいなくなり、IPOの需要も消え失せ、投資を現金化する手段がなくなってしまった。何年にもわたって着実に投資家に支払われていた利益の配当は途絶え、プライベート・エクイティに再投資する資金もなくなった。[26]

投資家に追い打ちをかけたのは、二〇〇七年末には配当が減りはじめていたにもかかわらず、ヒルトン、ハラーズ、クリア・チャンネル、TXUといった史上最大規模の案件はまだ進行中であったため、買収ファンドからは逆立ちしても支払えないような資金の拠出を迫られる見通しになっていたことだ。「二〇〇七年一二月に配当の支払いは突然止まったが、キャピタルコールは続き、買収ファンドのリミテッド・パートナーは金欠状態になった」とある投資家は語る。[27]

年金基金は退職者に支払う資金をかき集めなければならず、大学基金は大学側に「渡せるカネはない」と告げなければならない羽目に陥った。投資家は下落相場で保有する株や債券を売却しなければならなくなり、値下がり幅はさらに拡大した。カリフォルニア州の巨大な教職者向け年金基金カルスターズは、あまりにも資金不足に陥ったため、プライベート・エクイティ会社にこれ以上の既存の契約に基づくキャピタルコールはやめてくれ、と懇願したほどだった。[28]

株や債券の膨大な見切り売りは、プライベート・エクイティの資金調達問題をさらに深刻化させた。投資家が株や債券その他の流動資産を法外な安値で叩き売るなか、彼らのポートフォリオ全体の価値は、保有するプライベート・エクイティの持分と比べて大きく値下がりした。プライベート・エクイティの持分の評価額は長期的な収益見通しに基づいているので、下がりにくいためだ。この結果、投資家の総資産に占めるプライベート・エクイティ投資の割合が高まり、アセット・アロケーションのバランスが崩れてしまった。プライベート・エクイティに投資していた人々は、資産のバランスを回復するため、買収ファンドへの新たなコミットメント額を減らさなければならなかった。

プライベート・エクイティ業界が直面していた深刻な問題は、もう一つある。銀行から借りた八〇〇〇億ドル以上のレバレッジド・ローンやジャンク債が、二〇一二年から一四年にかけて借り換えの時期を迎えることだ。[29] たとえそれまでに景気が回復していたとしても、債務を負った企業の多くはまだ企業価値が買収金額を下回っている可能性が高く、借り換える債務の担保が不足する懸念があった。担保が不足すれば、株主資本は一〇〇％減資となり、債権者が経営権を握る可能性があった。

企業価値が債務残高を上回っていたとしてもリスクはあった。予定される借り換えをすべて吸収するほど信用市場が回復していなければ、必要とする企業に信用が行き渡らないかもしれない。

どう見ても、プライベート・エクイティ業界の前途は暗かった。

ブラックストーンも金融システム崩壊の打撃は免れなかった。既存の投資先から収益があがる見通しはまったくなく、進行中の案件も減ったため、二〇〇八年末には一五〇〇人の人員削減を実施した。翌年も開店休業状態が続いた。上場企業であるブラックストーンの場合、株価が会社とその将来性に対する評価の指標となるが、二〇〇九年二月の株価は将来への不安感から一株三・五五ドルと、華々しい公開日の高値から九〇％以上も下落していた。ピーターソンは自分の秘書や運転手がブラックストーンの株価下落で損失を被ったことに強い罪悪感を抱き、彼らの損失をポケットマネーで埋め合わせたほどだ。[30]

その月、ブラックストーンは利益が大幅に減少したため、二〇〇八年第四・四半期は無配とする、と発表した[31]――配当はＩＰＯの際の大きなセールスポイントだったのだが。シュワルツマンは、自らの利害がブラックストーンの投資家と一致するように、報酬を投資収益とほぼ完全に連動するようにしていたため、二〇〇八年と〇九年の報酬は基本給の三五万ドルにとどまった。二〇〇六年に稼いだ三億九八〇〇万ドルの一〇〇〇分の一である。

株価が低迷していたとはいえ、ブラックストーンはライバルの多くと比べれば恵まれた状況にあった。信用危機が始まってからの三年で、投資先で破産に至ったのはわずか一社だった。少数株主として二億八〇〇〇万ドルを投資した、『オレンジ・カウンティ・レジスター』紙の親会社フリーダム・コミュニケーションズだ。

だが債券保険会社のフィナンシャル・ギャランティ・インシュアランス・カンパニー（ＦＧＩＣ）でも、三億四三〇〇万ドルの評価損を計上した。ＦＧＩＣは地方債の保証から、よりリスクの高いＭＢＳに手を広げていたのだ。同社はまだ存続していたが、ほかの多くの債券保険会社と同様に、保証していた証券化商品に対する膨大な支払い請求を受けるリスクを抱えていた。

赤字案件になりそうな投資先は、ほかにもどっさりあった。室内装飾品小売りチェーンのマイケルズ・ストアーズ、靴下メーカーのゴールド・トー・モレッツ、そしてドイツのプラスチック・フィルムメーカー、クルックナー・ペンタプラストで、いずれも二〇〇六年末から〇七年に買収された企業だ。二〇〇六年に七億四九〇〇億ドルを投じて手に入れた、ドイツ最大の電話会社ドイツテレコムの四・五％の持分も、大きな含み損を抱えていた。

プライベート・エクイティ部門の保有企業のなかで、それ以上に問題だったのはフリースケール・セミコンダクターである。ブラックストーンは買収に必要な株主資本七一億ドルのうち、自らのファンドからの一二億ドルとファンドの投資家からの出資を合わせて、なんとか四〇億ドルはかき集めた。これはブラックストーンのパートナー、チップ・ショアが独占的に交渉を進めていた案件だったが、土壇場でKKRが横槍を挟んだことで買収金額は八億ドル膨らんでいた。

ブラックストーンも、ともに買収に参画したほかの三社――カーライル、ペルミラ、TPG――も半導体が市況産業であること、そしてフリースケールの最大の取引先であるモトローラからの注文が徐々に減少するであろうことはわかっていた。このため買収価格の三八％は株主資本で賄うことにし、フリースケールの債務比率をやや軽くしていた。

それでも目算はすぐに狂いはじめた。モトローラの携帯電話はライバル製品に圧倒され、ブラックストーンらが買収契約にサインした二〇〇六年には二二％に達していた市場シェアは、二〇〇七年には一四％、そして二〇〇八年にはわずか八％にまで下落した。[32]時期を同じくして、フリースケールの第二の事業柱である自動車メーカー向けの半導体販売も急減した。

「どのファンドでも、一つか二つは文字どおりすべてが悪い方向に行くケースがある。我々の五番目のファンドでは、フリースケールがまさにその例だった」とシュワルツマンは語る。[33]「それ以前に同じような事態が発生したのは、HFS（ホテルチェーンのラマダとハワード・ジョンソンのフランチャイザー）の案件だった。あのときは想定した悪い状況が、最初の半年ですべて現実になった――イラクによるクウェート侵攻、前例のない石油価格の高騰、世界景気の後退といったことで、その結果フランチャイズ契約を履行できなくなった」

モトローラのシェア激減だけでも厄介だったが、自動車業界のリスクはだれも想定していなかった。「アメリカの自動車生産台数が年間一七〇〇万台のピークから、八五〇万台に急減するといったことは、私の知るかぎり起きていなかった。年間生産台数が一〇〇〇万台を切ったことすら記憶にない。悪い年でも一二〇〇万台は超えていた」とシュワルツマンは振り返る。

フリースケールの買収が完了してわずか一年後の二〇〇八年初頭には、ショアが長年親しくしてきたフリースケールCEOのマイケル・メイヤーが、オーナーであるプライベート・エクイティによって更迭された。(34) 二〇〇九年には携帯電話用半導体事業が不振をきわめていたことから、フリースケールはモトローラとの供給契約を破棄し、同事業を売却もしくは閉鎖する、と発表。スコットランド、フランス、日本の工場を閉鎖した。ブラックストーンが買収を目指していた二〇〇六年には六四億ドルあった半導体の売上高は、二〇〇九年には四五％も減少してわずか三五億ドルになっていた。(35) 二〇〇九年にはデフォルトの懸念から、一部の同社の社債が額面価格のわずか一〇％で売買されていた。

危機が始まった時点で、フリースケールは大量の手元資金を抱え、数年先まで返済を必要とする負債はなかった。さらに債務を再編し、社債を買い入れ、返済能力を維持しようとした。二〇一〇年には半導体販売は持ち直し、同社が苦境を抜け出せる見込みが出てきた。それでも災難をくぐりぬけた末、最終的には大成功を収めたHFSへの投資とは異なり、ブラックストーンはフリースケールに投資した金額を回収するためだけに大変な苦労を強いられることになりそうだった。

「この種の案件の場合、基本的に大事なのは会社を存続させることだ」とシュワルツマンは語る。[36]「すべてが悪い方向に行くのは、軍事作戦で自分の部隊が敵陣で孤立してしまうような状況に等しい。何とか生き延び、脱出を試み、救援を得なければならない。司令官が賢明で、こうしたことをきちんとやれたら、部下は生き残り、いつかまた新たな戦いに加わることができる」

＊＊＊

不動産投資部門も大きな問題を抱えていた。二〇〇七年初頭にエクイティ・オフィス・プロパティーズ（ＥＯＰ）が所有していたオフィスビルの三分の二を売り払ったジョン・グレイの市場の読みは、完全に当たっていた。だが商業不動産市場の見通しはあまりにも暗く、二〇〇九年にはＥＯＰは棺に入ったも同然だった。

ブラックストーンからＥＯＰの物件を買った不動産業界の大物たちは、散々な目に遭った。グレイによるＥＯＰ買収は、業界全体に犠牲者を生んだ。ＥＯＰのマンハッタンの物件を六六億ドルという法外な価格で買い取ったハリー・マクローウェは、つなぎ融資が返済期限を迎えた一年後にそのすべてを失った。[37]その時点で不動産市場は凍てつき、物件の価値はマクローウェが支払った金額を大幅に下回っていたため、彼はそのすべてを債権者に差し出したほか、追加担保として差し入れていたマンハッタン五番街にあるゼネラル・モーターズ・ビルも失った。

ＥＯＰの振り撒いた毒はアメリカ全土に広がった。[38]マグワイア・プロパティーズ創業者のブライアン・マグワイアは、ＥＯＰがカリフォルニア南部に保有していた物件を買ったが、その結果会社は返済能力を上回る債務を抱えることになったため、CEOの座を追われた。リーマン・ブラザーズとともにテキサス州オースチンの物件を買ったトーマス・プロパティーズは、リーマンが破綻して約束した資金を提供できなくなったことで苦境に陥った。モルガン・スタンレーの不動産ファンドはサンフランシスコのEOPの物件を買い取った二年後、物件を債権者に明け渡した。ティッシュマン・スパイヤー・プロパティーズは、ブラックストーンから買い取ったシカゴの三棟のオフィスビルの負債でデフォルトに陥った。

EOPの売却で一〇億ドルを手に入れたずる賢いサム・ゼルまでが、大敗を喫した。ゼルはその資金の大半を、『シカゴ・トリビューン』や『ロサンゼルス・タイムズ』を発行するトリビューン・コーポレーションの買収につぎ込んだ。総額八二億ドルのこの買収はレバレッジ比率がきわめて高く、トリビューンは二〇〇八年に破産した。この破産劇は非常に残酷な結果をもたらした。ゼルが資金の一部を従業員持ち株制度を活用して調達していたため、トリビューンの一部の従業員は雇用ばかりか、自社株が紙くずとなったことで蓄えまでも失った。

ブラックストーンが売却したEOPの保有物件には法外な価格が付いたため、最終的に同社は残った物件の二〇〇七年当時の時価の半分しか払わずに済み、帳簿上三五億ドルの利益を得た。だがその後、オフィス家賃が下がり、新たな賃貸契約も結ばれなくなったため、残った物件の価値は二年後には大幅に低下していた。[39]ブラックストーンがEOPに投じた、単一の案件としては過去二番目に多い三五億ドルの自己資金も危うくなった。二〇一〇年半ば、ブラックストーンはEOPの債務返済期限の延長を求める交渉に着手した。多くの企業で債務が償還期を迎える、二〇一二～一四年にかち合わないようにするためだ。

さらに雲行きが怪しくなっていたのは、ブラックストーンの企業買収ファンドと不動産投資ファンドがほかの投資家と合わせて総額五七億ドルの株主資本をつぎ込んだヒルトン・ホテルズだ。不動産部門のグレイと、企業買収部門でこの案件の責任者を務めたマイケル・チェは、ヒルトン・ホテルズがブランド力を生かしきれていないことや経営の質が低いことから、買収すれば同社を再建するチャンスは十分ある、と判断した。

ブラックストーンが買収する一年前、ヒルトンは姉妹会社として海外でヒルトン・ブランドを展開する権利を持つヒルトン・インターナショナルを買収していた。ヒルトン・ブランドは海外では十分生かされておらず、アメリカ国内で展開されていた「ダブルツリー」「ヒルトン・ガーデン・イン」「エンバシー・スイーツ」といった省コスト・省サービス型のホテルブランドは海外では一切展開されていなかった。こうした状況を考えれば、コスト削減を進めながら事業を拡大する余地は十分あった。

ブラックストーン傘下に入って以降、ヒルトン・ホテルズは二〇〇八年と〇九年にはトルコ、イタリア南部、アジアでフランチャイズ方式によって毎年五万室の客室を増やした。その結果、二〇〇八年にはキャッシュフローが急増し、その後も増加が続くはずだった。ブラックストーンはさらにヒルトン・ホテルズの本社を地価の高いビバリーヒルズから、地味だが価格の安いバージニア州の郊外に移した。

だが景気後退に伴う旅行需要の急減は、ヒルトンの事業に深刻な打撃を与えた。グレイがフランチャイズ契約を不況期でも同社が傾かないような仕組みにしていたため、破綻する懸念はまったくなかった。ブラックストーンは過去の苦い経験から、ホテル業界が市況産業であることを学んでいたのだ。一九九〇年の湾岸戦争勃発を受けて旅行需要が急減した際に、ＨＦＳが最悪の事態に陥るのを防ぐため、シュワルツマンとヘンリー・シルバーマンが香港に飛び、ラマダブランドのオーナー会社に契約条件の緩和を求めて頭を下げたケースだけではない。二〇〇一年の同時多発テロの後にも、ホテルチェーンのサボイの予約が激減したため、債権者からホテルの差し押さえを迫られたこともあった。(40)

今回のヒルトンのケースでは、融資契約に債権者の介入を認める約款はなく、また二〇一三年末まで返済する義務のある負債もなかったため、ブラックストーンがなんとか状況を打開するのに六年の時間的余裕があった。とはいえ不況はヒルトンに重くのしかかり、二〇一〇年四月には融資先との長い交渉の末、債務再編を実施した。(41) ブラックストーンはヒルトンのテコ入れのために八億ドルの追加出資に合意し、融資を実施した銀行は——実際には融資債権を転売できなかったため、その多くを自ら抱え込む羽目に陥っていたが——債務の減額に合意した。この結果、ヒルトンのバランスシートにあった二〇〇億ドルの債務は、一六〇億ドルに減少した。

旅行需要の減少に加えて、ヒルトンは世界最大のホテルチェーン、スターウッド・ホテルズ&リゾーツ・ワールドワイドとの紛争に巻き込まれてしまった。(42) スターウッド側の主張は、ヒルトンに転職した元幹部二人が、スターウッドの内部資料一〇万点を盗み出し、そこから得た情報をヒルトンがスターウッドに対抗するための新たなホテルチェーンを立ち上げるのに利用したというもので、しかもヒルトンのCEOもそれを把握していたという。

まもなく連邦検事も捜査に乗り出した(ヒルトンとその幹部らは容疑を否認した)。景気が回復すれば、ヒルトンの業績も改善するだろう。だが、この案件がブラックストーンのもくろみどおりにいっていないことはまちがいなかった。

第25章

価値の創造者か、あぶく銭稼ぎか

金融危機によって、プライベート・エクイティにかかわるすべて――その未来、経済における役割、そして新たな価値を生み出す能力――に疑問符が付いた。プライベート・エクイティ業界は、全般的に相場が上昇し、金利水準が低いという穏やかな経済環境のもと、三〇年にわたって成長を続けてきた。その成長が、経済の上昇気流の恩恵を大いに受けたのは明らかだ。一九八〇年代の債務危機と、二〇〇〇年代初頭の株式バブルの崩壊は、二〇〇八年から〇九年にかけての世界経済危機と比べれば、ささいな調整にすぎなかった。直近の危機では、価値創造の触媒を標榜してきたプライベート・エクイティ業界の真価が試されることになった。

ＬＢＯ業界から「プライベート・エクイティ」に呼称を改め、投資先を改造することで新たな価値を生み出す産業界の職人というイメージを打ち出そうとしてきたが、一九八〇年代に染みついた否定的評価を払拭することはできなかった。彼らのイメージは『野蛮な来訪者――RJRナビスコの陥落』やオリバー・ストーン監督の映画『ウォール街』ですっかり固定化されてしまった。世間一般から見れば、無慈悲なクビ切り屋であり、てっとり早く稼ぐために会社の現金や資産を略奪する連中だった。

『ウォール・ストリート・ジャーナル』が、KKRによるセーフウェイの買収がその従業員にどのような影響を及ぼしたかを描いた記事でピュリッツァー賞を受賞してから一五年を経て、今度は『ビジネスウィーク』誌が「プライベート・エクイティは買収した企業を痛めつける」という同じテーマの記事を載せた。「買って、身ぐるみ剥がして、さっさと捨てろ」という見出しのついた二〇〇六年の巻頭記事は、前年に実施されたレンタカー会社ハーツ・コーポレーションの買収を取り上げ、あぶく銭稼ぎのプロたちが臆面もなくハーツに大量の負債を背負わせ、一〇億ドルの配当を引き出したと指摘し、間近に迫った同社のIPOに投資するのはやめたほうがいいと訴えた。(1)

だが企業や経済にダメージを与えるのは、身ぐるみ剥がし、従業員のクビを切り、ポイ捨てするというプライベート・エクイティ業界の行動なのだろうか？

買収は本来企業を傷つけるものではないが、プライベート・エクイティは実際に投資先を保有している間、その価値を高めているのだろうか？　それとも投資先の企業を改革することなく、株の売買によって差益を得ることを目的とする投資信託やヘッジファンドと同じ、単なる優れた株式投資家なのだろうか？

最初の疑問に対する答えは、明らかに「ノー」である。プライベート・エクイティという産業は、経済に害など与えていない。

二番目と三番目の疑問については、プライベート・エクイティは時には本質的に企業価値を高めることもあるが、彼らの得る利益の相当部分は、適切なタイミングで企業を売買することと、利益を増幅するために高いレバレッジをかけることによるものだ。ただし、それは何も悪いことではない。

身ぐるみ剥がして捨て去る、という悪魔のようなイメージは根強いが、それを裏付ける事実はない。『ビジネスウィーク』がハーツの事例をどのように描いたかを見てみよう。

二〇〇五年一二月にクレイトン・ダビリアー、カーライル、メリルリンチがフォード・モーターから買収した当時のハーツは、新たな経営陣を切実に必要としているみなしご子会社の典型だった。[2]フォードは単にハーツを、売れない車を押しつけるための便利な客としか見ておらず、ほとんど関心を払っていなかった。

新たなオーナーとなったプライベート・エクイティは、まずハーツの車両の調達方法を見直し、リースではなく最初に買い取る方式に改めた。さらに資金調達手段を無担保社債から、車両を担保とする有担保社債に切り替えることで、調達コストを引き下げた。フォードの傘下では、市場シェアを拡大するため、アメリカ国内で空港以外の立地に支店を増やし、それが赤字の原因となっていた。新たなオーナーはその多くを閉鎖した。

アメリカの数倍の水準にあったヨーロッパの間接費は、大幅に削減した。清掃作業や車両返却手続きの簡素化に関する従業員の提案を取り入れ、顧客にはネット予約やセルフサービス式のキオスク型店舗の利用を促し、コスト削減につなげた。従来の役員報酬は市場シェアと連動しており、それが赤字でも店舗を増やす要因となっていたが、キャッシュフローなどの指標と連動するように変更された。

改革の成果はすぐに表れた。買収の二年後には、ハーツの売上高は一六％増加し、キャッシュフローは算出方法によって二四％もしくは三五％上昇した。『ビジネスウィーク』が痛罵した一〇億ドルの配当は、実際には会社にとって負担ではなかった。その年のキャッシュフローは三一億ドルに達し、さらに増加していたためだ。二度にわたって配当を支払ったにもかかわらず、買収の二年後には五億ドル以上の負債を返済した。

一連の改革はほとんど人員整理を伴わなかった——店舗閉鎖にもかかわらず、一年目の人員削減は全社員のわずか二％にとどまった（二〇〇七年に住宅建設が減速し、ハーツの大型設備レンタル事業が深刻な打撃を被ったときのほうが削減幅は大きかった。同年末の社員数は、買収当時より九％少なかったが、当時は経済全体が不況に陥っていた）。

『ビジネスウィーク』の「ハーツのＩＰＯ株に手を出すな」という忠告を受け入れた投資家は、悔やむことになった。ハーツの株価はＩＰＯから一年半で約二倍に伸びたためだ。二〇〇八年に景気や旅行需要が減速したときも、ハーツの株価は少なくとも主要なライバル社には見劣りしなかった。投資家が、ハーツの価値がＬＢＯによって破壊されたとは見ていなかったことは明らかだ。こうしたことから、プライベート・エクイティ業界に対するむやみな中傷を、頭から信じるのは禁物だ。その多くは完全な誤りだからだ。

ハーツを例外的ケースと見る向きもあろうが、プライベート・エクイティが不当利益を稼ぐために企業に害を与えている、という主張を覆す学術的研究も増えている。

欧州議会の依頼を受け、二〇〇四年までの二三年間にアメリカで実施された四七〇一件のＩＰＯを調査したフランスの経営学者は、「ＬＢＯは企業をボロボロにする」という通念とは裏腹に、プライベート・エクイティが支援する企業の株価パフォーマンスは、実際には類似企業のそれを上回っていることを突き止めた。(3)

これは合理的な結論だ。投資先を売却して利益を得ることを目的とする投資活動が、投資先を常にボロボロにするものだったら、存続できるはずがあるだろうか？　プライベート・エクイティが投資先を身ぐるみ剥がすものだとしたら、優れたノウハウを持った企業などの買収者が、プライベート・エクイティ傘下の企業を買うだろうか？

投資会社はＩＰＯを通じてうぶな投資家にクズ会社をつかませる、という議論もよく聞かれるが、それもまったく合理性に欠ける。ＩＰＯ投資家のほとんどは投資信託やヘッジファンド、銀行、保険会社といった機関投資家であり、プライベート・エクイティの保有企業が本当はクズで、過大評価されているとしたら、とっくに気がついているはずだ。そのうえブラックストーンのセラニーズやＴＲＷ、ＫＫＲのセーフウェイ、クレイトン・ダビリアーのハーツの例からも明らかなとおり、プライベート・エクイティはたいてい保有企業の公開後も、株式の相当な割合を何年も保有しつづける。過大な価格で株を売り逃げしようとするのではなく、投資先の長期的な成功と自らの利益が連動するようにしているのだ。

学術的研究によって、プライベート・エクイティに対するほかの多くの定番的な批判も覆されている[4]——大量の雇用を削減する、貴重な資産を奪う、研究開発に対して近視眼的な対応をする、といったことだ。

もちろん、買収の直後に人員削減が実施されることは多い。とはいえ企業は買収の有無にかかわらず常に雇用削減を実施しており、プライベート・エクイティの影響を測るには、産業界全体の状況との比較が必要だ。

プライベート・エクイティの傘下に入ることが雇用に与える影響に関する最も網羅的な調査として、一九八〇年から二〇〇五年までの四五〇〇以上の投資案件を調べたものがある[5]。そこではプライベート・エクイティ傘下の企業では、買収直後の二年間は一般企業と比べて雇用の削減率がやや高くなる傾向があるが、長期的には削減した分を上回る雇用を生み出すことが明らかになった。

プライベート・エクイティへの一般的な批判とは裏腹に、二〇〇八年にスイスの非営利団体「世界経済フォーラム」の資金協力を得て、ハーバード・ビジネススクール教授のジョシュ・ラーナーが実施した調査では、プライベート・エクイティが保有する企業は買収直後の四年間で、同じような規模の公開企業を上回るペースで雇用を増やすことが明らかになった。唯一の例外は製造業で、そこでは雇用の伸び率は一般企業と同等だった。

さっさと捨てるという批判もあるが、そうした事例は比較的少ない。(6) プライベート・エクイティの投資先のうち、二年以内に売却されるケースは全体のわずか一二％にすぎない。一方、五八％のケースでは、保有は五年以上に及ぶ。この調査ではさらに、一般通念とは異なり、プライベート・エクイティの投資先が研究開発費を絞っていないことも明らかになった。ただ成功する見込みの高い主力製品群への投資に集中し、可能性の乏しい周辺分野への投資を絞っているだけだ。

多額の負債を抱えることには当然リスクが伴う。(7) 固定費が増え、景気が悪化すると企業の存続が脅かされる可能性があるためだ。一九九〇年以降は不況のたびに、プライベート・エクイティ傘下の企業がＬＢＯで抱えた負債の重荷に耐えかねて倒産するケースが続出した。だがプライベート・エクイティの保有企業全体で見れば、破綻率は驚くほど低い。世界経済フォーラムの調査では、一九七〇年から二〇〇七年までの三七年間では――この間には三回の不況があった――プライベート・エクイティ保有企業のデフォルト率は年平均一・二％だった。アメリカ企業全体の〇・六％と比べれば高いが、比較対象としてよりふさわしい、社債を発行している企業の平均である一・六％と比べればかなり低い。

二〇〇八年に信用格付機関ムーディーズ・インベスターズ・サービスが実施した別の調査でも、二〇〇〇年代半ばの好況期に、プライベート・エクイティの保有企業がデフォルトに陥った割合は、同じように債務比率の高いほかの企業と比べれば低かったという結果が出ている。(8)

どのような見方をするにしても、LBOを経験した会社のうち、破綻するのはごく一部にすぎない。破綻した場合も、通常雇用削減は余儀なくされるが、企業として存続しなかった例は少ない。たいていはほかの企業や投資家、もしくは債権者が引き受けている。

このように、プライベート・エクイティによる買収は一般的に企業を傷つけるという主張には、ほとんど裏づけがない。だがコスト削減によって利益を増やすのでなければ、投資会社はどうやって稼いでいるのだろうか。そしてその過程では、ファンドの投資家に利益をもたらすだけでなく、経済全体には何らかの貢献をしているのだろうか?

ベンチャー・キャピタリストが「新たな技術に資金を供給している」として評価されるのを意識して、プライベート・エクイティの経営者も、自分たちは企業を良くするために資金を供給しており、結果として社会に役立つ本質的な変化を生み出している、と主張することが多い。カーライルの共同創業者であるデビッド・ルーベンシュタインは、「プライベート・エクイティ」という呼称を再度改め、「チェンジ・エクイティ」に変えるべきだ、と訴えている(今のところ賛同者はあまり多くないようだが)。言わんとしているのは、プライベート・エクイティは単に優れた企業を選んでタイミングよく投資し、レバレッジによって利益を増やしているだけではない、ということだ。自分たちには投資先の恒久的な経営改善に結びつくような、経営や改革ノウハウがあるのだ、と。

それには疑問の声もある。プライベート・エクイティのリミテッド・パートナーや経営者のなかにも、その利益の源泉については冷笑的な見方は多い[9]。「プライベート・エクイティ業界があげてきた利益の大部分は、一九八二年以降の金利低下によるものだ」。由緒ある中堅投資会社のトップはこう語る。「過去二五年に創出された価値の七五％は、レバレッジの利用と金利低下によるものだろう」

しかし、プライベート・エクイティの利益の実態を分析した研究によると[10]、投資収益のうちレバレッジの貢献度は驚くほど低いという。欧州議会のＩＰＯに関する調査によると、成功した投資案件の利益のおよそ三分の一は直接レバレッジによるものだが、残る三分の二は企業価値の長期的増大によってもたらされるという。

ヨーロッパでの企業買収の成功例三二件（内部収益率は平均四八％に達する）を詳細に分析した研究では[11]、利益のうちレバレッジの寄与した割合はわずか二二％にすぎなかった。そして二一％は（時価総額が利益の何倍かを示す）バリュエーション・マルチプルの増加によるものだった。残る半分以上は、売上高の増加と収益率の改善によるものだ（この研究では、売上高、キャッシュフロー、収益率の増加のうち景気循環による部分、すなわち景気の底で買って回復期に売却することによる寄与分は明らかにしていない）。

現実には、プライベート・エクイティの利益はこうした要素――レバレッジをはじめとする財務面での工夫の成果、優れたタイミング、新たな企業戦略、合併や事業売却、業務の合理化――がすべて組み合わさったものであり、その一部は他の要素よりも本質的な企業価値を増大させる効果が大きいものもある。

大手プライベート・エクイティ会社が成長できたのは、過去二五年の大半において負債が調達しやすかったためだけではなく、柔軟性があったためである。すなわち好況期には投資先の負債を増やして配当に回すことで投資を回収したり、経営不振の会社の業務改革によって利益を捻出したりする一方、不況期には苦境に陥った会社の債務を売買したり、破産手続きを通じて経営権を握るなど、臨機応変な対応をしてきた。プライベート・エクイティ会社の最大の強みは、その変わり身のはやさであり、その手法は業種や市況に応じて変化する。

相場の変動を利用して儲けることは、企業内のムダを排除したり、研究に出資したり、企業を高付加価値製品の製造にシフトさせたりすることのように、新たな価値を生み出すわけではない。だがそうした行為は、年金基金、大学基金などの投資家に高い投資リターンをもたらしてきた。ＬＢＯが企業の価値を損なわないのであれば、プライベート・エクイティによる所有やその特徴である負債比率の高い資本構造には、上場株式に投資する投資信託以上の社会的弊害はないのではないか。

さらに不況期における底値買いにも、資本調達が難しい時期に企業に資金を提供したり、ほかに買い手がいない状況で売り手に流動性を供給するという機能がある――これも一つの経済的・社会的貢献といえるだろう。

とはいえ、今日のプライベート・エクイティの利益が、主に投資先をより優れた会社に作り替えることから生じている、というのは言いすぎだろう。トニー・ジェームズは、ブラックストーンの利益の三分の二は投資先のキャッシュフローの増大から生じている、とよく自慢する。ブラックストーン傘下で企業経営が根本的に改善したと言っているわけだ。だが、それがすべてブラックストーンの功績というわけではない。ブラックストーンは同業他社以上に、景気の底で投資することで利益をあげてきた。このため投資先の財務状況の改善の大部分は、経営の改善ではなく市況の回復によるものだ。

ブラックストーンの二〇〇五年までの投資案件を対象とする内部調査では、(12)利益の六三％以上がＵＣＡＲ、アメリカン・アクセル、セラニーズやナルコといった市況産業への投資によるものであることが明らかになった。こうした企業に対する投資額が、全体の二三%以下にすぎないにもかかわらず、である。対照的に、投資先の抜本的な業務改革を目指した案件――コリンズ&アイクマン、インペリアル・ホーム・デコ、アライド・ウェイスト、キャラハンが主導したドイツのケーブルシステム会社など――では、一七年間を通じて投資額全体の二%を失った。

それでもブラックストーンをはじめとする大手投資会社の行き着いた結論は、長期的に株式市場を上回る運用成績をあげる唯一の方法は、保有する企業を抜本的に改善することである、というものだ。コンサルティング会社のベイン・アンド・カンパニーから派生したベインキャピタルは、業界の先陣を切ってこの課題に真剣に向き合い、投資先に大勢の専門家やベテラン経営者を送り込んできた。TPGも長年、膨大なノウハウや関与を必要とする厄介な事業再生案件に取り組んできたことから、早くからオペレーションの専門家を多数抱えていた。KKRは二〇〇〇年に経営者を集めた社内チームを立ち上げ、その数は現在四〇人に達している。カーライルも社内に多数の経営者を確保している。

この面ではライバルに後れをとっていたブラックストーンは、二〇〇四年から巻き返しに動きだした。クレディスイスのプライベート・エクイティ部門、DLJマーチャント・バンキングで働いていた経営コンサルタントのジェームズ・クエラを採用し、専属コンサルティング会社のようなものを立ち上げたのだ。クエラを筆頭に、一二人の経営のプロから成るこのチームは、ブラックストーンが投資をする前に相手企業を精査するほか、実際に買収した会社にメンバーを送り込んでいる。

買収した会社の経営再建に直接関与しようとする姿勢への転換は、ブラックストーンが二〇〇〇年代半ばに買収した、セラニーズのほか三社の成功事例に顕著に表れている。これらの事例からは、戦略の力点が投資先のコスト削減から、営業改革や事業拡大、会社の方向性の見直しに次第に変化していったことが読み取れる。

ゲレスハイマー社（ドイツ）

これは大改造と呼ぶにふさわしい事例だろう。ドイツの容器包装会社ゲレスハイマーは一〇年の間に、ガラス瓶メーカーから、高度な技術力を擁する収益性の高い医薬品容器メーカーへと変貌を遂げた。結果的にブラックストーンにとって最も収益性の高い案件の一つとなった。わずか四年も経たないうちに、投資は七倍以上に増えたのである。

ただ、そこにおいてはゲレスハイマーの前オーナーであったプライベート・エクイティ二社――インベストコープとチェース・マンハッタン――の貢献も見逃せない。[13] 両社は二〇〇〇年にゲレスハイマーを厄介な株主から解放していた。

二〇〇〇年当時、ゲレスハイマーの株式の五一％を保有していたドイツの工業・電力会社ヴィアグは、別の電力会社との買収にかかりきりになっていた。残りの四九％の株式は公開市場で取引されており、ゲレスハイマーの経営陣は一般株主と親会社の両方の顔色をうかがわなければならなかった。

かつては経営コンサルタントだったゲレスハイマーCEOのアクセル・ハーバーグは、競争が激しく、利益率の低い飲料容器事業から撤退したい、と親会社のヴィアグに訴えていた。[14] だがヴィアグ側はまったく耳を貸さなかった。ゲレスハイマーに関心がなかったことに加えて、ハーバーグの主張どおり同社を平凡な容器メーカーから優れた医療用容器メーカーに転換するには避けて通れない、人員削減という難題にかかわるのが嫌だったからだ。

「我々はドイツ的コングロマリットの一部だった」とハーバーグは振り返る。「ドイツ国内の工場を閉鎖することは、ヴィアグにとって受け入れ難い話だった」

インベストコープとチェースの傘下に入ると、ゲレスハイマーは飲料容器の工場を売却し、競合が少なく、顧客との関係が緊密な専門的製品に特化した。ドイツとアメリカの工場は閉鎖し、人件費の低いメキシコに新しい工場を建てた。だが二〇〇三年から〇四年にかけて景気が悪化すると改革は滞った。またオーナーであるプライベート・エクイティにもそれぞれ問題が生じた。[15] インベストコープではゲレスハイマーの買収を指揮したパートナーが退社し、チェースはJPモルガンと合併したばかりだった。「彼らの立場からすると、ゲレスハイマーにそれ以上投資できる状況ではなかった」とハーバーグは語る。このため新たな買い手探しが始まった。

ハーバーグは二〇〇三年にトニー・ジェームズと、医療関連の投資でブラックストーンのアドバイザーを務めていたダグ・ロジャーズと面談した。[16] 長々と続いたオークションの末、ブラックストーンのロンドン拠点に所属するライオネル・アサントが七億五〇〇〇万ドルでの買収契約に署名したのはその翌年だった。買収価格はゲレスハイマーのキャッシュフローの六・八倍という控えめなものだった。

製薬会社にとっては品質が何より重要であり、コスト全体に占める容器の割合は低かったことから、ゲレスハイマーの取引先が値下げを強く求める可能性は低かった。ハーバーグが目指していたのは、大手製薬会社に様々な容器を提供し、ほかの容器メーカーを探す気にならないほど満足させることで、自分たちだけのニッチ市場を確保することだ。[17] ブラックストーンの支援を受けて、その後の二年間でハーバーグは積極的に同業他社を買収しながら、医薬品容器の品ぞろえを拡大した。ニュージャージー州の工場、中国の合弁会社三社、デンマークの工場など買収先の多くは小さかったが、プレフィルド・シリンジ（薬剤充填済み注射器）や特殊なプラスチック容器など、それまでゲレスハイマーになかった製品を持っていた。

また規模が小さいゆえにオークションにはならず、ゲレスハイマーは独占的に買収交渉を進めることができ、キャッシュフローの四～七倍という割安な価格で獲得することができた。

これは一九六〇年代のコングロマリットが使った戦術であり、またプライベート・エクイティが得意とする抱き合わせ型投資と同じ手法だ。具体的には低いキャッシュフロー倍率で買収した企業を、より倍率の高い大企業と合併させるのだ。コングロマリットとは異なり、ゲレスハイマーは同じ業種の企業のみを買収したため、シナジー効果を享受できた。

二〇〇七年初頭、ハーバーグは最後の劇的な一手として、吸入器などの製品で年間三億ドル以上の売上高をあげていた同族会社ウィルデンの買収を仕掛けた。[18] ウィルデンの販路は国際的に広がっていたが、経営者らは世界と戦っていくには資金力が足りないことを理解していた、とハーバーグは語る。この買収によってゲレスハイマーの売上高は四〇%増加し、製品群も拡大した。

これでゲレスハイマーは上場する準備が整い、二〇〇七年六月に株式を公開した。ブラックストーンが買収して二年も経たないうちに、売上高とキャッシュフローはそれぞれ約八〇%増加し、従業員数は七一%増えていた。増加分の多くは買収によるものだが、ゲレスハイマー本体も成長し、新しい会社や工場を除いても売上高は一三%、キャッシュフローは一八%増加した。

このIPOでは、ドイツではその年最高となる一四億ドルが調達された。[19] ゲレスハイマーの業績はまちがいなく上昇傾向にあり、世界的にも株価が上昇していたことから、同社の時価総額は二〇〇七年のキャッシュフローの一〇倍以上になった。これはブラックストーンが支払ったキャッシュフロー倍率六・八倍の約一・五倍の水準だ。ブラックストーンはIPOでの株式売却によって、投資額のほぼ五倍を回収した。二〇〇八年に最後の持ち株を売却した際には、最初に投資した一億一六〇〇万ドルは七・五倍に増えていた。
ゲレスハイマーが上場コングロマリットの子会社から、二組のプライベート・エクイティの傘下企業、さらには独立した公開企業に変化する間、ずっと経営者の立場にあったハーバーグは、プライベート・エクイティによる保有というステージは規模を拡大し、専門性と収益性の高い会社に変貌を遂げるうえで不可欠だったと考えている。[20] 最初から公開企業だったら、このようなレベルには到達できなかっただろう、と。「一度でも四半期業績が悪化することがあれば、すぐに批判される。プライベート・エクイティの傘下ではもう少し時間的余裕があるため、リスクが取れる」

てっとり早く稼ぐことしか考えていない、というイメージに反して、プライベート・エクイティは実際には企業経営者に困難な戦略を実行するチャンスを与えている、とハーバーグは語る。「プライベート・エクイティのもとでは、六〜八年といった長期的資金が得られる。レバレッジの高さだけが注目されがちだが、プライベート・エクイティの傘下に入れれば企業は非常に安定する」

ひとたび事業の予測可能性が高まれば、株式を公開したほうが合理的だ。「企業改革による価値創造というステージが終わり、本業の成長という次のステージに移るからだ」とハーバーグは説明する。ゲレスハイマーの株価は、IPO後の二年間はドイツのほかの工業株と同じような水準で推移した。その後、二〇〇九年後半にはドイツの代表的な株価指数であるDAX指数より大幅な落ち込みを見せたものの、IPOから四年後にはDAX指数と遜色のない水準に戻っている。

マーリン・エンターテイメンツ・グループ

マーリン・エンターテイメンツのケースでは、ブラックストーンは買収した企業を変革したというより、ゼロから作り上げたといったほうがいいだろう。[21] すばやく買収を繰り返し、イギリスの小さな水族館の運営会社を、二年でウォルト・ディズニーに次ぐ世界第二位の遊園地や娯楽施設の運営会社に生まれ変わらせたのだ。ここでブラックストーンがとった手法は、とにかくコストを削減し、資産を売り払うといったスキームの対極にある。

ブラックストーンが最初に目を付けた二〇〇五年当時、マーリンは「シーライフ」という名称で水族館を二二カ所展開するほか、ロンドン塔の地下牢を運営しており、そのほぼすべてがイギリス国内にあった。そしてゲレスハイマーと同じように、マーリンでも起業家精神あふれる経営者が親会社に手足を縛られたような状況にあった。

ニック・バーニーは、マーリンが医療施設やスポーツクラブの運営を主力事業とするバードンの傘下にあった、一九九〇年代後半から経営者を務めてきた。そして親会社に対し、シーライフのうち小規模な施設を売却し、それで得た資金をより有望な施設への投資にまわすべきだと訴えた。だが親会社は、新たな施設が完成するまでの間、閉鎖する施設のキャッシュフローが犠牲になることを嫌がった。

「公開企業の傘下では、我々はシンデレラのような立場だった――必要な資金もなく、注目もされなかった」とバーニーは振り返る。「株式市場は医療やフィットネスは評価していたが、遊園地事業は見放されていた」

イギリスの投資会社エイパックス・パートナーズの支援を受けて、バーニーは一九九九年にバードンからマーリンを買収し、新たな「シーライフ」施設を建設しはじめた。事業拡大は二〇〇三年にエイパックスが、同社をより規模の小さい投資会社エルメス・プライベート・エクイティに売却して以降も続いた。二〇〇四年の段階でも、マーリンはキャッシュフローがわずか二七〇〇万ドルの小さな会社だったが、バーニーはより大きな会社に狙いを定めた。デンマークの玩具メーカー、レゴが売りに出していたテーマパーク子会社「レゴランド」だ。エルメスはマーリンよりはるかに規模の大きいレゴランドの買収資金を提供することができなかったが、マーリンに対する魅力的な買い手が現れれば売却してもよいと考えていた。

そこに登場したのがブラックストーン、具体的にいえばロンドン拠点に所属していた若手パートナーのジョセフ・バラッタだ。すでにシックス・フラッグスや、テーマパークのユニバーサル・オーランドに投資した経験があったことから、ブラックストーンは遊園地事業に土地勘があった。ヨーロッパ全域に中規模の施設はあり、その多くはプライベート・エクイティ会社が保有していたが、大規模な運営会社は一つもなかった。こうした中規模施設はいずれ売却される可能性が高く、バラッタは大規模な運営会社を創るチャンスがあると考えた。

シュワルツマンとジェームズは、規模から考えてマーリンにかかわる意味があるのか、半信半疑だった。「出資額はわずか五〇〇〇万ドルぽっちだった」とバラッタは説明する（バーニーも冗談まじりに「ブラックストーンが通常の案件で銀行などに支払う業務報酬より少なかったのではないか」と話す）。だがレゴランドの資産が手に入れば、より多角化の進んだ実のある会社になる可能性があり、バラッタはブラックストーンの投資委員会にゴーサインを出すよう説き伏せた。同時にマーリンと、レゴのオーナー一族であったクリスチャンセン一族とも交渉を始めた。

そして二〇〇五年半ばに、二億ドルでマーリンを買収し、その後レゴランドを四億五〇〇〇万ドルで買収する契約が相次いでまとまった。ブラックストーンはレゴランドの買収資金として、さらに一億ドルをマーリンに出資した。クリスチャンセン一族は、マーリンとブラックストーンの出費を減らす見返りとして、新会社の株式の二五％を受け取った。

レゴランドとの合併によって、マーリンは本質的な変化を遂げた。ヨーロッパ大陸での有力プレーヤーになったうえに、屋内型の「レゴ・ディスカバリー・センター」と、レゴブロック製のミニチュアビル、道路、電車などを備えた屋外型の「レゴランド」がラインアップに加わったことで、ヨーロッパ北部の気まぐれな天候にも業績が左右されにくくなった。「屋内型施設だけだと晴れの日の売り上げが振るわず、屋外型だけだと雨の日がダメだった」とバーニーは説明する。

バーニーとバラッタは、レゴランドの収益はすぐにでも拡大できると見ていた。強いブランド力があったにもかかわらず、前オーナーはレゴ製品のマーケティング・ツールとしか見ていなかったため、積極的に展開していなかった。「レゴランドは富裕層を集客していたが、価格設定が低すぎた」とバラッタは話す。言葉を換えれば、値上げの余地があったわけだ。そのうえ施設の改修に合わせてプロモーションもしていなかったため、その恩恵を一〇〇％享受していなかった。

二〇〇六年と〇七年には、さらに二件の大型買収が実施された。まず一億四〇〇〇万ドルを投じて、イタリアのガルダ湖畔にあるテーマパーク「ガルダランド」を買収した。ミラノからほど近いアルプス山脈のふもとにある屋外施設だ。翌年には「マダム・タッソー蠟人形館」の運営会社と合併、国際的に知名度の高い屋内施設ブランドを手に入れた。ガルダランドを保有していたのはイタリアのプライベート・エクイティ会社であり、後者はドバイの政府系ファンドが保有していた。

レゴランドと同じように、マダム・タッソーの運営会社もマーリンの企業価値を大幅に上回っていたが、バラッタは買収を可能にするような資金調達スキームを編み出した。参考にしたのは、以前イギリスでかかわった二件の買収案件――パブチェーン「スピリット」と、介護施設のNHPとサザンクロスの買収――だ。具体的には、合併後の新会社が保有する価値の高い不動産の一部を投資家に売却し、投資家がそれをマーリンにリースバックするという仕組みだ。不動産価格の上昇が見込めたため、投資家は喜んで高値で買い取り、将来的に値上げする可能性と引き換えに割安な賃料でマーリンに貸した。

相場のピークで不動産を売却できたことで、マーリンはドバイの政府系ファンドに二〇億ドルを現金で支払うことができた。クリスチャンセン一族と同じように、ドバイのファンドも完全な売却ではなく、合併後の新会社の株式の二〇%を保有することを選んだ。この結果、マーリンは過去最大の買収資金を自前で賄うことができた。ブラックストーンは新たな資本を注入することなく、新会社の株式の五四%を手にした。

マダム・タッソーの施設を獲得したことで、二〇〇八年にはマーリンは大規模なグローバル企業となっていた。年間の集客数は三五〇〇万人に達し、キャッシュフローは三億ドルと、ブラックストーンが買収する前年の一四倍に増えた。従業員数は七〇〇〇人から、一万三〇〇〇人に増えた。そこには合併効果を除く、本業の成長によって生み出された一〇〇〇人の新規雇用も含まれている。マーリンは新規出店を除いた既存施設の利益が一〇年連続で二ケタ成長を遂げるなど、大きな成功を収めた。

バーニーとバラッタは、今後のマーリンは合併ではなく自力で成長する態勢が整っている、と語る。レゴランドや「シーライフ」といったチェーン展開可能なブランドがそろっており、ディズニーランドのような大規模施設と比べてごくわずかなコストで、新たな施設を多数展開できるのだ。大型買収も一段落したことから、アメリカでのレゴランドやシーライフの展開に乗り出した。二〇一〇年にはフロリダ州の公園サイプレス・ガーデンズを買収し、園内にレゴランドを開設する計画を進めている。ディズニーの施設と同じようにマーリンも家族客を狙っているが、マーリンの施設は大都市部やその近郊にあり、日帰り客を想定しているため利用しやすく、価格も安い。マーリンは不況の中でも成長を続けた。二〇一〇年には売上高がさらに三分の一増え、四億ドル近くに達した。この年、同社の施設の総入場者数は四一〇〇万人に達した。

マーリンに買収に必要な高度な金融ノウハウと交渉力をもたらしたのはバラッタだ、とバーニーは語る。そしてバードン傘下でくすぶっていたシーライフ事業が主要な国際企業に変貌するうえで、プライベート・エクイティによる所有は欠かせない要素だったと話す。「我々が成し遂げたような集中的なスピード感のある改革は、公開企業には絶対不可能だ。プライベート・エクイティの支援がなかったら、ここまで来られなかった」

二〇一〇年初頭の時点でマーリンはIPOを計画していたが、ギリシャの債務危機でヨーロッパ市場が動揺したため延期した。ブラックストーンは代わりに同社株の二〇%を、ロンドンの大手投資会社CVCキャピタル・パートナーズに売却した。この時点のマーリンの評価額は三六億ドルだった。手元に残った三四%の持分と合わせると、ブラックストーンの当初の投資は三・五倍になっている。

トラベルポート

経営のスリム化が至上命題とされるなか、さらなる業務の簡素化の余地がある企業は少なくなっている。(22)だが旅行予約会社のトラベルポートには、プライベート・エクイティの興味を刺激するようなムダがあふれていた。そのうえ二〇〇六年当時で五億五四〇〇万ドルという大量のキャッシュを稼ぎ出していたため、LBOに伴う数十億ドルの債務にも耐えられそうだった。要するに、LBOの理想的な標的だったわけだ。

トラベルポートの親会社であるセンダント・コーポレーションが二〇〇六年に同社をオークションに出すと、ブラックストーンではチップ・ショアが乗り気になった。ショアはブラックストーンに入社する前に勤務していたシティコープ・ベンチャー・キャピタルで、二〇〇三年にトラベルポートの主要なライバル会社の一つ、ワールドスパン・テクノロジーへの投資を指揮し、その後コストカットに大ナタを振るった経験があった。トラベルポートについては、ワールドスパンと同じように昔ながらのコストカットに加えて、買収や事業売却によって規模を拡大しつつ、より洗練された企業にできると考えた。

トラベルポートの買収によって、ブラックストーンはかつての投資先と再びかかわり合うことになった。というのも、センダントは一九九〇年代初頭にブラックストーンが所有していたホテル・フランチャイズチェーンの運営会社HFSの進化した姿であり、経営トップはいまだにプルデンシャルの圧力で九一年にブラックストーンを退職させられたヘンリー・シルバーマンが務めていたからだ。

センダントは数々の買収を通じて、幅広いフランチャイズチェーンや旅行会社の集合体になっていた。傘下のブランドには、ホテルチェーンのウィンダム、レンタカーチェーンのエイビスとバジェット、不動産仲介業のコルドウェル・バンカーとセンチュリー21、それにトラベルポートとそのネット予約子会社オービッツ・ドットコムが含まれていた。

センダントは長年、数多くの企業買収を繰り返すことで、売上高と利益を着実に伸ばし続けるという株式市場の期待に応えてきた。だが残念ながらそうした戦略は、事業の可能性を最大限に引き出すことと矛盾する場合もある。事業再編には、売り上げの伸びを止めたり、経費を増やしたり、短期的な利益を圧迫するような評価損を計上したりすることがつきものだからだ。

二〇〇五年になると、センダントの買って買って買いまくる戦略は株式市場の評価を得られなくなった。一五年かけてセンダント帝国を構築してきたシルバーマンは、一つにまとまっているより、分割したほうが全体の価値は高くなると判断し、会社を四つに分割すると発表した。

翌年、センダントがトラベルポートを売りに出すと、ブラックストーンが四三億ドルを提示し、アポロに競り勝った。九億ドルの株主資本のうち、ブラックストーンが七億七五〇〇万ドルを出し、残りはベンチャー・キャピタルのテクノロジー・クロスオーバー・ベンチャーズが出資した（買収が完了した五カ月後、JPモルガン・チェースのプライベート・エクイティ部門が一億二五〇〇万ドルを出資した。ブラックストーンはその後出資額を八億ドル強に引き上げた）。

売却の直前、シルバーマンはベテランのコストカッター、ジェフリー・クラークをトラベルポートのCEOに据えた。クラークは、コンパック・コンピュータとヒューレット・パッカード（HP）が二〇〇二年に合併した後、両社の統合の指揮を執った。二万五〇〇〇人の雇用削減は、年間三〇億ドルのコスト削減につながり、後にHPがデルを抜いて世界最大のパソコンメーカーとなる素地を整えた。

わずか四年間に二二回もの買収を繰り返して生まれたトラベルポートは、クラークが大ナタを振るうのに絶好の場所だった。二〇〇六年八月にブラックストーンによる買収が完了すると、クラークはパトリック・バークという援軍を得て動きだした。バークはハイテク業界のベテラン経営者で、ワールドスパンでのコスト削減の実績に目をつけたショアが招聘したのだ。

コストカットの第一弾は、明らかな無駄に照準を合わせた。買収のどさくさに紛れてトラベルポート社内に蓄積された二五カ所のデータセンターは、わずか三カ所に減らされ、数百人の社員と契約労働者が解雇された。クラークが何百というコストのかかる新製品開発プロジェクトを打ち切り、その資金を二〇あまりの最も重要なプロジェクトに集約した結果、さらに多くのハイテク技術者が職を失った。

この年には、あと二つの改革によって、さらに六〇〇〇万ドルのコストが削られた。まず、旅行代理店との連絡用に使っていた何千という専用電話回線のリースを打ち切り、はるかに安価なインターネット回線の利用に切り替えた。またメーンフレーム・コンピュータを使ったシステムの運用を高いコストを支払ってIBMに委託するのをやめ、割安なサーバーを使ったネットワーク・システムを社内で運用する体制に切り替えた。二〇〇七年春までにキャッシュフローが大幅に改善したため、トラベルポートは新たに一一億ドルを借り入れ、大半を配当に回した。その結果、ブラックストーンとテクノロジー・クロスオーバーは投資からわずか七カ月後に、資金の大半を回収した。

クラークが社内改革に取り組んでいたころ、ショアはワールドスパンをオーナーであるプライベート・エクイティから買収する契約交渉と、さらにトラベルポート子会社でネット旅行会社オービッツを、IPOを通じて売却する交渉を進めていた。ワールドスパンを買収することで、トラベルポートのコア事業である旅行代理店や航空会社向けのサービスが強化される。一方、売上高の三〇%を占める小売事業のオービッツを売却すれば、トラベルポートは完全に裏方的な企業間取引の会社となり、小売と卸売を同時に手掛けることから生じる潜在的な利益相反のリスクから解放される(オービッツは、トラベルポートの顧客である旅行代理店や、トラベルポートの予約システムを利用するほかの旅行サイトと競合していた)。

ワールドスパンはヨーロッパを中心に、旅行代理店におけるトラベルポートの市場シェアを大幅に引き上げるのに貢献するはずだった。さらにワールドスパンにはトラベルポートの予約システム「ガリレオ」に採用できそうな優れた技術があった。航空会社向けのビジネスでも、両社は補完的な立場にあった。トラベルポートはユナイテッド航空のデータを管理しており、ワールドスパンはデルタとノースウェストにサービスを提供していた。両社が手を組めば、当時予約システムのバックオフィス業務の二大勢力であった、アメリカ最大手のサーベルと、ヨーロッパ最大手のアマデウスに対抗することができた。

ワールドスパンを一四億ドルで買収する契約は二〇〇六年一二月にまとまり、トラベルポートはそのほぼ全額を新規借り入れで支払うことになった。さらに二〇〇七年七月には、オービッツ株の四一%をIPOで売却し、四億七七〇〇万ドルを手に入れると、債務の返済に充てた。買収からわずか一年も経たないうちに、トラベルポートはまったく違う会社になっていた。

二〇〇七年八月にワールドスパンの合併が完了すると、コストカットの第二弾が始まった。両社の重複が解消された結果、さらに一億九五〇〇万ドルのコストが浮いた。クラークの計算では、トラベルポートは買収後の三年間で、三億九〇〇〇万ドルのコストを削減したという——驚くべき金額だ。それはワールドスパンの買収後、最初の一二カ月決算となった二〇〇八年度のキャッシュフローの五四%に相当する。言葉を換えれば、コスト削減とワールドスパンの買収の結果、トラベルポートのキャッシュフローは倍増したのである。

この過程で、一六〇〇人が解雇され、さらに自然減で六〇〇人が退社した。その一方、トラベルポートは買収後、新たに一六〇〇人の雇用を生みだした。そこにはIBMのメーンフレームのプログラマーに代わって入社した、リナックスOSに精通したプログラマーも含まれている。六〇〇人という純減数は、オービッツを除くトラベルポートとワールドスパンの社員数合計の一〇%に相当する。新規雇用者の一部は東欧、インド、中東で採用されており、全般的に退社した社員より若く、賃金水準は低かった。

「ワールドスパンの買収と統合は、私がCEOに就任して以降の企業価値の創出に最も貢献した要素だ」とクラークは二〇〇九年に語っている。合併による両社のシナジー効果分を差し引けば、「ブラックストーンはワールドスパンを実質的にキャッシュフローの四倍で買収したことになる。すばらしい買い物だった」。

シルバーマンも何年も前にワールドスパン買収のメリットを見抜き、実施を検討したが、コスト削減効果を実現するにはセンダントは大幅な評価損を計上しなければならず、利益に悪影響が出る恐れがあった。

「トラベルポートについて、できることはたくさんあったが、公開企業という立場では不可能だった」とシルバーマンは語る。ブラックストーンは長期的に企業価値を増やすことだけに集中しており、トラベルポートが変革の過程で株価に悪影響を与えるような経費を計上してもまったく気にしなかった。この結果、ブラックストーンは事業再編の恩恵を享受することができたのだ。

とはいえ、トラベルポートの状況は、ブラックストーンにとって好ましいとはいえない。二〇〇九年と二〇一〇年にはリストラの成果として大幅な利益増が見込まれていたが、旅行予約業界全体に打撃を与えた様々な要因によって帳消しになってしまった。とりわけ最も大きな打撃となったのは、米国の航空券予約が急激に落ち込み、そのまま低迷が続いたことだ。航空会社の合併も響いた。大口顧客のデルタ航空が、別の大口顧客のノースウエスト航空を吸収したことによって、トラベルポートの年間手数料収入は二〇〇〇万ドル以上も減少した。そのうえ航空券が仲介業者経由ではなく、直接航空会社のウェブサイトで予約される件数が急増したことから、航空会社の立場が有利になり、トラベルポートをはじめとする仲介業者に手数料の引き下げを迫るようになった。

トラベルポートの債務も問題だった。既発社債を割安な価格で買い戻したり、資産売却を進めたりしたことで、債務総額は三二億ドルまで減ったものの、キャッシュフローが二〇一〇年には五億三〇〇〇万ドルまで減少したことから、キャッシュフローに対する債務比率は依然として高かった。トラベルポートのライバル企業で唯一上場しているアマデウスの時価総額がキャッシュフローの五・四倍であることを考えると、二〇一一年時点では計算上、トラベルポートの債務総額は時価総額を上回っていることになった。これは帳簿のうえではブラックストーンの持ち株が無価値であることを意味していた。トラベルポートから分離したオービッツの持ち株の価値は、一億三五〇〇万ドルだった。

ブラックストーンは二〇〇七年の配当によって、実質的に投資した資金を全額回収したことから、それ以降に入ってくる分はほぼすべて利益になるはずだ。[23] だが多少なりとも利益を得るには、トラベルポートを立ち直らせなければならない。二〇一一年六月、トラベルポートは経営陣を刷新し、航空券予約部門を率いていたゴードン・ウィルソンが社長兼CEOとなり、クラークは取締役会長になった。

ブラックストーンは、無駄のあふれていたトラベルポートの経営効率を改善し、さらに合併を通じて新たな価値を生みだした。そうすることで、同社をさらに悲惨な運命から救ったといえるだろう。だがブラックストーン自体は、業界全体を取り巻く要因によってトラベルポートの経営が悪化する前にエグジットすることはできなかった。

これら三つの投資案件は、いずれも単にコストを削減したという話ではない。ブラックストーンはそれぞれにおいて事業の買収を通じて投資先の規模を拡大し、その姿を劇的に変えた。コスト削減が重要な役割を果たしたのはトラベルポートの案件だけで、そこでも最大のコスト削減はワールドスパンの買収に伴う業務の重複から生じている。

三件のうち、単純なLBOのモデルに該当するものはひとつもない。ブラックストーンが手掛けたほかの案件の多くも、標準的なモデルからは逸脱している。二〇〇一年の同時多発テロの後、ブラックストーンが種をまいた二つの再保険会社ではレバレッジは一切使われず、必要な資金はすべて株主資本で賄われた。

ほかの大型案件のなかには、ベンチャー投資もあった。二〇〇四年にウォーバーグ・ピンカスと組んで設立した石油・ガス探査会社コスモス・エナジーや、発電所の建設・運営を手掛けるシーズ・グローバル・

パワーがその例だ。失敗に終わった二〇〇〇年から二〇〇一年にかけてのドイツのケーブルテレビ会社への投資も、既存のキャッシュフローを前提に組み立てる標準的なＬＢＯより、ベンチャー投資に近い。対象となった二つの会社は負債も背負ったが、ブラックストーンやほかの銀行が出資した株主資本は、ケーブルテレビに加えて電話やインターネットサービスを備えた本格的な電話会社になるためのネットワークの刷新に使われたからだ。

すべてのケースに共通するのは、ブラックストーンが投資先に対して、市場のプレッシャーや以前のオーナー企業のもとでは困難だった（もしくは不可能だった）企業改革を成し遂げるのを、サポートする役割を果たしていることだ。

ハーバーグ、バーニー、シルバーマン、クラーク、そしてセラニーズのデビッド・ワイドマンなどの経営者は、安定的に利益を出すことを求められる上場企業の傘下では、大胆な改革ができなかった、と証言する。たとえそれが長期的には業績の改善につながるような改革であっても、だ。プライベート・エクイティのもとでは、五、六年のタイムスパンで物事を考えられる。[24] プライベート・エクイティがリスクを引き受けられるのは、投資先の経営権を握るからだ。ハーバーグらの会社は、プライベート・エクイティ傘下の独立企業となったことで、潜在力を大きく開花させることができた。

公開企業では経営者が株主からすぐに結果を求められることに加えて、報酬制度も長期的な企業価値を最大化するようなインセンティブを生みだすものになっていない場合が多い。実際、短期的成功を最大化するようになっているケースはあまりにも多い。最たる例が大手銀行のボーナス制度で、金融危機まではバンカーやトレーダーが多大な短期的なリスクを取ることを推奨する仕組みになっており、結果的に金融機関を破綻（もしくは破綻寸前）に追い込んだ。

公開企業の報酬制度と、プライベート・エクイティが投資先に導入する報酬制度は、驚くほど対照的だ。(25)プライベート・エクイティ傘下の企業では、ボーナスはキャッシュフローをはじめとする経営指標の中期的な改善に対して支払われる。何より投資先の経営者にとって最大の報酬の源泉となりうるのは自社株であり、それは会社が売却されて初めて回収できる。つまり将来高値で買収されるように、会社の魅力を高めることに集中する大きな動機づけになるのだ。投資先のCEOや経営幹部も、無償で株やストックオプションを与えられるわけではなく、自己資金で自社株を買うことを求められる。このため彼らも自分のカネをリスクにさらすことになる。

そのうえ経営者は期待どおりの結果を出せなければ、すぐに解任される可能性が高い。CEOを解任できる取締役会のメンバーを、オーナーであるプライベート・エクイティが選任するためだ。一方、一般的な大企業では実質的にCEO自身が取締役を選んでいるケースが多い。そしてプライベート・エクイティの投資先では、失敗した経営者が大金を手にすることはまずない。公開企業では通常、経営者が解任された時点でストック・オプションの権利が確定するため、たとえ解任されても経営者は大金を受け取ることが多い。だがプライベート・エクイティは一般的に、投資先の経営者は権利の確定していないストック・オプションを受け取れないようにしており、解雇手当も上場会社とは比べものにならないほど少ない――最大でも基本給の一～二年分程度だ。

経営者と株主の利益を一致させるこうした仕組みが、プライベート・エクイティの保有企業にどれほどの貢献をしているかを見きわめるのは難しい。だが、とりわけ新たな方向性を目指そうとしている会社にとって、これは株式公開に代わるプライベート・エクイティによる買収という選択肢を考えるうえで、きわめて重要な要素となる。

第26章

カネの向くまま

大手プライベート・エクイティの死亡記事が出回った理由は、容易に推察できる。二〇一〇年代が始まろうとするなか、プライベート・エクイティ業界は厳しい状況、というより末期状態にあるように見えた。二〇〇〇年代のベンチャー・キャピタル業界と同じような運命を辿り、かつての数分の一の規模まで縮小する、という見方もあった。

市場の変化によって投資業界が打ちのめされたことは以前にもあった。一九八〇年代末である。KKRが一九八六年のベアトリス・フーズ、八八年のRJRナビスコで打ち立てた買収額の最高記録が破られるまでに一八年もかかった。KKRが一九八七年の六一億ドルの買収ファンドを超える資金を集められたのは、二〇〇二年のことだ。

ただ、多くの傷を負ったとはいえ、ほかの主要な金融機関と比べれば、プライベート・エクイティは危機をうまく乗り切ったほうだ。商業銀行や投資銀行が住宅ローン関連証券やデリバティブで天文学的な数字の損失を被り、政府からの莫大な救済資金によってなんとか生き延びられたのに対し、プライベート・エクイティの資金の大半は無傷で残った。二〇〇八年から〇九年にかけて巨額の損失を出したアポロ・グローバルやサーベラスなども、相場の底でしたたかに不良債権へのハゲタカ投資を行ったり、いくつかLBOを成功させたことで、二〇一一年にはそれなりの利益を計上するまでになった。(1)

投資会社が二〇〇五年から〇七年にかけて立ち上げた買収ファンドは、八〇年代末と九〇年代の相場のピークに設立された多くのファンドと同様に期待はずれの結果に終わるだろう。だがプライベート・エクイティをまっとうに評価するには、運用実績を株式などほかの資産クラスと比較する必要がある。

レバレッジのリスクや、プライベート・エクイティ傘下の一部の企業の破綻にかかわらず、プライベート・エクイティ・ファンドの運用成績は、主要な年金基金の過去三年、五年、一〇年の平均リターンを上回っている。(2) 二〇一一年の時点で過去五年間の年率リターンを比較すると、アメリカのプライベート・エクイティファンド全体のパフォーマンスは、国内株式市場のそれを五％以上上回っている。(3) 業界トップ企業にかぎっては株式市場との差はさらに大きく、過去一四年のパフォーマンスはなんと市場を一九％も上回っている。

プライベート・エクイティ業界における金融危機のダメージがこの程度に収まったのは、政府や中央銀行の対応に負うところが大きい。先進国の中央銀行は、信用不足から企業破綻が相次ぐのを防ぐため、数十億ドル（もしくはポンドやユーロ）もの資金を市場に供給した。投資会社を救済対象リストに含めていた国などなかったが、レバレッジへの依存度がきわめて高い投資会社は、結果的に大規模な危機対応策の意図せざる受益者となった。中央銀行が全力で造幣に励み、金利を下げ続けたことで、過剰な債務を抱えた企業は支払い不能に陥るのを免れ、その企業価値は上昇した。要するに、ＦＲＢのおかげでプライベート・エクイティは命拾いをしたのだ。

そのうえ投資会社は、保有企業の債務削減や返済期限の延長もやりおおせた[4]。二〇〇八年から〇九年にかけて不気味にそびえたっていた債務の山は（ＬＢＯによって対象企業が抱え込んだ八〇〇〇億ドルの債務は、二〇一二年から一四年にかけて返済期限を迎えることになっていた）、返済期限の延長や、より返済期限の長い新たな債務への借り換えによって、二〇一一年初頭までに五〇〇〇億ドル以下に減っていた。

また、こうした企業やオーナーである投資会社の多くは、信用市場がパニックに陥っていた間に社債などの債務を二束三文で買い戻し、債務負担を割安なコストで減らすこともできた。こうして過剰債務をかかえた数百の企業が、わずか二〜三年の間に一斉に資金の借り換えを迫られる、といったリスクは解消した。

好況期を象徴するような大規模案件の多くは、市場がピークをうってから四年が過ぎても、まだ問題を抱えていた。ブラックストーンの最大の頭痛の種であったフリースケール・セミコンダクターがその例だ。自動車メーカー向けの半導体の売り上げは回復しはじめ、スマートフォンやタブレット型パソコン向けの新たな需要も生まれていたものの、フリースケールの二〇一〇年の売上高は買収された二〇〇六年と比べて三〇％も少なく、改善しそうもなかった。

ブラックストーンは二〇一一年五月になんとかフリースケールの上場にこぎつけたが、債務水準がきわめて高いことから、ＩＰＯ株の人気は高まらなかった[5]。売出価格はわずか一八ドルとなった――引受会社の当初の想定を大幅に下回る金額であり、ブラックストーン、カーライル、ペルミラ、ＴＰＧが買収時に支払った価格のちょうど半値だ。このため投資会社四社はＩＰＯでは持ち株を一切放出せず、フリースケールが調達した七億五〇〇〇万ドルはすべて債務の返済に充てられた。ただ、それでも同社のバランスシートには六五億ドルの債務が残っており、売上高が減少したことから、売上高債務比率はブラックストーンが買収したときと比べてまったく低下していなかった。ブラックストーンをはじめ買収に参加したプライベート・エクイティが投資を回収するためには、株価が二倍になる必要がある。

一方、ブラックストーンのもう一つの頭痛の種であったヒルトンのケースは、はるかにましだった。[6] 同社が不振にあえいでいた二〇〇九年の冬から二〇一〇年にかけて、ブラックストーンは融資先と債務整理の交渉に乗り出し、二〇〇億ドルの債務のうち四〇億ドル近くを減らしていた。これがブラックストーンには非常に有利に働いた——ジョナサン・グレイ率いる不動産部門の大金星といえるだろう。

債務整理契約がまとまってほどなくして、企業の出張需要が急回復し、ヒルトンの業績も回復しはじめた。二〇一一年には、キャッシュフローは二〇〇八年のピーク時の水準にほぼ戻った。同じ時期の大手上場ホテルチェーンの株価から試算すると、ブラックストーンの持ち株の価値は投資時より六〇％近く上昇していた。買収後にヒルトンが実施した、積極的な規模拡大とコスト削減の効果はまだ完全には表れていないことから、最終的にはブラックストーンのヒルトンへの投資額は二倍になると見ていいだろう。ブラックストーンは総額六五億ドルを投資したことから、利益の絶対額は創業以来最高になる可能性もある。

ブラックストーンにおいて事業環境が正常化しつつあることを示す最も明確なサインとなったのは、資金調達の成功だ。[7] 三年に及ぶ募集活動の末、二〇一一年には七番目の企業買収ファンドに一六〇億ドルのコミットメントが集まった。二〇〇七年に調達した二一七億ドルと比べれば少ないが、危機後の状況においてこれだけの資金が集まるというのは、投資家から信任を得たことの表れだった。しかもこのファンドは、プライベート・エクイティ業界史上でも六番目の規模になり、二〇〇六年から〇七年にかけてライバル企業が立ち上げた大型ファンドと比べてもほとんど見劣りしなかった。七番目のファンドによって、ブラックストーンの企業買収ファンドの運用資産の総額は四六〇億ドルと、二〇〇七年の上場時の三三〇億ドルを大幅に上回る水準に達した。

とはいえ、新たなファンドの規模は直前のファンドより二五％小さく、またブラックストーンは今回、投資家を呼び込むために管理報酬を削らなければならなかった。[8] このため相対的にみれば大成功だったものの、この資金調達によって企業買収という産業はかつての規模には戻らないということ、そして巨大LBOファンドの魅力が低下したという現実が改めて明白になった。大型の企業買収からとほうもない利益をあげる機会がどの程度あるのか、投資家に疑念が広がるなか、ブラックストーンはより小規模な買収や成長資金の供給に注力するようになった。「大型買収？　興味ないね」と言わんばかりに。

危機の後、プライベート・エクイティが二〇〇六年から〇七年にかけてのような状態に戻ることは当然ないだろう。当時は当事者ですら、異常だと感じていた――話がうますぎる、と。今から思えば、この間相次いだ二〇〇億ドル超といった巨大買収は、八〇年代にそれまで最大だった案件の四倍という異常な高値がついたRJRナビスコのケースと同じように異常だった。TXU、EOP、ヒルトンのようなスケールの買収が再び出現するのは、数十年先になるかもしれない、というのが業界関係者の一般的見方だ。

プライベート・エクイティ業界にとって、そして資本市場におけるプライベート・エクイティの重要性を決めるうえで重要なポイントは、「次に四〇〇億ドルの買収が成立するのがいつか」ではなく、「再び五〇億ドル、一〇〇億ドル規模の買収が行われるようになるまでどれくらいかかるか」である。すなわちプライベート・エクイティが危機以前の事業規模を維持していくのに必要なディールができるようになるのはいつか、という問題だ。二〇一〇年末ごろには、プライベート・エクイティの経営陣や銀行関係者の間から「一〇〇億ドル規模の企業買収の資金調達が可能になった」という声が聞かれるようになったが、実際にそれほどの規模のディールはひとつも成立しなかった。市況悪化から四年が経過した二〇一一年半ばの時点では、ディールの規模は大きくても四〇億ドルから六〇億ドルの範囲であり、その数もきわめて少なかった。

問題は資金がなかったことではない。算出方法にもよるが、プライベート・エクイティ業界は投資家から三五〇〇億から五〇〇〇億ドル分の出資のコミットメントをとりつけていたからだ。(9) だが二〇〇九年から一一年にかけて株式市場が上昇し、割安な投資先はほとんどなくなったこともあり、投資会社は新たな投資をするより、売り手にまわるほうが多かった。長い中断を経て、ようやくIPOや企業売却によって、かつての投資案件から収益を確保できるようになったのである。

ブラックストーンは二〇一一年にグラハム・パッケージング、ユニバーサル・スタジオがフロリダ州に保有する二つのテーマパーク、インドのアウトソーシング会社インテレネット・グローバル・サービシーズを売却し、いずれも相当な利益を得た。チーム・ヘルスやTRWオートモーティブでは持ち株の一部を売却し、利益を得た。上場したコスモス・エナジーとニールセンでは含み益を計上した。

短期的にみれば、会社や投資家にとって結構なことであり、特に投資家はようやく多少の現金を取り戻すことができて満足していた。だが、将来的にはどこで利益を確保するのか、という根本的な問題は解決しなかった。従来型の大型買収の標的があまりにも見つけにくくなったため、投資会社は二〇〇〇年代初頭の不況期と同じように、規模の大きなベンチャー企業への投資に目を向けるようになった。(10)

ブラックストーンは二〇一一年には、三八億ドルを投じてシャンプレーン湖とハドソン川の底に送電線を敷設し、水力や風力で発電した電気をケベック州からニューヨーク市周辺に送るという計画を進めていた新興企業を支援した。さらにアメリカ国内での頁岩油《けつがんゆ》開発への投資を計画する一〇億ドル規模のファンドに出資したほか、ドイツ北部の沿岸部の二つの風力発電所には一五億ドルもの出資をした。KKRも同じように、頁岩油関連で四億ドルの投資を行った。いずれも典型的なLBOではない。

とはいえ、こうした代替策では、二〇〇六年から〇七年にかけて調達された莫大な資金の残余分を吸収するには不十分だった。投資会社は資金を五年以内に投資することを約束していたため、投資家をまわって期間の延長を求めなければならなくなった。[11]これも投資リターンを悪化させるのは必至だった。投資するのに時間がかかれば、利益を確定するのにも時間がかかり、長期的には売買できる企業の数が少なくなるからだ。ほかの業種と同じように、カギとなるのは在庫の回転率だ。プライベート・エクイティが現在抱えている在庫は古くなり、また新たな在庫を仕入れるのも難しくなっていた。

ただ、様々な問題を抱えてはいるものの、プライベート・エクイティ業界が存続するのはまちがいない。業界全体として、非常に長期間にわたって優れたリターンをあげてきたためだ。ブラックストーンのようなトップ企業は、株式市場のパフォーマンスを大幅に上回ってきたため、投資家が今後も何十億ドルという資金を拠出しつづけるのは確実だ。二〇〇八年から〇九年にかけてのパニックをよそに、主要な年金基金の多くは金融危機後、プライベート・エクイティへの投資比率を引き上げている。[12]そのうえプライベート・エクイティは独特な役割を担うようになった。今日のプライベート・エクイティに対する最も適切な評価は、もう一つの資本市場であり、また企業にとって代替的、過渡的な所有形態であるというものだ。

企業が株式市場や債券市場から調達する資金や、銀行の融資とは異なり、プライベート・エクイティの資金は特定の目的のために供給されるものであり、資金の出し手は目的を着実に遂行させる権限を握る。

別の言葉に置き換えれば、プライベート・エクイティは経営の支配権や高いリターンと引き換えに、ほかの投資家が取りたがらないリスクを引き受けるのである。

ＬＢＯは今後もプライベート・エクイティの本業であり続け、信用市場が回復すれば再び活発になるだろう。だがプライベート・エクイティの活動は、もはやＬＢＯにとどまらない。景気の谷では、資金は経営不振の企業や破産した企業のレバレッジを解消するために使われたり、債務を極端な安値で購入するために使われる。資金不足や苦境に陥った会社は、不況期には投資家にとって最も魅力的な存在だからだ。

一方、景気が良い時期には、投資会社の資金は経営改善が必要な会社に流れ込む。ブラックストーンが同時多発テロの直後に支援した再保険会社や、石油探査会社コスモス・エナジーのケースのように、ベンチャー投資に回る場合もある。直近では送電線敷設や頁岩油、風力発電事業への投資がこれにあたる。

純粋な債券取引のケースを除くと、こうした投資に共通するのは、プライベート・エクイティは投資先が一つのステージから別のステージに移行するための橋渡しをしているという点だ。ベンチャー・キャピタリストが若い企業に資金を提供し、経営や市場に関するノウハウや人脈を授けるのと同じように、プライベート・エクイティによる積極介入型のオーナーシップにはほかの資本形態や所有形態では果たせない機能がある。

買収の標的は、セラニーズやセーフウェイのように、長期的な企業価値の最大化に向けて事業が合理化されていない公開企業の場合もある。もしくはトラベルポートやハーツのように、上場企業の主要な子会社で、適切な経営が行われていない企業の場合もある。マーリンやゲレスハイマーのように、親会社によって野心を潰されている子会社に手を貸す場合もある。経営破綻した企業、もしくは破綻しかかっている企業に対する再生投資では、プライベート・エクイティは投資先が立ち直るまで資金を提供し、リスクを引き受ける。

ブラックストーンが中国で行った二件の投資は、こうした過渡的な役割をよく表している。二〇〇七年、ブラックストーンは中国の国有企業で特殊化学製品メーカーのチャイナ・ブルースターに五億三〇〇〇万ドルを出資して少数株主となり、同社が世界各国の化学メーカーを買収するのに手を貸すことになった。二年後には、ブラックストーンの不動産投資部門が中国の不動産デベロッパーと組み、ショッピングモールの建設に投資した。

ブラックストーンがこうした役割を与えられたのは、資金力のためではない。資金なら中国には十分ある。チャイナ・ブルースターのケースでは、ブラックストーンは中国側から理想的な出資者と見られた。先進国の化学メーカーに同じ話を持ちかければ、恒久的な出資を要求されるはずだが、ブラックストーンの場合は数年後には身を引くことが確実であるためだ。いずれのケースにおいても、ブラックストーンは金融、経営、不動産事業のノウハウを生かして、急成長事業への出資のチャンスをつかんだのだ。「常に自己改革を続けなければ、我々は死んでしまう」。シュワルツマンは社内で好んでこう語る。[13] 結局のところ、単に資金を出すだけの企業ならいくらでもある。大切なのは、プラスアルファを提供することだ。

中核事業である企業買収の市場が縮小を続けるなか、大手プライベート・エクイティ会社は新しいタイプの投資ファンドを立ち上げたり、成長力の高そうな新興国市場に進出したり、そして時にはアドバイザリー・サービスを提供したりと、新たな生き方を模索してきた。

多角化への意欲が特に強かったのは、すでに上場していた会社（ブラックストーン、KKR、アポロ）や上場を望んでいる会社（カーライル）だった。株式投資家は、単一のバスケットに卵を集中させていない企業のほうが、投資するには安全と考えるためだ。ブラックストーンの株価には、投資家のそうした嗜好が表れている。IPO価格をはるかに下回っているとはいえ、同社の株価収益率（PER）はKKR、アポロ、フォートレスを上回っている。

こうした流れのなか、大手プライベート・エクイティ会社は、ハイリスク・ハイリターンの金融商品への傾斜を強める年金基金、大学基金、ハイテク長者や石油長者などの嗜好に合わせて、グローバルな投資主体への脱皮を目指している――そうすることで、より広範なオルタナティブ資産を提供できるようになる。ビジネススクールの学生には、おなじみの戦略だろう。すでに確立した評価や既存の取引先を活用し、新たな商品分野に進出するのだ。

業界のパイオニアであり、かつては盟主として君臨していたKKRは、猛烈に巻き返しを図ってきた。[14] シュワルツマンが厚かましくも「KKRは一発屋にすぎない」（LBOしか能がないという意味だ）と発言してから一〇年、この間KKR創業者のヘンリー・クラビスとジョージ・ロバーツはシュワルツマンの戦略をそっくりまねてきた。二〇〇四年以降、KKRは八つの新規事業を立ち上げた。債務投資を皮切りに、融資、不動産投資、ヘッジファンドに進出し、さらに投資銀行の中核業務と競合するような株式と債券の募集・売出業務を手掛ける子会社を設立した。

すぐに大きな会社を買えないのであれば、現金に飢えている企業に融資を提供しよう、というわけだ。[15] 「我々の活動はもはやプライベート・エクイティにとどまらない」とKKRのパートナー、スコット・ナトールは語る。「我々は資本構造のいかなる部分にも関与できる」

最も派手な動きを見せたのはカーライルだ。二〇一一年にはオランダのファンド・オブ・ファンズ運営会社で、顧客から預かった資金をプライベート・エクイティ会社に投資するアルプインベストを買収した。

この買収によって、カーライルの運用資産は一五〇〇億ドルに跳ね上がり、世界最大規模のオルタナティブ投資会社としてブラックストーンと肩を並べるようになった。

ブラックストーンも既存のオルタナティブ投資事業の拡大を続けた。二〇〇八年には債券ファンド運営会社のGSOキャピタルを買収し、既存の債券投資部門と統合した。景気後退期に市場にディストレス債があふれかえったのに乗じて、同部門は運用資産を一〇〇億ドルから三〇〇億ドルに増やした。さらに二〇一〇年には、ブラックストーンはブラジル最大のオルタナティブ資産運用会社、パトリア・インベスティメントスの株式の四〇%を取得した。

パトリアとの提携からも明らかなとおり、プライベート・エクイティ会社の競争の舞台は、業界の本拠地であるマンハッタンをはるかに超えて広がっている。(16) たとえばブラックストーン、カーライル、TPG、KKRは中国で人民元建てのプライベート・エクイティファンドを立ち上げている。アメリカとヨーロッパで今後何年にもわたって低成長が続きそうなことから、グローバル化の努力が加速するのはまちがいない。

シュワルツマンとピーターソンが一九八五年に考えだした、融通無碍なビジネスモデル――会社を存続させるために、手数料が稼げる様々なアドバイザリー業務と、様々なタイプの投資ファンドを組み合わせるという生き方――は、彼らのビジョンを体現している部分もあったが、必要に迫られた部分もあった。二人には企業買収の経験が一切なく、またファンドも立ち上がっていなかったためだ。それから二五年が経ち、金融危機の影響や一般株主の要請を受けて、ライバル企業も同じような戦略を取らざるをえなくなっている。

多角化は様々な変化をもたらすだろう。四半期ごとに利益を報告しなければならない上場プライベート・エクイティ会社が増えていることとあいまって、プライベート・エクイティを覆っていた神秘のベールは消え去るだろう。

上場企業が四半期ごとに膨大な情報を開示し、シュワルツマン、ジェームズ、クラビスといった経営者が定期的に株式アナリストや記者の質問に応じるようになったことで、ベールはすでにかなり脱げてしまっている状態だ。業界がよりオープンになることで、イナゴ、ハゲタカ、略奪者といったプライベート・エクイティに対する世間やメディアのイメージも変わるはずだ。各社が債券、不動産など多様なファンドを運用するようになるなかで、彼らに対する見方は産業界の略奪者というより、投資信託の運用会社のような人畜無害な存在といったものに変化するかもしれない。実際のところ、ファンド・オブ・ファンズや債券投資ファンドといったものは退屈すぎて、記事のネタになることはめったにない。

それ以上に見きわめるのが難しいのは、多角化がプライベート・エクイティの企業文化や中核事業に及ぼす影響である。様々な資産クラスには、異なる特徴がある。たとえばファンド・オブ・ファンズの運用会社は、投資家と、実際に投資を行う会社の仲介者にすぎない。また有価証券への投資リターンは、LBOファンドが運用会社にもたらす報酬と比べてはるかに低い。ブラックストーン、カーライル、KKRがこうした事業に力を入れるなかで、組織としてより慎重になり、プライベート・エクイティの売り物であった年率二〇%以上のリターンを得るためにリスクを冒すことを避けるようになるかもしれない。

こうした自己改革がどれほど成功するかもまだわからない。初期の試み（具体的にはカーライルとKKRが二〇〇〇年代半ばに立ちあげたモーゲージ投資ファンド）は、頓挫したか、やっとこ生き残っているような状態だ。不動産投資やヘッジファンド部門といったKKRの新規事業の多くは、まだよちよち歩きの段階である。また投資家が抱き合わせ販売（ＬＢＯ会社が出資する不動産ファンドに投資するなど）を受け入れるかも定かではない。リミテッド・パートナーには、新規事業への傾斜や、短期的利益にこだわる一般投資家によって、プライベート・エクイティから長期的利益を重視する姿勢が失われるのではないか、と懸念する声も多い。

大手企業には別の悩みもある――後継者問題だ。ベインキャピタル、トーマス・Ｈ・リー・パートナーズ、ウォーバーグ・ピンカスなど、創業者から次の世代へのバトンタッチというデリケートな問題をうまく乗り切った企業もある。だがほとんどの会社は、いまや六〇代に入った創業者が依然として経営を掌握している。

シュワルツマンは二〇〇二年にトニー・ジェームズを正式な後継者として採用することで、この問題に対処した。だがそれから一〇年ほどが経っても、すでに六〇歳を超えたジェームズはまだ皇太子にすぎず、ＣＥＯの肩書は今でもシュワルツマンが握っている。

外部からナンバー2を招聘するのは大胆な試みだったが、それは九〇年代初頭にピーターソンの経営への関与が薄れたことで、ブラックストーンがライバル企業以上にスティーブ・シュワルツマンのワンマンショーになっていたことの表れでもある。いずれにせよ、ブラックストーンの主要なライバルの多くは、次の一〇年で純粋なＬＢＯ会社というルーツから遠ざかるのと並行して、程度の差こそあれ一様に世代交代という問題に取り組まなければならなくなるだろう。

二〇二〇年に書かれるプライベート・エクイティの歴史には、新しいエピソードや顔ぶれが多数登場することになりそうだ。

謝辞

本書のプロジェクトが本格的に動き出す以前から、大勢の方々に支援をいただいた。我々にプライベート・エクイティの入門書の執筆を検討するきっかけを与えてくれたのは、マグロウヒルのリー・スピロだ。その後、デビッド・キャリーの頭のなかの漠然としたアイデアにすぎなかった「もっと時間をかけてブラックストーンだけに的をしぼった本を書く」という選択肢のほうがはるかにおもしろい、と腹をすえるうえで背中を押してくれたのも彼である。

ゾーイ・パグナメンタは当初から我々を励まし、最終的に代理人となってくれたラリー・カーシュバウムを含む一流のエージェント三人と引き合わせてくれた。

ラリーの有能さ、金融や書籍業界への理解、そして何よりその人柄にはどれだけ感謝しても足りない。彼の冷静さや気のきいたメールは、三年間にわたる長期プロジェクトにはつきもののスランプを乗り越える助けとなった。

編集者としてジョン・マハニーのような、テーマの広がりを理解しつつ、我々が枝葉末節にとらわれて本筋を見失わないよう確固たる視点を提供してくれる人物を持ちえたことは幸運だった。草稿に対する有益なコメントや提案に感謝したい。

『ディール』誌での我々の上司であり、自らも作家であるボブ・タイトルマンは当初から精神的、知的サポートを惜しまなかった。初期の草稿に対する彼の意見は、我々を大局的な視点に引き戻してくれた。

『ディール』の同僚であるビビアン・テノリオ、クリスティン・イゼリス、ビパル・モンガには、職場で我々の穴を埋めてくれたことに感謝している。ジョン・モリスはアリンダム・ナグ、スザンナ・ポッターをはじめとする転職先のダウ・ジョーンズの同僚に対しても、本書が最終段階にあった時期に多大な配慮をしてくれたことに深く感謝している。我々がブラックストーン中心の世界からようやく足を洗おうとしていることに、みな胸をなでおろしているはずだ。

キンジー・ハフナー、ショーン・ダリー、アダム・サックスはそれぞれ、我々が執筆した原稿に詳細かつ示唆に富むコメントを寄せてくれた。

ブラックストーンの協力なしには、本書を完成することはできなかった。トニー・ジェームズ、法務責任者のボブ・フリードマンから一般社員に至るまで、多くの関係者がインタビューやその後の長期にわたる事実確認に、惜しみなく時間を割いてくれた。当初はあまり話したがらない人もいたが、だれもが例外なく我々の独立性を尊重し、本書を会社の意向に沿った公式の社史にしようと画策することもなかった。

二年間にわたり――その間には金融業界が大混乱に陥った――十数回の長時間にわたるインタビューに応じるなど、だれよりも多くの時間を割いてくれたのはスティーブ・シュワルツマンである。彼の率直さと比類ない記憶力のおかげで、創業以来二五年間の出来事をブラックストーンと彼自身がどう見てきたかを、当初は予想もしなかったほど詳しく知ることができた。

ブラックストーンで長年広報担当を務めたジョン・フォードには、大変お世話になった。彼の誠実さと親切心は、本書が生まれるはるか以前から金融報道に携わる人々の尊敬と好意を集めてきた。ブラックストーンに関する彼の知識は、特に我々の取材の初期段階において大変貴重だった。さらに正式に退職してから一年もの間、我々が送りつづける数百件もの事実確認の質問に対応してくれた。

あと二人、特に感謝したい人がいる。ジョン・フォードのアシスタントのステファニー・コキノスは、取材が集中した初期段階にはまるで手品のように次々とパートナーを連れてきてくれた。もう一人は大量の投資案件の日付、価格、利益を確認するという厄介な仕事を引き受けてくれたクリスティン・ベスキだ。

このほかにも本書に名前の挙がった、また名前の挙がらなかった多数の金融関係者が、貴重な背景説明、記憶、洞察を提供し、本書の物語に厚みと多様な視点を与えてくれた。

すべての方々に、心から感謝している。

訳者あとがき

一九九〇年代の日本に、アメリカのようなプライベート・エクイティ産業が存在していたら、何が起きていただろうか——。本書を読むと、こう思わずにはいられない。

バブル崩壊で深手を負った金融機関にすばやく出資し、不良債権処理に大ナタを振るったかもしれない。競争力が低下したゾンビ企業を買収し、人員削減や事業売却、他社との合併などを断行し、回復の道筋を整えたかもしれない。そして日本経済は、「失われた一〇年」に陥ることさえなく、成長力を取り戻したかもしれない——。

いずれも可能性にすぎないが、プライベート・エクイティがアメリカ経済で果たしてきた役割の大きさを理解するにつれ、日本企業がこの選択肢に目を向けることの必要性を改めて感じる。

本書の主役は、世界最大のプライベート・エクイティ投資会社ブラックストーンと、その共同創業者の一人、スティーブ・シュワルツマンである。両者の歩みは、アメリカのプライベート・エクイティ産業の歴史そのものであり、その意味で本書は一企業、一個人の伝記という範囲を超えて、この産業の全体像を俯瞰できる記述となっている。

またブラックストーンという、その影響力に比べればはるかに少ない情報しかなかった企業の内実を、興味深いエピソードを交えて紹介する本書は、大著でありながら読者を飽きさせない魅力がある。

著者のデビッド・キャリーとジョン・モリスはさらに、ブラックストーンとシュワルツマンの軌跡を丹念に辿ることによって、プライベート・エクイティをめぐる様々な誤解を解き、彼らがアメリカ経済において果たした役割を再評価しようとしている。

プライベート・エクイティについてよく指摘される誤解の一つに、彼らは招かれざる乗っ取り屋である、というものがある。あぶく銭を稼ぐために被買収企業に大量の人員解雇や資産の切り売りを迫り、その企業価値を破壊してしまう、というわけだ。

確かに、かつてプライベート・エクイティは乗っ取り屋と同じジャンク債という資金調達手段を使っていたことから、両者は同一視されがちだが、本質的にまったく別物であると著者は説く。

プライベート・エクイティは乗っ取り屋とは違い、買収対象企業の現経営陣の意に反して敵対的買収を進めることはめったにない。また短期的な利ザヤ稼ぎではなく、数年単位で企業の経営権を握ることを目的とする。そして経営改革によってその企業価値を向上させ、IPOや売却によって利益を得ようとするのである。

本書は、プライベート・エクイティによる買収が企業価値を破壊するどころか、むしろ高めるものであることを示す学術的研究も紹介している。例えば、欧州議会の依頼を受け、二〇〇四年までの二三年間にアメリカで実施された四七〇一件のIPOを調査したフランスの経営学者は、プライベート・エクイティ傘下の企業の株価パフォーマンスは、類似企業のそれを上回っていることをつきとめた。

また大量の人員解雇を行うという批判についても、反証が提供されている。ハーバード・ビジネススクールのジョシュ・ラーナー教授による、一九八〇年から二〇〇五年までに実施された四五〇〇件以上の企業買収に関する調査である。この調査では、プライベート・エクイティが保有する企業の多くは、買収直後の四年間で同じような規模の公開企業を上回るペースで雇用を増やすことが明らかになっている。

キャリーとモリスはまた、プライベート・エクイティは優れた金融技術と経営改革力を組み合わせて、企業が成長のステージを上がっていくのをサポートすると説明している。市場から四半期ごとに確実に利益をあげることを求められ、大きな冒険が許されない公開企業の傘下で伸び悩んでいた子会社が、ブラックストーンに買収され、中期的な戦略のもとでリストラや企業買収を進められるようになった結果、飛躍的な成長を遂げたケースが本書ではいくつか紹介される。

プライベート・エクイティはさらに、その莫大な資金力によって、第二の資本市場ともいうべき役割も果たすようになった。二〇〇〇年代初頭のネットバブル崩壊後や、〇八年から〇九年にかけての世界金融危機によってアメリカの資本市場が底にあった時期に、プライベート・エクイティは数十億ドルを投資した。これは、売り手企業にとっては不況を乗り切るための資金となり、株価の暴落に歯止めをかける一助となった。著者らの言葉を借りれば「プライベート・エクイティは資本市場の主流派が放棄していた役割を代わりに担った」のである。

キャリーとモリスは、本書の執筆開始時点では、プライベート・エクイティや企業M&Aを専門に扱う『ディール』誌のジャーナリストだった。そのため、本書の見解が多少業界寄りな部分はあるだろう。しかし、だからといって、頭ごなしに否定するわけにはいかない。日本企業も、買収ファンドと聞いただけで、とんでもないならず者がやってきたとばかりに門戸を閉ざす姿勢はそろそろ改めるべきではないだろうか。

日本でも一九九〇年代後半に和製バイアウト専門ファンドが登場し、一定の役割を果たしてきた。だが日本の経済規模を考えればその存在感はあまりに小さい。

最大の原因は、プライベート・エクイティ業界に人材がいないことでも、ファンド資金が集まらないことでもない。企業の経営陣、もしくはその親会社の経営陣が、他の経営主体に委ねたほうが潜在力を開花させられるような会社を抱え込んで手放さないことだといわれる。

本書が日本の産業界において、プライベート・エクイティの活用という選択肢への関心を高める一助となれば、訳者として望外の喜びである。

最後に、本書は原書のハードカバー版をもとに翻訳作業を進めたが、第26章については、ペーパーバック版刊行時に世界経済危機以降のプライベート・エクイティ業界をめぐる状況の変化を踏まえて大きな修正が加えられたことから、ペーパーバック版を採用したことを申し添えておく。

翻訳にあたり、日本のプライベート・エクイティをめぐる状況や課題について、長年業界の第一線で活躍されてきたクロスポイント・アドバイザーズ共同パートナーの前田俊一氏から、貴重なお話をうかがうことができた。ここに記して感謝したい。また本書の編集を担当された東洋経済新報社の佐藤朋保氏にもお世話になった。この場を借りて感謝申し上げたい。

二〇一一年八月　カリフォルニア州パシフィック・グローブにて

土方奈美

訳 者 紹 介

翻訳家．慶應義塾大学文学部卒業．1995年日本経済新聞社入社，『日本経済新聞』『日経ビジネス』などの記者を務める．2008年同社を退社．米国公認会計士，ファイナンシャル・プランナーの資格を保有．経済・金融分野を中心に翻訳活動を行う．

訳書：
ジョーンズ『グリーン・ニューディール』（東洋経済新報社，2009年）
フォックス『子供の強みを見つけよう』（日本経済新聞出版社，2009年）
テット『愚者の黄金』（共訳，日本経済新聞出版社，2009年）
オーレッタ『グーグル秘録』（文藝春秋，2010年）
ブラント『グーグルが描く未来』（武田ランダムハウスジャパン，2010年）
ミラー『群れのルール』（東洋経済新報社，2010年）
テドロー『なぜリーダーは「失敗」を認められないのか』（日本経済新聞出版社，2011年）
エリソン『ウォール・ストリート・ジャーナル陥落の内幕』（プレジデント社，2011年）

ブラックストーン

2011年12月22日 発行

訳 者 土方《ひじかた》奈美《なみ》
発行者 柴生田晴四

〒103-8345
発行所 東京都中央区日本橋本石町1-2-1 東洋経済新報社
電話 東洋経済コールセンター03(5605)7021

印刷・製本 東洋経済印刷

Printed in Japan ISBN 978-4-492-71181-1 http://www.toyokeizai.net/

著者紹介

デビッド・キャリー　David Carey

ニューヨークを本拠とするプライベート・エクイティとM&Aの専門誌『ディール』のシニア・ライターで、20年にわたり、プライベート・エクイティ業界を取材してきた。1999年に『ディール』に加わるまでは、『コーポレート・ファイナンス』のエディターを務め、『アドウィーク』『フォーチュン』『インスティテューショナル・インベスター』『フィナンシャル・ワールド』などに寄稿していた。ワシントン大学で学士号を取得。フランス文学(プリンストン大学) とジャーナリズム(コロンビア大学) の2つの修士号を持つ。

ジョン E. モリス　John E. Morris

『ダウ・ジョーンズ・インベストメント・バンカー』のエディター。それ以前は『ディール』のロンドンとニューヨークの拠点で副編集長を務め、プライベート・エクイティに関する報道の責任者を務めた。1993年から1999年まで、『アメリカン・ロイヤー』のエディターおよび編集責任者。ジャーナリストになる以前は、サンフランシスコで6年間弁護士をしていた。カリフォルニア大学バークレー校で学位取得後、ハーバード大学で法学博士号を取得。

索　引

【カ　行】

【サ　行】

【ヤ　行】

【ラ　行】

【ワ　行】

注

ブラックストーンのプライベート・エクイティ投資に関する基本的事実（買収価格、契約日、株主資本の割合、利益、収益率、個々の案件の投資戦略、投資後の展開）は、著者らが独自に入手した、同社が5番目および6番目の企業買収ファンドのために作成した「プライベートプレイスメント・メモランダム（PPM）」と呼ばれる関係者向けの目論見書から引用した。PPMはファンドへの出資を検討する投資家に配付されるもので、一般には入手できない。こうした資料の詳細については、ブラックストーンに確認した。

このほかブラックストーンに直接関係する数百件の事実については、本書の完成前に同社に書面で確認した。そこには日付や金額といった単純なデータのほか、議論の内容や物事の順序（社内外の関係者への取材や資料から得た一次情報）などが含まれていた。

ブラックストーンは本書の原稿を一切確認しておらず、また本書に記載した人物描写、観察、結論、意見は事前に同社の確認や精査を受けていない。

ブラックストーンは取材に協力する条件として、同社および同社関係者の語った事実もしくはコメントとするものについては、すべて確認することを求めた。これはジャーナリストの取材を受ける個人や企業の多くが要求する条件である。事実誤認や曖昧さ、文法的誤りがあった場合を除き、同社および取材を受けた人がコメントを大幅に変更したケースはない。本書に含まれる、ブラックストーン関係者による数百ものコメントのうち、多少なりとも変更を加えられたものはごく少数にとどまる。ブラックストーン関係者の多くには複数回の取材を重ね、その後書面で内容を確認したため、特定の取材日は記載しなかった。

匿名を条件にインタビューに応じた人もいた。多くのケースでは、同じインタビューの別の部分がオンレコで、取材先や取材日が本書に記載されているため、関係者への周辺取材のなかで入手した取材情報については取材日は記載しなかった。

略称

IPO目論見書：Prospectus, Form 424B4, Blackstone Group LP, June 21, 2007. 以下のウェブサイトで入手可能。www.sec.gov/edgar.shtml.

PPM for BCP V: ブラックストーン・キャピタル・パートナーズ5号ファンド用関係

者向けPPM（日付なし）、および2005年4月と10月の補足資料。

PPM for BCP VI: ブラックストーン・キャピタル・パートナーズ6号ファンド用関係者向けPPM（日付なし）、および2008年12月31日までの運用成績。

NYT:『ニューヨーク・タイムズ』。

WSJ:『ウォール・ストリート・ジャーナル』。

Anders, *Merchants*: George Anders, *Merchants of Debt: KKR and the Mortgaging of American Business* (Washington, D.C: Beard Books, 2002, originally published by Basic Books, 1992).（近藤博之訳『マネーゲームの達人——金融帝国KKRの物語』ダイヤモンド社、1993年）

Auletta, *Greed*: Ken Auletta, *Greed and Glory on Wall Street: The Fall of the House of Lehman* (New York: Warner Books, 1986).（永田永寿訳『ウォール街の欲望と栄光——リーマン・ブラザーズの崩壊』日本経済新聞社、1987年）

Baker and Smith, *Capitalists*: George P. Baker and George David Smith, *The New Financial Capitalists: Kohlberg Kravis Roberts and the Creation of Corporate Value* (Cambridge, England: Cambridge University Press, 1998).（岩村充監訳『レバレッジド・バイアウト——KKRと企業価値創造』東洋経済新報社、2000年）

Bruck, *Predators*: Connie Bruck, *The Predators' Ball: The Junk Bond Raiders and the Man Who Staked Them* (New York: The American Lawyer /Simon & Schuster, 1988).（三原淳雄・土屋安衛訳『ウォール街の乗取り屋』東洋経済新報社、1989年）

Burrough and Helyar, *Barbarians*: Bryan Burrough with John Helyar, *Barbarians at the Gate: The Fall of RJR Nabisco*(New York: Harper & Row, 1990).（鈴田敦之訳『野蛮な来訪者——RJRナビスコの陥落　上・下』日本放送出版協会、1990年）

Finkel and Geising, *Masters*: Robert A. Finkel and David Geising, *The Masters of Private Equity and Venture Capital* (New York: McGraw-Hill, 2010).

Peterson, *Education*: Peter G. Peterson, *The Education of an American Dreamer: How a Son of Greek Immigrants Learned His Way from a Nebraska Diner to Washington, Wall Street, and Beyond* (New York: Twelve, 2009).

Stewart, "Party": James B. Stewart, "The Birthday Party," *New Yorker*, February 11, 2008.

Wasserstein, *Big Deal*: Bruce Wasserstein, *Big Deal: The Battle for Control of America's Leading Corporations* (New York: Warner Books, 1998).（山岡洋一訳『ビッグディール――アメリカM&Aバイブル　上・下』日経BP社、1999年）

企業業績に関する記述は、米証券取引委員会（SEC）に提出された四半期および年間財務報告書を参照している（Forms 10-Qおよび10-K)。以下のサイトで入手可能である。www.sec.gov/edgar.shtml

主要な財務諸表に含まれないデータについては、読者がネット上で探しやすいようにSECの書式もしくは図表の番号を示した。

第1章：デビュー

(1) Landon Thomas Jr., "More Rumors about His Party Than about His Deals," *NYT*, Jan. 27, 2007; Michael J. de la Merced, "Dealbook: Inside Stephen Schwarzman's Birthday Bash," *NYT*, Feb. 14, 2007; Richard Johnson with Paula Froelich, Bill Hoffmann, and Corynne Steindler, "Page Six: $3M Birthday Party Fit for Buyout King," *New York Post*, Feb. 14, 2007; Michael Flaherty, "Blackstone CEO Gala is Sign of Buyout Boom," Reuters, Feb. 14, 2007; Richard Johnson with Paula Froelich, Bill Hoffmann, and Corynne Steindler, "Page Six: No Room for Henry At Bash," *New York Post*, Feb. 15, 2007; さらに匿名の出席者への取材も参考にした。

(2) 380億ドルという数字には、ブラックストーンのパートナーが保有する、市場に流通していない株式の価値も含まれている。

(3) IPO目論見書。

(4) トムソン・ロイターズが2009年5月26日に著者らのために作成したデータより。

(5) "Behind Home Depot Rumors," CNBC Faber Report, http://www.cnbc.com/id/16037251, Dec. 4, 2006.

(6) ブラックストーンより。

(7) 2008年1月29日に発表された、2007年11月30日までの事業年度に関するゴールドマン・サックス・グループの年次報告書（Form 10-K), 15; 2008年3月12日に発表された、ブラックストーンの2007年年次報告書（Form 10-K), 11.

(8) David Carey and Vipal Monga, "Wielding the Club: The Warner Chilcott Affair," *The Deal*, May 19, 2005.

(9) IPO目論見書。AIM Program Fund Performance Review, California Public Employees' Retirement System（2007年6月30日時点）; Alternative Investments Portfolio Performance, California State Teachers' Retirement System（2007年3月31日時点）.

(10) "German SPD Head Says to Fight Capitalist 'Locusts,'" Reuters, Apr. 17, 2005; Kerry Capell, with Gail Edmondson, "A Backlash against Private Equity," *Business Week*, Mar.12, 2007.

(11) Alan Murray, "A Question for Chairman Bernanke: Is It Time to Yank the Punch Bowl?" *WSJ*, Feb.14, 2007; "The Blackstone Tax"（unsigned editorial）, *WSJ*, June 20, 2007.

(12) 第25章参照。

(13) Julie Creswell and Vikas Bajaj, "$3.2 Billion Move by Bear Stearns to Rescue Fund," *NYT*, June 23, 2007.

(14) 2009年3月3日に発表された、ブラックストーンの2008年度年次報告書（Form 10-K）, 158.

(15) 関係者2人への取材より。

(16) Hugh MacArthur, Graham Elton, Bill Halloran, et al., *Global Private Equity Report 2010*, Bain & Co.,Mar. 10, 2010（推計額は5080億ドル）; Heino Meerkatt and Heinrich Liechenstein, *Driving the Shakeout in Private Equity*, Boston Consulting Group and the IESE Business School of the University of Navarra, Navarra, Spain, July 2009（推計額は5550億ドル）; Conor Kehoe and Robert N. Palter, "The Future of Private Equity," *McKinsey Quarterly* 31（Spring 2009）: 11（推計額は4700億ドル）.

(17) 2009年6月15日付のCalifornia Public Employees' Retirement System（CalPERS）のプレスリリースより（10%から14%への増加）; Keenan Skelly, "Calstrs Raises Target Allocation to 12%," *LBO* Wire, Aug. 17, 2009; さらにニューヨーク州監査官トーマス・P・ディナポリの広報責任者ロバート・ウォーレンからの2010年3月8日の電子メールを参照した（New York State Common Retirement Fundが2009年11月に投資比率を8%から10%に引き上げたことを確認）。

第2章　フーデイルの奇跡とリーマンの内紛

(1) スティーブ・シュワルツマンへの取材より。

(2) 2008年8月5日のリチャード・ビーティーへの取材より。
(3) Michael M. Thomas, "Windfall; A Game of 1980s High Finance," *New York*, Aug. 8, 1983, 22ff; Ann Crittenden, "Reaping the Big Profits from a Fat Cat," *NYT*, Aug. 7, 1983.
(4) Crittenden, "Reaping the Big Profits."
(5) シュワルツマンへの取材より。
(6) ピーター・ピーターソンへの取材より。
(7) Warren Hellman, in Finkel and Geising, *Masters*, 55.
(8) Ibid., 54.
(9) ピーターソンとシュワルツマンへの取材より。
(10) ビーティーへの取材より。
(11) Auletta, *Greed*, 35ff.
(12) Peterson, *Education*, 147ff.
(13) Ibid., 147–48.
(14) Ibid., 148–51
(15) Ibid., 193ff.
(16) Ibid, 218–19; Auletta, *Greed*, 48.
(17) Ibid., 48; Peterson, *Education*, 218–19.
(18) 2008年6月4日のウォーレン・ヘルマンへの取材より。
(19) "Back from the Brink Comes Lehman Bros.," *Business Week*, Nov. 1975.
(20) 元リーマン・ブラザーズのパートナーへの取材より。
(21) Auletta, *Greed*, 16ff; 元リーマンのパートナーへの取材も参考にした。
(22) 複数のピーターソンの元同僚、およびニューヨークのプライベート・エクイティ会社トップへの取材より。
(23) 2008年5月29日のハワード・リプソンへの取材より。
(24) 著者の観察。
(25) 2008年10月1日のデビッド・バッテンへの取材より。
(26) Auletta, *Greed*, 32ff; Peterson, *Education*, 215ff.
(27) Peterson, *Education*, 216.
(28) Ibid., 236–37.
(29) Hellman, in Finkel and Geising, *Masters*, 54.
(30) Stewart, "Party."

(31) Auletta, *Greed*, 3ff; Peterson, *Education*, 216.
(32) Peterson, *Education*, 225–32.
(33) Ibid., 216–17.
(34) ピーターソンへの取材より。
(35) ピーターソン、シュワルツマンへの取材より。
(36) ピーターソンへの取材より。
(37) Peterson, *Education*, 231; およびシュワルツマンへの取材より。
(38) シュワルツマンへの取材より。
(39) シュワルツマンへの取材より。
(40) Karen W. Arenson, "Stephen Schwarzman, Lehman's Merger Maker," *NYT*, Jan. 13, 1980.
(41) Stewart, "Party."
(42) 関係者への取材より。
(43) ヘルマンへの取材より。
(44) ラルフ・シュロスタインへの取材より。
(45) シュワルツマンへの取材より。
(46) Auletta, *Greed*, 70ff; Peterson, *Education*, 255ff.
(47) ピーターソンへの取材より。
(48) Peterson, *Education*, 260.
(49) Auletta, *Greed*, 69ff; 関係者への取材も参考にした。
(50) Peterson, *Education*, 256, 266.
(51) シュワルツマンへの取材より。Auletta, *Greed*, 190ff.
(52) Auletta, *Greed*, 208.
(53) シュワルツマンへの取材より。
(54) シュワルツマンおよびピーターソンへの取材より。
(55) 元リーマンのパートナーへの取材より。
(56) シュワルツマンを知る人物への取材より。
(57) 2人の元リーマン・パートナーへの取材より。
(58) ピーターソンへの取材より。
(59) ピーターソンへの取材より。
(60) ピーターソンへの取材より。
(61) ピーターソンとシュワルツマンへの取材より。

(62) シュワルツマンを知る3人の人物への取材より。

(63) 関係者への取材より。

(64) ピーターソンへの取材より。

第3章　ドレクセルの10年

(1) Wasserstein, *Big Deal*, 55ff; Baker and Smith, *Capitalists*, 16ff.

(2) Baker and Smith, *Capitalists*, 52ff; Burrough and Helyar, *Barbarians*, 133ff.

(3) Burrough and Helyar, *Barbarians*, 133.

(4) Ibid., 136–38.

(5) KKRのパートナーへの取材より。

(6) IPO Registration Statement, Form S-1, KKR & Co. LP, Oct. 31, 2008, 233.

(7) 2008年6月6日のスティーブン・クリンスキーへの取材より。

(8) 関係者への取材より。

(9) Burrough and Helyar, *Barbarians*, 235ff.

(10) 1990 年代後半（日付の記載はなし）のフォーストマン・リトルによる関係者向けPPMより。

(11) Wasserstein, *Big Deal*, 64ff.

(12) Ibid., 71ff; Baker and Smith, *Capitalists*, 48–49.

(13) 1990年代後半（日付の記載はなし）コールバーグ・クラビス・ロバーツ&カンパニー（以下KKR）の関係者向けPPM;1990年代後半のフォーストマン・リトルのPPM、新聞報道も参照。

(14) KKRおよびフォーストマン・リトルの1990年代後半のPPMより。

(15) Anders, *Merchants*, 85.

(16) 1994年のダニエル・オコーネルへの取材より。

(17) Wasserstein, *Big Deal*, 81–85; Anders, *Merchants*, 83–108; Bruck, *Predators*, 10ff.

(18) Bruck, *Predators*, 78.

(19) Baker and Smith, *Capitalists*, 25; Anders, *Merchants*, 88.

(20) Anders, *Merchants*, 89.

(21) Ibid., 83; Wasserstein, *Big Deal*, 83.

(22) 2008年10月31日にKKRが提出したAmendment 6 to Form S-1, 233.

(23) Baker and Smith, *Capitalists*, 179-80; 複数のメディア記事も参考にした。

(24) 1980年代の乗っ取り屋と産業界のエスタブリッシュメントとの論戦、およびLBO専門家に関するメディア報道、彼らに対する政界からの反発が最もよく描かれているのは以下の書籍である。Baker and Smith, *Capitalists*, 14–40.

(25) Wasserstein, *Big Deal*, 108–9; その他複数のメディア記事も参考にした。

(26) Wasserstein, *Big Deal*, 109, 135; その他複数のメディア記事も参考にした。

(27) Wasserstein, *Big Deal*, 108–10; David Carey, "Can Raiders Run What They Raid?" *Fortune*, June 4, 1990.

(28) Wasserstein, *Big Deal*, 57–58, 72ff, 618ff; Baker and Smith, *Capitalists*, 18ff.

(29) Bruck, *Predators*, 204ff; Wasserstein, *Big Deal*,146.

(30) Wasserstein, *Big Deal*, 95; Baker and Smith, *Capitalists*, 99.

(31) 2008年8月5日のディック・ビーティーへの取材より。

(32) Baker and Smith, *Capitalists*, 84; Wasserstein, *Big Deal*, 97; 複数のメディア記事も参考にした。

(33) Carol J. Loomis, "Buyout Kings," *Fortune*, July 4, 1988.

(34) Wasserstein, *Big Deal*, 79–80; Baker and Smith, *Capitalists*, 33ff.

(35) Baker and Smith, *Capitalists*, 91–92.

(36) Burrough and Helyar, *Barbarians*, 233–34 and 240–41; Theodore J. Forstmann, "Corporate Finance, 'Leveraged to the Hilt'; Violating Our Rules of Prudence," *WSJ*, Oct. 25, 1988.

(37) Burrough and Helyar, *Barbarians*, 234; Anders, *Merchants*, 125.

(38) Burrough and Helyar, *Barbarians*, 129.

第4章　どぶ板営業

(1) ピーターソンおよびシュワルツマンへの取材より。

(2) Steven Mufson, "Creating Connections at Blackstone Group," *Washington Post*, July 30, 1989.

(3) ピーターソンおよびシュワルツマンへの取材より.

(4) Auletta, *Greed*, 221.

(5) シュワルツマンと彼の税理士への取材より。

(6) シュワルツマンへの取材より。

(7) 1990年代後半にKKRが作成した関係者向けのPPMより。

(8) KKRが2008年10月31日に提出したForm S-1, 233。

(9) Dyan Machan, Stephen Taub, Paul Sweeneg, et al., "The Financial World 100: The Highest Paid People on Wall Street," *Financial World*, July 22, 1986, 21.

(10) ピーターソンへの取材より。

(11) シュワルツマンへの取材より。

(12) ピーターソンへの取材、および2008年7月30日のガーネット・キースへの取材より。

(13) マイケル・パグリッシおよびシュワルツマンへの取材より。

(14) シュワルツマンへの取材より。

(15) シュワルツマンへの取材より。

(16) ピーターソンへの取材より。

(17) シュワルツマンへの取材より。ファンドの6億3500万ドルという数字は、1987年末にブラックストーンが載せた新聞広告より引用。

第5章　万事順調

(1) ブラックストーンに確認。およびシュワルツマンへの取材より引用。

(2) ピーターソンへの取材より。

(3) アルトマンの元同僚への取材より。

(4) William Greider, "The Education of David Stockman," *Atlantic*, Dec. 1981, 27ff; David Stockman, *The Triumph of Politics: Why the Reagan Revolution Failed* (New York: Harper & Row, 1986).

(5) シュワルツマンとピーターソンへの取材より。

(6) Steve Swartz, "First Boston's Mortgage Securities Chief Leaves to Join Smaller Blackstone Group," *WSJ*, March 4, 1988.

(7) シュワルツマンへの取材より。

(8) シュワルツマンへの取材および関係者への取材より。

(9) 本件に詳しい3人の人物への取材より。

(10) シュワルツマンへの取材より。ファンド出資者のうち、2社がその後デフォルトしたため、ファンド総額は8億1000万ドルとなった。

(11) Scot J. Paltrow, "Nomura Buys Stake in Fledgling Investment Firm," *Washington Post*, July 28, 1988.

(12) Carol J. Loomis, "The New J.P. Morgans," *Fortune*, Feb. 29, 1988; メディア記事も参考にした。

(13) Wasserstein, *Big Deal*, 179ff; Dennis K. Berman, Jeffrey McCracken, and Randall Smith, "Wasserstein Dies, Leaves Deal-Making Legacy," *WSJ*, Oct. 16, 2009; Andrew Ross Sorkin and Michael J. de la Merced, "Obituary: Bruce Wasserstein, 61, Corporate Raider," *NYT*, Oct. 16, 2009.

(14) Paltrow, "Nomura Buys Stake"; Michael Quint, "Yamaichi- Lodestar Deal Another Sign of the Trend," *NYT*, July 28, 1988; ワッサースタイン・ペレラの元パートナーへの取材も参考にした。

(15) ワッサースタイン・ペレラの元パートナーへの取材より。

(16) Quint, "Yamaichi- Lodestar Deal"; 他のメディア記事も参考にした。

(17) Loomis, "The New J.P. Morgans"; Form S-1, KKR & Co. LP, Oct. 31, 2008, 233. KKRの1987年のファンドは当初56億ドルでクローズしたが、その後5億ドルのコミットメントを獲得し、最終的には61億ドルでクローズした。

(18) 1990年代後半の、KKRの関係者向けPPMより。この資料によると、KKRがストーラー社に投資した2億2100万ドルは6億5820万ドルの総利益をもたらした。KKRのパートナーは成功報酬としてその20%（1億3160万ドル）を受け取ったと見られる。

(19) マイケル・パグリッシによる質問への書面回答より。Peterson, *Education*, 274ff; さらにメディア記事も参考にした。

(20) 2009年6月30日のドナルド・ホフマンへの取材より。

(21) ピーターソンとシュワルツマンへの取材、ホフマンへの取材、および2009年6月16日のデビッド・ロデリックへの取材より。

(22) シュワルツマンの質問への書面回答より。

(23) シュワルツマンへの取材、および2008年5月29日のハワード・リプソンへの取材より。

(24) リプソンへの取材より。

(25) シュワルツマンへの取材、および2008年7月24日のジェームズ・リーへの取材より。

(26) ピーターソンへの取材より。

(27) シュワルツマンおよびリプソン（2008年5月29日）への取材より。

(28) 1994年4月27日、トランスター・ホールディングスのForm S-1。

(29) レバレッジド・ファイナンスに詳しい銀行関係者への取材より。

(30) ピーターソンへの取材より。

(31) 2008年6月9日のハワード・リプソンへの取材より。
(32) シュワルツマンへの取材より。
(33) 1980年代に活動していた企業買収の専門家への取材より。
(34) ブラックストーンの元パートナー4人への取材より。
(35) シュワルツマンへの取材より。

第6章　混乱

(1) ストックマンと仕事をしたことのある銀行関係者、ディール専門家、およびストックマンのブラックストーンの同僚2人への取材より。
(2) ブラックストーンの元社員への取材より。
(3) シュワルツマンへの取材より。
(4) ブラックストーンの元パートナーへの取材より。ほかの元社員2人も同様の発言をした。
(5) 2008年10月1日のデビッド・バッテンへの取材より。
(6) シュワルツマンへの取材より。
(7) ブラックストーンの元パートナーへの取材より。
(8) シュワルツマンへの取材より。
(9) ブラックストーンの元パートナー3人への取材より。
(10) ブラックストーンの元社員への取材より。
(11) 2008年5月29日のリプソンへの取材より。
(12) シュワルツマンへの取材より。
(13) シュワルツマンおよびパグリッシへの取材より。
(14) パグリッシへの取材より.
(15) Randall Smith, "Blackstone Group Leaving Arbitrage as Deals Dwindle," *WSJ*, Jan. 29, 1990.
(16) パグリッシとバッテンへの取材より。
(17) ブラックストーンの元パートナー2人への取材より。Stewart, "Party."
(18) ブラックストーンの元パートナー3人への取材より。
(19) ブラックストーンの元パートナーへの取材より。
(20) ブラックストーンの元パートナーへの取材より。
(21) 2008年5月13日のヘンリー・シルバーマンへの取材より.
(22) シュワルツマンへの取材より。

第7章　スティーブ・シュワルツマン・ショー

(1) ピーターソンへの取材より。

(2) Peter G. Peterson, "The Morning After," *Atlantic*, Oct. 1987.

(3) "LBO Ends Up on Scrap Heap," *Newsday*, Sept. 9, 1990.

(4) Joe Queenan, "The Cadillac Cassandra: Peter Peterson's Quixotic Quest for Fame and Fortune," *Barron's*, Jan.16, 1989.

(5) 2008年12月14日のジョナサン・コルビーへの取材より。ピーターソンへの元同僚2人への取材も参考にした。

(6) ブラックストーンの元社員3人への取材より。

(7) ローレンス・ガフィーへの取材より。

(8) Stewart, "Party."

(9) シュワルツマンへの取材より。

(10) 2009年2月19日、ボビー・ブライアントへの取材より。

(11) 2008年5月28日、ジェフリー・ローゼンへの取材より。Stewart, "Party" のほか、シュワルツマンへの取材も参考にした。

(12) シュワルツマンへの取材より。

(13) 2010年2月12日のウィリアム・ドナルドソンへの取材より。

(14) シュワルツマンへの取材より。

(15) 2008年7月24日のジミー・リーへの取材より。

(16) 2008年10月22日のブレット・パールマンへの取材より。

(17) ブラックストーンの元パートナーへの取材より。

(18) レバレッジド・ファイナンスに詳しい銀行関係者への取材より。

(19) プライベート・エクイティ会社のトップへの取材より。

(20) 2008年5月29日のリプソンへの取材より。

(21) ローゼンへの取材より。ブラックストーンのパートナーへの取材より。

(22) パールマンへの取材より。

(23) 2009年2月13日のマリオ・ジャンニーニへの取材より。

(24) プライベート・エクイティ会社のトップへの取材より。著者自身の観察も含む。

(25) 2009年1月22日、サイモン・ロナガンへの取材より。

(26) Randall Smith, "Fast Talk, Connections Help Make Blackstone a Wall Street Success," *WSJ*, Oct. 24, 1990.

(27) Peter Lattman, "Steve Schwarzman's Take on the Subprime Mess," *WSJ*

Blog, May 8, 2008; ブラックストーンのリミテッド・パートナーへの取材も参考にした。

(28) ブラックストーンのリミテッド・パートナーへの取材より。

第8章　一時代の終焉、そしてイメージ問題の始まり

(1) Form S-1, BFM Holdings, Inc., May 19, 1992.

(2) DLJ元幹部への取材より。

(3) ピーターソンへの取材より。

(4) DLJ元幹部2人への取材より。

(5) シュワルツマンとジェームズへの取材、DLJ幹部への取材、Chicago and North Western Holdings Corp（CNW）の1992年3月31日付IPO目論見書, 9ff.

(6) Burrough and Helyar, *Barbarians*; Wasserstein, *Big Deal*, 113–16; KKRのパートナーへの取材より。

(7) James Sterngold, "Buyout Specialist Bids $20.3 Billion for RJR Nabisco," *NYT*, Oct. 25, 1988.

(8) Anders, *Merchants*, 255; RJRの1990年の財務報告書。

(9) Ibid., 263.

(10) Burrough and Helyar, *Barbarians.*

(11) この投資案件に詳しい人物への取材より。

(12) 2008年10月31日にKKRが提出したForm S-1, 233.

(13) Susan Faludi, "The Reckoning: Safeway LBO Yields Vast Profits but Exacts a Heavy Human Toll," *WSJ*, May 16, 1990.

(14) Anders, *Merchants*, 115–18, 166–68, 184–85, 206–12, 228–29; Baker and Smith, *Capitalists*, 92–95, 107–113; Government Accounting Office, *Case Studies of Selected Leveraged Buyouts: No. 91–107*, 1991; "LBOs: The Good, the Bad and the Ugly," *Business Week* online, Dec. 3, 2007, http://images.businessweek.com/ss/07/12/1203_lbo/index_01.htm (slide 7)（スタンダード&プアーズ・レーティングス・ダイレクトのレポートに基づいている）. セーフウェイの財務報告書も参考にした。

(15) 1990年代後半のKKRの関係者向けPPMより。

(16) 2009年11月14日、デロイト・コンサルティング元マネジング・ディレクター兼企業戦略・再編事業責任者、ランド・ガルバクツへの取材より。

(17) 2009年12月2日、ロバート・ブルナーへの取材より。

第9章　ニューフェイス

(1) マイケル・シコノルフィが言及したセキュリティーズ・データ・コーポレーションのデータより。“Year- End Review of Bond Markets: Merrill Retains Underwriting Crown in Shaky Market,” *WSJ*, Jan. 2, 1991.

(2) Timothy Curry and Lynn Shibut, “The Cost of the Savings and Loan Crisis: Truth and Consequences,” *FDIC Banking Review*, Dec. 2000, 2.

(3) シュワルツマンへの取材より。

(4) 2000年6月、カーライルのリミテッド・パートナーへの関係者向け報告書より。

(5) 1992年11月、トム・ヒックスへの取材より。

(6) Davan Maharaj, John-Thor Dahlberg, “Tycoon Has Law Hot on His Heels: California Accuses Francois Pinault and Others of Illegally Acquiring an Insurer's Assets,” *Los Angeles Times*, July 6, 2000. ブラックと本件の出資者はその後、エグゼクティブ・ライフの社債をフランソワ・ピノー（上記の記事中でTycoon〈大物実業家〉とされた人物）に売却した。記事は、アポロとピノーがこの取引から合計25億ドルの利益をあげたと指摘している。ブラックとアポロはピノーに関するスキャンダルには巻き込まれなかった。

(7) 2008年8月12日にApollo Global Management LLCが提出したForm S-1, 187。

(8) アメリカン・セイビングス・バンクとコンチネンタル航空に詳しい人物への取材より。

(9) Norm Clarke, “Money Man Really Means Business When He Celebrates His Birthday,” *Las Vegas Review- Journal*, Nov. 13, 2002; “$7 Million Birthday Bash,” *New York Post*, Nov. 13, 2002.

(10) Leslie Wayne, “The R.T.C.'s Point Man in Distressed Real Estate,” *NYT*, Mar. 10, 1991.

(11) 2008年10月1日、デビッド・バッテンへの取材より。

(12) Michael Gross, “Where the Boldface Bunk,” *NYT*, March 11, 2004.

(13) 2010年1月20日、ヘンリー・シルバーマンへの取材より。

(14) シュワルツマンへの取材、および2008年5月13日のシルバーマンへの取材より。

(15) 1992年3月31日付のCNWによるIPO目論見書。CNWの各年度のキャッシュフロー（利払い前、税引き前、減価償却前、その他償却前利益であるEBITDA）は、

目論見書のF-4に記載された減価償却、償却の金額をF-2の営業利益と合算することで求められる。
(16) 2008年6月9日のリプソンへの取材より。
(17) シュワルツマンへの取材より。
(18) 2008年5月13日、シルバーマンへの取材より。
(19) ケネス・ホイットニーへの取材より。

第10章　離婚、そして価値観の違い

(1) Peter G. Peterson, "The Budget: From Comedy to Tragedy," *NYT*, Sept. 16, 1990.
(2) "Store Styling," in "Men's Fashions of the Times," *NYT*, Sept. 16, 1990.
(3) ブラックストーン元パートナーへの取材より。
(4) 2008年12月14日、ジョナサン・コルビーへの取材より。
(5) ピーターソンとシュワルツマンを知る3人への取材より。
(6) ピーターソンの電子メールより。
(7) ピーターソンの友人への取材より。
(8) ピーターソンとシュワルツマンを知る人物への取材より。
(9) シュワルツマンへの取材より。
(10) 2008年10月2日のゲーリー・トラブカへの取材より。
(11) 2010年1月20日のヘンリー・シルバーマンへの取材より。
(12) ブラックストーン元パートナー3人への取材より。
(13) 2008年10月9日、オースティン・ボイトナーへの取材より。
(14) ブラックストーン元パートナー3人への取材より。
(15) アルトマンの友人への取材より。
(16) ブラックストーン元パートナーへの取材より。
(17) 1992年5月19日付、BFMホールディングスのForm S-1より。
(18) 複数のブラックストーン元パートナーへの取材より。
(19) 1994年6月16日のPNCのプレスリリースより。
(20) ブラックストーン元パートナー3人への取材より。
(21) Leah N. Spiro and Kathleen Morris, "Blackstone: Nice Is for Suckers—Its Good Cop—Bad Cop Team Grabs the No. 2 Spot in LBOs," *Business Week*, Apr. 13, 1998.

(22) 一例を挙げると2008年1月10日、ブラックストーンによるGSOキャピタル・パートナーズの買収を説明するために開いたアナリストや記者向けのカンファレンス・コールで、シュワルツマンは「我々が後悔していることの一つは、ブラックロックを早く売却しすぎたことだ」と語った。
(23) チン・チュウへの取材より。
(24) この会議に出席した人物への取材より。
(25) モスマンに関する記憶やコメント、モスマンのストックマンに異を唱えた様子、仕事態度、ブラックストーン内での影響力に関する記述は、J・トミルソン・ヒル、ケネス・ホイットニー、チュウ、サイモン・ロナガン（2009年1月22日）への取材に基づく。さらにモスマンと仕事をしたことのあるブラックストーン元パートナーなどへの取材も参考にした。

第11章　看板替え

(1) ジョン・シュライバーとシュワルツマンへの取材より。
(2) ケネス・ホイットニーとシュワルツマンへの取材より。
(3) PPM for BCP Vに記載された、デバルトロの案件に関する報告より。
(4) 1993年11月18日付のブラックストーンのプレスリリースより。
(5) セキュリティーズ・データ・コーポレーションによると、アメリカ国内のM&A活動は1992年の1530億ドルから、1995年には4510億ドルに拡大した。
(6) ブラックストーン元パートナーへの取材より。
(7) 2009年5月20日のマイケル・ホフマンへの取材より。

第12章　復活

(1) 2006年11月、CD&R社長兼CEOのドナルド・J・ゴゲルがアストリア・プライベートエクイティ・インベストメント・フォーラムで行ったスピーチより。スピーチ原稿は以下のCD&Rのウェブサイトに掲載されている。http://www.cdr -inc.com/ news/perspectives/ private_equity_a_force .php.
(2) 2008年6月9日のハワード・リプソンへの取材より。
(3) ピーターソンへの取材より。
(4) 2008年6月24日、ジミー・リーへの取材より。
(5) Ellen Moody, “King of Corporate Debt Moves into Equities,” Bloomberg News, Oct. 4, 1999.

(6) リプソンへの取材より。

(7) Leah N. Spiro and Kathleen Morris, "Blackstone: Nice Is for Suckers," *Business Week*, Apr. 13, 1998.

(8) リプソンへの取材より。

(9) シュワルツマンへの取材より。

(10) ブラックストーン元パートナーへの取材より。

(11) 銀行関係者への取材より。

(12) 以下の記事に引用された、鉄鋼業界のアナリスト、チャールズ・ブラッドフォードのコメントより。Len Boselovic, "Heavy Metal Buyout Owners of Former Johnstown Steel Plant Make a Bid for Company that Owns Beaver Falls Plant," *Pittsburgh Post- Gazette*, July 25, 1998.

(13) リパブリックの案件にかかわった人物への取材より。

(14) ストックマンがブラックストーンを退社した経緯については、主にブラックストーンの元パートナー2人への取材に加えて、ストックマンの身近で働いていた人物への取材を参考にした。

第13章　利益重視

(1) 1998年8月30日のAIGのプレスリリースより。"AIG to Invest $1.35 Billion in The Blackstone Group and Its Funds."

(2) Matthew Schifrin, "LBO Madness," *Forbes*, Mar. 9, 1998; Stanley Reed, "Buyout Fever! LBOs Are Changing the Face of Dealmaking in Europe," *Business Week*, June 14, 1999.

(3) David Henry, "Netscape Investors Bet on a Dream," *USA Today*, Aug. 9, 1995.

(4) Rose Aquilar, "Yahoo IPO Closes at $33 after $43 Peak," *CNET News*, Apr. 12, 1996.

(5) 著者自身の観察による。ブラックストーンへの投資家および3人の元同僚への取材も参考にした。

(6) 2008年7月17日と2009年2月24日のマーク・ギャログリーへの取材、2008年10月22日と2009年2月11日のブレット・パールマンへの取材、2009年1月22日のサイモン・ロナガンへの取材、ローレンス・ガフィーへの取材より。

(7) 2009年2月24日のギャログリーへの取材、2008年10月22日のパールマンへの取材、ロナガンへの取材より。

(8) David Carey, "Short Circuited or Hard-Wired?" *Deal*, Feb. 28, 2003.
(9) ガフィーへの取材。後にブラックストーンにも確認した。
(10) ロナガンへの取材、2009年2月11日のパールマンへの取材。
(11) Carey, "Short Circuited."
(12) ブラックストーンに確認。
(13) 2009年2月24日のギャログリーへの取材、ロナガンへの取材より。
(14) シュワルツマンへの取材、2009年2月24日のギャログリーへの取材より。
(15) 事実確認の質問へのピーターソンの書面回答。
(16) ピーターソン、シュワルツマン、ロバート・フリードマンへの取材より。
(17) ロナガンへの取材より。

第14章　ドイツでつまずく

(1) "The FT 500: Global 500, Section One," *Financial Times*, May 4, 2000.
(2) カリフォルニア大学理事会の以下の資料などを参照。Regents of the University of California, *Alternative Investments as of March 31*, 2003.
(3) Venture Economics / Thomson Financial and National Venture Capital Association が2002年5月6日に発表した以下のプレスリリースより。"Strong Fund Reserves Diminish Need for Venture Capitalists to Raise Additional Capital."
(4) John Gorham, "Go West, Rich Men," *Forbes*, Oct. 12, 1998. "Forbes 400 Richest in America," *Forbes*, Oct. 1999. ピーターソンとシュワルツマンも、1998年のAIGの出資額から推計されるブラックストーンの企業価値や、長年の投資でブラックストーンが確保した利益を考慮すれば、長者番付の下位に入ってもおかしくはなかった。
(5) シュワルツマンへの取材より。2008年10月22日と2009年2月11日のブレット・パールマンへの取材より。
(6) シュワルツマンへの取材、2008年10月22日のパールマンへの取材より。700万ドルという数値はブラックストーンに確認。
(7) 2008年10月22日のパールマンへの取材より。
(8) 2009年2月29日のバンク・オブ・アメリカ元幹部、ウィリアム・オベンシャインへの取材、2009年1月22日のサイモン・ロナガンへの取材、および本件に関与した2人の関係者への取材より。
(9) オベンシャインへの取材、この投資に関与した3人の関係者への取材より。

(10) キャラハンの知人への取材より。

(11) シュワルツマンへの取材より。

(12) ブラックストーンのプライベート・エクイティグループの会議資料より（volume 1, part II, 18, Apr. 21, 2006）。

(13) デビッド・ブリッツァーへの取材より。

(14) ディアロジック（Dealogic）社が2009年4月7日に著者のために作成した資料より（IPOとジャンク債の発行額）。

(15) David Carey, "Why the Telcos Burned the Buyout Shops," *Deal*, Nov. 17, 2000.

(16) Vyvyan Tenorio and John E. Morris, "Ted Forstmann Testifies in Trial," *Deal*, June 1, 2004; "Jury Finds Forstmann Little Liable on All Counts," Reuters, July 1, 2004.

(17) Jonathan Braude and David Carey, "Hicks Europe Wing on Its Own," *Deal*, Jan. 21, 2005; David Carey, "Class of '98," *Deal*, Aug. 1, 2003.

(18) David Carey, "AMF Rolls a Gutter Ball," *Deal*, July 3, 2001.

(19) David Carey, "Regal Cinemas near Prepackaged Bankruptcy," *Deal*, Jan. 12, 2001.

(20) David Carey, "Older, but How Much Wiser?" *Deal*, Dec. 6, 2001; David Carey, "Bust- Up Update," *Deal*, Aug. 8, 2002.

(21) チャド・パイクへの取材より。

(22) 2009年6月5日、ニューヨーク大学スターン・スクール・オブ・ビジネスのエドワード・アルトマンが、ボストン・カレッジ・センター・フォー・アセット・マネジメント・カンファレンスで行った以下のプレゼンテーションより。"Review of the High Yield and Distress Debt Markets," presentation at Boston College Center for Asset Management Conference, June 5, 2009.

(23) PPM for BCP V.

第15章　時代の先を行く

(1) シュワルツマンへの取材より。

(2) チン・チュウへの取材より。

(3) シュワルツマンへの取材より。

(4) ローレンス・ガフィー、アーサー・ニューマンへの取材より。

(5) シュワルツマン、ガフィーへの取材より。

(6) PPM for BCP Vに記載された概要より。オベンシャイン、ガフィーへの取材も参考にした。

(7) PPM for BCP VI.

(8) John E. Morris and David Carey, "DLJ, Blackstone Cash In on Nycomed," *Deal*, Mar. 10, 2005.

(9) ニール・シンプキンスへの取材より。以下の記事も参考にした。Kelly Holman and Lou Whiteman, "Blackstone Inks TRW Auto Deal," *Deal*, Nov. 19, 2002.

(10) Lou Whiteman, "PMI Leads Buyout of GE Unit," *Deal*, Aug. 4, 2003.

第16章　助っ人求む

(1) 従業員数についてはブラックストーンに確認。

(2) シュワルツマンへの取材、2008年5月29日のハワード・リプソンへの取材より。

(3) Robert Lenzner, "Meet the New Michael Milken," *Forbes*, Apr. 17, 2000.

(4) Robert Clow, "Jimmy Lee Banks Again: To Hunt M&A in His Own, Separate Shop at Chase," *New York Post*, Nov. 7, 2000; Erica Copulsky, "At Chase Manhattan, a Study in Contrasts," *Deal*, May 31, 2000; Laura M. Holson, "Chase's Investment Banking Hopes Ride on a Goldman Exile," *NYT*, June 29, 2000.

(5) 2009年2月11日のブレット・パールマンへの取材より。

(6) シュワルツマンへの取材より。2008年10月17日のジミー・リーへの取材より。

(7) シュワルツマンへの取材より。

(8) IPO目論見書、193-94。

(9) DLJマーチャント・バンキングの数字についてはMassachusetts Pension Reserves Investment Boardから2004年8月25日にファクスで提供された、プライベート・エクイティ・パートナーシップと2003年12月31日時点の内部収益率の一覧表を参考にした。ブラックストーン・キャピタル・パートナーズ2号ファンドについてはCalifornia State Teachers' Retirement Systemから2002年12月13日に問い合わせへの回答としてファクスで提供された、2002年6月30日時点の投資報告書を参考にした。

(10) 2009年2月25日のサビン・ストリーターへの取材、元DLJ社員3人への取材より。

(11) Andrew Ross Sorkin and Patrick McGeehan, "First Boston Plans a Shakeup in Its Banking Unit," *NYT*, Feb. 19, 2002; Landon Thomas Jr., "The New Color of

Money," *New York*, May 27, 2002; Erica Copulsky, "CSFB Big Gun James Jumps to Blackstone," *New York Post*, Oct. 18, 2002; 関係者2人への取材も参考にした。

(12) 議論の内容や各々の考え方については、シュワルツマンとトニー・ジェームズへの取材を参考にした。個人に関する情報はジェームズに確認した。個人の性格に関する描写は著者の観察および取材に基づく。

(13) 関係者への取材より。

(14) パールマンへの取材より。

(15) ジェームズへの取材。David Carey, "Stirring the Pot at Blackstone," *Deal*, Aug. 8, 2003.

(16) ジェームズへの取材より。

(17) ラリー・ガフィーへの取材より。

(18) チン・チュウへの取材より。

(19) ブラックストーンのプライベート・エクイティグループの社外会議資料より (vol. 1, pt. II, 56, Apr. 21, 2006).

(20) ジェームズへの取材より。

(21) レバレッジド・ファイナンスに詳しい銀行関係者への取材より。

(22) チャド・パイクへの取材より。

(23) シュワルツマンへの取材より。

(24) 関係者2人への取材より。

(25) 関係者3人への取材より。

(26) リプソンへの取材より。

(27) Matthew Craft, "Elevation Partners Raises $1.8B Fund," *Corporate Financing Week*, July 1, 2005; Henny Sender, "Centerbridge over Troubled Waters: New Fund Mixes Buyouts, Bad Debt", *WSJ*, Dec. 15, 2006.

(28) レバレッジド・ファイナンスに詳しい銀行関係者への取材より。

第17章　相性抜群、タイミングは完璧

(1) シュワルツマン、トニー・ジェームズへの取材より。

(2) 2009年2月13日、マリオ・ジャンニーニへの取材より。

(3) ジェームズへの取材より。ディアロジック社が2009年5月7日に著者らのために作成したデータより。

(4) ニール・シンプキンスへの取材より。

(5) チン・チュウへの取材、および問い合わせへの書面回答より。

(6) チュウへの取材、セラニーズの財務資料より。本章のチュウのコメントおよび考えは、すべて本人への取材に基づく。

(7) デビッド・ワイドマンが2009年半ばの問い合わせに書面で回答。

(8) チュウへの取材より。

(9) チュウへの取材、2003年12月16日のブラックストーンのプレスリリースより。28億ユーロ(34億ドル)という買収価格は年金債務を除く。

(10) 2004年3月30日のブラックストーンのプレスリリース、2004年8月3日、2005年8月19日、2006年12月22日のセラニーズのプレスリリースより。

(11) チュウへの取材より。

(12) チュウへの取材より。

(13) セラニーズの2004年11月3日のForm S-1、2005年1月24日のForm 424B4; PPM for BCP V。

(14) ブラックストーンはBCP IVからセラニーズに投資した4億560万ドルに対し、29億ドルの利益を計上した。

(15) チュウへの取材、および事実確認の質問への書面回答より。BASF、ダウ・ケミカル、イーストマン・ケミカルの財務報告書より。

(16) デビッド・ワイドマンが2009年半ばに質問に書面で回答。

(17) PPM for BCP V。

(18) チュウへの取材より。

(19) ブラックストーンの残りの保有株については以下を参照。Schedule 14A, TRW Automotive Holdings Corp., Apr. 3, 2009. 株式売却についてはTRWの2010年3月1日付のプレスリリースを参照。

第18章 売却と新たな資金集め

(1) ディアロジック社が2009年4月7日に著者らのために作成したデータより。

(2) ディアロジック社が2009年4月7日に著者らのために作成したデータより。

(3) ナルコの財務報告書より。この買収に関与した人物への取材より。

(4) Vyvyan Tenorio, "The Dividend Debate," *Deal*, Apr. 16, 2009.

(5) John E. Morris, "Sealy Hops from Bain to KKR," *Deal*, Mar. 4, 2005.

(6) David Carey, "How Many Times Can You Flip This Mattress?" *Deal*, Jan. 23, 2004.『ニューヨーク・タイムズ』に掲載された、シモンズの倒産に関する以下の

長文記事は、度重なる買収によって債務がどれほど膨らんだかを強調しているが、それと同時に事業の成長に伴いキャッシュフローがどれだけ伸びたかについては一切触れていない。Julie Creswell, "Profits for Buyout Firms as Company Debt Soared," *NYT*, Oct. 5, 2009.

(7) シーリーの財務報告書、および以下の記事より。Morris, "Sealy Hops from Bain to KKR."

(8) ブラックストーンの数字は同社に確認。2004年のカーライルの配当については同社の2005年2月14日のプレスリリースを参考にした。KKRについては2008年10月31日のAmendment No. 6, S-1A, 232; カーライルの2005年の配当については以下の記事を参考にした。Nathalie Boschat, "Carlyle and Blackstone in Record Payouts," *Financial News*, Jan. 27, 2006. KKRは1990年代末から2000年代初頭にかけてブラックストーンを上回る運用資産を保有していたため、この時期にエグジットする投資案件も多かった。カーライルの数字はベンチャー・キャピタル、不動産投資、メザニン債を含む。

(9) アポロの2001年のファンドの39.8%、ブラックストーンの2002年のファンドの70.8%、TPGの2003年のファンドの41.8%という数字については、カルパース（California Public Employees Retirement System）の2005年12月31日付のAIM Program Fund Performance Review（以下CalPERS Fund Reportとする）より。KKRの2002年のファンドの50.5%については、ワシントン州投資理事会（Washington State Investment Board）の2005年12月31日付のPortfolio Overview by Strategyより。2000年代初頭以降、多くの州の年金基金は個別のプライベート・エクイティ、ベンチャー・キャピタルファンドの投資リターンを開示しなければならなくなった。この結果、各ファンドの実績が初めて公になった。

(10) 2008年12月31日付CalPERS Fund Report; オレゴン州公務員退職金基金（Oregon Public Employees' Retirement Fund）の2009年3月31日付Alternative Equity Portfolioより。

(11) Center for Private Equity and Entrepreneurship, Tuck School of Business at Dartmouth, *Note on Private Equity Asset Allocation*, Case #5- 0015, 2003年8月18日に改訂（以下*Note on Allocation*とする）, 14.

(12) 2009 Wilshire Report on State Retirement Systems: Funding Levels and Asset Allocations, Wilshire Associates, Inc., 11–12; *Note on Allocation*, 2–3.

(13) Ibid., 1; 2005年12月31日付CalPERS Fund Report.

(14) 2009 Wilshire Report on State Retirement Systems, 11.

(15) Heino Meerkatt, John Rose, Michael Brigl, Heinrich Liechtenstein, M. Julia Prats, and Alejandro Herrera, *The Advantage of Persistence: How the Best Private-Equity Firms "Beat the Fade,"* Boston Consulting Group and the IESE Business School of the University of Navarra, Navarra, Spain, Feb. 2008; *Note on Allocation*, 12.

(16) Conor Kehoe and Robert N. Palter, "The Future of Private Equity," *McKinsey Quarterly* 31 (Spring 2009) : 15.

(17) National Venture Capital Association/Thomson Financialの2007年1月16日付プレスリリースより。

(18) Kehoe and Palter, "The Future of Private Equity," 15. 2006年にアメリカ司法省は大手プライベート・エクイティ会社で談合の疑いがあるとして捜査に乗り出した。その後、買収の標的となった企業の一部の株主が、大手プライベート・エクイティの多くが主要な企業オークションで競合しないように共謀したとして、彼らを独占禁止法違反の罪で訴えた。2010年初頭の時点では、司法省の捜査に進展はなく、民事訴訟で提出された証拠は公表されていないため、共謀の証拠として公になっているものはない。以下の記事も参照。Peter Lattman, "'Club' Suit Dogs Buyout Firms," *WSJ*, Mar. 9, 2010.

(19) ディアロジック社が2009年5月28日に著者らのために作成したデータより。

第19章　求む、一般投資家

(1) 2004年2月6日付Apollo Capital Corp.のN-2より。同社は株式公開前にアポロ・インベストメント・コーポレーションに社名を変更した。

(2) Vipal Monga, "Blackstone Locks up BDC Market," *Deal*, May 19, 2004.

(3) 関係者への取材より。

(4) Vipal Monga, "This Goose Is Cooked," *Deal*, Oct. 1, 2004.

(5) Ibid.

(6) Jonathan Braude, "Ripplewood Stock Rises," *Deal*, Mar. 24, 2006.

(7) "KKR Starts Roadshow for $1.5bln Listing: source," Reuters, Apr. 19, 2006.

(8) 2008年11月14日のマイケル・クラインへの取材より。複数の公開案件にアドバイザーとして携わった人物への取材も参考にした。

(9) シュワルツマンへの取材より。

(10) シュワルツマンとクラインへの取材より。
(11) 2008年10月22日のエドワード・ピックへの取材より。
(12) シュワルツマンへの取材より。

第20章　うますぎる話

(1) チン・チュウへの取材より。
(2) PPM for BCP Vに記載された数字から算出。
(3) チュウへの取材より。
(4) トロノックス（Tronox）の2007年の年次報告書より。
(5) David Carey, "Silver Lake Leads SunGard Buyout," *Deal*, Mar. 28, 2005.
(6) Daniel Rosenberg, "Sarbanes-Oxley Slows IPO Rush in Boom to Private-Equity Funds," *WSJ*, Mar. 31, 2005.
(7) ローン・シンジケーション&トレーディング・アソシエーション（Loan Syndications & Trading Association）のリサーチ・分析担当シニア・バイス・プレジデント、メレディス・コフィーが作成したパワー・ポイントのプレゼンテーション資料より（問い合わせへの回答として、2009年6月17日に提供された）。
(8) Standard & Poor's / Leveraged Commentary & Data figures, June 9, 2009（問い合わせへの回答として提供された）.
(9) Carmel Crimmins, "Carlyle's Rubenstein Sees No Buyout Crash," Reuters, Jan. 25, 2006.
(10) ディアロジック社が2009年5月28日、著者らのために作成したデータより。
(11) トニー・ジェームズへの取材より。
(12) ポール・ショアへの取材より。「ブラックストーンを上回るオファーはなかった」との説明は、この取材およびフリースケールの以下の委任勧誘状（proxy statement）を参考にした。
(13) Schedule DEFM14A proxy statement, Freescale Semiconductor, Oct. 19, 2006, 19–31（"Background of the Merger"）. この資料には会社側から見た買収提案、要求、交渉、および会社側の取締役会の議事録など、日々の記録が含まれている。
(14) シュワルツマンへの取材より。
(15) フリースケールの2006年および2008年の年次報告書より。
(16) 2008年3月13日付フリースケールの2007年年次報告書、59–60。
(17) ジェームズへの取材より。

(18) フリースケールの四半期報告書（2006年9月29日末まで）に記載された貸借対照表、および同社の2007年の年次報告書より。

(19) チュウへの取材より。

(20) 買収提案者の名称と提案額、および買収合戦の時系列記録については、本買収に関する最初の勧誘委任状から引用した。Schedule DEFM14A, Clear Channel, Jan. 29, 2007, 24–36.

(21) ジェームズへの取材より。

(22) Schedule DEFM14A, Clear Channel, 6–7.

(23) Chris Nolter, "Clear Channel Warms to Bid," *Deal*, May 18, 2007.

(24) ブラックストーンのパートナー、プラカシュ・メルワニからの2008年4月28日の電子メールより。投資先の名称とそれぞれへの提案額はブラックストーンに確認した。買収企業の委任状に提案内容が記載されていたケースもあった。

(25) メルワニへの取材より。

(26) ブラックストーンが2009年3月3日に発表した2008年年次報告書, 70, 72。KKRによる次の資料。Amendment No. 6, Form S-1A, KKR & Co., LP, Oct. 31, 2008, 25（2006年はリミテッド・パートナーの資金67億ドルを投資）. アポロ・グローバル・マネジメントによる次の資料。Amendment No. 2, Form S-1A, Apollo Global Management, LLC, Nov. 23, 2009, 32（2006年はリミテッド・パートナーの資金29億ドルを投資）.

(27) ジェームズへの取材より。

第21章　オフィス・パーティ

(1) 本章の一部は、『ディール』2007年11月30日号に掲載された著者らによる記事（"New Kids on the Block."）をもとにしている。

(2) カプランとの会話をはじめ、本章に含まれるジョナサン・グレイとほかの人物とのやりとりは、すべてグレイとの取材に基づく。

(3) チャド・パイクへの取材より。

(4) 平均リターンについてはIPO目論見書を参考にした。損失の出た案件については、ブラックストーンが2007年1月に作成したBlackstone Real Estate Partners VIファンドの関係者向けPPMより。

(5) フランク・コーエンとケネス・キャプランへの取材より。

(6) 2007年11月1日のダグラス・セスラーへの取材より。

(7) コーエンとキャプランへの取材より。
(8) 2007年11月15日のアラン・レベンサールへの取材より。
(9) 買収提案、反対提案などの経緯や、EOPの関係者との主要な会合の内容については、EOPの株主に送付された勧誘委任状と補足資料に詳細に記載されている。Definitive Proxy Statement, Schedule 14A, Equity Office Properties Trust, Dec. 29, 2006, 29–36 ("Background of Mergers"); Definitive Additional Materials, Schedule 14A, Jan. 29, 2007, S-9–S-14 ("Update to Background of Mergers"); Schedule 14A, Feb. 2, 2007, S-7–S-9 ("Update to Background of Mergers").
(10) 2007年11月19日のサム・ゼルとの取材より。
(11) 本件にかかわった人物への取材内容を、ブラックストーンが確認。
(12) 2007年10月30日のリチャード・キンケイドへの取材より。
(13) ゼルへの取材、および2007年11月5日のロイ・マーチへの取材より。
(14) ゼルへの取材より。
(15) ゼルとグレイへの取材より。
(16) ゼルとキンケイドへの取材より。
(17) 本件にかかわった人物への取材より。
(18) コーエンへの取材より。
(19) コーエンへの取材より。
(20) マーチへの取材より。
(21) 2007年11月1日のブライアン・スタドラーへの取材より。
(22) ゼルとキンケイドへの取材より。
(23) トニー・ジェームズへの取材より。
(24) ブラックストーンに確認。
(25) 2007年11月のグリーン・ストリート・アドバイザーズのマイケル・ノットへの取材より。ブラックストーンの当時の評価額を知る人物への取材も参考にした。ブラックストーンは70億ドルという評価額を確認することを拒否した。

第22章　株式公開

(1) マイケル・パグリッシへの取材より。
(2) 2人を知る人物への取材より。
(3) シュワルツマンへの取材より。
(4) シュワルツマン、2008年11月14日のマイケル・クラインへの取材より。

(5) トニー・ジェームズへの取材、2008年10月22日のルース・ポラート、エドワード・ピック、マイケル・ワイズへの取材、2008年11月19日のポラート、ワイズへの取材より。

(6) シュワルツマン、パグリッシへの取材より。ロバート・フリードマンへの問い合わせに対する電子メール回答より。

(7) シュワルツマンへの取材より。

(8) 2008年7月15日のジョシュア・フォード・ボニーへの取材より。

(9) パグリッシ、シュワルツマン、ロバート・フリードマンへの取材より。

(10) ボニーとフリードマンへの取材、IPO目論見書より。

(11) シュワルツマン、ジェームズへの取材、ポラート、ピック、ワイズへの取材より。

(12) 2008年10月22日のパグリッシ、ポラートへの取材より。

(13) ベネット・グッドマンへの取材より。

(14) ジェームズへの取材より。

(15) パグリッシ、シュワルツマンへの取材より。

(16) ボニーへの取材より。

(17) ジェームズへの取材、IPOに関与した人物への取材、および2007年3月22日のブラックストーン・グループによるForm S-1（preliminary IPO prospectus）より。

(18) ポラート、ピック、ワイズへの取材より。

(19) ボニーへの取材より。

(20) ピーターソンへの取材、ピーターソンの考えをよく知る人物への取材より。

(21) 株式数についてはIPO目論見書より。シティグループとの契約日はブラックストーンに確認したほか、関係者2人に取材した。

(22) ジェームズへの取材より。2008年8月6日のスカデン・アープス・ミーガー&フロム法律事務所で引受会社の担当弁護士を務めたフィリス・コルフへの取材より。

(23) IPOに関与した人物への取材より。

(24) Andrew Ross Sorkin, "A Growing Aversion to Ticker Symbols," *NYT*, Jan. 28, 2007.

(25) 2008年5月13日のヘンリー・シルバーマンへの取材より。

(26) *Fortune*, Mar. 5, 2007; 記事の経緯を知る人物への取材より。『フォーチュン』の記事は日付の約2週間前に発売される。

(27) ジェームズとロバート・フリードマンへの取材より。

(28) パートナー3人への取材より。日付はブラックストーンに確認した。

(29) Form S-1.

(30) アンソニー・リョンへの取材より。

(31) フリードマンへの取材より。

(32) リョンとフリードマンへの取材より。北京ワンダフル投資についてはIPO目論見書より。外貨準備が150億ドル増加したことについては関係者への取材より。

(33) ピーターソンへの取材、および質問への書面回答。個人の保有株数についてはIPO目論見書より。

(34) Amended Registration Statement Form S-1, Blackstone Group LP, May 21, 2007; SECのコメントに詳しい関係者への取材より。

(35) Jenny Anderson, "Scrutiny on Tax Rates That Fund Managers Pay," *NYT*, June 13, 2007; Amendment No. 4 to Form S-1, Fortress Investment Group, Feb. 2, 2007, 5.

(36) ワシントンで活動するプライベート・エクイティの関係者は「彼らは問題は単にウォール街の金持ち連中だけではないことに気がついた」と語る。この問題に徹底的に取り組もうとすれば「地元のショッピングセンターに投資するアメリカ中の医者の資産状況を調査しなければならなくなる」。

(37) Anderson, "Scrutiny on Tax Rates." 法律改正の難しさや、プライベート・エクイティの利益が2007年後半に消えてしまったことなどから、当時連邦議会に提案された様々な提案は結局何も生まなかった。オバマ政権は成功報酬を通常所得として扱うという考え方を支持しており、2010年6月時点で法律を改正するための新たな法案が議会で審議されている。

(38) シルバーマンへの取材。関係者3人への取材; "The Blackstone Tax," (unsigned editorial), *WSJ*, June 20, 2007.

(39) この件に詳しいワシントンの関係者2人への取材より。

(40) Amendment No. 4 to Form S-1, Blackstone Group LP, June 11, 2007.

(41) Schedule 14A, Goldman Sachs Group, Feb. 21, 2007, 14.

(42) Henny Sender and Monica Langley, "How Blackstone's Chief Became $7 Billion Man," *WSJ*, June 13, 2007.

(43) U.S. Senate Committee on Finance, "News Release: Baucus- Grassley Bill Addresses Publicly Traded Partnerships," June 14, 2007.

(44) "The Blackstone Tax," *WSJ*.

(45) ジェームズへの取材より。

(46) ジェームズへの取材より。

(47) 2008年11月19日のポラートへの取材より。

(48) デビッド・ブリッツァーへの取材より。

(49) ブリッツァーへの取材、ジェームズの質問への書面回答。

(50) ジョン・グレイへの取材より。

(51) ポラートとワイズへの取材、フリードマンへの取材より。

(52) IPO目論見書。Blackstone Form 8-K, June 27, 2011.

(53) ディアロジック社が2009年7月8日に著者らのために作成したデータより。

(54) Julie Creswell and Vikas Bajaj, "$3.2 Billion Move by Bear Stearns to Rescue Fund," *NYT*, June 23, 2007.

第23章　上がったものは必ず下がる

(1) Peter Moreira and John E. Morris, "Teachers' $48.5B bid wins BCE," *Deal*, July 2, 2007.

(2) "Spreads Recover; Heavy Supply Ahead," Reuters, June 8, 2007.

(3) Jennifer Ablan, "CDO Market Near Halt Amid deeper Subprime Worries," Reuters, June 26, 2007.

(4) SLM Corp.の2007年7月11日と2008年1月28日のプレスリリースより。

(5) John E. Morris, "Price Cut for HD Supply," *Deal*, Feb. 28, 2008.

(6) クリア・チャンネルの2008年3月26日のプレスリリースより。Don Jeffrey and Phil Milford, "Clear Channel, Bain, Lee Sue Banks Over Buyout Plan," Bloomberg News, Mar. 26, 2008.

(7) *The Subprime Lending Crisis*, Report and Recommendations by the Majority Staff of the Joint Economic Committee, U.S. Congress, Oct. 2007, 10, 18.

(8) "Ten Days That Shook the City," *Sunday Times*, Sept. 23, 2007.

(9) John E. Morris, "Paying for splitsville," *Deal*, Feb. 19, 2009.

(10) PHH Corp.の2008年1月1日のプレスリリースより。

(11) Opinion, *Alliance Data Systems Corp. v. Blackstone Capital Partners*, Delaware Court of Chancery, C.A. No. 3796- VCS (Jan. 15, 2008, Vice- Chancellor Leo Strine)(アライアンス側の訴えを棄却).

(12) PPM for BCP VI.

(13) Peter Moreira, "BCE Buyout Collapses," *Deal*, Dec. 11, 2008.

第24章　報いを受ける

(1) *Private Equity: Tracking the Largest Sponsors*, Moody's, Jan. 2008; John E. Morris, "Double Trouble," *Deal*, July 17, 2008; Vyvyan Tenorio, "The Dividend Debate," *Deal*, Apr. 16, 2009.

(2) 各社の財務報告書より。

(3) トラベルポートについてはポール・ショアへの取材、および2009年8月27日のトラベルポートCEOのジェフリー・クラークへの取材、トラベルポートが2007年5月8日に提出したForm S-4, 88を参考にした。ヘルス・マーケッツについてはブラックストーンに確認した。

(4) Katia d' Hulster, "The Leverage Ratio: A New Binding Limit on Banks," Crisis Response Note No. 11, World Bank, Dec. 2009.

(5) クリア・チャンネルの財務報告書より。

(6) Morris, "Double Trouble."

(7) PPM for BCV VI.

(8) ブラックストーンに確認。

(9) Jui Chakravorty Das, "GMAC Bailout Could Give Cerberus a Floor and Exit," Reuters, Dec. 30, 2008; Louise Story, "Cerberus Tries to Get Chrysler out of a Ditch," *NYT*, Mar. 31, 2009.

(10) Ibid.

(11) サーベラスから投資を打診された人物への取材より。

(12) David Carey, "KKR Holdings Jump 34% in Value," *Deal*, Feb. 25, 2010; François Shalom, "Aveos Creditors Agree to Debt Swap for Equity," *Montreal Gazette*, Jan. 27, 2010; Tiffany Kary and Bill Rochelle, "Masonite Files for Bankruptcy to Restructure Debts," Bloomberg News, Mar. 16, 2009.

(13) Chris Nolter, "Hawaiian Telcom Files for Bankruptcy," *Deal*, Dec. 1, 2008; Andrew Bulkeley, "Carlyle's Edscha Collapses," *Deal*, Feb. 3, 2009; John Blakeley and David Carey, "Sem-Group Slides into Ch. 11," *Deal*, July 23, 2008; Alison Tudor, "Carlyle Group-Owned Willcom Inc. Files for Bankruptcy," *LBO Wire*, Feb. 18, 2010; Neil Sen, "IMO Car Wash Ruling Crushes Mezzanine Lenders," *Deal*, Aug. 12, 2009.

(14) Carol Vaporean, "Aleris Files for Bankruptcy as Aluminum Mart Slides," Reuters, Feb. 12, 2009.

(15) Vyvyan Tenorio, "It Could Have Been Worse," *Deal*, Jan. 7, 2010; Vyvyan Tenorio, "The Fallen," *Deal*, Feb. 19, 2009.

(16) Tiffany Kary and Don Jeffrey, "Citadel Broadcasting Can Use Cash During Bankruptcy," Bloomberg News, Dec. 21, 2009.

(17) Devin Leonard, "Battle of the Bands: Citigroup Is up Next," *NYT*, Feb. 6, 2010.

(18) David Carey, "Buyouts and Banks," *Deal*, Nov. 30, 2008.

(19) Geraldine Fabrikant, "WaMu Tarnishes Star Equity Firm," *NYT*, Sept. 27, 2008.

(20) 関係者への取材より。

(21) SVG Capital plc Interim Report 2009, 13.

(22) David Carey, "Future Shock," *Deal*, Nov. 24, 2009; Jenny Anderson and Julie Creswell, "For Buyout Kingpins, the TXU Utility Deal Gets Tricky," *NYT*, Feb. 27, 2010.

(23) Peter Lattman, Randall Smith, and Jenny Strasburg, "Carlyle Fund in Free Fall as Its Banks Get Nervous," *WSJ*, Mar. 14, 2008; Henny Sender, "Leverage Levels a Fatal Flaw in Carlyle Fund," *Financial Times*, Nov. 30, 2009; カーライル・キャピタルのウェブサイトより。www.carlylecapitalcorp .com.

(24) KKR Financial Holdings LLCの2007年9月24日と2008年3月31日のプレスリリースより。

(25) Apollo Investment Corporationの2009年年次報告書, 24.

(26) Craig Karmin and Susan Pulliam, "Big Investors Face Deeper Losses," *WSJ*, Mar. 5, 2009.

(27) リミテッド・パートナーのアドバイザーへの取材より。

(28) Karmin and Pulliam, "Big Investors"; リミテッド・パートナーのアドバイザーと、プライベート・エクイティ会社幹部への取材も参考にした。

(29) "The Leveraged Finance Maturity Cycle," *Credit Sights*, Apr. 29, 2009; "Refinancing the Buyout Boom," Fitch Ratings special report, Oct. 29, 2009; Mike Spector, "Moody's Warns on Deluge of Debt," *WSJ*, Feb. 1, 2010.

(30) 問い合わせに対しピーターソンが、2010年2月25日に電子メールで回答。

(31) 2009年3月3日にブラックストーンが発表した2008年の年次報告書, 158。

(32) フリースケールの年次報告書。

(33) シュワルツマンへの取材より。

(34) フリースケールの2008年2月8日のプレスリリース "Freescale Announces Leadership Change-Chairman and CEO Michel Mayer to Step Down" より。CEO交代の経緯に詳しい関係者2人への取材より。

(35) フリースケールの財務報告書より。

(36) シュワルツマンへの取材より。

(37) Jennifer S. Forsyth, "Real- Estate Credit Crisis Squeezes Macklowe," *WSJ*, Feb. 1, 2008.

(38) Charles V. Bagli, "Property Deal of the Century Leaves Buyers Underwater," *NYT*, Feb. 8, 2009; Dan Levy, "Morgan Stanley to Give Up 5 San Francisco Towers Bought at Peak," Bloomberg News, Dec. 17, 2009; Charles V. Bagli, "Buying Landmarks? Easy. Keeping Them? Maybe Not," *NYT*, Jan. 16, 2010.

(39) Charles V. Bagli, "Market's Troubles Echo in a Building's Vacant Floors," *NYT*, Nov. 10, 2008.

(40) チャド・パイクへの取材より。

(41) Peter Lattman and Lingling Wei, "Blackstone Reaches Deal to Revamp Hilton's Debt," *WSJ*, Feb. 20, 2010; Hilton Worldwide press release, Apr. 8, 2010.

(42) "Federal Prosecutors Consider Charges in Probe of Hilton Hotels," Associated Press, in *Washington Post*, Feb. 20, 2010.

第25章　価値の創造者か、あぶく銭稼ぎか

(1) David Henry and Emily Thornton, with David Kiley, "Buy It, Strip It, Then Flip It," *Bloomberg Business Week*, Aug. 7, 2006.

(2) このセクションはハーツの財務報告書、政府によるこの買収に関する詳細な調査、それに基づくビジネススクールのケーススタディ2本を参考にした。*Private Equity: Recent Growth in Leveraged Buyouts Exposed Risks That Warrant Continued Attention*, Government Accountability Office Report GAO-08-885, Appendix VI, Sept. 2008; *Bidding for Hertz: Leveraged Buyout* and *Investing in Sponsor-Backed IPOs: The Case of Hertz*, University of Virginia, Darden Business Publishing, Charlottesville, Case Studies UVAF-1560, UVAF-1561, both

revised Apr. 17, 2009.

(3) Oliver Gottschlag, *Private Equity and Leveraged Buyouts*, commissioned by the European Parliament, Nov. 2007, http://www.buyoutresearch.org.

(4) 著者らの友人で元同僚のジョシュ・コスマンは以下の近著で、プライベート・エクイティ会社は保有企業および経済全体に害を及ぼすと主張している。Josh Kosman, *The Buyout of America: How Private Equity Will Cause the Next Great Credit Crisis* (New York: Penguin, 2009). 2010年に以下のタイトルでペーパーバック版として発売された。*The Buyout of America: How Private Equity Is Destroying Jobs and Killing the American Economy.* ただ、買収が雇用に与えた影響など、引用した研究成果の結論を誤って解釈している。言うまでもないが、著者らはコスマンの結論には同意しない。

(5) *The Globalization of Alternative Investments Working Papers Volume I: The Global Economic Impact of Private Equity* (Cologny/Geneva and New York: World Economic Forum, 2008, 以下"WEF study"とする). 雇用と採用に関する結果はWEF studyに含まれる以下のレポートから引用した。Steven J. Davis, Josh Lerner, John Haltiwanger, et al., "Private Equity and Employment," 43–64. 世界経済フォーラムの研究結果はすべて以下のサイトで入手可能。http://www.weforum.org/en/media/publications/privateequityreports/ index.htm.

(6) WEF study.プライベート・エクイティの保有期間に関する結果は、この研究に含まれる以下のPer Strömbergのレポートから引用した。"The New Demography of Private Equity." 著者は、1970～2007年の2万1397件以上のレバレッジド・バイアウトを分析した。研究開発投資に関する結果はWEF studyの以下のレポートより引用した。Josh Lerner, Per Strömberg, and Morten Sørensen, "Private Equity and Long-Run Investment: the Case of Innovation," 27–42. 執筆者はプライベート・エクイティが世界で保有する495社を調査した。

(7) WEF study. デフォルト率に関する調査は以下より。Strömberg report, 3–26. Strömbergは2万1397件の買収を独自に調査し、その中でプライベート・エクイティが保有する企業の年間デフォルト率を算出した。社債を発行する企業全体のデフォルト率は2006年1月の以下の資料から引用している。Moody's Investors Service, *Default and Recovery Rates of Corporate Bond Issuers* (1920–2005). 2008年7月に国際決済銀行（BIS）が実施した以下の研究からも、プライベート・エクイティが保有する企業で倒産するのはごく一部であるという同様の結論が出

ている。Bank for International Settlements, *Committee on the Global Financial System Paper No. 30, Private Equity and Leveraged Finance Markets*

ただし、ここでの数値はStrömbergの算出した1.2%という数値より高く、1982年から2001年までのそれぞれ異なる4期間で2.13〜3.84%となっている。

(8) プライベート・エクイティが支援する220社の調査では、2002年〜07年にかけてわずか1.1%しかデフォルトしていない。同期間のハイイールド債のデフォルト率は3.4%だった。*Private Equity: Tracking the Largest Sponsors*, Moody's Investors Service, Jan. 2008, 5.

(9) 関係者への取材より。

(10) Gottschlag, *Private Equity and Leveraged Buyouts.*

(11) Heino Meerkatt, Michael Brigl, John Rose, et al., *The Advantage of Persistence: How the Best Private-Equity Firms "Beat the Fade,"* Boston Consulting Group and the IESE Business School of the University of Navarra, Navarra, Spain, Feb. 2008.

(12) ブラックストーンのプライベート・エクイティグループの社外会議の資料（volume 1, part II, 27, Apr. 21, 2006）より。

(13) ライオネル・アサントへの取材、アクセル・ハーバーグへの2008年11月10日の取材、およびゲレスハイマー関係者への取材より。

(14) ハーバーグへの取材より。

(15) ハーバーグへの取材、ゲレスハイマーに詳しい別の人物への取材より。

(16) アサントとハーバーグへの取材より。

(17) アサントとハーバーグへの取材より。

(18) ハーバーグへの取材。ゲレスハイマーより入手した以下の資料より。preliminary International Offering Circular, Gerresheimer, May 25, 2007; ゲレスハイマーの以下のプレスリリースより。"Gerresheimer Strengthens Results in the First-Half 2007," July 30, 2007.

(19) ゲレスハイマーの以下の資料より。Preliminary International Offering Circular; ゲレスハイマーの2007年6月8日付プレスリリース。

(20) ハーバーグへの取材より。ハーバーグは2010年にCEOを退任し、ブラックストーンのパートナーとなった。

(21) この小節は2008年11月3日のニック・バーニーへの取材、およびその後のジョー・バラタへの取材に基づいている。売上高とEBITDAの伸びに関する数値、

およびマーリンの過去の出来事については同社ウェブサイトから引用した。投資額や持ち株比率についてはマーリンの買収に関するプレスリリースおよびブラックストーンに確認した。

(22) この小節に関する情報およびコメントは以下の取材および資料より。2009年8月27日のジェフリー・クラークへの取材、ポール・ショアおよびパトリック・バークへの取材、2008年5月13日のヘンリー・シルバーマンへの取材、Travelport Ltd.'s Form S-4, May 8, 2007; Orbitz Worldwide Inc.'s IPO Prospectus (Form 424B4), July 20, 2007; Travelport Ltd., Travelport LLC, and Orbitz Worldwide Incの財務報告書、メディア記事。

(23) 利益の推計は、著者らがトラベルポートの業績や、同じような企業の時価総額から算出した。

(24) 同じ結論は以下の最近の研究からも出ている。Heino Meerkatt and Heinrich Liechenstein, *Time to Engage or Fade Away: What All Own ers Should Learn from the Shakeout in Private Equity*, Boston Consulting Group and the IESE Business School of the University of Navarra, Navarra, Spain, Feb. 2010.

これと関連するコーポレート・ガバナンスの問題については別の研究から、公開企業とプライベート・エクイティ保有企業の両方で取締役を経験した人は、後者のほうがガバナンスは有効であると考えていることが明らかになっている。Viral Acharya, Conor Kehoe, and Michael Reyner, "The Voice of Experience: Public Versus Private Equity," *McKinsey Quarterly*, Dec. 2008.

(25) David Carey, "Deliver and You Get Paid," *Deal*, June 4, 2007; Gerry Hansell, Lars-Uwe Luther, Frank Plaschke, et al., *Fixing What's Wrong with Executive Compensation*, Boston Consulting Group, June 2009 ("Learning from Private Equity," 5).

第26章　カネの向くまま

(1) Oregon Public Employees Retirement Fund－Alternative Equity Portfolio as of March 31, 2011 (アポロの2006年のファンドの価値は投資額の1.4倍になっている). CalSTRS Private Equity Portfolio as of 9/30/10 (サーベラス・インスティチューショナル〈シリーズ4〉・ファンドの内部収益率は6.5倍である).

(2) *Private Equity Spotlight*, August 2011. Prequin LTD., 3–4; Hugh MacArthur, Graham Elton, Bill Halloran, et al., *Global Private Equity Report 2010*, Bain &

Co., Mar. 10, 2010, 14; CalPERS Comprehensive Annual Financial Report－Fiscal Year Ended June 30, 2010, 91; CalSTRS Comprehensive Annual Financial Report －2010 (fiscal year ended June 30, 2010), 75. 市場価格に基づいて算定される株式や債券のリターンとは異なり、プライベート・エクイティのリターンは投資会社が算出する時価に基づいて算出される。すなわち自己評価なのだ。企業会計原則は投資会社に対し、公開企業の時価総額、比較可能な企業の買収価格などの適正な根拠によって自己評価の正当性を確保することを求めている。ただ投資先の時価、ひいてはリターンの評価がどれほど正確であるかは、実際に持ち株を売却するまでわからない。

(3) Hugh MacArthur, *Global Private Equity Report 2011*, Bain & Co., (2011年、日付なし), 25-27.

(4) Moody's Investors Service, "Refinancing Risk and Needs for U.S. Speculative-Grade Issuers, 2011-15", Jan. 31, 2011. 次の書籍も参照。Josh Kosman, *The Buyout of America: How Private Equity Will Cause the Next Great Credit Crisis* (New York: Penguin, 2009). 2010年に以下のタイトルでペーパーバック版として発売された。*The Buyout of America: How Private Equity Is Destroying Jobs and Killing the American Economy.*

(5) Form 424B4, Freescale Semiconductor Holdings Ⅰ, Ltd., May 25, 2011; Sinead Carew and Megan Davies, "Freescale IPO Prices Below Range," Reuters, May 25, 2011; フリースケールの2011年7月20日付利益報告書。

(6) 第24章を参照。David Carey, "Cleaning Up At Hilton," *Deal*, July 22, 2011.

(7) "Blackstone & The Biggest PE Funds On Record," Deal Journal, *WSJ.com*, Dec.20, 2010; ブラックストーンの2011年7月21日付利益報告書より。IPO目論見書。

(8) Keenan Skelly, "Blackstone alters fee structure again," Financial News/LBO Wire, Sept. 16, 2010; 2010 Blackstone Investor Day presentation, Sept.21, 2010, p.36 ("Mid-Market/Growth Equity Focus").

(9) MacArthur, Elton, Halloran, et al., *Global Private Equity Report 2010*, supra, 20 (推計5080億ドル); Heino Meerkatt and Heinrich Liechenstein, *Driving the Shakeout in Private Equity*, Boston Consulting Group and the IESE Business School of the University of Navarra, Navarra, Spain, July 2009 (推計5500億ドル); Conor Kehoe and Robert N. Palter, "The Future of Private Equity," *McKinsey Quarterly* 31, Spring 2009, 11 (推計4700億ドル). ブラックストーンのトニー・

ジェームズは2011年に、実際の数字はこれらより大幅に少ないという考えを示した。ほとんどのファンドでは資金の10%以上が既存の投資先への追加投資用に確保されており、新規投資には使えないためである。2011年7月21日にブラックストーンが利益報告のために開いた記者会見より。

(10) ブラックストーンの2010年2月23日付プレスリリース、および2011年4月12日プレスリリースより。"KKR to invest up to $400M in Texas shale assets," Associated Press, June 14, 2010.

(11) MacArthur, et al., *Global Private Equity Report 2010*, *supra*, 4.

(12) 2009年6月15日付カルパースのプレスリリース（資産配分の割合を10%から14%に引き上げ）; Keenan Skelly, "Calstrs Raises Target Allocation to 12%," *LBO Wire*, Aug. 17, 2009; ニューヨーク州監査官トーマス・P・ディナポリの広報担当者ロバート・ウォーレンからの2010年3月8日の電子メール（ニューヨーク州共通年金基金が2009年11月に投資比率を8%から10%に引き上げたことを確認）。一部の投資家が投資比率を引き上げたのは、株式市場が崩壊するなか、保有資産に占めるプライベート・エクイティの割合が上昇したことへの対応だった。既定の投資比率に合わせるために、プライベート・エクイティの持分を流通市場で安値で売却するのを避けたかったためである。

(13) プラカシュ・メルワニへの取材より。発言内容はシュワルツマンに確認した。

(14) David Carey and Vipal Monga, "Reinventing KKR," *Deal*, April 8, 2011; Peter Lattman, "Soccer Deal Gives KKR a Kick," *WSJ*, Jan 13, 2010.

(15) Ibid.

(16) 2010年9月29日付ブラックストーンのプレスリリースより。